EN UN AÑO®

DEVOCIONAL
EN UN AÑO®
camina con DIOS

365 lecturas diarias de la
Biblia para renovar tu mente

chris tiegreen

TYNDALE HOUSE PUBLISHERS, INC.
CAROL STREAM, ILLINOIS, EE. UU.

Visite Tyndale en Internet: www.tyndaleespanol.com y www.BibliaNTV.com.

TYNDALE, el logotipo de la pluma, *En un año*, el logotipo de En un año, *The One Year*, *One Year* y *LeatherLike* son marcas registradas de Tyndale House Publishers, Inc. *SentiPiel* y el logotipo de The One Year son marcas de Tyndale House Publishers, Inc.

Walk Thru the Bible es una marca registrada de Walk Thru the Bible Ministries, Inc.

Devocional en un año – Camina con Dios: 365 lecturas bíblicas diarias que para renovar tu mente

© 2014 Walk Thru the Bible. Todos los derechos reservados.

Originalmente publicado en inglés en el 2004 como *The One Year Walk with God* por Tyndale House Publishers, Inc., con ISBN 978-1-4143-0056-6. Todos los derechos reservados.

Edición SentiPiel primera impresión 2014.

Fotografía © por John Wang/Getty Images. Todos los derechos reservados.

Fotografía del pasto en la portada e interior © por Alina Pavlova/iStockphoto.com. Todos los derechos reservados.

Diseño: Alberto C. Navata Jr.

Traducción al español: Mayra Urízar de Ramírez

Edición del español: Mafalda E. Novella

El texto bíblico ha sido tomado de la *Santa Biblia*, Nueva Traducción Viviente, © Tyndale House Foundation, 2010. Usado con permiso de Tyndale House Publishers, Inc., 351 Executive Dr., Carol Stream, IL 60188, Estados Unidos de América. Todos los derechos reservados.

El texto bíblico indicado con RVR60 ha sido tomado de la versión Reina-Valera © 1960 Sociedades Bíblicas en América Latina; © renovado 1988 Sociedades Bíblicas Unidas. Utilizado con permiso. Reina-Valera 1960® es una marca registrada de la American Bible Society, y puede ser usada solamente bajo licencia.

ISBN 978-1-4143-9665-1

Impreso en China

Printed in China

20   19   18   17   16   15   14
7   6   5   4   3   2   1

DEDICATORIA

Con mucho aprecio para Paul y Marilyn Johnson, cuya fe, liderazgo, generosidad y servicio en el ministerio han avanzado el reino de Dios y bendecido incontables vidas.

CAMINATA BÍBLICA

Durante más de tres décadas, Caminata Bíblica (Walk Thru the Bible) se ha dedicado a despertar una pasión por la Palabra de Dios en todo el mundo, a través de eventos en vivo, revistas devocionales y recursos diseñados tanto para grupos pequeños como para uso individual. Conocidos por nuestros métodos innovadores y nuestros recursos de alta calidad, servimos a todo el cuerpo de Cristo en toda denominación, cultura y nación.

Caminata Bíblica comunica las verdades de la Palabra de Dios de una manera que pone la Biblia a disposición de cualquiera. Tenemos el compromiso de desarrollar recursos fáciles de usar, que estén centrados en la Biblia, que sean de excelente calidad, que transformen la vida de las personas y estimulen a las iglesias, los ministerios y los movimientos. Tenemos también el compromiso de mantener nuestro alcance global a través de alianzas estratégicas y de preservar los niveles más altos de integridad en todo lo que hacemos.

Caminata Bíblica colabora con las iglesias locales en todo el mundo a cumplir su misión: ayudar a la gente a «recorrer la Biblia» con mayor claridad y entendimiento. Más de 80.000 personas enseñan el plan de estudio en eventos en vivo en más de cuarenta y cinco idiomas y ochenta países, y más de 100 millones de devocionales han sido insertados en revistas cotidianas, libros y otras publicaciones que llegan a más de cinco millones de personas cada año.

Caminata Bíblica.
Camina con nosotros. Cambiemos el mundo.

4201 North Peachtree Road
Atlanta, GA 30341-1207
770-458-9300
www.walkthru.org

Oficina regional para Sudamérica
Av. Francisco Beiro 3324, 9° D
Ciudad Autónoma de Buenos Aires
República Argentina
www.caminatabiblica.com

INTRODUCCIÓN

Se nos dice en Romanos 12:2 que seamos transformados por la renovación de nuestra forma de pensar. Como lo sabe todo cristiano, ese es un proceso. No llegamos a este mundo con una percepción clara en cuanto a Dios y a su reino, ni sobre nuestro propio ser, en realidad. Comenzamos con perspectivas distorsionadas y parte de nuestra tarea como cristianos es dejar que Dios cambie nuestra perspectiva para que reflejemos con precisión su carácter y su reino. En otras palabras, necesitamos sabiduría.

De eso tratan estas lecturas diarias. Tienen el propósito de encauzar nuestra forma de pensar, de manera que nos entendamos a nosotros mismos, a nuestro mundo y a nuestro Dios correctamente. Están diseñadas para hacernos avanzar en esa trayectoria de renovar nuestra mente y de transformar nuestra vida.

Aunque el enfoque de estas lecturas devocionales es la sabiduría bíblica, las lecturas no se limitan a lo que normalmente consideramos los «libros sapienciales» de la Biblia: Job, Salmos, Proverbios, Eclesiastés y Cantares. Esos libros son la esencia de la sabiduría bíblica, pero la mente de Dios se encuentra en todas partes a lo largo de las Escrituras. Te darás cuenta de que más o menos la mitad de estas lecturas son de los libros sapienciales y el resto son de otras partes de la Biblia. Sin embargo, en cada caso, la lectura diaria tiene el fin de ayudarte a reflexionar sobre la manera en que funciona tu mente.

A medida que lees estos devocionales de sabiduría, recuerda que la Palabra de Dios expresa la mentalidad de Dios. Sus pensamientos están disponibles para nosotros. Deja que estos devocionales te ayuden a profundizar en su revelación. Permite que su Espíritu cambie tu forma de pensar. Y más que nada, deja que tu mente sea renovada y tu vida transformada.

Dónde comienza la sabiduría

El temor del Señor es la base de la sabiduría. PROVERBIOS 9:10

EN PALABRAS Nos incomoda la idea de temer a Dios. Lo defendemos como el Único que tiene un amor tan grande que no hay que temerlo. Como dice 1 Juan 4:18: «En esa clase de amor no hay temor». Por lo que redefinimos temor como «asombro» y «reverencia». Aun así, las Escrituras usan el término «temor de Dios» con tanta frecuencia como para darnos la impresión de que algo más que asombro es apropiado. Es la clase de temor que aterrorizó a los discípulos cuando oyeron la voz de Dios en la Transfiguración (Mateo 17:6); que abrumó a Isaías cuando clamó: «¡Todo se ha acabado para mí! Estoy condenado» en la presencia de Dios (Isaías 6:5); y que hizo que Juan se postrara boca abajo ante la visión del Hijo glorificado (Apocalipsis 1:17).

¿Por qué un Dios de amor nos dice que la sabiduría comienza cuando lo tememos? Porque cuando nos acercamos al Santo con una familiaridad informal, no vivimos la realidad. No lo tomamos con la seriedad que deberíamos, y no consideramos nuestro pecado con la seriedad que merece. El temor, no del castigo sino de la grandeza abrumadora de Dios, lo ve de manera correcta. Cuando estamos a la orilla del enorme vacío sin fondo que nos separa de él, y comprendemos el precio inconmensurable que pagó para tender un puente sobre ese abismo, experimentamos temor. Temor de lo que habría sido si nunca hubiéramos conocido el evangelio. Temor de nuestra indignidad. Temor de la dedicación absoluta a él que ahora se requiere de nosotros. Cuando ese temor se apodera de nosotros, comenzamos a entender la magnitud del evangelio y de nuestro Dios. Ese entendimiento comienza a reorganizar nuestra vida. Y de eso es de lo que trata la sabiduría.

EN HECHOS Es vital que conozcamos el amor de Dios y que descansemos confiadamente en él. No obstante, un genuino entendimiento del amor de Dios comienza con una consciencia abrumadora de su grandeza, santidad y poder, en contraste con nuestra propia naturaleza pecaminosa. No hay nada que induzca más al temor que eso. Sin embargo, es allí donde debemos comenzar. Eso transformará a nuestra propia consciencia, a nuestras relaciones, a nuestro trabajo, a nuestras oraciones; *a todo* lo que pensamos y hacemos. Eso nos hará sabios.

1 DE ENERO
Proverbios 9:10-12

La verdadera sabiduría consiste en contemplar a Dios.

Isaac de Siria

1

Adoración sabia

Amados hermanos, les ruego que entreguen su cuerpo a Dios por todo lo que él ha hecho a favor de ustedes. Que sea un sacrificio vivo y santo, la clase de sacrificio que a él le agrada. Esa es la verdadera forma de adorarlo.
ROMANOS 12:1

2 DE ENERO
Romanos 12:1-2

La adoración [...] no es parte de la vida cristiana; es la vida cristiana.
Gerald Vann

EN PALABRAS La sabiduría comienza al cimentar nuestra vida en la realidad. «El temor del Señor es la base de la sabiduría» (Proverbios 9:10). ¿Por qué? Debido a que el temor del Señor se basa en una verdadera comprensión de quiénes somos en realidad y de quién es Dios en realidad. No obstante, hay otro paso. La sabiduría no termina con el temor; sigue hacia la adoración. Cuando entendemos en realidad quién es Dios, la respuesta natural es ofrecerle cualquier cosa al alcance de nuestras manos... y lo único que tenemos somos nosotros mismos.

Todos los que en la Biblia se encontraron con el Dios vivo en su gloria cayeron postrados sobre sus rostros en adoración. Al igual que Isaías, ellos se ofrecían a sí mismos (Isaías 6:8). Si aún no hemos llegado a ese punto de ponernos sobre el altar ante él, *sin reservas*, todavía no nos hemos encontrado con el Dios vivo. Su gloria incita al sacrificio. Es la única respuesta sabia, inteligente y razonable a la magnitud de su bondad.

EN HECHOS Frecuentemente pensamos en la adoración como palabras e himnos que salen de nuestra boca. Es mucho más que eso. Es un estilo de vida, una forma sacrificial de vivir que reconoce, en todo momento de cada día, que hay Alguien mucho más digno de nuestra lealtad que nosotros mismos. Cuando sus intereses constantemente superan a los nuestros y actuamos de acuerdo a eso, estamos adorando.

Imagínate en el salón del trono de Dios. Mira el altar a sus pies. Súbete al altar. Échate delante de él y dile: «Soy tuyo. Haz conmigo lo que te plazca. Renuncio a mi derecho de gobernarme a mí mismo, porque tú eres mucho más digno de hacerlo y nunca me harás daño. Existo solamente para tus propósitos». Haz eso cada mañana y luego vive tu día teniendo en mente de quién eres. En vista de quién es él, esa es la verdadera adoración. Y la verdadera adoración es lo más sabio que podemos hacer.

Una mente superior

Tenemos la mente de Cristo. 1 CORINTIOS 2:16

EN PALABRAS A primera vista, la afirmación de Pablo es jactanciosa. No sería bien recibida en nuestra cultura «políticamente correcta» de hoy en día. Probablemente no fue bien recibida en la cultura corintia de entonces, excepto dentro de la iglesia. Allí, habría sido una verdad atesorada y una revelación maravillosa.

Así es con nosotros. Es casi impensable: la mente de Aquel por la que todo el universo fue creado, la fuente de toda sabiduría, está disponible para nosotros. No estamos limitados a nuestro razonamiento humano. No estamos atados a las limitaciones de los pensadores más grandes del mundo, quienes, aunque frecuentemente sobrepasan los estándares humanos de inteligencia, se han quedado drásticamente cortos para descubrir la verdad eterna por medios naturales. No, nosotros tenemos un acceso sobrenatural a la realidad fundamental desde una perspectiva eterna. Conocemos la dirección de la historia y hacia dónde va; sabemos cómo escapar de este mundo caído; y sabemos quién tiene todo el poder en la palma de su mano derecha. Este tesoro enorme e incomprensible es nuestro, si lo aceptamos.

Ese es nuestro problema. Frecuentemente acudimos a medios inferiores de sabiduría porque no estamos conscientes de que la mente de Cristo es accesible, o no somos capaces de creer una promesa tan extravagante. No obstante, si no podemos creerla, no podemos tenerla. La mente de Cristo es nuestra a través del Espíritu de Dios, que llega a nosotros solamente por medio de la fe. El Espíritu explora las cosas profundas de Dios (v. 10) y se las revela a su pueblo. Esas cosas son absurdas para el mundo, pero, aun así, son verdad: verdad que podemos conocer y sobre la cual podemos fundamentar nuestra vida.

EN HECHOS Tú tienes tu propia mente. También tienes la mente de Cristo. ¿De cuál preferirías depender? Comienza cada día rechazando tu propia sabiduría. Debemos reconocer que no tenemos el entendimiento para tomar las decisiones que enfrentaremos cada día. No conocemos todos los detalles ni las implicaciones futuras de cualquier decisión. Sin embargo, Dios sí, y él pone a nuestra disposición su sabiduría. Reconoce tu dependencia total en la mente de Cristo, pídele su sabiduría y cree.

3 DE ENERO
1 Corintios 2:6-16

Aquellos cuyas almas están en Cristo son los verdaderamente sabios.

Ambrosio

Impulsado por instinto

Ellos les advirtieron que en los últimos tiempos habría gente burlona cuyo objetivo en la vida es satisfacer sus malos deseos. JUDAS 1:18

4 DE ENERO
Judas 1:17-21

Sírvete de las cosas temporales, pero aspira siempre a las eternas.

Tomás de Kempis

EN PALABRAS La guía es siempre un asunto apremiante para el cristiano. Elige un momento de tu vida, cualquier momento, y es probable que hubieras necesitado guía en algún área crucial en ese momento en particular. *Siempre* necesitamos orientación y la mayoría de nosotros está intensamente consciente de esa necesidad.

El incrédulo, como dice este pasaje, es esclavo del instinto y del ego. Los que no siguen a Dios deben seguir su propia lógica interna. Esa lógica es un desorden de perspectivas distorsionadas, muy frecuentemente impulsadas por el ego. La persona que se guía a sí misma tomará decisiones en base a las necesidades emocionales, al anhelo de autoestima, a los impulsos físicos y a la planificación de la vida presente. No hay nada eterno en cuanto a sus decisiones, ningún deseo de someterse a su Creador, ninguna disposición constante de anteponer las necesidades de otros a los deseos propios. Incluso en su comportamiento moral más alto, esa persona está impulsada instintivamente, donde no mora el Espíritu.

Nosotros también caemos frecuentemente en la toma de decisiones por instinto. Aunque queremos la guía de Dios y la pedimos, a menudo no la esperamos. Tomamos decisiones en base a lo que nos dicta nuestra lógica interna. ¿Tiene la guía del Espíritu esta lógica? ¿O satisfacemos nuestras propias necesidades emocionales, el anhelo de autoestima, los impulsos físicos e intereses de la vida actual? El sabio y eterno Espíritu de Dios mora en nosotros, pero ¿permitimos que sea él quien nos guíe?

EN HECHOS Cuando nuestros propios impulsos y razonamiento nos guían, nos conformamos con algo de segunda clase. Incluso cuando esos instintos se han formado por años de discipulado, todavía están sujetos al pecado y al engaño. Podemos usarlos para la gloria de Dios, pero no podemos confiar en ellos. Deben estar sometidos siempre a la mente orientadora de Dios.

No tenemos que seguir los patrones de este mundo. No se nos deja para que resolvamos las cosas por nuestra cuenta. Nuestros deseos perversos no nos gobiernan; ni siquiera nos gobiernan los deseos nobles. No hemos sido abandonados a nuestros propios códigos morales y filosofías supremas. Se nos llama a seguir a nuestro Líder. Debemos someter nuestros instintos a él y seguirlo diligentemente.

Guiado por Dios

¡Oh, si mi pueblo me escuchara! [...] ¡Qué rápido sometería a sus adversarios!
¡Qué pronto pondría mis manos sobre sus enemigos!   SALMO 81:13-14

EN PALABRAS El aspecto más difícil de la vida cristiana es aprender a someterse a Dios en todas las cosas. Su yugo es fácil, pero recordar estar sujetos a él es difícil. Lo adoramos a él por su bondad, le agradecemos su amor, prometemos ser sus discípulos y le pedimos su sabiduría. Mientras tanto, los aspectos prácticos de seguirlo son difíciles de captar. Cuando se trata de tomar decisiones, todavía nos gusta nuestra independencia.

¿Qué es lo que tiene nuestra independencia que nos intriga tanto? ¿Por qué estamos tan cautivados por nuestro poder de tomar decisiones? ¿Por qué, incluso cuando sabemos que el sentido de autonomía es la especialidad de Satanás y la raíz de nuestro pecado, todavía insistimos en mantener pequeñas partes de ella en distintas esquinas de nuestra vida? ¿Por qué, cuando Dios nos dice una cosa y nuestros impulsos internos nos dicen otra, frecuentemente elegimos los impulsos? ¿Qué dice eso en cuanto a nuestra confianza en Dios?

De eso trata la caída del hombre en el jardín de Edén: de no confiar en Dios y de buscar nuestros propios intereses. Y todavía de eso se trata el pecado. Cuando elegimos nuestra propia voluntad y no la de Dios, no confiamos en él sino en nosotros mismos. ¡Qué cosa más absurda! Olvidamos la enseñanza bíblica más básica de todas: la voluntad de Dios es lo mejor para nosotros.

EN HECHOS ¿Estás convencido de eso? La vida cristiana será una batalla hasta que sepamos profundamente en nuestro corazón que sus mandamientos —incluso los más difíciles— son, en última instancia, para nuestro beneficio. Podemos estar seguros de que la mejor manera de velar por nuestros propios intereses es estar totalmente centrados en Dios. En esta paradoja se juntan la piedad y la vida que busca sus propios intereses. O, como dijo Jesús: «Si dejan de aferrarse a su vida, la salvarán» (Lucas 17:33). Nuestra felicidad es más profunda y más abundante cuando lo escuchamos a él.

En ese sentido, es una acción muy gratificante renunciar a nuestra propia voluntad y someternos a la de Dios. La sumisión parece muy noble, pero tenemos mucho en juego con ella. Cuando lo servimos a él, nos servimos a nosotros mismos. Cree eso de todo corazón y observa qué pasa.

5 DE ENERO
Salmo 81:11-16

Si la voluntad de Dios es tu voluntad y si él siempre consigue lo que quiere [contigo], entonces tú también conseguirás siempre lo que quieres.
Hannah Whitall Smith

5

No te perteneces

Ustedes no se pertenecen a sí mismos, porque Dios los compró a un alto precio.
1 CORINTIOS 6:19-20

6 DE ENERO
1 Corintios 6:18-20

La condición
para obtener
las bendiciones
completas de Dios
es la rendición
absoluta a él.
Andrew Murray

EN PALABRAS La vida es una serie de decisiones. Algunas de ellas son relativamente secundarias y otras tienen un impacto duradero. Frecuentemente actuamos de acuerdo a las decisiones secundarias, como qué comer, qué usar y con quién hablar, en base a nuestros patrones naturales de comportamiento y sin pensarlo mucho. Con las decisiones serias —qué trabajo aceptar, dónde vivir y cosas similares—, sopesamos las ventajas y desventajas y tratamos de determinar el curso de acción correcto. En cualquier caso, es probable que olvidemos una perspectiva importante para nuestra toma de decisiones: no nos pertenecemos. Le pertenecemos a Dios.

¿No es esto fácil de olvidar? Tendemos a abordar la vida con cierta autonomía, como si fuéramos personas independientes con la responsabilidad de reconocer a Dios en adoración y sacrificio. Sin embargo, Dios requiere una adoración más profunda en nuestra vida. En lugar de vivir independientemente de él, aunque le demos nuestro respeto, lo honramos al vivir dependientemente de él, consciente de que cada acción, cada pensamiento, cada impulso debe encajar en sus propósitos. No debemos actuar, ni siquiera respirar, sin estar conscientes de eso. Hemos sido comprados. Somos suyos.

Algunos podrían considerar esto como el equivalente de esclavitud o de servidumbre. Pablo siempre lo hizo (Romanos 1:1; Gálatas 1:10; Filipenses 1:1; Tito 1:1), sin importar si estaba libre o preso. No obstante, es un servicio gozoso que no conlleva un sentido de opresión. ¿Cómo podría tenerlo? Nuestro Amo es el epítome de la benevolencia. Él conoce nuestro ser más profundo y está celosamente decidido a desarrollarnos. La clave para nosotros es vivir con el conocimiento de que el Dueño más amoroso y apto nos posee y nos hace funcionar.

EN HECHOS El cristiano que vive con esta sabiduría, de que otra Persona nos posee, es un cristiano profundamente transformado. Nuestras decisiones se ven afectadas, nuestro carácter se reforma y nuestra carga se aligera. Perdemos el derecho a nosotros mismos, pero también perdemos la carga del autogobierno. Es una verdad maravillosamente liberadora. Todo lo que nos concierne está en función de Alguien más.

La mente asequible de Dios

Si necesitan sabiduría, pídansela a nuestro generoso Dios, y él se la dará; no los reprenderá por pedirla. SANTIAGO 1:5

EN PALABRAS ¿Por qué establecería Dios un proceso para que obtengamos sabiduría? ¿Por qué no simplemente nos la da? Debido a que pedir su sabiduría y recibirla nos lleva a una relación con él. La sabiduría que recibimos no es una información que se imparte, sino un carácter que se modela. Observamos quién es él y aprendemos a comportarnos como él. Llegamos a conocerlo mejor en el proceso. Su sabiduría es fácil de conseguir, pero debemos pedirla.

¿Te has encontrado con la necesidad de orientación en determinada situación? Nuestra tendencia natural es orar por dirección, pero Dios tiene una mejor manera. Ora por sabiduría y su orientación llegará a ser clara. Si oráramos por orientación, Dios podría responder solo dándonos información, pero si oramos por sabiduría, Dios responde al darnos su propia mentalidad.

Nosotros tenemos la tendencia de invocar a Dios por sabiduría solo cuando nos encontramos en alguna dificultad. No obstante, lejos de ser una petición de una ocasión, en un momento de necesidad, este versículo da indicios de un proceso continuo. No se trata de pedir sabiduría un día, cuando no sabemos qué más hacer; tenemos que pedir sabiduría diariamente, porque tarde o temprano nos encontraremos sin saber qué hacer. La provisión de Dios de su mentalidad frecuentemente se da por anticipado. Es más que instrucciones en cuanto a qué camino tomar; es un entrenamiento para una forma de vida.

EN HECHOS ¿Necesitas orientación? ¿Guía? ¿Sabiduría de lo alto? El paso crucial, que frecuentemente se descuida, es pedir. ¡Cuán frecuentemente tratamos de arreglar las cosas por nuestra cuenta! ¡Cuán a menudo le pedimos consejo a los demás antes de pedírselo a Dios! Pídele sabiduría ahora. Pídele frecuentemente. Haz que pedir sea una parte regular de tu vida. No esperes hasta que hayan problemas; conoce ahora la mente de Dios. Él la ofrece generosamente.

7 DE ENERO
Santiago 1:2-7

Hay una sabiduría profunda, inaccesible para el sabio y el prudente, pero revelada a los bebés.

Christopher Bryant

La mente obediente del hombre

Cuando se la pidan, asegúrense de que su fe sea solamente en Dios, y no duden, porque una persona que duda tiene la lealtad dividida y es tan inestable como una ola del mar que el viento arrastra y empuja de un lado a otro. SANTIAGO 1:6

8 DE ENERO
Santiago 1:2-7

Dios nunca revelará más verdad de sí mismo hasta que obedezcas lo que ya sabes.
Oswald Chambers

EN PALABRAS Fácilmente olvidamos el requisito que viene antes de la promesa. El don extravagante de la sabiduría de Dios solo se da cuando se cumple con una condición previa. Cuando pedimos debemos creer. De otra manera, su sabiduría no llegará.

¿Qué quiere decir Dios al requerir nuestra fe? ¿Que solo debemos creer que él responderá? Es eso, pero hay más. Debemos creer, con anticipación, que lo que él nos dice es sabiduría que debemos seguir. Debemos comprometernos a poner atención a sus instrucciones antes de que él nos las dé. Si no nos comprometemos, él no responderá. Si no nos proponemos en nuestro corazón hacer su voluntad, nunca la descubriremos.

Muchos cristianos piden la sabiduría de Dios como una opción para considerar entre otras. Se convierte en una posibilidad entre un rango de muchas. Si solamente le pedimos su consejo, él no lo dará. Él solo da soluciones que debemos implementar, no sugerencias para considerar. El compromiso de cumplir va primero. La mente de Dios se nos concede generosamente, pero solo para que lo obedezcamos. No es un artículo que se pueda comprar. No llega con una política de devolución.

Pedir la voluntad de Dios como una opción para considerar y no como un mandamiento para obedecer es colocar nuestro intelecto por encima del suyo. Nos ponemos en una posición de autoridad en la que él nos presenta sus propuestas. Él no se relacionará con nosotros de esa manera. Él es la autoridad. Cuando él habla, no hay mejor opción. El Creador omnisciente no nos ofrece un plan de segunda clase. Su primera indicación es siempre la correcta.

EN HECHOS ¿Le pides a Dios su sabiduría con la resolución de obedecerla? Si no, no esperes a que llegue. Más bien, espera ser lanzado de un lado para otro como una ola en una tormenta. Sin embargo, si tu corazón se compromete a hacer lo que él quiere, fácilmente encontrarás su voluntad. Dios nos da su mente como respuesta a nuestra fe.

En defensa de la verdad

El SEÑOR detesta los labios mentirosos, pero se deleita en los que dicen la verdad. PROVERBIOS 12:22

EN PALABRAS La deshonestidad es una epidemia en nuestra cultura. Los registros de la corte, las encuestas académicas y la observación común lo confirman. La verdad y la integridad son prescindibles en nuestra sociedad.

¿Por qué miente la gente? O, para ponerlo de forma sutil e inclusiva, ¿por qué a veces tratamos, virtualmente todos, de crear una impresión que no es totalmente precisa? Las razones son muchas y diversas. Entre ellas está el deseo de no tener problemas, el ímpetu por abrirnos camino y una obsesión por nuestra imagen. En cualquier caso, la deshonestidad de una persona indica una falta de confianza en Dios por las consecuencias de la integridad. Cuando mentimos, incluso de una manera aparentemente trivial, es porque queremos evitar los resultados de no mentir. Nos encargamos de nuestros asuntos por cuenta propia, porque tememos lo que pueda ocurrir si decimos la verdad. No confiamos en que Dios honre nuestra integridad.

Sin embargo, nuestro Dios es un Dios de integridad. Está en su carácter. Él nunca miente y no se queda callado cuando es necesario revelar la verdad. Su naturaleza es ser totalmente confiable. No hay indicios de pretensión en él. Él es quien dice ser, hace lo que dice que hará y honra a los que siguen su guía. Siempre.

EN HECHOS Esto es tan consolador como condenador. Es consolador porque sabemos que las promesas de Dios en su Palabra son confiables. Cuando él inspira profecía, es precisa. Cuando promete bendición, habrá bendición. Cuando dice que defenderá a su pueblo, lo hará. Podemos leer su Palabra con la firme seguridad de que es verdad pura, sin letras pequeñas escondidas de nuestros ojos confiados.

No obstante, la pureza del carácter de Dios es también condenatoria. Sabemos que aunque se nos llama a ser como él, nuestra integridad queda corta al lado de la suya. Él nos forma para que reflejemos su gloria, pero cuando damos una impresión falsa, interferimos con su obra.

Confía en Dios con la verdad. Dila y exhibe su integridad. Ten la seguridad de que él siempre defenderá la verdad... y a quienes la digan.

9 DE ENERO
Proverbios 12:22

Donde está la verdad, está Dios.
Miguel de Cervantes

El tiempo perfecto

Con paciencia esperé que el SEÑOR me ayudara, y él se fijó en mí y oyó mi clamor. SALMO 40:1

10 DE ENERO
Salmo 40:1

Simplemente espera en él. Al hacerlo, él nos orientará, nos proveerá, nos protegerá, nos corregirá y nos recompensará.

Vance Havner

EN PALABRAS La paciencia es una de las virtudes más difíciles de entender. Oramos a un Dios omnipotente. Sabemos que él es capaz de ayudarnos en cualquier momento. Sabemos que él, que se define a sí mismo como «amor» y que dio a su Hijo por nosotros, no se resiste a ayudarnos. Así que cuando le pedimos a ese Dios que intervenga en nuestras circunstancias, ¿por qué hay frecuentemente tanto atraso?

En ninguna parte de la Biblia Dios nos promete respuestas instantáneas a nuestras oraciones. Sus promesas de responder a la oración son asombrosas y tranquilizadoras, pero ninguna de ellas tiene un calendario. Él solo nos asegura que nunca se tarda demasiado, pero en nuestra impaciencia, no queremos una respuesta que simplemente «no sea demasiado tarde». Queremos una respuesta ya. Tenemos necesidades, y no entendemos por qué esas necesidades tienen que prolongarse.

Sin embargo, Dios tiene sus razones. Tal vez nuestras necesidades se prolongan porque logran algo en nosotros que nada más lo hará. Tal vez están siendo prolongadas porque Dios está realizando un trabajo necesario en la vida de alguien más que está involucrado en nuestra situación. Tal vez nos está enseñando sobre la oración o perfeccionando nuestra fe. Tal vez incluso nos está permitiendo identificarnos con Jesús en el compañerismo de sus sufrimientos. Después de todo, su propósito principal es formarnos a la imagen de Cristo. ¿Cómo podemos ser formados si no nos identificamos con él en su dolor?

EN HECHOS A veces Dios nos deja claro que nuestra respuesta se ha atrasado porque la tardanza avanzará su obra en nuestro propio corazón o en otra área. A veces no nos da una razón en absoluto. La respuesta sabia del cristiano, en cualquier caso, es saber que si esperamos en Dios, tiene que haber una muy buena razón. Y si esperamos con fe y expectativa, la espera será ampliamente recompensada. Su tiempo siempre es perfecto.

La mente renovada

No imiten las conductas ni las costumbres de este mundo, más bien dejen que
Dios los transforme en personas nuevas al cambiarles la manera de pensar.
ROMANOS 12:2

EN PALABRAS ¿Cómo veremos las cosas cuando la sabiduría de Dios haya llegado a ser parte de nuestro propio pensamiento? ¿Cómo se verá esa mente renovada y transformada del creyente? Hay tres reorientaciones radicales por las que debemos pasar. Comenzaremos a entender nuestro tiempo, nuestros tesoros y nuestros talentos de manera distinta. Estaremos en un lugar dramáticamente distinto al que estuvimos alguna vez y nuestra perspectiva reflejará el cambio. Nuestros ojos escudriñarán nuevas alturas y nuestros deseos se inclinarán en nuevas direcciones. Somos una creación nueva; aprenderemos a vivir como tal.

 ¿Cómo llegamos allí? ¿Cambiamos repentinamente o poco a poco? ¿Es por la diligencia de nuestro esfuerzo o por el don misericordioso de Dios? ¿Es un asunto de mucho estudio o de ósmosis espiritual? La respuesta es «todo lo anterior». Dios nos dará su mente; podemos estar seguros de eso. Él nos la da por las misericordias de su buena voluntad y porque es generoso con todos sus hijos. No obstante, también requiere de una diligencia que investigue su Palabra, que busque su guía, que coopere con su plan, que reciba su corrección y que espere pacientemente su providencia. Debemos perseverar audazmente en nuestro ambicioso ímpetu de recibir el regalo totalmente gratuito de la sabiduría de Dios.

11 DE ENERO
Romanos 12:1-2

La diferencia entre la mundanalidad y la piedad es una mente renovada.

Erwin Lutzer

EN HECHOS Si llegaste a ser cristiano de niño y no recuerdas bien la diferencia entre tu nueva vida y la vieja, es posible que hayas perdido de vista la naturaleza radical de la nueva mentalidad. O si alguna vez conociste el poder de la transformación, pero desde entonces te dejaste caer en una vida híbrida de lo nuevo y de lo viejo, quizás hayas perdido de vista el llamado constante de la creación nueva. En cualquier caso, deja que tu mente sea transformada y que tu vida sea renovada una y otra vez. Es un proceso de toda la vida para el creyente, una obra que Dios completará el día que te lleve a su presencia. Nunca te conformes con el statu quo. Nunca llegues a estar satisfecho contigo mismo, ni te quedes estancado. Nunca pierdas de vista el llamado de Dios de ascender de los caminos de este mundo hacia el corazón de su voluntad.

La ciudad de cimientos eternos

Abraham esperaba con confianza una ciudad de cimientos eternos, una ciudad diseñada y construida por Dios. HEBREOS 11:10

12 DE ENERO
Hebreos 11:8-10

La única forma de entender bien nuestros valores es [...] ver las cosas no a la luz del tiempo, sino a la luz de la eternidad.

William Barclay

EN PALABRAS Los que tienen frecuente comunión con Dios, que meditan en su forma de pensar y que aceptan su amor, comenzarán a ver el tiempo en función de la eternidad y no de la vida breve que vivimos en este planeta quebrantado. En lugar de intentar construir el cielo en nuestras pocas décadas aquí, seremos liberados para hacer sacrificios ahora, sabiendo que un cielo eterno nos espera. No tomaremos decisiones con la seguridad presente y la jubilación futura en mente, sino con el «para siempre» a plena vista. El Espíritu del Dios eterno nos llenará de pensamientos eternos.

¿Qué se interpone en el camino de esta perspectiva? El temor. Frecuentemente tememos no contar con lo suficiente para cuidar de nuestra familia y de nosotros mismos si vivimos para Dios «a fondo». Nos preguntamos si Dios nos llevará a campos difíciles y cruces violentas como lo hizo con nuestro Salvador y con sus discípulos. Tememos las consecuencias de una vida totalmente centrada en Dios, por lo que construimos casas para el presente y esperamos la mansión eterna en el futuro.

Las promesas de Dios nos permiten seguir adelante y considerar la mansión del futuro como nuestra. No tenemos que obsesionarnos por nuestra seguridad ahora, cuando se nos asegura un hogar eterno que no nos podrán quitar. Podemos soportar unos cuantos años de sacrificio, trabajo agotador, dolor y de servicio con la serena confianza de que nuestra ciudadanía está en otra parte. Somos libres para servir a Dios a cualquier costo, porque nada puede costarnos nuestra herencia. Sabemos adónde nos llevará esta vida y que nunca se acabará.

EN HECHOS Deja el temor. Cada cristiano tiene en lo más profundo de su mente, de vez en cuando, una pequeña voz que le advierte en contra de una vida totalmente sacrificial. ¡Esa no es la voz de Dios! Su mente, que él comparte con nosotros, vencerá esos pensamientos. Su Espíritu, si confiamos en él, nos asegurará que sus promesas son ciertas y que esta morada presente es un lugar de sacrificio gozoso. ¿Cómo recibimos esta seguridad? Con una perspectiva eterna. Sabemos lo que cuenta y podemos vivir con nuestra mirada puesta en la ciudad de cimientos eternos.

Rico para con Dios

Me diré a mí mismo: «Amigo mío, tienes almacenado para muchos años.
¡Relájate! ¡Come y bebe y diviértete!». LUCAS 12:19

EN PALABRAS Cuando nos sentamos en la presencia de Dios y buscamos su forma de pensar, su Espíritu nos convencerá del tesoro que tenemos en su nombre. Efesios 1, uno de los capítulos más grandiosos acerca de lo que significa «estar en Cristo», nos dice que tenemos «toda clase de bendiciones espirituales [...] porque estamos unidos a Cristo» (v. 3): redención, perdón, conocimiento, esperanza, el Espíritu Santo, seguridad y una herencia incorruptible. Dios no ha escatimado en dones imperecederos para nosotros. No se nos pueden quitar, son accesibles inmediatamente y no podrían ser más grandiosos. En efecto, estamos sumamente bendecidos.

Aun así, desde nuestra perspectiva actual, el problema es el siguiente: no sabemos cómo lograr acceso a esos dones valiosos. Vemos nuestras necesidades físicas como mucho más urgentes y nuestras riquezas celestiales como mucho más distantes. Nos alegramos por la salvación que se nos ha dado, pero eso no nos ayudará a tomar hoy esas vacaciones que tanto necesitamos. Nos entusiasma la perspectiva del cielo, pero eso no pagará la hipoteca de este mes. Nos emociona estar sentados con Jesús al lado del trono de Dios, pero eso no asegura la posición que necesitamos para avanzar en nuestra carrera. ¿O sí?

Todo depende de cómo veamos nuestras hipotecas y carreras. ¿Son herramientas para una vida piadosa? ¿O son una forma para asegurar nuestro cielo ahora? ¿Usamos las cosas de este mundo como un medio para propósitos eternos? ¿O las gastamos en nuestra satisfacción momentánea? ¿Dónde estamos invirtiendo en realidad? ¿Se especializa nuestra cartera de valores en las realidades espirituales? ¿Hemos aprendido que las inversiones actuales pueden tener créditos eternos? Si es así, nuestros ingresos y gastos son en realidad muy espirituales. Construyen el reino de Dios.

EN HECHOS El materialismo es engañoso. A cada paso se nos estimula a vivir la buena vida, a darnos el gusto, a tomar el control de la vida y a aferrarnos a lo que tenemos. Estamos obsesionados con escalar en la vida. Nuestro problema es que hemos olvidado hacia dónde debemos escalar.

Conoce tu ciudadanía en el cielo e invierte en ella. Cuida de tus necesidades físicas y de las necesidades de otros, y vive entonces en el reino de Dios. Te dará dividendos para siempre.

13 DE ENERO
Lucas 12:13-21

Érase un hombre, aunque loco más de alguno lo tildaba; por más que de cosas se desprendía, más fue lo que le quedaba.
John Bunyan

El sacrificio celestial

El que quiera ser líder entre ustedes deberá ser sirviente. MARCOS 10:43

14 DE ENERO
Marcos 10:42-45

La única vida que
cuenta es la vida
que cuesta.
Frederick P. Wood

EN PALABRAS Cuando tenemos la mente de Cristo, tenemos la mente de siervo. «Ni aun el Hijo del Hombre vino para que le sirvan, sino para servir a otros», proclamó Jesús (v. 45). Incluso él. De eso se trata su reino, de sacrificio y de servicio, de dar y de compartir, de considerar las necesidades de otros por lo menos igual a, si no mayores que, las nuestras.

Es un pensamiento agradable, ¿verdad?, pero es un proceso difícil. ¿Por qué? Debido a que estamos acostumbrados a pensar en nuestros talentos y dones en función de lo que ellos pueden lograr para nosotros. Muy profundamente, queremos salir adelante. Nos impulsa la ambición de lograr algo y el pecado ha distorsionado ese ímpetu para hacerlo egoísta. Al igual que los arquitectos de la Torre de Babel, queremos construir «una gran ciudad para nosotros. [...] Eso nos hará famosos» (Génesis 11:4). Nuestra «ciudad» tan deseada es frecuentemente una reputación impresionante y la alabanza de los que la reconozcan. Ese ímpetu no nos lleva al servicio de manera natural.

Sin embargo, Jesús nunca nos pidió que hiciéramos lo que surge naturalmente. La mente que él cultiva dentro de nosotros no tiene nada que ver con el logro egoísta. Tendrá ímpetu y ambición, sin duda, pero no en la dirección en que alguna vez buscamos. No, nos consumirá la visión de una unidad celestial y nos daremos cuenta de que la única manera de alcanzarla es sirviendo. No nos importará nuestra propia reputación tanto como la reputación del reino de Dios. En lugar de forjarnos un nombre para nosotros mismos, forjaremos un nombre para su reino y ese será un nombre humilde y sacrificial.

EN HECHOS El Dios Todopoderoso se vistió de carne humana y sirvió a la gente pecadora. Podríamos aprender de su ejemplo. De hecho, tenemos que hacerlo. Es una orden. No obstante, es una orden con una promesa inesperada: este servicio es grandeza en el reino de Dios. Así como el interés propio nos aleja de él y de los demás, el autosacrificio nos acerca a él. Nuestros dones y nuestros talentos llegan a ser herramientas útiles para el beneficio de otros.

Vidas protegidas

No las pierdas de vista. Déjalas llegar hasta lo profundo de tu corazón, pues traen vida a quienes las encuentran y dan salud a todo el cuerpo.
PROVERBIOS 4:21-22

EN PALABRAS La vida piadosa no se vive de manera pasiva. No es al azar y no es una vida errante. Los que esperan que la Palabra de Dios los transforme verán que ella solamente lo hace cuando ellos se alimentan de ella activamente. Los que esperan que los sermones que escuchan y las palabras que leen los hagan piadosos se frustrarán totalmente si no son diligentes en meditar en la verdad y en aplicarla a su vida. Sentarse simplemente en una banca semana tras semana no hará nada radical en la vida de un creyente. La sabiduría no se obtiene mediante una absorción pasiva. Debe consumirse y saborearse. Debe llegar a ser el elemento fundamental de nuestro pensamiento.

Los que oyen palabras de sabiduría y no las aplican son como los receptores de la semilla en la parábola de Jesús del sembrador (Mateo 13:20-22). Ellos oyen la verdad. La entienden. Incluso están de acuerdo con ella. Sin embargo, no tiene ningún beneficio para ellos. Esa no es fe genuina. Santiago concuerda (Santiago 1:22-24): oír, entender y estar de acuerdo sin poner en práctica es una dinámica autoengañosa. Parece fe, pero no efectúa ningún cambio en la vida del oyente. Se necesita algo más: diligencia, por ejemplo. Y acción. Dios y su verdad deben atesorarse más que cualquier otro afecto de nuestro corazón.

EN HECHOS ¿Dónde está tu afecto? ¿Oyes la verdad y luego giras tu corazón hacia otras cosas? No retendremos lo que hemos oído o leído si no reflexionamos en ello por algún tiempo, dándole vueltas en nuestra mente y asegurándolo dentro de nuestro corazón. No seremos transformados y no creceremos si oímos pasivamente. Debemos fijar nuestro afecto en la sabiduría de Dios, actuar en base a ella y alejarnos de cualquier rival filosófico o material. La promesa por hacer eso es asombrosa: vida y salud. La verdad y la rectitud son poderosas; son la esencia de nuestra vida.

15 DE ENERO
Proverbios 4:20-27

Una gema de ese océano [la Biblia] vale por todas las piedrecillas de los manantiales terrenales.

Robert Murray M'Cheyne

Corazones protegidos

Sobre toda cosa guardada, guarda tu corazón; porque de él mana la vida.
PROVERBIOS 4:23, RVR60

16 DE ENERO
Proverbios 4:20-27

Oh, estudien sus corazones, cuiden sus corazones, ¡guarden sus corazones!

John Flavel

EN PALABRAS La mayoría de nosotros le da rienda suelta a su corazón, el manantial de nuestra vida. Estamos bajo la ilusión de que no podemos evitar cómo nos sentimos; nuestras emociones se consideran la base de lo que somos. Y a medida que nuestros sentimientos suben y bajan tan frecuentemente como el viento cambia de dirección, también lo hace nuestra vida. Los sentimientos nos dirigen mucho más frecuentemente de lo que nos gustaría pensar. Tomamos decisiones en base a los sentimientos y luego las racionalizamos, en lugar de tomar decisiones en base a la racionalidad y luego dejar que los sentimientos las sigan. Dejamos que nuestras emociones nos definan. Es una forma peligrosa de vivir.

David podría dar testimonio de eso. Su corazón extraordinariamente conforme al corazón de Dios generalmente lo llevó hacia la voluntad del Padre. No obstante, también lo llevó a la tentación y al pecado, con resultados catastróficos. Incluso su corazón, tan frecuentemente sincronizado con el de Dios, era inconstante. Y los corazones inestables producen gente desencaminada.

Cuando volvemos nuestro corazón a Dios, pensamos que él nos gobierna y nos da forma automáticamente. Sin embargo, eso no es lo que dicen las Escrituras inspiradas en Proverbios 4:23. Esa es una orden. Debemos guardar nuestro corazón. Debemos tener cuidado en cuanto a lo que dejamos que entre a él. Nuestro corazón no puede ser una puerta abierta a las influencias no bíblicas e impías. No debemos ser cautivos de nuestro corazón; el corazón debe ser cautivo de la Palabra de Dios. Se nos da la responsabilidad de estar alerta en cuanto a su contenido.

EN HECHOS ¿Se agita tu corazón con tus sentimientos, como un barco sin ancla sobre las olas? ¿Está sujeto a oleajes profundos y cursos que cambian rápidamente? Si es así, buscar la dirección de Dios puede ser un desafío. Es posible que busques que él le dé forma a tu corazón, mientras que él espera que tú lo guardes. Él hará su parte, pero solamente tú puedes hacer la tuya. La sabiduría de Proverbios hace que tu vigilancia sea la prioridad más importante: «sobre toda cosa». Esa es la atención que debemos darle a nuestros oleajes emocionales. Es esencial. Mantente alerta.

Ojos protegidos

Mira hacia adelante y fija los ojos en lo que está frente a ti.
PROVERBIOS 4:25

17 DE ENERO
Proverbios 4:20-27

EN PALABRAS Muchos pecados comienzan con los ojos. El corazón comienza a anhelar lo que los ojos contemplan. Son como anunciantes personales que nos informan sobre todas las opciones que tenemos a nuestra disposición. Su rango es enorme, pero no disciernen de manera natural. Absorben todo, y en nuestra debilidad, permitimos que exijan demasiado. Pueden llevarnos al anhelo piadoso de Dios y de su verdad, pero también pueden extraviarnos por caminos de codicia y lujuria.

Jesús impactó a sus discípulos con una advertencia en cuanto a nuestros ojos. Si uno de ellos hace que pequemos, debemos sacarlo y desecharlo (Mateo 5:29). ¿Es el ojo realmente tan corrupto? No, pero el pecado es así de serio. Hay que lidiar con él. Y la primera manera práctica de hacerlo es protegiendo los ojos.

Así como somos responsables de las cosas que llenan nuestro corazón y de las palabras que produce nuestra lengua, también somos responsables de lo que contemplan nuestros ojos. Demasiadas vidas que están en el camino correcto de la voluntad de Dios se han desviado por una mirada irrelevante. Un vistazo se torna en una mirada fija, una mirada fija se torna en un anhelo, un anhelo desvía al corazón y un corazón desviado causa estragos en la piedad y en el servicio. Las miradas rápidamente pueden convertirse en compulsiones y las compulsiones rápidamente se convierten en ídolos.

EN HECHOS Haz un inventario de lo que miras. Los resultados te dirán mucho sobre lo que es importante para ti. Con toda probabilidad encontrarás algunas cosas que son inadecuadamente significativas para ti: un pasatiempo que te consume demasiado tiempo, un deseo perverso, una pasión contraria a la orientación que Dios te ha revelado para tu vida. Todo queda corto frente a la voluntad de Dios para nosotros.

La tendencia de mirar a otro lado indica una insatisfacción con lo que ya tienes. Si estás insatisfecho, la respuesta no está en mirar en otras direcciones; está en fortalecer tu mirada en el Salvador y en sus caminos. Fija tus ojos en lo que, en última instancia, es digno de tu atención. Contempla a Jesús.

> Dios se glorifica más en nosotros cuando nosotros estamos más satisfechos con él.
>
> *John Piper*

Pies protegidos

Traza un sendero recto para tus pies; permanece en el camino seguro.
PROVERBIOS 4:26

18 DE ENERO
Proverbios 4:20-27

El centro de la
voluntad de Dios
es nuestra única
seguridad.
Betsie ten Boom

EN PALABRAS El consejo de este versículo no es sabiduría inusual; podría oírse de la boca de casi cualquier padre, en cualquier campamento de entrenamiento militar o de cualquier consultorio sentimental. El asunto para nosotros como creyentes es cómo definir sus términos. ¿Qué significa «recto»? ¿Cuáles son los caminos seguros?

Encontraremos un enorme desacuerdo entre lo que el mundo considera recto o seguro y las indicaciones por las que Dios nos guía. Mira a Abraham, por ejemplo. Él pensó que había elegido el camino recto y seguro cuando tuvo un hijo con Agar, tratando de cumplir la promesa de Dios (Génesis 16). Parecía que era la única manera racional. No obstante, el camino de Dios, aunque no era racional para los estándares humanos, era un sendero muchísimo más seguro. O mira a Jesús como otro ejemplo. ¿Quién de sus discípulos le habría dicho que el camino a la cruz era el camino de sabiduría? Según sus estándares, era una tontería y un desastre. Para el estándar de Dios, era la expresión suprema de fidelidad y de verdad.

Cuando este versículo nos ordena trazar senderos rectos y permanecer en caminos seguros, no nos dice que sigamos la sabiduría convencional. No es una sugerencia para ir a lo seguro. Es una orden para seguir a Dios, para prestar oído a su sabiduría y para confiar en su guía, sin importar lo tonto que parezca para el mundo escéptico que nos observa. Es un llamado a cimentar nuestra vida en la realidad suprema de las Escrituras y no en el entendimiento finito de la lógica humana. Debemos entender que los caminos rectos y seguros son los que son rectos y seguros a los ojos de Dios, no a los nuestros, ni a los de nadie más.

EN HECHOS Cuando buscas dirección para tu vida, no estés pendiente de si tu camino es seguro o arriesgado, convencional o controvertido. Solo considera si está cimentado en la verdad de Dios, si es sensible a su voz y si refleja sus propósitos como se revelan en su Palabra. Este es, a la larga, el único camino seguro, recto y llano que existe.

Lenguas protegidas

Evita toda expresión perversa; aléjate de las palabras corruptas.
PROVERBIOS 4:24

EN PALABRAS Las palabras son poderosas. Pueden herir el espíritu de otra persona y frecuentemente dejan cicatrices permanentes. Pueden sembrar semillas de corrupción en mentes inocentes o indecisas. Pueden manchar buenas reputaciones y pueden frustrar buenos planes. Pueden conllevar una bendición profunda; pero también pueden conllevar una poderosa maldición.

Cierto día, Pedro aprendió acerca del poder de las palabras. «Tú eres el Mesías, el Hijo del Dios viviente», le dijo a Jesús (Mateo 16:16). Esas fueron palabras potentes. La iglesia se edificaría sobre esa declaración. Sin embargo, momentos después, Pedro contradijo la voluntad de Dios con una represión irreflexiva al Señor. Sus palabras fueron una piedra de tropiezo, un producto del reino de la oscuridad. Fueron corruptas de una manera en la que no muchos de nosotros lo consideramos; no reflejaron la realidad de Dios.

¿Nos dice Proverbios que evitemos simplemente las vulgaridades en nuestro lenguaje? Probablemente no. Hay muchas formas de corrupción y de perversidad, además de las vulgaridades groseras: chismes, engaño, charlas tontas, rumores, negatividad, amargura, insultos y más. Todo eso contradice la verdad revelada de Dios. Va en contra de la corriente de su voluntad. En un sentido muy real, denigra y distorsiona la realidad y la belleza del reino de Dios y de su carácter.

EN HECHOS Las Escrituras nos dicen que eliminemos el lenguaje irrelevante e inadecuado. Nuestras palabras conllevan cierta cantidad de poder con ellas, ya sea para bien o para mal. Es nuestra responsabilidad asegurarnos de que conlleven el poder que edifica y no el que derriba; que reflejan gloria y que no corrompe la imagen de Dios; que honra la verdad y no la falsedad.

¿Proteges tu boca? Muchos pasajes de las Escrituras nos advierten sobre la importancia de hacerlo. La lengua no es un arma pequeña. Ejerce un poder del que pocos de nosotros nos damos cuenta. Úsala de manera honorable y con sumo cuidado.

19 DE ENERO
Proverbios 4:20-27

La sabiduría es saber cuándo hablar con franqueza y cuándo tener cuidado con lo que dices.

Anónimo

Un corazón y una canción

Mi corazón está confiado en ti, oh Dios; mi corazón tiene confianza.
¡Con razón puedo cantar tus alabanzas! SALMO 57:7

20 DE ENERO
Salmo 57

Los manantiales
de misericordia,
que nunca cesan,
ameritan cantos
de alabanza a
toda voz.

Robert Robinson

EN PALABRAS Al leer los Salmos, uno tiene la impresión de que la vida para sus escritores, especialmente para David, fue una serie de episodios tumultuosos y sucesivos. Hay salmos de alabanza y alegría, de dolor y derrota, de profunda meditación y de victoria inspiradora. Sin importar el enfoque de cada salmo, es difícil no darse cuenta de que muchos de ellos —de hecho, la mayoría—, están escritos en el contexto de una crisis (ver el v. 1, por ejemplo). Los clamores a Dios salen del momento crítico y la respuesta de Dios llega allí.

Algo que Dios busca cuando estamos en momentos críticos es un corazón firme: un corazón que no se rinde bajo ninguna circunstancia. Sin importar el alboroto a nuestro alrededor, sin importar cuánta presión se ejerza, Dios esperará para respondernos hasta que quede claro para él, para nosotros y para los que nos observan que nuestro corazón está resolutamente firme en él. Eso requiere más que constancia en la esperanza; es también una constancia en la adoración. El corazón que aprende a hacer música en sus momentos más oscuros es el corazón que es liberado.

El rescate generalmente ocurre dos veces. Primero, un corazón lleno de adoración se ha elevado por encima de las circunstancias opresoras, aun cuando las circunstancias permanecen. Es una liberación interna que puede encontrar un gozo profundo, sin importar lo que ocurra afuera. Sin embargo, un corazón resuelto que canta luego encuentra rescate en un Dios que responde. Él invade frecuentemente las circunstancias y esparce a nuestros enemigos, a veces de manera dramática. La espera puede ser larga, pero la victoria es segura. Dios no se queda callado en su amor cuando nosotros no nos quedamos callados en nuestra adoración.

EN HECHOS Cuando las circunstancias oprimen, la batalla arrasa y el calor de la crisis aumenta, ¿dónde está tu corazón? ¿Es firme en su adoración? ¿Canta al Dios que reina por encima de cada nube? Si es así, espera la liberación. Espérala por dentro y por fuera. Puedes cantar tu canto de victoria aun antes de que llegue la victoria. En el sentido más importante, ya llegó.

Da gloria

¡Den al Señor la gloria que merece! SALMO 96:8

EN PALABRAS ¿Has visto alguna vez que alguien tome el mérito por algo que tú has hecho? Si es así, puedes identificarte con Dios. Él nos ve hacerlo todo el tiempo.

Cuando alguien está enfermo, oramos. Cuando Dios lo sana, le damos crédito al cuidado médico que nuestro amigo ha recibido, o al proceso natural de sanación. Ambos pudieron haber jugado un papel importante, pero si eso es lo único que se necesitaba, ¿por qué oramos? No se necesitaba ninguna intervención de Dios si la sanidad se pudiera haber obtenido a través de medios nada sobrenaturales. U oramos por un trabajo. Cuando Dios lo concede, se lo atribuimos a nuestra buena suerte, a nuestro currículum vítae o a nuestros contactos, y nunca reconocemos públicamente al Dios que estuvo detrás de todo. En nuestra época de lo políticamente correcto, no le atribuimos éxitos al poder de Dios. Sabemos que muchos no comparten nuestra fe. Por dentro, le damos gracias en silencio. Por fuera, dejamos que el concepto erróneo permanezca. Mantenemos nuestro discurso sin Dios. Mientras tanto, el Dador de todas las cosas está en silencio.

¿Por qué nuestras palabras no le dan a él la gloria que su nombre merece? ¿Por qué no le atribuimos verbalmente cada bendición? Quizás no queremos sonar demasiado piadosos. Quizás nos hemos dado cuenta de lo insoportable que para nuestra sociedad es la gente que habla de Dios constantemente. Hemos dejado que nuestra cultura nos intimide para que nunca mencionemos su nombre. En muchas de nuestras circunstancias, él se queda sin ser glorificado.

EN HECHOS Uno de los propósitos de Dios detrás de sus obras grandiosas, aparte del simple hecho de que nos ama, es su celo por la gloria de su nombre. Cuando le atribuimos lo que ha hecho, nos alineamos con el celo del mismo Señor. Cumplimos el propósito para el que fuimos creados: glorificarlo.

¿Has socavado el propósito de Dios en tus bendiciones al no reconocerlo como la fuente? Arrepiéntete de eso y atribúyele la gloria que su nombre merece. Como resultado, el Dador de todas las cosas buenas estará aún más dispuesto a dártelas.

21 DE ENERO
Salmo 96

Los hombres [...] alaban a Dios de una forma que él apenas recibe la décima parte de lo que le corresponde.

Juan Calvino

Amor incondicional

Los sabios tomarán todo muy en serio; verán en nuestra historia el fiel amor del Señor. SALMO 107:43

22 DE ENERO
Salmo 107

Dios no nos ama
porque seamos
valiosos. Somos
valiosos porque
él nos ama.
Fulton John Sheen

EN PALABRAS En una sociedad secular, las estadísticas de depresión aumentan dramáticamente. Las tasas de suicidio se disparan. La ira, la amargura y la desesperanza son evidentes en las expresiones culturales de nuestra época. ¿Por qué? Frecuentemente hay un ingrediente que falta en la psique del hombre moderno: el amor de Dios.

Cuando tomamos represalias; nos atiborramos de sustancias o de ideas que solo dan alivio a nuestro ego herido; nos volvemos envidiosos, batallamos por salir adelante o perdemos las esperanzas; nos hemos olvidado de este ingrediente que hace falta. El amor de Dios hace que todas nuestras emociones falsas pierdan sentido.

Piensa en tus tendencias emocionales. ¿No surge la mayoría de nuestros problemas de conducta y defectos psicológicos de una inseguridad profunda? Si nosotros los redimidos estuviéramos totalmente convencidos del amor de Dios —la bondad firme que él nos ha demostrado desde el inicio de la creación—, entonces perderíamos la base de casi cada una de nuestras inseguridades. Los que se han sumergido en el inmensurable amor de Dios son efectivamente sabios y sumamente seguros. No sienten envidia, deseos de venganza ni razones para temer; no desperdician tiempo en banalidades y no buscan ocasiones para el protagonismo.

Lee el Salmo 107. ¿Estás vagando por el desierto (v. 4)? ¿Estás sufriendo con cadenas (v. 10)? ¿Has sido rebelde (v. 17)? ¿Ha amenazado tu seguridad la tempestad (v. 25)? La respuesta sabia se encuentra en los versículos 6, 13, 19 y 28: «"¡Socorro, Señor!", clamaron en medio de su dificultad». El resultado siempre es la liberación, por lo menos con su definición si no con la nuestra. ¿Por qué? Porque el amor de Dios es grande. Solo este salmo lo dice cinco veces. La Palabra no podría ser más enfática.

EN HECHOS La naturaleza humana nos insta a escondernos cuando tenemos problemas. La Palabra de Dios nos dice que clamemos a él. Seguir la Palabra de Dios es infinitamente más sabio que seguir la naturaleza humana caída. La próxima vez que estés afligido, aférrate al único hecho inalterable: el gran amor de Dios para sus redimidos.

El arte de la adoración

Felices son los que oyen el alegre llamado a la adoración, porque caminarán a la luz de tu presencia, SEÑOR. SALMO 89:15

EN PALABRAS La adoración es un arte que se aprende. Es una actitud del corazón que continuamente reconoce a Dios y valora su carácter. Es el reflejo supremo de realidad en la mente del creyente. Y es la clave para la bendición.

Observa a cualquier cristiano que esté batallando perpetuamente con fallas personales o con circunstancias abrumadoras y probablemente verás a un cristiano cuyos ojos están puestos en sí mismo. Es una tendencia humana natural, pero rara vez es fructífera. La adoración cambia eso. Nos da una perspectiva nueva y nos saca del reino de la opresión —un estado innecesario para cualquiera que toma en serio las promesas de la Biblia— y nos coloca en el reino del poder, sabiduría y amor de Dios: el reino de la verdad eterna. Abre los ojos a lo que es real.

Con los ojos naturales, frecuentemente vemos nuestras batallas como obstáculos enormes y nuestras opciones de vencerlos como escasas. Fácilmente nos abrumamos. Conocemos nuestras limitaciones y la omnipotencia de Dios parece distante. Cuando lo adoramos, como dice el salmo, nos despojamos de esas ilusiones atadas a la tierra. Nuestra adoración nos lleva a la luz de su presencia y nos hace recordar quién es él realmente. Altera radicalmente nuestra perspectiva. Si alguna vez pensamos que nuestras batallas eran reales y que nuestro Dios podría ser ilusorio, nos damos cuenta de que nuestro Dios es real y de que nuestras batallas son las ilusorias.

EN HECHOS Hay una bendición profunda al reconocer quién es Dios y al reclamar su presencia en tu vida. Su grandeza hace que todas las demás cosas, especialmente las difíciles, parezcan pequeñas. Te permite orar con confianza y fe en que tú, a través de él, vencerás. Cuando él llena tu corazón de su presencia, ninguna carga puede llenar tu corazón con su peso. Aprende el arte de la adoración y sé bendecido.

23 DE ENERO
Salmo 89:14-18

Adorar a Dios es darse cuenta del propósito para el que Dios nos creó.
Herbert M. Carson

23

La disciplina de la adoración

Felices son los que oyen el alegre llamado a la adoración, porque caminarán a la luz de tu presencia, SEÑOR. SALMO 89:15

24 DE ENERO
Salmo 89:14-18

Si la adoración no nos cambia, no ha sido adoración.

Richard Foster

EN PALABRAS Muchos de nosotros somos pesimistas por naturaleza. El vaso siempre está medio vacío, *por lo menos* medio, si no más. Vemos nuestras áreas de necesidad mucho más fácilmente que la forma en que Dios las ha suplido. Por supuesto que sabemos que él nos ha bendecido, pero no meditamos en esas bendiciones. Pensamos en lo que todavía falta para nuestra satisfacción.

Los que tenemos ese pesimismo por realidad raramente lo vemos por el pecado que es. Lo consideramos una de las excentricidades de nuestra naturaleza humana, una característica de la personalidad y no un problema espiritual. Sin embargo, es, de hecho, profundamente espiritual. Y es un verdadero problema. No reconoce la bondad de Dios tan frecuentemente como debería hacerlo. Es la raíz del mismo pecado de quejarse que tanto enojó a Dios con los israelitas en el desierto.

Este salmo nos da la sabiduría para cambiar nuestras actitudes. Muestra la salida del desierto del descontento. En lugar de afirmar nuestras áreas de necesidad, gira nuestro enfoque a nuestras bendiciones. Nos dice que lo adoremos, que reconozcamos verbalmente quién es él. Cuando lo hacemos, su presencia llega a ser una realidad más grande para nosotros, más grande de lo que alguna vez lo fue y más grande que todas las fuentes de nuestra insatisfacción. Los que aprenden a adorarlo aprenden la realidad del Dios de toda suficiencia. En pocas palabras, llegamos a ser criaturas gozosas. O, como lo dice el salmista, somos felices.

EN HECHOS Los seres humanos tendemos a quedarnos atrapados en uno de dos ciclos: un ciclo hacia abajo de decepción, o un ciclo hacia arriba de bendición. Cuando nos enfocamos en las necesidades no suplidas, perdemos de vista la bondad de Dios y no estamos preparados para recibir más de ella. Cuando nos enfocamos en nuestras bendiciones, no solo nos sentimos más contentos, en realidad recibimos la mayor bendición de conocer a Dios. Esperamos recibir más y él se complace en dárselo a los que lo reconocen fielmente.

La profundidad de la misericordia

Contesta a mis oraciones, oh SEÑOR, pues tu amor inagotable es maravilloso;
cuida de mí, pues tu misericordia es muy abundante. SALMO 69:16

EN PALABRAS ¿Sobre qué base invocamos a Dios? ¿Qué derecho tenemos de acercarnos a su trono y de pedir ayuda? Si no sabemos la respuesta —si no está profundamente arraigada en nuestra alma—, es posible que tengamos una vida de oración estéril. Y si tenemos hambre espiritual, la falta de productividad nos causará molestia. Preguntaremos por qué.

Un obstáculo para la vida productiva de oración es acercarse a Dios sobre la base equivocada. Frecuentemente, en nuestra mente él es nuestro deudor, un Padre que está obligado a cuidarnos sin importar nuestra actitud. Es cierto que él cuidará de nosotros, pero no de acuerdo a nuestras especificaciones. Él nos enderezará. Él nos enseñará a acercarnos a él con su verdadera naturaleza —amor y misericordia— en el primer plano de nuestra mente.

Aunque conocemos su gracia, frecuentemente nos confundimos. Llegamos a verlo más bien como indulgente y no como misericordioso. La diferencia es monumental. Él no pasa por alto nuestro pecado: mira la Cruz como la primera prueba. No, él lo perdona. Conocer la diferencia tiene enormes implicaciones para nosotros. Cuando lo vemos como indulgente, no le damos importancia a nuestro pecado, como asumimos que él no lo hace. No lo apreciaremos y nunca conoceremos la profundidad de su amor. Oraremos con corazones pecaminosos y distorsionados. Cuando entendamos la misericordia, nos lamentaremos y nos arrepentiremos. Y nunca más nos acercaremos a él con un sentido de derecho.

EN HECHOS El clamor de David es un modelo de oración. Los hijos que creen que tienen derecho al favor de sus padres son una molestia, tanto para sus padres como para otros observadores. Peor que eso, nunca llegan a apreciar la generosidad de sus padres. La dan por sentado. Dios no permitirá que nos relacionemos con él de esa manera por mucho tiempo. Él no es indulgente con nosotros; él es misericordioso. Él ve la fealdad del pecado y nos ama de todas maneras. Se ha encargado de nuestra rebelión con dolor. Y luego nos bendice con la oración respondida. Cuando ores, conoce la profundidad de su misericordia. Está detrás de cada respuesta.

25 DE ENERO
Salmo 69:13-18

El Padre celestial no tiene hijos consentidos. Él los ama demasiado como para eso.

Fred Mitchell

25

Rodeado de amor

Pues tú bendices a los justos, oh SEÑOR; los rodeas con tu escudo de amor.
SALMO 5:12

La inversión de Dios en nosotros es tan grande que no es posible que nos abandone.

Erwin Lutzer

EN PALABRAS Cuando observamos el mundo que nos rodea, es fácil llegar a ser negativos. Frecuentemente vemos que la gente virtuosa sufre y que los malos prosperan. No obstante, lo que vemos son las circunstancias que rodean a alguien. Lo que generalmente no vemos es la actitud de Dios hacia esa persona. No siempre es la misma. A veces su favor resulta en bendición visible, a veces no.

Así como en muchos otros salmos, David clamó a Dios por ayuda en el Salmo 5:2. Su conclusión al final del salmo es que será bendecido. ¿Por qué? Él sabe quién es Dios. Aunque sufra en manos del mal, sabe que esa no siempre será su situación. Es posible, también, que nosotros no veamos justicia en un momento dado, pero con el transcurso del tiempo, veremos dos tendencias inalterables: la bendición de los que buscan la justicia y la destrucción de los que buscan el mal.

EN HECHOS Necesitamos saber esto cuando nos preguntamos si nuestra búsqueda de la piedad vale lo que cuesta. Siempre lo vale. Es posible que no lo veamos inmediatamente, pero lo veremos con el tiempo. Dios nunca retuvo la bendición del que tuvo un corazón recto hacia él. Nunca. Eso contradiría su carácter y violaría su promesa. Él bendice a los justos y los rodea de amor.

¿Te preguntas acerca de tu futuro? ¿Temes por tu bienestar? No temas, si tu corazón le pertenece a Dios y vives para él. No está en su naturaleza abandonar a sus fieles. Es posible que él permita que experimentes un tiempo difícil, pero nunca sin la gracia abundante y nunca de manera indefinida. Habrá alivio. Su amor ya te rodea como un escudo. Tarde o temprano lo verás.

Nuestra mayor necesidad

A ti acudo en busca de protección, oh Señor mi Dios. SALMO 7:1

EN PALABRAS ¿Por qué tantos salmos hablan de ayuda y de rescate? ¿Por qué es tan importante conocer a Dios como nuestro refugio? Debido a que es nuestra mayor necesidad.

Es posible que no pensemos así. Pensamos que necesitamos más fruto del Espíritu o más carácter, más posesiones o poder, más sabiduría o talento. No obstante, la evaluación de Dios en la Biblia es que nosotros somos ovejas con necesidad de un Pastor, los oprimidos con necesidad de un Liberador, los perdidos con necesidad de un Salvador. Las otras necesidades también son importantes, pero nuestra primera y principal deficiencia es nuestra impotencia. Simplemente no está en nosotros el poder ayudarnos a nosotros mismos.

Eso es una contradicción directa de las filosofías humanistas y de otras doctrinas religiosas. La mayoría de los sistemas de fe asigna mucha confianza a la capacidad del yo de hacer buenas obras, de obtener iluminación, de obedecer preceptos o de adquirir sabiduría. Sostiene que la solución está adentro. Sin embargo, Dios dice que no es así. La solución está afuera de nosotros, por encima de nuestra propia capacidad. Cualquiera que sea nuestra necesidad, se suple al retirar la mirada de nosotros mismos y al abandonarnos a nuestro Salvador. Debemos correr a él. Él es la fuente de todo lo que necesitamos. Él es la solución.

Es tal vez por esto que la fe bíblica resulta tan ofensiva para algunos. Hay cierta cantidad de orgullo en poder desarrollar la solución propia. Queremos obtener victorias, no ser rescatados. Sin embargo, la evaluación de la Biblia de nuestra capacidad es clara: necesitamos ser rescatados y no podemos lograrlo por nosotros mismos.

EN HECHOS Aprendimos esta lección en cuanto a nuestra salvación, si de hecho conocemos a Jesús como nuestro Salvador. No obstante, muchos de nosotros olvidamos en el camino que esta vulnerabilidad es característica de toda la vida cristiana. En *todo* dependemos completamente de Dios. Hay una razón por la que Dios le dio tanto espacio en su Palabra a los salmos desesperados de David. Su desesperación es como la nuestra. ¿Necesitas provisión? Eso llega de él. ¿Protección? También es de él. ¿Santidad? De nuevo, solo de él. Menciona la necesidad, él es la fuente de provisión. Aprende a correr a tu Refugio.

27 DE ENERO
Salmo 7

¿No es una noticia maravillosa creer que la salvación está afuera de nosotros mismos?

Martín Lutero

Nuestro escudo

No tengo miedo a los diez mil enemigos que me rodean por todas partes.
SALMO 3:6

28 DE ENERO
Salmo 3

La cura para el
temor es la fe.
Norman Vincent Peale

EN PALABRAS Leemos un versículo como este en los salmos y nos maravillamos por la belleza de la fe de David. Sin embargo, ubícalo en un ambiente de la época moderna, sin la reverencia histórica y espiritual con la que se consideran sus escritos, y consideraríamos esta declaración peligrosamente irracional. Los que están rodeados por todas partes de diez mil fuerzas hostiles *deberían* sentir temor. Solo los enfermos mentales dirían que no. Diríamos que ese disparate es un escape, una negación o una falsa ilusión. Le diríamos a David que fuera realista.

Sin embargo, David sabe algo que muchos de nosotros no consideramos. El Dios invisible es más real que el enemigo visible. Diez mil están irremediablemente impotentes ante su poder. Con ojos espirituales, David puede decir con Eliseo: «¡Hay más de nuestro lado que del lado de ellos!» (ver 2 Reyes 6:15-17). Los que solo ven a los muchos enemigos no se enfocan en la realidad. Solamente se enfocan en lo visible. Han olvidado un principio fundamental de la vida espiritual: lo «visible» y lo «real» son dos cosas formidablemente distintas.

EN HECHOS ¿Estás abrumado con las cargas de la vida? ¿Tienes una multitud de enemigos? ¿Estás agobiado por las batallas espirituales que sostienes? ¿Estás perdiendo las esperanzas? No olvides este principio: Lo que ves no es todo lo que hay. Por encima de tus problemas están: 1) el poder del Señor de los Ejércitos Celestiales; 2) todos sus siervos obedientes listos para pelear por ti; y 3) tus oraciones y tu fe: las líneas claras de comunicación entre tú y tu Liberador.

Al igual que David, podemos rehusar ser intimidados por los diez mil que nos rodeen. ¿Por qué? Porque conocemos a un Salvador infinitamente más fuerte que diez mil enemigos. Esa no es una esperanza irracional. No es escapismo. Es la realidad. No tenemos razón para temer.

Decisiones reveladoras

La justicia rescata a las personas buenas; los traidores quedan atrapados por su propia ambición. PROVERBIOS 11:6

EN PALABRAS Decisiones. Cada una de ellas, en cierto sentido, es una prueba. ¿Por qué? Porque revelan nuestros deseos. A veces los deseos que revelan no tienen consecuencias morales ni espirituales: nuestras preferencias por la comida o por la ropa, por ejemplo. Otras veces, los deseos que revelan nuestras decisiones tienen un profundo resultado espiritual: nuestra inclinación por la obediencia queda expuesta. Podemos darnos cuenta si atesoramos la conveniencia o la justicia. Es posible que dejemos entrever si preferimos la satisfacción física o la espiritual. Nuestro amor más profundo sale a la superficie en las decisiones que tomamos. Aun cuando neguemos nuestros deseos fuertes, demostramos que otros más intensos orientaron nuestras decisiones.

Cualquiera que haya batallado cometiendo los mismos errores —en otras palabras, virtualmente todos nosotros— conoce la capacidad que tienen los deseos para atraparnos. Pueden forzarnos a actuar de manera contraria a nuestra propia conciencia. Al igual que Pablo en Romanos 7, frecuentemente hacemos lo que no queremos hacer y no hacemos lo que en realidad queremos hacer. Tenemos una incapacidad muy arraigada para vivir de acuerdo a la ley de Dios en nosotros.

Solamente Jesús puede liberarnos de esa incapacidad. No siempre es un asunto de simple obediencia. No obstante, aun cuando él comienza a liberarnos, se nos debe recordar la seriedad de nuestras decisiones. La obediencia es importante. En nuestros pecados más tentadores y reincidentes debemos darnos cuenta de que le damos a Dios respuestas claras a nuestras pruebas. Preferimos satisfacer deseos malos en lugar de obedecerlo.

EN HECHOS ¿Has batallado con un comportamiento adictivo? ¿Has repetido el mismo pecado una y otra vez? Entiende la afirmación que haces cuando sucumbes ante él: prefieres el placer pasajero de un deseo pecaminoso a la comunión que resulta de la obediencia. Es una decisión reveladora. Rehúsa dejarte atrapar. Permite que la justicia —el deseo sin par de Dios— te libere.

29 DE ENERO
Proverbios 11:6

La obediencia santa avergüenza a todos los deseos naturales y egoístas.

Francisco de Asís

Compromiso y éxito

Pon todo lo que hagas en manos del SEÑOR, y tus planes tendrán éxito.
PROVERBIOS 16:3

30 DE ENERO
Proverbios 16:3

No es asunto tuyo tener éxito, sino hacer lo correcto; cuando lo hayas hecho, el resto depende de Dios.
C. S. Lewis

EN PALABRAS La promesa de este versículo es extravagante y la condición parece ser sincera. Si le encomendamos nuestros planes al Señor —y en realidad parece que se enfoca en *nuestros* planes— entonces tendremos éxito. El escepticismo de nuestra alma quiere decir: «Sí, pero...», no obstante, la Palabra inspirada no nos da esa opción. Sin embargo, sí nos insta a examinar un poco más de cerca. Hay dos claves para entender esta maravillosa promesa de éxito: debemos entender lo que significa entregarle al Señor todo lo que hagamos y debemos entender también cómo define Dios el éxito.

¿Qué significa entregarle al Señor cualquier cosa que hagamos? No significa que elaboremos nuestros propios planes y que luego le pidamos a Dios que los bendiga, esperando que él honre incondicionalmente los caprichos de nuestro corazón. Significa que si hemos hecho el compromiso de honrar a Dios con nuestra vida, y ese compromiso ha conformado toda nuestra manera de vivir, entonces él asegurará el éxito. Significa que una vida dedicada a Dios experimentará a un Dios dedicado a la vida.

¿Cómo define Dios el éxito? El ejemplo perfecto es Jesús. ¿Consideró Dios que su vida fue exitosa? Sabemos que sí. Sin embargo, en esa época, el mundo no lo consideró así. Él fue un fracaso total, un revolucionario fracasado que no pudo vivir a la altura de sus afirmaciones de ser el Mesías en la época más crucial para demostrarlas. Sí, a los ojos de Dios la Crucifixión es un éxito. También lo son la persecución, las adversidades y el sacrificio. No se trata de posición, logros, reputación ni beneficios. Se trata de un carácter piadoso y de fruto eterno.

EN HECHOS Aprende lo que significa entregarle a Dios tus caminos y entiende cómo él define el éxito, y el resultado será una vida muy exitosa. Es posible que a los demás no les parezca de esa manera, pero parece que a Dios le importan poco las apariencias. Nunca busques guías ciegos para averiguar si eres exitoso. El que todo lo ve es el que dictamina el juicio final de cuán bien has vivido. Entrégate a él y la bendición del éxito está asegurada.

Atado a deudas

Así como el rico gobierna al pobre, el que pide prestado es sirviente del que presta. PROVERBIOS 22:7

EN PALABRAS Un estudio reciente indicó que la mayor parte de deuda en Estados Unidos es por deuda de tarjetas de crédito. Esa es una de las muchas señales de que las sociedades modernas, particularmente en el hemisferio occidental, están impulsadas para comprar a cualquier precio. Acumulamos las posesiones de nuestro mundo material en niveles alarmantes. Una de las deficiencias imperantes de nuestra generación es que siempre estamos «gastando» más de lo que ganamos. Se nos llama «consumidores» porque consumimos, muchísimo.

La sabiduría bíblica nos ordena que seamos sumamente cuidadosos con nuestro endeudamiento. ¿Por qué? Porque «el que pide prestado es sirviente del que presta». Somos cautivos de, o por lo menos estamos sujetos a, las deudas que debemos pagar. Cuando esas deudas se acumulan, estamos limitados en nuestras decisiones. Si Dios nos dice que empaquemos todo y que nos vayamos a otro lado, quizá no estemos en condiciones de hacerlo. Si nos dice que nos embarquemos en una carrera distinta, es posible que no tengamos los recursos. Nos ponemos en una posición de limitar su obra en nuestra vida.

Estamos atados por las leyes de nuestro gobierno y por la moral de nuestra fe a cancelar lo que hemos prometido pagar. Dios quiere que lo hagamos fiel y celosamente, pero él prefiere que nunca estemos en una posición tan limitada. Cuando lo estamos, es posible que hayamos asumido conjeturas equivocadas. Hemos supuesto que el ingreso de mañana será por lo menos tan alto como el de ahora, si no más alto. Hemos tratado de encerrar a Dios en su generosidad como si fuera nuestro derecho recibir y no su derecho dar. Presumimos demasiado en cuanto al mañana.

EN HECHOS La Biblia no prohíbe el endeudamiento. Cada creyente debe determinar, como un asunto de conciencia y del Espíritu que obra en nosotros, qué deudas son viables, de acuerdo a las Escrituras, y cuáles no lo son. Sin embargo, se nos dan sólidas advertencias. Dios quiere que su pueblo esté libre del mundo y que esté atado solo a él. Debemos ser cuidadosos: debemos servir a otros porque somos llamados por el nombre de Cristo, no porque nos veamos obligados por nuestras firmas frecuentes.

31 DE ENERO
Proverbios 22:7;
Romanos 13:8

¿Estamos tan dispuestos a endeudarnos por la obra de Dios como lo estamos por unas vacaciones en Hawái?

Erwin Lutzer

El sistema de valores de Dios

Cuando la vida de alguien agrada al Señor, hasta sus enemigos están en paz con él. PROVERBIOS 16:7

1 DE FEBRERO
Proverbios 16:7;
2 Timoteo 3:12

Las promesas de
Dios son como
las estrellas;
mientras más
oscura la noche,
más brillan ellas.
David Nicholas

EN PALABRAS La literatura sapiencial de las Escrituras contiene ciertos principios de vida que no siempre vemos en nuestra experiencia. Por ejemplo, considera este versículo: «Cuando la vida de alguien agrada al Señor, hasta sus enemigos están en paz con él». Aun así, sabemos que los caminos de Jesús, e incluso los de Esteban, Pablo, Pedro y muchas otras víctimas de agresión, fueron agradables al Señor, y sus enemigos no vivieron en paz con ellos. ¿Qué debemos hacer cuando encontramos principios similares, que se proclaman predominantemente en las Escrituras pero que muy frecuentemente no se dan en la experiencia? ¿Debemos negar la veracidad de la Biblia?

Obviamente no. La Biblia es nuestra Palabra de vida. Nunca ha demostrado ser falsa. Lo que vemos en los libros sapienciales de Salmos, Proverbios y Eclesiastés, entre otros, es una descripción de la forma en que la vida debería funcionar. No siempre son afirmaciones absolutas de causa y efecto; frecuentemente son principios orientadores del sistema de valores de Dios. Si contienen promesas, las promesas se cumplirán. ¿Cómo podría ser de otra forma? Son del Dios fiel. No obstante, es posible que no se cumplan ahora. Es posible que primero tengas adversarios. Puede ser que tu bien se pague con mal. Es posible que vivas los principios de Dios y que experimentes la agresión del enemigo, por algún tiempo.

EN HECHOS La sabiduría de las Escrituras es más profunda de lo que pensamos. No se trata de superficialidades. Son verdades que deben extraerse como piedras preciosas. Necesitamos explorar profundamente las verdades de la sabiduría de Dios y dejar que queden escritas en nuestro corazón. Debemos conocer su sistema de valores por dentro y por fuera.

No te desanimes cuando encuentres versículos que no se han cumplido en tu vida. Confía en que se cumplirán. Sé paciente y ten fe constante en Dios, y con el tiempo verás las promesas hechas realidad. El sistema de valores de Dios prevalecerá y su luz penetrará en toda la oscuridad. Los que se aferren a su Palabra serán reivindicados al final.

Sincronizado con Dios

Dios detesta la oración del que no hace caso de la ley. PROVERBIOS 28:9

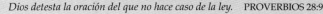

EN PALABRAS Nadie quiere oraciones detestables. El pensamiento en sí es una advertencia suficiente para mantenernos fieles a Dios. No obstante, es difícil vivir con la fórmula de las oraciones aceptables. ¿Legalismo? ¿Es eso en realidad lo que Dios quiere de nosotros?

Las Escrituras nunca nos dicen que Dios solo oye nuestras oraciones cuando guardamos perfectamente su ley. Sin embargo, sí se nos exhorta a tener nuestro corazón dirigido hacia él y a ser celosos en cuanto a nuestra obediencia. Frecuentemente aprendemos lo negativo de memoria —«Son sus pecados los que los han separado de Dios. A causa de esos pecados, él se alejó y ya no los escuchará» (Isaías 59:2), por ejemplo—, pero en las Escrituras se hace énfasis en el aliento positivo, por lo menos igual de frecuentemente, si no más. Un corazón inclinado hacia Dios abre el camino para que él tenga sus oídos inclinados hacia nosotros. Él puede responder nuestras oraciones mucho más frecuentemente cuando no nos está disciplinando por un comportamiento impío.

Cada vez que en las Escrituras se hace énfasis en la ley del Antiguo Testamento, nos preocupamos por el legalismo, como si la obediencia para ganar justicia pudiera confundirse con la obediencia como resultado de la fe. Podrían verse como lo mismo superficialmente, pero sus motivaciones son polos opuestos. Por lo que podemos relajarnos: Dios nunca nos dice que el legalismo sea el medio para una vida de oración vibrante. Solamente nos dice que los que aceptan el orden y los estándares que están entretejidos en su creación están aptos para pedirle que intervenga en ella. Un corazón sincronizado con el corazón de Dios resulta en oraciones sincronizadas con su plan.

EN HECHOS ¿Has batallado con una oración no respondida? Hay muchas razones posibles por las que Dios puede retener sus respuestas, pero considera esta: ¿te has sometido a su autoridad? Es lógico que si vamos a recurrir a su autoridad se espere que vivamos bajo ella. Cuando nos rebelamos contra su voluntad y luego le pedimos que cumpla su voluntad, nos contradecimos a nosotros mismos. Sin embargo, cuando nos sometemos a su voluntad, nos alineamos con la corriente que mana de la creación. Estamos listos para experimentar el poder de la oración.

2 DE FEBRERO
Proverbios 28:9;
Isaías 59:2

El que huye de Dios en la mañana difícilmente lo encontrará el resto del día.

John Bunyan

Cómo representar a Jesús

Trabajen de buena gana en todo lo que hagan, como si fuera para el Señor y no para la gente. COLOSENSES 3:23

3 DE FEBRERO
Colosenses 3:23-25

La criada de una lechería puede ordeñar vacas para la gloria de Dios.
Martín Lutero

EN PALABRAS Vemos nuestra vida desde el punto de vista de actividad y de resultados. Interpretamos nuestro éxito tomando en cuenta lo que hemos logrado. Así que tiene sentido que al trabajar definamos su calidad por lo exterior: lo que hemos hecho, para quién lo hemos hecho y cuáles serán los resultados.

Dios tiene su mirada puesta en otro criterio. Él ve nuestra vida desde el punto de vista del fruto, que puede incluir actividades y logros, pero que comprende muchísimo más. El fruto involucra las cualidades que el Espíritu Santo cultiva en nosotros: amor, alegría, paz, paciencia, gentileza, bondad, fidelidad, humildad y control propio (Gálatas 5:22-23). Así que cuando Dios nos ve trabajando, está más interesado en cómo se hace el trabajo que en los resultados. Él observa los motivos y las actitudes. Más que nada, él considera si nuestros motivos se derivan de él o si él es secundario en lo que hacemos. Y si él es secundario, se entristece.

A la larga, cada centímetro de nuestra vida es de Dios, incluso nuestro trabajo. Si él quiere ser el Señor de nuestros pensamientos y de nuestras relaciones, claramente va a querer ser también el Señor de nuestro trabajo, o de cualquier vocación que ocupe nuestro tiempo. No dejamos de ser sus discípulos cuando empieza nuestro horario de trabajo. Si él es verdaderamente nuestro Señor, entonces todo lo que hacemos es para él.

EN HECHOS ¿Trabajas para un empleador? Tal vez sí, pero la impresión que dejes en él o en ella es totalmente asunto de Dios. Él es celoso con la reputación de su nombre. Si has reclamado su nombre, él es celoso de tu reputación. Tu carácter y el suyo van de la mano. Si otra gente, creyentes y no creyentes por igual, observan cualidades piadosas en ti, entonces Dios es glorificado. Si no las ven, entonces él no es glorificado. Literalmente representamos a Jesús donde sea que estemos, incluso en nuestro lugar de trabajo. Represéntalo con todo tu corazón.

Cómo exhibir a Jesús

Trabajen de buena gana en todo lo que hagan, como si fuera para el Señor y no para la gente. COLOSENSES 3:23

EN PALABRAS Hay un asunto más profundo aquí que trabajar con la actitud correcta. Es un asunto de orientación de la vida. ¿A quién le perteneces? ¿Quién es el soberano de tus circunstancias? ¿Quién está realmente en control?

Una gran cantidad de personas no disfrutan de su trabajo. Los no creyentes simplemente preferirían hacer algo distinto. Como creyentes, frecuentemente vemos nuestro trabajo como una interferencia en nuestra vida de fe. Disfrutaríamos más nuestra vida sin él. Tendríamos tiempo para estudiar más la Palabra de Dios si no tuviéramos que trabajar semanas de cuarenta horas. Tendríamos más tiempo para desarrollar relaciones importantes. Fácilmente sentimos como que estamos en el lugar incorrecto cuando hacemos las cosas que tenemos que hacer. En el fondo de ese sentimiento hay un cuestionamiento de la soberanía de Dios en nuestra vida. Nos preguntamos por qué nos ha puesto Dios donde lo ha hecho.

Dios no nos ha colocado donde estamos simplemente por el resultado que podemos producir, ya sea en una fábrica, en un escritorio, en la escuela o en el hogar con los hijos. Él nos ha puesto allí porque ese es un contexto en el que él quiere exhibirse. Nuestro trabajo se trata de él, aunque sea totalmente secular en nuestra mente. Estamos allí porque Dios quiere poner piedad en exhibición para que otros la vean. Él quiere infiltrarse en la cultura en la que trabajamos.

EN HECHOS ¿Está la piedad activa en tu preocupación? Si eres como mucha gente, es posible que estés preocupado por el desagrado de estar allí. Puedes sentir que tu trabajo no tiene sentido, que tu jefe es injusto, que tus compañeros de trabajo son mezquinos. No importa. Nada de eso es el punto. El punto es que el Espíritu Santo more en ti allí, donde sea que te encuentres. En ese sentido, estás trabajando para Dios, no para el que firma tu cheque de pago. En cualquier cosa que hagas, ten esto en mente: lo estás haciendo no solo porque Dios quiere que estés allí, sino porque él también quiere estar allí.

4 DE FEBRERO
Colosenses 3:23-25

Trabajo sin una relación de amor se deletrea desgaste.
Lloyd John Ogilvie

Una perspectiva egoísta de Dios

La gente arruina su vida por su propia necedad, y después se enoja con el Señor. PROVERBIOS 19:3

5 DE FEBRERO
Proverbios 19:3

Algunas personas tratan a Dios como un abogado. Lo buscan solo cuando tienen problemas.

Anónimo

EN PALABRAS El problema es casi universal. Como participantes de la rebelión humana, todos hemos actuado tontamente. Cada vez que hemos vivido sin considerar la voluntad del Señor en algún asunto, cada vez que no hemos alentado nuestro amor por él y cada vez que intencionalmente hemos actuado conforme a nuestro beneficio sin preocuparnos por las consecuencias para los demás, hemos fomentado una sensación de separación entre nosotros y nuestro Creador. Es parte de la naturaleza humana caída poner distancia entre Dios y nosotros mismos. De esa manera podemos servirnos mejor a nosotros mismos. En nuestras épocas de independencia, no queremos que él se acerque demasiado.

Sin embargo, cuando surgen problemas, clamamos a Dios como si fuéramos las víctimas más impotentes. Lo que es peor, frecuentemente clamamos con una insinuación de acusación: «¿Por qué me haces esto?». Generalmente fallamos en establecer una conexión vital entre nuestra independencia voluntariosa durante nuestras épocas de autosuficiencia y la aparente ausencia de Dios en nuestros tiempos de necesidad. No se nos ocurre que cuando mantenemos a Dios en la periferia de nuestra vida, no tenemos por qué acusarlo de no «estar allí» para nosotros cuando lo necesitamos.

Proverbios lo llama «necedad». Es una insensatez total establecernos como gente independiente cuando todo transcurre bien, y cuando nos metemos en problemas, apelar a las obligaciones paternales de Dios. No obstante, heredamos la necedad en la Caída. Genéticamente somos propensos a querer un Dios conveniente, que esté allí cuando lo necesitemos y que nos deje en paz cuando no es así.

EN HECHOS ¿Cuál es la solución para esta perspectiva egoísta de Dios? No es dejar de invocarlo cuando haya problemas. Él acepta eso, incluso lo ordena. La solución es permitir que él sea la base integral e íntima de nuestra vida ahora, antes de que lleguen los problemas. Entonces nuestros clamores a él serán la voz agradable de un hijo valioso y cuando lo necesitemos, él se mostrará firme a nuestro favor.

Ropa nueva

Deshágense de su vieja naturaleza pecaminosa y de su antigua manera de vivir [...] Pónganse la nueva naturaleza. EFESIOS 4:22, 24

6 DE FEBRERO
Efesios 4:17-24

No podemos evitar conformarnos a lo que amamos.
Francisco de Sales

EN PALABRAS Vivir la vida cristiana debería llegar a ser tan natural para nosotros como cambiarnos de ropa. Nos quitamos la vieja y nos ponemos la nueva. La vieja puede haber sido cómoda, pero está sucia y terriblemente pasada de moda en nuestro reino nuevo. La nueva es el estilo permanente del reino del cielo y nos asemejará a Dios cada vez más. Nuestra responsabilidad es despojarnos continuamente de lo que ya no es apropiado y colocarnos la ropa que se nos ha dado.

Sin embargo, muchos de nosotros andamos en el camino equivocado. Proclamamos la ciudadanía en el reino nuevo, pero seguimos con la moda antigua. Al tratar de encajar en todas partes, nos damos cuenta de que no encajamos en ninguna. Es posible que nos mezclemos con el reino viejo, pero ya no tenemos una identificación apropiada allí. Tenemos la identificación apropiada del reino nuevo, pero somos lentos para encajar allí. De cualquier manera, es una situación incómoda en la que nos encontramos.

¿Cuál es nuestra renuencia? ¿Por qué vacilamos en ponernos nuestra ropa nueva? Porque sabemos que experimentaremos rechazo, y a nadie le gusta el rechazo. No obstante, el rechazo les llegará a todos, ya sea del mundo o del reino del cielo. La pregunta no es si podremos evitarlo, sino cuál de ellos queremos evitar más. La sabiduría exige una decisión. Tratar de vestirse para los dos reinos no es una opción viable.

EN HECHOS ¿Estás poco dispuesto a colocar los dos pies firmemente en el reino de Dios? ¿Tratas de seguir atado a los restos de tu antigua ciudadanía? Suéltalos. Despójate de ellos como de un traje viejo y raído. La manera de establecerte en tu nuevo reino y de avanzar en él es vestirte de nuevo. Es un proceso diario. Nos negamos a los deseos engañosos (v. 22) y nos saturamos de una actitud nueva (v. 23). Llegamos a ser semejantes a Dios en justicia y en santidad (v. 24). No hay mayor sabiduría que esta.

La opinión que importa

Temer a la gente es una trampa peligrosa, pero confiar en el SEÑOR *significa seguridad.* PROVERBIOS 29:25

7 DE FEBRERO
Proverbios 29:25

Preferiría ser un tonto a los ojos de los hombres que un tonto a los ojos de Dios.
Anónimo

EN PALABRAS La necesidad de impresionar. El deseo de mantenerse lejos de los problemas. La tendencia de compararnos con los demás. El afán de maniobrar y de manipular. Todo eso es producto de nuestro temor natural del hombre. Si «el temor del SEÑOR es la base de la sabiduría» (Proverbios 9:10), el temor del hombre es el final de él. No podemos servirlo bien con nuestros ojos puestos en la opinión popular.

Hacemos toda clase de cosas extrañas por una dependencia innata en la aprobación de los demás. Es posible que en realidad no le temamos a los demás, pero cada persona viva tiende a preocuparse por lo que los demás piensan de ella. Cuando lo hacemos, nuestro bienestar se eleva y cae con las tendencias de nuestra cultura, con los caprichos de la opinión humana y con los estados de ánimo de la gente que tenemos más cerca. No tenemos una base firme en un mundo tan incierto. Nuestra vida centrada en el ser humano resulta ser una trampa. Nos encontramos atrapados en las normas de una sociedad pecadora.

El deseo de Dios es liberarnos totalmente de esta situación de fracaso. Él no nos quiere en una búsqueda inútil de la aprobación popular, ni con un temor obsesivo al rechazo. Él nunca nos pide que nos comparemos con otros. No, Dios quiere que solo su opinión sea la que nos importe. Él nos llama a colocar nuestra identidad totalmente en él. Cuando lo hacemos, nuestro comportamiento será piadoso, porque tenemos la audiencia de Uno, y sabemos que nuestra audiencia es perdonadora, fortalecedora y apacible. No tenemos nada que perder cuando nos acercamos a él con humildad y con honestidad.

EN HECHOS Dios nos ordena resistir el deseo de correr con la multitud. Es un deseo con base en la inseguridad, arraigado en nuestro antiguo alejamiento de nuestro Creador. Una vez reconciliados con nuestro Creador, no tenemos necesidad de la aprobación humana. No hay multitud a la cual agradar, ninguna cultura a la cual acomodarse, ningún aro que atravesar por el aplauso momentáneo de una audiencia caprichosa. Lo mejor de todo, no hay trampa en la cual sucumbir. Al tener vidas orientadas hacia Dios, estamos a salvo de los valores falsos de este mundo.

Un Dios para todo tiempo

¿Aceptaremos solo las cosas buenas que vienen de la mano de Dios y nunca lo malo? JOB 2:10

EN PALABRAS La relación informal con Dios hace que él sea considerado como un amuleto de buena suerte. El mundo está lleno de gente que le ora a Dios, que alaba su bondad, que habla de sus planes y que se llama su hijo o hija. No obstante, cuando llegan los problemas, se quejan de que él no los trata bien. Se preguntan qué han hecho para merecer su desaprobación. Él ya no los sirve como esperaban.

Dios no es un amuleto de buena suerte. Él no es el amuleto que sostenemos en nuestras manos mientras jugamos en la rueda de la ruleta o en el mercado de valores. Él no es el gran entrenador del cielo que estaba de nuestro lado cuando nuestro equipo ganó, pero que no lo estaba cuando perdimos. Nuestras oraciones no son los mantras que repetimos para no tener problemas este día. Él no es el gran Papá Noel de arriba, que lleva un registro de todos nuestros deseos en caso de que seamos buenos. Y su Palabra no es nuestro horóscopo, que nos dice todos los trucos que debemos hacer para tener éxito en nuestras empresas.

No, todos esos métodos para llegar a Dios tienen elementos de verdad, pero terminan como mentiras. Él es más que un «bendecidor» prescindible, que está disponible cuando queremos usarlo y que es irrelevante cuando no es así. Él es el Gobernante de nuestra vida, el Soberano que nos dirige en cada camino que debemos tomar, el Bendecidor que evalúa sus bendiciones según la profundidad de su gracia, el Pastor que nos guiará tanto por llanuras cómodas como por valles difíciles. Él es el Dios de la vida real.

EN HECHOS La vida real tiene problemas. Dios nos protegerá de muchos de ellos, pero también caminará con nosotros por muchos de ellos. Él hará lo mejor para nosotros, no lo que nuestro corazón superficial le dicte. Como la esposa de Job, nos cuesta entender eso. Lo adoramos más desesperadamente en una tormenta que en la calma.

Es bueno saber que Dios es soberano en nuestras circunstancias cuando los tiempos son difíciles. Él las ha permitido porque había algo bueno en ellas. Tenemos una lección que aprender y un Salvador en quien apoyarnos. Confía en que él te tiene allí precisamente por esas razones.

8 DE FEBRERO
Job 2:7-10

Ah, por un espíritu que siempre se inclina ante la soberanía de Dios.

Charles Spurgeon

Guía profunda

Él revela cosas profundas y misteriosas. DANIEL 2:22

9 DE FEBRERO
Daniel 2:19-23

Muy profundo
en tu corazón,
no es consejo lo
que tanto quieres
sino un guía.

John White

EN PALABRAS A veces pensamos que Dios nos ha dado un mínimo de información. Queremos saber las respuestas a todas nuestras preguntas profundas, pero debido a que los filósofos sabios batallan con el significado de la vida tanto como nosotros, asumimos que estamos limitados a la ignorancia por el resto de nuestra vida. Y aparte de los misterios de las épocas, incluso nos conformaríamos con orientación para las decisiones de hoy. Nuestra mente finita necesita ayuda.

Dios no nos deja en la oscuridad. Él deja eso muy claro. Su palabra creó la luz en nuestro mundo en la página uno del Antiguo Testamento, y nos envió la Luz del mundo en la página uno del Nuevo Testamento. Los misterios de la vida, y la guía de hoy, se revelan en él. Nuestro Dios está más que dispuesto a dirigirnos.

Entonces, ¿por qué batallamos tan frecuentemente para encontrar nuestro camino? Quizás nuestra batalla no es tanto un asunto de conocimiento como de voluntad. Frecuentemente sabemos lo que debemos hacer, pero buscamos razones para no hacerlo. O quizás queremos que nos digan nuestra suerte. Solamente queremos orientación, no a Dios. No queremos aportar tiempo y esfuerzo para una relación transformadora con él. La mente de Cristo requiere tiempo para crecer en nosotros y tiene implicaciones radicales. Solo queremos un poco de orientación hoy.

Generalmente, Dios no trabajará de esa forma. Él nos ofrece cosas profundas y ocultas, pero para encontrarlas debemos sostener una relación profunda y oculta con él, profunda en fe y oculta en Cristo (Colosenses 3:3). Todo lo que queremos saber está allí, pero implica un costo abrumador de nuestra parte: una vida sacrificial, una sed de la verdad, un amor por nuestro Salvador y una promesa para seguirlo adondequiera que él nos guíe. Daniel demostró esas cualidades mucho antes de que Dios le diera el entendimiento que se revela en este pasaje. El revelador de los misterios no pide menos de nosotros.

EN HECHOS ¿Quieres sabiduría de lo alto? Es de largo alcance, poderosa, profunda y verdadera. Sin embargo, pedir la luz de su sabiduría exige el compromiso de *vivir* a la luz de su sabiduría. Frecuentemente ese es el ingrediente que nos falta. Él no permitirá que nos conformemos con la dirección superficial. Las visiones de la verdad les llegan a los que la siguen.

El hambre de la justicia

El SEÑOR no dejará que el justo pase hambre, pero se niega a satisfacer los antojos del perverso. PROVERBIOS 10:3

EN PALABRAS En un sentido, nuestra hambre nos define. Piénsalo: nuestros antojos describen, en gran medida, al espíritu que tenemos dentro. Nuestra personalidad, nuestras preferencias, nuestros problemas, todo se revela en y a través de las cosas por las que nos esforzamos.

La Palabra de Dios lo afirma; frecuentemente nos define por nuestra avidez. Jesús dijo que los que tienen hambre y sed de justicia serán saciados (Mateo 5:6). Ellos son suyos. A él le agrada cuando anhelamos su justicia y la buscamos como un tesoro. Él se deleita en ese deseo. Cuando lo tenemos, él nunca menciona nuestro pecado, pues ya no nos define. Él menciona solo nuestro futuro, la plenitud que recibiremos de él. El anhelo, por su descripción, es lo que somos.

Por eso es que Proverbios puede decirnos que el justo no pasará hambre. El justo no tendrá hambre porque ansía la justicia. Dios da esos tesoros a todos los que lo buscan. Sin embargo, el malo anhela la maldad. Si logra saciarse, solo será por un momento. No durará.

Dios promete el pan diario a los que confían con un espíritu recto que él lo dará. Este versículo afirma eso, pero va mucho más allá de la comida. Describe asuntos del corazón y no del estómago. El corazón que está fijo en Dios se encuentra sincronizado con el propósito de la creación en sí. El corazón que tiene más inclinación hacia la maldad que hacia Dios se encontrará terriblemente en desacuerdo con el resto del universo.

EN HECHOS ¿Te elude el contentamiento? Revisa tus deseos. Son una descripción acertada de quién eres y del reino en el que preferirías vivir. ¿De qué tienes hambre? Si tus anhelos te llevan a Dios, nunca tendrás hambre. Si no, siempre la tendrás. El reino de Dios siempre se trata de justicia. Nunca lo olvides, y llénate de ella.

10 DE FEBRERO
Proverbios 10:3

Al hombre le cuesta obtener lo que quiere porque no quiere lo mejor.
George MacDonald

La ley interna

Se deleitan en la ley del SEÑOR meditando en ella día y noche.   SALMO 1:2

11 DE FEBRERO
Salmo 1

La ley dice: «Haz»;
la gracia dice:
«Hecho».

John Henry Jowett

EN PALABRAS Muchos cristianos se confunden en cuanto a la ley del Antiguo Testamento, incluso con las extensas enseñanzas de Pablo acerca de su papel para los creyentes en Jesús. No queremos ser legalistas, tratando de ganar justicia con nuestras obras, como lo enseñan otras religiones. Nuestra justicia se encuentra exclusivamente en Cristo; ¿por qué buscarla con nuestro propio esfuerzo? Por otro lado, no queremos ser anarquistas. La Biblia, incluso el Nuevo Testamento, condena el comportamiento descontrolado. Dios es santo, por lo que nosotros también debemos serlo (Levítico 11:44; 1 Pedro 1:16). De alguna manera, debemos tener santidad y libertad al mismo tiempo. ¿Cómo?

La ley que fue escrita en tablas de piedra —es decir, los diez mandamientos, la suma del estándar moral de Dios— fue alguna vez la pauta de cómo podían ser piadosos los humanos pecadores. Nadie la cumplió nunca, por supuesto, excepto Jesús. No obstante, era la norma correcta. Ahora no es nuestra pauta, sino una descripción de lo que Dios hace en nosotros para hacernos santos. No hay en sí diferencia entre la piedad del Antiguo Testamento y la del Nuevo Testamento. La diferencia está en cómo se obtiene. Alguna vez fue un objetivo externo; ahora es una obra interna del Espíritu de Dios, pero es la misma ley.

EN HECHOS En la fe del Nuevo Testamento es apropiado meditar en la ley de Dios, así como lo fue para el salmista cientos de años antes de Cristo. La clave para el cristiano es no ponerla afuera de nosotros como algo por lo cual esforzarnos. Más bien, debemos verla como una medida de lo que Dios ya ha hecho y seguirá haciendo en nuestro corazón.

Supón que has fallado en uno de los mandamientos. Medita en eso, pero no te esfuerces por cumplirlo solo con tus fuerzas. Ora para que se cumpla en ti. Confiesa haberlo transgredido, pero ten en mente que su cumplimiento es una acción de Dios. Por supuesto que llega con tus oraciones y tu total cooperación, pero es su obra. El Hijo perfecto de Dios vive en ti. ¿Por qué esforzarnos por la vida que él ya vivió? Deléitate en su santidad y deja que él la escriba en tu corazón.

El fruto externo

Son como árboles plantados a la orilla de un río, que siempre dan fruto en su tiempo. Sus hojas nunca se marchitan, y prosperan en todo lo que hacen.

SALMO 1:3

EN PALABRAS Dios planta su Espíritu en nosotros; tenemos al eterno Hijo de Dios en nuestro ser por fe. Cuando los no creyentes leen los Evangelios, las historias de Jesús deben hacerlos pensar en los que creemos. El hecho de que a veces hay muy poca semejanza visible entre el Jesús bíblico y el Espíritu que ahora mora en nuestra carne es una tragedia. Debería haber en nuestro carácter y estilo de vida una correspondencia clara con el galileo controversial de la historia antigua.

El carácter de Dios se expresa en sus obras. Lo que él hace emana de su personalidad. Él espera lo mismo de nosotros; nuestra fe resultará en obras. El fruto del Espíritu no solo se recibe internamente sino que se expresa externamente. Dios se encuentra con nosotros en lugares internos y profundos, pero él siempre nos guía hacia afuera. Su Espíritu no invade nuestro ser para quedarse escondido. Nosotros somos la exhibición de su gloria, no su secreto mejor guardado.

El que se da cuenta de esto, el que ha meditado en la vida y en la ley de Dios escrita en su corazón, será cimentado firmemente. Será como un árbol plantado junto a corrientes de agua. Y *habrá* fruto. No hay duda de eso: cuando sea la estación apropiada, el fruto vendrá, y el fruto será bueno. ¿Por qué? Porque hay una corriente de agua infinitamente rica que siempre fluye y nutre a este árbol. No es un árbol que se establece a sí mismo; el Dios vivo lo plantó y se ocupa de él.

EN HECHOS Dios nos llama a ser como él. Su carácter eterno produjo la pureza de la ley, palabras de sabiduría, la voz de los profetas, la obra salvadora de Jesús y la vida de la iglesia. ¿Qué produce nuestro carácter? Si es de Dios, produce reflexiones precisamente sobre los mismos temas. Produce la clase de prosperidad que glorifica a Dios y que nos mantiene en su gracia extravagante. Produce fruto que permanece para siempre.

12 DE FEBRERO
Salmo 1

Nuestras acciones revelan lo que pasa dentro de nosotros, así como su fruto da a conocer al árbol que de otra manera es desconocido para nosotros.

Talasio el libio

La vida en el Espíritu

Después de haber comenzado su nueva vida en el Espíritu, ¿por qué ahora tratan de ser perfectos mediante sus propios esfuerzos?   GÁLATAS 3:3

13 DE FEBRERO
Gálatas 3:1-5

Al Padre celestial le encanta llenar a sus hijos de su Espíritu Santo.
Andrew Murray

EN PALABRAS Los gálatas se habían desviado del camino correcto. Se habían vuelto «religiosos». Es una trampa en la que cualquiera de nosotros puede caer, y frecuentemente lo hacemos. Seguimos una ley —cualquier ley, incluso una buena como las palabras de Jesús— tratando de vivir la vida cristiana prescindiendo de Cristo. Tratamos de llevar a cabo la obra de Dios con la fortaleza de la carne. No se puede hacer.

Jesús fue muy claro: «Separados de mí, no pueden hacer nada» (Juan 15:5). Podríamos haber pensado que ser cristiano significaba ser mejor, desarrollarse, y tener una razón profunda para obedecer a Dios y hacer buenas obras. Si así fue, fijamos nuestros ojos en el resultado de la vida cristiana y nos olvidamos del medio para llegar allí. No podemos llegar a ser discípulos maduros excepto por medios sobrenaturales. Jesús no vino a este mundo para mejorarnos; vino a este mundo para hacernos nuevos. Hay una diferencia significativa.

Sabemos cómo es un cristiano maduro. Él o ella tiene el fruto del Espíritu: amor, alegría, paz, paciencia, gentileza, bondad, fidelidad, humildad y control propio (Gálatas 5:22-23). Lo que parece que no sabemos, o que fácilmente olvidamos, es que no cultivamos esos atributos al esforzarnos mucho por ellos. Los obtenemos al darnos cuenta de lo extraños que son para nuestra naturaleza humana, lo inútiles que son nuestros esfuerzos para alcanzarlos y cuánto debemos depender de Dios para su vida en nosotros. Es un medio sobrenatural para una vida sobrenatural.

EN HECHOS ¿Estás frustrado con tu crecimiento espiritual? ¿Eres fuerte en la religión pero débil en la fe? Entiende la diferencia que hay entre las dos. Evita la insensatez de los gálatas. Ninguna cantidad de esfuerzo humano puede cumplir con las leyes de Dios. Naciste del Espíritu cuando creíste. Ahora vive por el Espíritu. Clama a Dios para que él viva su vida en ti y él conseguirá tu rectitud.

Cómo entender la debilidad

Mi gracia es todo lo que necesitas; mi poder actúa mejor en la debilidad.

2 CORINTIOS 12:9

EN PALABRAS ¿Por qué el razonamiento humano va tan en contra de los caminos de Dios? Parece bastante lógico que si queremos ser fuertes, debemos esforzarnos por ser fuertes. Si queremos victoria, debemos ejercer poder. Si queremos éxito, debemos aprender estrategias para el éxito. Eso tiene sentido en cualquier área de razonamiento... excepto en la de Dios. Sus métodos no encajan en nuestra lógica porque sus propósitos no encajan en los nuestros. Él no desvía su gloria hacia sus criaturas. Nuestras victorias deben llegar de sus manos. Y para que él sea glorificado en ellas, sus manos deben ser visibles.

Es por eso que Dios nos tiene peleando nuestras batallas desde una condición de debilidad. Peleamos desde una posición de fortaleza, en él, pero en un estado natural de debilidad, para que su demostración de poder no se nuble con nuestros propios recursos y esfuerzos endebles. Es una lección difícil de aprender para el cristiano. Somos más fuertes cuando somos más débiles.

Pablo fue atormentado por un mensajero de Satanás. No sabemos cómo se manifestó ese mensajero, aunque abundan las teorías. Lo que sí sabemos es que Dios, en su sabiduría, no quitó el aguijón de la carne de Pablo. Lo usó como una ocasión para demostrar su gracia poderosa. Y Pablo, con la sabiduría que solamente puede llegar de Dios, aprendió a aceptar esa dificultad para el bien supremo de exhibir la fortaleza de Dios.

EN HECHOS Cuando te encuentres en el calor de una batalla —y cualquier cristiano que tiene una vida piadosa frecuentemente pasará por eso—, resiste el impulso de armarte de fortaleza. Pide la suya. Reconoce tu impotencia natural. Resulta lógico pensar que los seres caídos y finitos siempre serán vencidos en una batalla espiritual de vida o muerte. No dejes que el orgullo te convenza para rechazar esa verdad. Acéptala y apóyate en la gracia de Dios, y entiende que la clave de tu batalla hoy es su poder, un poder que solo será revelado cuando dejes de tratar de emularlo. Tu suficiencia está en lo que él le añade a la situación: él mismo.

14 DE FEBRERO
2 Corintios 12:7-10

No tenemos poder de Dios a menos que vivamos con la convicción de que no tenemos nada propio.

Juan Owen

El intercambio de la gracia

¿Deberíamos seguir pecando para que Dios nos muestre más y más su gracia maravillosa?   ROMANOS 6:1

15 DE FEBRERO
Romanos 6:1-14

¡La gracia gratuita puede sumergirse en la alcantarilla y extraer una joya!

Charles Spurgeon

EN PALABRAS Parece tan irreal. Este evangelio de la gracia, el pensamiento de que *todo* lo que alguna vez hayamos hecho y lo que hagamos está cubierto por el sacrificio de Jesús, parece muy improbable. El mundo en el que vivimos no nos ha condicionado para creer que cualquier cosa verdaderamente valiosa sea gratuita. El profundo conocimiento en nosotros de que somos corruptos espiritual y moralmente no nos ha condicionado para aceptar la misericordia tan fácilmente. Estamos entrenados para entender que la gente recibe lo que merece, no que una transacción de algo por nada tenga algún valor. Especialmente cuando el «algo» es tan grande y el «nada» tan claramente carece de mérito.

Por lo que Pablo hizo esta pregunta: ¿debemos seguir pecando? Si nada de este evangelio se basa en mérito, ¿deberíamos simplemente dejar de tratar de portarnos bien? Es una pregunta que, si tenemos que hacerla, desenmascara nuestros motivos. Realmente solo queríamos la salvación. Preferiríamos no tener mucho que ver con Dios.

La respuesta a esta pregunta de pecar en vista de la gracia, según Pablo, es un horrorizado «¡Por supuesto que no!». Pablo es claro en un asunto que frecuentemente olvidamos: no meramente firmamos un contrato para nuestra salvación; intercambiamos vidas con un Redentor. Él llevó consigo nuestro ser pecaminoso a la tumba y, en lugar de eso, nos dio una vida resucitada. Y esa vida nunca puede estar cómoda con el pecado. Nunca.

EN HECHOS ¿Ves tu salvación simplemente como un acuerdo transaccional que te garantiza una eternidad agradable? Entonces tendrás unas batallas enormes con el pecado. Te será mucho más fácil justificar tus indiscreciones porque, después de todo, un Dios misericordioso las pasará por alto. No obstante, si ves tu salvación como un intercambio de vida —la existencia que alguna vez fue profana cambiada por un Sustituto santo—, entonces el solo pensamiento del pecado parecerá grotesco. Sí, todavía habrá batallas, pero no por el intento de justificar la desobediencia. La batalla solo será con el poder de la carne, que Jesús está listo y dispuesto a someter. Con esa clase de Salvador, ¿existe alguna razón para seguir pecando?

Vida de resurrección

Tal como Cristo fue levantado de los muertos por el poder glorioso del Padre,
ahora nosotros también podemos vivir una vida nueva.   ROMANOS 6:4

EN PALABRAS Si la vida nueva es nuestra en Cristo, ¿por qué la vida frecuentemente parece tan vieja? ¿Por qué batallamos con el pecado y con la muerte cuando estamos unidos con el que venció a ambos? Quizás la respuesta está dentro de nosotros. Quizás todo se trata de perspectiva. Quizás cuando la Biblia dice que hemos muerto y resucitado otra vez, en realidad no lo hemos creído. Frecuentemente se nos recuerda nuestra vieja naturaleza y nosotros la dejamos que hable más fuerte que la promesa de Dios.

El discipulado efectivo, el caminar cristiano fructífero, comienza con la muerte y con la resurrección. Esto es fundamental. Si nos vemos como personas en un proceso de reforma, tratando de cambiar a buenos los malos hábitos y de debilitar las tendencias pecaminosas, fracasaremos. No obstante, si nos vemos como muertos y luego resucitados, entonces tenemos la base para una forma nueva de vida y, de hecho, una nueva vida que en realidad no es nuestra. Es de él y solamente él sabe cómo vivirla.

Es crucial que entendamos esto: Jesús no ofrece mejorarnos. Él ofrece dejarnos morir y luego habitar en nuestra personalidad con su presencia. Por eso es que el discipulado puede ser doloroso; hay una cruz. Sin embargo, es la clave para la gloria que viene después.

EN HECHOS ¿Estás viviendo la vida resucitada? Muchos cristianos batallan con la carne para hacer las obras del Espíritu, y están frustrados y cansados. ¿No preferirías descansar en la resurrección en lugar de tratar de reacondicionar la vieja naturaleza que fue y que debe ser continuamente crucificada con Jesús? La vida nueva es una bendición eterna, pero no tiene beneficios de corto plazo si rehusamos vivir en ella.

¿Cómo llegas allí? No es esforzándote por ella, leyendo acerca de ella ni sumergiéndote frenéticamente en la vida de la iglesia. No. Solamente pidiéndola. Pídela frecuentemente, confía profundamente, convéncete de la promesa, piensa en ella frecuentemente y, más que nada, dale a Jesús rienda suelta en tu corazón. El poder de su resurrección está disponible cuando el poder de ti mismo está exhausto. Vive en su poder. O mejor aún, deja que su poder viva en ti.

16 DE FEBRERO
Romanos 6:1-14

La característica del nuevo nacimiento es que yo me rindo tan completamente a Dios que Cristo se forma en mí.

Oswald Chambers

Una vida de fe

Dado que morimos con Cristo, sabemos que también viviremos con él.
ROMANOS 6:8

17 DE FEBRERO
Romanos 6:1-14

Cristo ha transformado todos nuestros atardeceres en amaneceres.

*Clemente
de Alejandría*

EN PALABRAS Esto es extraño para nuestros oídos: «Morimos con Cristo». No parece que hubiéramos muerto. La mayoría de los días, parece que estamos demasiado vivos: tenemos responsabilidades que claman por nuestra atención, gente que nos saca muy fácilmente de nuestras casillas, batallas que luchar y hábitos que perder. Si esto es vida, no estamos seguros de querer que sea así. Y si hemos muerto con Cristo y hemos resucitado con él, estamos más que un poco confundidos. Esto no parece ser resurrección.

Uno de nuestros problemas es asunto de tiempo. Vivimos entre la Cruz y la resurrección final. Aunque la muerte y la resurrección de Jesús son hechos legales para nosotros, ambas son experiencias de crecimiento. En un sentido hemos muerto, pero en otro, estamos muriendo. Jesús les dijo eso a sus discípulos; su cruz sería un hecho diario de su caminar. En un sentido hemos sido resucitados, pero en otro, seremos resucitados. Solo estamos empezando a aprender lo que significa vivir en Cristo y que él viva en nosotros. Esta nueva vida viene justo después de una muy persistente antigua, y a veces los límites entre las dos no están muy claros para nosotros. Son muy reales; es simplemente que no son tan claros.

EN HECHOS Muchos cristianos están desencantados con la vida cristiana. No es la experiencia de poder espiritual y de discipulado santo que sintieron que iba a ser. Parece que hace falta el gozo de seguir a Jesús.

No te desesperes. Esa vida está disponible. Por ahora puede experimentarse con vistazos, e incluso por temporadas largas. Y se experimentará de manera suprema y final, por siempre y para siempre.

Mientras tanto, aunque nuestra condición para con Dios es completa e incorruptible, en la práctica permanecemos en alguna parte entre la corrupción y la santidad, entre lo viejo y lo nuevo, entre la muerte y la vida, y entre el Espíritu y la carne. Dios nos llama siempre hacia delante, mientras que el pecado y Satanás se aferran a los talones de su posesión perdida. Sigue huyendo de ellos, directamente hacia los brazos de Dios. La receta de Pablo es la fe. No te desanimes. Debemos saber de quién somos y adónde pertenecemos. Debemos creer en la vida que se nos ha dado.

Considérate

Ustedes deberían considerarse muertos al poder del pecado y vivos para Dios por medio de Cristo Jesús.   ROMANOS 6:11

EN PALABRAS En ninguna parte hay una conexión más clara entre la sabiduría —la mente renovada que Dios nos da en Cristo— y nuestra vida en el Espíritu que en este versículo. Nuestro encuentro con la vida en Cristo, según Pablo, surge de lo que *sabemos* que es cierto. La verdad de nuestra vida es un asunto de lo que Jesús hizo por nosotros en la cruz y en el tercer día; nuestra experiencia de eso es un asunto de nuestra comprensión mental de esta verdad. Debemos considerarnos muertos pero también vivos. Otras traducciones también lo consideran un asunto de nuestra vida de meditación. Debemos considerar, reflexionar, meditar en esta verdad: morimos con Jesús y somos resucitados con él.

Muchos cristianos se quedan sin experimentar la vida victoriosa y gozosa no porque de hecho no hayan sido crucificados ni resucitados en Jesús, sino porque no lo saben. Tal vez es solamente una creencia teológica o un asunto de credo. Quizás se malentiende como algo por lo que hay que esforzarse en lugar de aceptar. Tal vez se ve como una posibilidad futura y no como una posición establecida. Nada de eso es suficiente. El cristiano experimentará realmente la alegría, el poder y la victoria de la vida cristiana cuando crea en su cimiento: fuimos crucificados con Jesús y ahora hemos resucitado en su vida. Y eso debe ser más que una creencia; debemos saberlo, contar con ello, aferrarnos a ello como a un acontecimiento irrefutable, tan cierto como el día en que nos graduamos, nos casamos o firmamos un contrato.

EN HECHOS Demasiados cristianos están tratando de hacer que la experiencia cristiana sea verdadera para ellos. Han empezado la casa por el tejado. La experiencia no lleva a la verdad; la verdad lleva a la experiencia. En lugar de orar por la vida resucitada, acéptala y vívela. En lugar de esperar morir al pecado, cuenta con el hecho de que ya lo has hecho. Nuestras batallas son frecuentemente solo un producto de la manera en que nos vemos. Si nos vemos como pecadores que tratan de ser mejores cristianos, así es como viviremos. Si nos vemos como pecadores que fueron enterrados con Cristo y que resucitaron a la vida nueva, así también es como viviremos. Romanos 6:11 nos dice qué debemos ver. Cuenta con ello y observa cómo tu experiencia se alinea con la verdad.

18 DE FEBRERO
Romanos 6:11

No tienes que esperar [...] para comenzar a vivir eternamente.

James S. Stewart

La fe al descubierto

Ah, qué alegría para los que confían en el SEÑOR.   SALMO 40:4

19 DE FEBRERO
Salmo 40:1-5

Un poco de fe
llevará tu alma al
cielo, pero mucha
fe traerá el cielo
a tu alma.

D. L. Moody

EN PALABRAS Los que afirmamos tener una relación con Dios hemos colocado nuestra confianza en él, pero cuando se trata de la vida diaria, también tendemos a confiar mucho en otras fuentes de ayuda. Pocos hemos aprendido a confiar *solo* en el Señor. Generalmente confiamos en el Señor *y* en los recursos financieros, en la investigación médica, en el asesoramiento de los consejeros, en la opinión popular o en cualquier otra posibilidad de ayuda. Ninguna de ellas en sí es necesariamente una ayuda falsa. El asunto es la actitud de confianza de nuestro corazón. ¿Sabemos en nuestro corazón de dónde llega realmente nuestra ayuda? Llega de Dios.

David afirma que la persona que hace del Señor su confianza será «alegre»: totalmente feliz, espiritualmente próspera, envidiada y honrada. El *shalom* de Dios —su paz y su bienestar— estarán con ella. El cuadro es de alguien que ha dejado su confianza en otras cosas y que se ha lanzado sin reservas, incluso precipitadamente, en Dios. Es una fe al descubierto, sin punto de apoyo humano en el cual volver a caer. Es una manera espiritual de «jugárselo todo a una carta».

Esta clase de confianza requiere cierta cantidad de valor. Hace que todo dependa de un Dios invisible. No minimiza los riesgos sino que cree que Dios, como se le revela en su Palabra, actuará hacia nosotros tal como se nos ha dicho que lo hará. No obstante, al final, es la confianza más segura que hay. Dios nunca le ha fallado a nadie que haya depositado toda su esperanza en él.

EN HECHOS ¿Qué tan pura es tu confianza? ¿Usas a Dios para rellenar los vacíos que rodean tus otras fuentes de ayuda? ¿Tienes un plan B si Dios no interviene de la manera en que tú quieres que lo haga? Si es así, no esperes la bendición de abandonarte a él. Eso solo llega con una fe pura y desmedida en Dios únicamente. Sin ídolos falsos, sin confianza en la carne, sin planes de emergencia, sin orgullo. Haz que el Señor sea tu única seguridad y espera ser bendecido.

Cómo manejar la amonestación

Vengan y escuchen mi consejo. Les abriré mi corazón y los haré sabios.
PROVERBIOS 1:23

EN PALABRAS No tenemos que tratar de aplicar la Palabra de Dios a nuestra vida por mucho tiempo para darnos cuenta de que frecuentemente la violamos. Cuando nos encontramos con su Palabra, esencialmente tenemos dos opciones: podemos buscar cambio en nosotros mismos; o podemos tratar de cambiar la Palabra. Por supuesto que *en realidad* no podemos cambiar la Palabra de Dios. Sin embargo, frecuentemente lo intentamos, ¿verdad? Tenemos un rango de métodos. «Ese versículo en realidad no significa lo que parece decir». «Ese principio se aplica a la cultura en la que fue escrito, no a la nuestra». «Eso tiene que significar alguna otra cosa en el contexto, o en el idioma original, o...». Ya conoces la rutina. Todos hemos racionalizado nuestro comportamiento una que otra vez.

Sin embargo, la mejor opción, la única verdaderamente racional, es adaptarnos a la Palabra inmutable de Dios. Cuando lo hagamos, Dios ofrece una promesa maravillosa: su sabiduría nos abrirá su corazón y sus pensamientos se nos darán a conocer. La receptividad engendra sabiduría, y a mayor aceptación, más sabiduría. Sin embargo, ignorar las amonestaciones de Dios, sin importar cuán dolorosas puedan ser algunas veces, lleva en la dirección opuesta: hacia la insensatez absoluta.

EN HECHOS Frecuentemente pensamos que la amonestación de Dios solo acarreará consecuencias negativas si la rechazamos. Eso es cierto, pero en este versículo en particular, Dios promete una recompensa positiva a una respuesta sumisa. Es suficiente para abrumar nuestra mente si pensamos en ella: la sabiduría del Dios del universo —los pensamientos más íntimos del Todopoderoso, el corazón apasionado del Creador— se derramará sobre nosotros como una fuente que fluye caudalosamente.

La gente ha buscado la sabiduría genuina durante toda su vida y nunca ha encontrado ese tesoro. ¿Por qué? No entendieron la amonestación de Dios. Escucha su llamado y recibe la abundancia de sabiduría eterna. Deja que él te abra su corazón.

20 DE FEBRERO
Proverbios 1:20-33

La Biblia no pretende informar solamente sino transformar.

Anónimo

A la espera de humildad

El SEÑOR esperará a que ustedes acudan a él para mostrarles su amor y su compasión.   ISAÍAS 30:18

21 DE FEBRERO
Isaías 30:15-18

La puerta
hacia Dios es
la humildad.

Juan el Enano

EN PALABRAS Hacemos una pregunta común en tiempos de dificultad: «¿Dónde está Dios?». No nos hacemos esa pregunta cuando todo está bien. No obstante, hay veces en que no todo está bien y sospechamos de nuestro Creador. Si la dificultad se prolonga, la pregunta se vuelve más acusadora. Nos preguntamos por qué las respuestas a nuestras súplicas de ayuda no son inmediatas.

La respuesta de Dios está aquí en Isaías: él anhela ser misericordioso. Esa es su naturaleza. A pesar de lo que nos digan nuestras circunstancias, debemos saber sin duda alguna que él es, en su pura esencia, un Dios generoso y compasivo. Independientemente de cualquier otra pregunta que nos pueda venir a la mente, nunca debemos dudar que la compasión lo dirige. Incluso cuando está enojado, como cuando Isaías estaba profetizando a su pueblo del pacto, es una ira respaldada por la redención. Hay un propósito benévolo en ella.

Al saber eso, nos quedamos con una pregunta incómoda: ¿Por qué tiene que «esperar» para ser compasivo? Si está tan listo para demostrarnos su compasión, ¿por qué espera? Hay dos razones relacionadas: 1) solo con el tiempo se logrará su propósito depurador en nuestro corazón, y 2) su compasión solo llega a ser visible cuando estamos arrepentidos (v. 15). La humildad es la clave. La mayoría de las bendiciones de Dios son prometidas al humilde, al que reconoce su condición de bancarrota ante él. No se le promete nada al orgulloso.

EN HECHOS ¿Te preguntas dónde está la presencia de Dios en tu vida? Si él está esperando, podría haber falta de humildad que, cuando se corrija, abrirá la puerta para que él actúe. Es posible que estés pasando por un proceso de depuración que no se terminará hasta que su obra en tu corazón se haya completado. Su compasión es demasiado grande para aliviar tus circunstancias dejando tu corazón en la misma condición de antes. Él es demasiado misericordioso como para resolver tu problema sin impartirte su carácter. Deja que tu espera complete su obra. Entonces verás su compasión.

La promesa de guerra

Cada uno de ustedes hará huir a mil hombres del enemigo, porque el SEÑOR
su Dios pelea por ustedes tal como lo prometió.   JOSUÉ 23:10

EN PALABRAS Pocos de nosotros sabemos que el día en que llegamos a ser cristianos fue el día en que nos alistamos en las fuerzas armadas. Es posible que hayamos esperado una forma de vida serena y pastoral, con el Señor como nuestro Pastor y escasez de lobos en los pastos. Sin embargo, pronto nos dimos cuenta de que la vida cristiana no era así en absoluto. Ser ciudadano del reino de Dios es ser un soldado de su ejército. No hay área en nuestro reino que no sea un blanco para el enemigo. No hay servicio en tiempo de paz. Todavía no.

Por supuesto que la batalla vale su precio. Hay grandes victorias que ganar y una eternidad para celebrarlas. La guerra, aunque es intensa, está respaldada por una fuente ilimitada de poder a nuestro lado. La observación de Josué en el versículo 10 no solo se aplica a la conquista de Canaán por Israel; se aplica a la naturaleza de Dios. Él pelea por su pueblo. No hay dificultades lo suficientemente grandes como para abrumar a un verdadero siervo de Dios. Cualquiera de nosotros puede derrotar a mil enemigos. ¿Por qué? Gracias a un Dios guerrero y a una promesa. A los que han abandonado el pecado y se han dedicado a Dios no les faltarán las fuerzas para la batalla.

La victoria les pertenece a aquellos cuyo corazón es completamente de Dios. Podemos preguntarnos en este mundo caído por qué frecuentemente parece que ella nos elude, pero el problema está probablemente en nuestra definición de victoria. Sí, algunas veces seremos heridos, y finalmente la muerte nos llegará a todos. No obstante, para el fiel, nunca en el tiempo equivocado y nunca sin una promesa. Los propósitos del reino de Dios se establecerán a través de nosotros. La victoria es segura.

EN HECHOS Una evaluación sabia de nuestras batallas siempre incluirá este hecho glorioso: el Dios Todopoderoso lucha por aquellos cuyo corazón le pertenece. Cuando consideramos un problema con una sensación de derrota, no nos hemos dado cuenta de la realidad del poder de Dios o de su promesa. Siempre debemos saber quién tiene la victoria en sus manos y nunca debemos desanimarnos.

22 DE FEBRERO
Josué 23:6-11

El cristianismo
es una guerra
y los cristianos
son soldados
espirituales.
Robert Southwell

La disciplina del agradecimiento

Entren por sus puertas con acción de gracias. SALMO 100:4

La vida de
agradecimiento
libera la gloria
de Dios.

Bengt Sundberg

EN PALABRAS La distancia de Dios es una desgracia demasiado común entre los creyentes. No es que Dios esté distante en realidad, sino que atravesamos por épocas en las que sentimos que lo está. A veces son prolongadas: las circunstancias nos apalean, el desánimo nos asedia y parece que Dios está muy, muy lejos.

La indicación de Dios para entrar a su presencia es que demos gracias. Este versículo no solo nos dice la actitud correcta con la que debemos entrar por sus puertas; también nos dice el medio por el que entramos por ellas. El agradecimiento junto con la alabanza nos llevará adonde él está; o lo traerá adonde estamos nosotros. De cualquier manera, nos damos cuenta de que la gratitud llena de adoración es el lugar correcto donde debemos estar. Dios vive donde se le reconoce.

Si parece que Dios no vive cerca de ti, tal vez hay algo que falta en tu reconocimiento. Rara vez encuentras gratitud en alguien que piensa negativamente acerca de la vida. ¿Por qué? Los pensamientos pesimistas retiran la gloria de la presencia de Dios. El pensamiento negativo no es fe; es la antítesis de la realidad desde el punto de vista de Dios. La realidad, tal como él la define, se trata de quién es él y de lo que él hace. El negativismo no lo es. Asume lo peor. Alimenta y es alimentado por el enemigo de Dios.

EN HECHOS Pablo dijo a los creyentes que dieran gracias en toda circunstancia (1 Tesalonicenses 5:18). Él no les dijo que dieran gracias solo cuando la evidencia clara de la bendición de Dios fuera visible. Él les dijo que dieran gracias siempre, en toda situación. ¿Cómo podemos hacerlo? En base a quién es Dios. Si vemos siempre el lado negativo, dudamos algo en cuanto a Dios: que él es bueno, capaz o sabio. No obstante, si sabemos que él es bueno, que es soberano y que es sabio, podemos dar gracias porque está llevando a cabo su plan, incluso en las circunstancias difíciles de la vida.

Implanta en tu mente una disciplina de agradecimiento. Enumera cada aspecto de tu vida y agradécele a Dios por él. En cada circunstancia, decide verla desde un ángulo que cultive la gratitud. Dios será honrado y su presencia será real.

Tu cuenta

El Señor ve con claridad lo que hace el hombre, examina cada senda que toma.
PROVERBIOS 5:21

EN PALABRAS ¿Has buscado un cambio dramático en tu vida? Considera el hecho de Proverbios 5:21. Nada alterará tu perspectiva tan dramáticamente como el conocimiento de esta verdad. Es una versión antigua de la observación aleccionadora de Pablo: «Cada uno de nosotros tendrá que responder por sí mismo ante Dios (Romanos 14:12).

Jesús ilustró el principio con varias parábolas (Mateo 25:31-46; Lucas 16:1-12; 19:11-27). No se nos deja en este planeta como amos de nuestro propio ser, independientes y sin tener que rendir cuentas. Se nos está observando. Somos responsables ante nuestro Creador, y un día estaremos delante de él para explicarle lo que hemos hecho y lo que hemos dejado sin hacer. Tendremos que reconocer todo comentario desconsiderado (Mateo 12:36). Tendremos que explicar la discrepancia entre los recursos que se nos han dado y los que hemos usado.

Este puede ser un pensamiento aterrador, pero no tiene el propósito de asustarnos. Antes de que rindamos cuentas se nos ha dado la seguridad del perdón en Cristo. Los que no están en Cristo efectivamente tienen razón para temer, pero los que creemos hemos sido cubiertos con el sacrificio de Jesús. Entonces, ¿qué significado tiene este versículo para nosotros? Es aleccionador a pesar de nuestra salvación. Un día, al final de nuestra vida terrenal, estaremos ante Dios con la completa certeza de que hemos tenido obrando en nuestro interior el poder del mismo Jesús y una conciencia clara de que hicimos muy poco con él.

EN HECHOS Estas palabras no son para juicio; son para estímulo. Dios las da para sacudirnos. Nos estimulan a vivir con el entendimiento de a quién le pertenecemos y por qué fuimos hechos. Asimila bien la verdad de la posesión de Dios. Cuando lo hayas hecho, todo cambiará. Tu vida nunca será la misma.

24 DE FEBRERO
Proverbios 5:21

Mientras vea cosa alguna por hacer para Dios, valdrá la pena seguir con vida.
David Brainerd

Sabiduría protectora

No des la espalda a la sabiduría, pues ella te protegerá; ámala, y ella te guardará.
PROVERBIOS 4:6

El tiempo es corto. La eternidad es larga. Es naturalmente razonable que esta corta vida se viva a la luz de la eternidad.

Charles Spurgeon

EN PALABRAS La sabiduría piadosa protege. Este versículo es claro. No obstante, ¿de qué nos protege? ¿De la enfermedad? ¿De la calamidad? ¿Del conflicto? Tal vez no siempre, pero a veces, esos son los resultados de decisiones no sabias. Más que nada, la sabiduría piadosa nos protege del desastre autoinfligido de las decisiones superficiales. No deja que nos sacrifiquemos a la deidad de la voluntad propia.

Sansón es uno de los héroes bíblicos más trágicos (Jueces 13–16). Dedicado al servicio de Dios desde antes de su nacimiento y dotado de fortaleza superhumana, el hombre fue esclavo de sus propios impulsos pasajeros. Este libertador estuvo atado porque desarrolló un patrón inicial de satisfacer sus deseos pasajeros a expensas de sus metas a largo plazo. La falta de sabiduría mantuvo al hombre más fuerte de la tierra como un prisionero impotente.

Es lo mismo con nosotros. Se nos llama a tomar decisiones que transforman la vida —con quién casarnos, qué carrera seguir— a una edad temprana, cuando apenas estamos preparados para tomarlas. Muchos han tomado decisiones irreflexivas y han devastado su futuro por una simple falta de sabiduría. Con todos los recursos del Dios eterno a nuestra disposición, frecuentemente decidimos las cosas con nuestra propia mente finita. Y a medida que envejecemos, debemos tomar decisiones repetidas que afectarán profundamente nuestra propia vida y la vida de los que nos rodean. Mientras más pronto aprendamos la sabiduría piadosa, estaremos más seguros. La sabiduría nos protege de la futilidad.

EN HECHOS Se nos da una cantidad muy breve de tiempo en este planeta, pero lo que hacemos aquí puede tener un impacto eterno en nosotros y en otras personas. Debemos invertir nuestro tiempo. Debemos invertir nuestros recursos. Debemos dirigir todo lo que tenemos a nuestra disposición hacia un reino eterno. Sin la sabiduría de Dios, los años se desperdician. Tomamos decisiones contraproducentes. Desperdiciamos oportunidades para servir a Dios y producir fruto eterno. ¿Por qué nunca debemos renunciar a la sabiduría? Es un asunto de autodefensa. Nos protege de un mundo de maldad, y nos protege de nosotros mismos.

Sabiduría suprema

¡Adquirir sabiduría es lo más sabio que puedes hacer! Y en todo lo demás que hagas, desarrolla buen juicio.   PROVERBIOS 4:7

EN PALABRAS La sabiduría es una posesión poco común en nuestro mundo. Tenemos mucha gente inteligente, inclusive genios, pero pocos que son sabios, y nuestra cultura difícilmente conoce la diferencia. Valoramos el estatus, la fama, las riquezas, la buena reputación, el compañerismo y los logros, que no son malos en sí mismos, pero ninguno de ellos nos satisface, a menos que se manejen con sabiduría. En primer lugar y antes que nada, debemos desarrollar buen juicio, o todo el resto se convierte en simples ídolos.

La sabiduría es una comprensión correcta del mundo y de nuestro papel en él. Sabe quién es Dios, sabe quiénes somos nosotros y ve la importancia relativa de todas las cosas. Es un ordenamiento correcto de prioridades, que se especializa en la verdad y en el carácter antes que en los placeres superficiales. A la larga, es la única manera de estar verdaderamente satisfechos.

La historia está plagada de reyes y de celebridades que aparentemente lo tuvieron todo, pero que al final no tuvieron nada. No conocieron a Dios y desarrollaron sus vidas sobre superficialidades. Abundan las historias de gente en su lecho de muerte que desea poder volver a hacerlo todo otra vez. Frecuentemente todos los han envidiado, menos ellos mismos, porque conocen el vacío y la falsedad de la realización mundana. Se dan cuenta de que todo lo que pensaron que podría satisfacerlos no lo hizo.

EN HECHOS ¿Estás satisfecho con la vida? ¿Crees que el próximo logro, el próximo nivel salarial, la próxima relación personal, el próximo «lo que sea» finalmente te dejará satisfecho? Detente donde estás y busca sabiduría por encima de todo lo demás. Haz que tu prioridad determinante sea conocer quién es Dios, cómo es él, cómo se relaciona con nosotros y qué es lo que hace en este mundo. Luego invierte toda tu vida en lo que has aprendido. Aunque te cueste todo lo que tienes, bien vale la pena. Solamente una vida cimentada en esta clase de entendimiento satisface. Solo la sabiduría piadosa puede hacer que todo lo demás sea significativo.

26 DE FEBRERO
Proverbios 4:1-9

Es verdaderamente sabio el que considera todas las cosas terrenales una locura para poder ganar a Cristo.

Tomás de Kempis

La sabiduría que engrandece

Si valoras la sabiduría, ella te engrandecerá. Abrázala, y te honrará.
PROVERBIOS 4:8

27 DE FEBRERO
Proverbios 4:1-9

Si cuido de mi
carácter, mi
reputación cuidará
de sí misma.

D. L. Moody

EN PALABRAS Todos anhelamos gloria y honra. Es un anhelo que incorporó en nosotros un Creador cuya imagen portamos, y quien, él mismo, es digno de toda la gloria y la honra. De hecho, en este mundo hay una manera de poder vivir para recibir una corona, pero no es la forma en que la mayoría de la gente piensa.

El instinto humano nos dice que busquemos una corona exaltándonos a nosotros mismos. Nos impulsa a subir hasta el tope de la escalera social, profesional, emocional y hasta espiritual. Todo se trata de logros. La sabiduría piadosa, por otro lado, nos dice que busquemos una corona al abrazar el entendimiento. Nos impulsa a ser humildes y a estar conscientes de nosotros mismos, sometiéndonos a una autoridad superior y llegando a ser semejantes a él. Tiene poco que ver con los logros; todo se trata del carácter.

El esfuerzo humano es una dinámica interesante. Cuando nos buscamos a nosotros mismos, nos perdemos a nosotros mismos. Cuando buscamos a Dios, ganamos a Dios y nos ganamos a nosotros mismos. Y con Dios están incluidas todas sus bendiciones. Jesús lo dijo bien: «Si tratas de aferrarte a la vida, la perderás; pero si entregas tu vida por mi causa y por causa de la Buena Noticia, la salvarás» (Marcos 8:35).

Una parte sustancial de buscar a Dios es buscar su sabiduría. Los que quieren beneficiarse de sus bendiciones pero no están interesados en desarrollar sus vidas en su verdad se engañan a sí mismos. Piden una imposibilidad, como el beneficio de la buena salud sin la sabiduría de una buena dieta y de ejercicio; o el beneficio de aprobar un curso sin hacer la tarea. Dios no ha desarrollado la vida para que funcione de esa manera. Hay bendición al desarrollarse en su verdad.

EN HECHOS ¿Cuál sabiduría forma la base de tu vida? ¿La tuya propia? ¿La de un miembro de tu familia o la de un amigo? ¿La voz colectiva de nuestra cultura? Si es así, ¿por qué? Con toda la sabiduría de Dios disponible para nosotros, ¿por qué construir sobre un material inferior? Busca la sabiduría de Dios. Estímala y abrázala, y serás coronado de honra por el Único cuya opinión importa.

Señor de todo

Adoren a Cristo como el Señor de su vida. 1 PEDRO 3:15

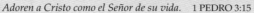

EN PALABRAS Cuando llegamos a ser cristianos, confesamos a Jesús como Señor. Cuando oramos, lo llamamos Señor, pero a medida que vivimos, ¿es él realmente el Señor en nuestro corazón? Las palabras de nuestra boca no dicen toda la historia. Hay una profundidad en la mayoría de nuestros corazones a la que el señorío de Jesús no llega. Por más que lo llamemos Señor, la mayoría de nosotros se ha guardado una esquina de su corazón para sí misma. Su señorío solo se extiende hasta cierto punto.

La obra del Espíritu Santo de llevarnos a la madurez en Cristo, es decir, a la santificación, es esta: extender el señorío de Jesús a cada centímetro de nuestra vida. Es un proceso polémico. Queremos los beneficios de ser cristianos, como salvación, paz, gozo y cosas similares, pero queremos también retener un poco de autonomía. Tenemos batallas internas que nuestros amigos y familia no ven. Hay lugares en nuestro corazón que guardamos y mantenemos al Espíritu Santo a cierta distancia. Nos gusta controlar el ritmo de nuestro discipulado.

De acuerdo a la magnitud en la que hacemos esto, basamos nuestra vida en una suposición falsa: que tenemos el derecho de gobernarnos, incluso después de que supuestamente pusimos todo sobre el altar. Es una posición insensata tratar de administrar el señorío de Cristo sobre nosotros. De hecho, no es su señorío en absoluto cuando controlamos aunque sea una porción de nosotros mismos. Solo es una ilusión.

EN HECHOS ¿Es Jesús el Señor del cien por ciento de tu corazón? Tus pensamientos, tu comportamiento, tus sueños, ¿son tuyos o de él? ¿Qué esquinas de tu ser has guardado para ti? Cualesquiera que sean, son puntos de apoyo para el enemigo y refugios para la carne pecaminosa. Jesús desea de ti más de lo que le has dado hasta este momento. Él lo quiere todo. Nos parece que es una rendición dolorosa, pero desde su perspectiva, es un día feliz cuando alguien de su pueblo lo pone todo sobre el altar. El resultado son bendiciones. Él es digno de confianza con todo lo que le damos, y él administrará nuestra vida mejor de lo que nosotros mismos podemos hacerlo. No te resistas a él en ningún momento; distínguelo como Señor.

28 DE FEBRERO
1 Pedro 3:15-16

Cristo es Señor de todo o no es Señor en absoluto.
Hudson Taylor

Un caminar personal

Los que siguen el buen camino temen al SEÑOR; los que van por mal camino lo desprecian. PROVERBIOS 14:2

1 DE MARZO
Proverbios 14:2

Solo el que cree es obediente y solo el que es obediente cree.

Dietrich Bonhoeffer

EN PALABRAS En nuestra cultura individualista, tendemos a pensar que nuestro comportamiento es asunto nuestro. «Es mi vida», «Es mi cuerpo», «No es asunto de nadie más que mío» son declaraciones comunes de independencia que la mayoría de nosotros ha oído, o incluso ha dicho, frecuentemente. Nos vemos como actores aislados en un escenario concurrido. La gente hace lo suyo.

Esa también fue la filosofía en el período de los jueces. «Cada uno hacía lo que le parecía correcto según su propio criterio» (Jueces 21:25). Usaron sus propios estándares de moral no solo porque no tenían rey, sino también porque hacían caso omiso de Dios. En nuestra área de tolerancia, estamos inmersos en una filosofía de «cada quien con lo suyo». Cualquiera que afirme un estándar absoluto de comportamiento seguramente oirá el mantra de la época: «Siempre y cuando no dañe a nadie más, no importa qué haga una persona». Dios tiene una respuesta directa: sí importa.

¿Por qué importa? Porque los que son rectos de corazón y comportamiento le muestran respeto a Dios y a sus caminos. Los que no son rectos —los que son maliciosos con sus planes y destructivos en sus caminos— muestran que no les importa en absoluto que Dios exista. Sus estándares son irrelevantes para ellos. Las ideas, los comportamientos y los estilos de vida no son solamente decisiones personales, que solo nos afectan a nosotros; son declaraciones personales en cuanto al Dios que nos creó. Lo que pensamos y lo que hacemos dice mucho de a quién servimos.

EN HECHOS ¿Has hecho esa conexión entre tu estilo de vida y tu opinión de Dios? Los dos están vinculados íntimamente. Los que temen al Señor con respeto y asombro lo reflejarán en su vida. Los que no creen que Dios exista —o que no les importa que exista— también reflejarán eso en su vida.

En una época de independencia, ese es un pensamiento extraño. Los que creemos en la Palabra ya no podemos decir: «Mi vida es asunto mío». Nuestras vidas son declaraciones de quién es él. Considera bien tus pensamientos, tus palabras y tus acciones. Entiende la declaración que haces.

Apto para la gloria

Que las palabras de mi boca y la meditación de mi corazón sean de tu agrado,
oh Señor, mi roca y mi redentor.   SALMO 19:14

EN PALABRAS El Salmo 19 trata de la gloria de Dios y de la perfección de las cosas que él ha ordenado. Termina con el deseo de David de vivir consecuentemente con los decretos de Dios. En una creación tan gloriosa que proclama la bondad de Dios desde que el sol sale hasta que se pone, David sabe cuán trágico sería no encajar en ella. Él ora por perdón y por protección de los pecados deliberados (versículos 12-13) y luego llega al corazón del asunto: la pureza de las palabras y de los pensamientos. La mayoría de nosotros puede mantener un comportamiento justo la mayor parte del tiempo. Nuestras batallas más profundas están en nuestra vida de pensamiento y en las palabras que proceden de ella. Santiago incluso va más lejos, hasta decirnos que cualquiera que haya domado la lengua ha llegado a ser perfecto (Santiago 3:2). ¿Por qué? Porque la lengua es el barómetro de la mente. Mide lo que pasa dentro de nuestra cabeza. Tarde o temprano, dirá la verdad sobre nosotros: que tenemos orgullo, prejuicios, impurezas, propósitos mezquinos y una obstinación firme. Si podemos mantenernos puros por dentro, seremos puros en nuestro lenguaje y también en nuestras acciones.

EN HECHOS ¿Estás apto para la gloria? ¿Reflejan tus pensamientos y tus palabras la verdad de quién es Dios? ¿Admiran sus decretos? Cualquiera que sea honesto tendrá que admitir que, muchas veces, nuestros pensamientos internos nos mienten en cuanto a Dios: su amor, su pureza, su cuidado por nosotros, la benevolencia de su plan. Y, muchas veces, esos pensamientos denigran sus decretos. Queremos infringirlos de maneras que resulten agradables para nosotros o que satisfagan nuestros objetivos personales. Constantemente necesitamos preguntarnos si nuestras palabras, e incluso nuestros pensamientos, encajan con el Dios de gloria y de verdad.

Sigue el ejemplo de David. Maravíllate ante la gloria de la creación de Dios. Alaba la sabiduría de sus estatutos. Cuenta con su perdón. Y luego pídele que te conceda la bendición de tener meditaciones y conversaciones que le sean agradables a él.

2 DE MARZO
Salmo 19

Espíritu Santo, piensa a través de mí hasta que tus ideas sean mis ideas.
Amy Carmichael

La búsqueda del reino

Alegre es el que encuentra sabiduría, el que adquiere entendimiento. Pues la sabiduría da más ganancia que la plata y su paga es mejor que el oro.
PROVERBIOS 3:13-14

3 DE MARZO
Proverbios 3:13-18

Hay una sabiduría profunda, inaccesible para el sabio y prudente, pero revelada a los bebés.

Christopher Bryant

EN PALABRAS Salomón habla de su experiencia. Una noche, a principios de su reinado, Dios se le apareció a Salomón y le preguntó qué favor divino quería. Salomón le pidió sabiduría y conocimiento, y debido a que el deseo de su corazón no fue material sino piadoso, Dios se lo dio todo: sabiduría y conocimiento, además de riquezas, honor, victoria y más. Cuando Salomón dice que la sabiduría y el entendimiento son más productivos que el oro y que la plata, él lo sabe. Esto no es hipotético y no es simplemente para impresionar a otros con su piedad. Es verdad con base en la vida real.

En un sentido, tenemos la misma opción a nuestra disposición. No, Dios no se nos ha aparecido en una noche oscura para preguntarnos qué favor buscamos. No obstante, sí elegimos en la vida qué cosas buscaremos. ¿Valoramos el entendimiento más que la riqueza? Si es así, somos de la minoría. La mayor parte de la gente cree que más dinero es la clave de más felicidad. Más dinero significa —solamente en teoría— menos trabajo, más vacaciones, más tecnología que ahorra tiempo, ayuda que se contrata, más conveniencias, más lujos. En realidad, lo opuesto es cierto. Más dinero significa más mantenimiento, más detalles, más inversiones inciertas, más cosas que administrar, más dolores de cabeza. El entendimiento, no obstante, tiene la dinámica opuesta. Más es mejor. Siempre.

EN HECHOS ¿No es la opción que Dios le presenta a Salomón extraordinariamente similar a lo que Jesús les enseñó a sus discípulos? «Busquen el reino de Dios por encima de todo lo demás y lleven una vida justa, y él les dará todo lo que necesiten» (Mateo 6:33). Salomón buscó un bien del reino y se le agregó todo el resto. Seríamos tontos al no buscar el mismo arreglo con nuestro Señor. Él lo ofrece; ¿por qué no aceptarlo? Examina las cosas que buscas. Asegúrate de que, en última instancia, valgan la pena.

Aprovecha el reino

Y si no hay resurrección, «¡comamos y bebamos, que mañana moriremos!».
1 CORINTIOS 15:32

EN PALABRAS La filosofía de *carpe diem*, «aprovecha el día», es tan antigua como la humanidad. Está escrita en Eclesiastés, Isaías y en una parábola de Jesús, pero sus practicantes tienen una historia más antigua que esa. Ellos suponen que la vida humana es corta y que nuestra capacidad de disfrutarla se limita a nuestro período de vida física. El placer es un dios en sí: un dios con un reinado muy corto.

Esa es probablemente la filosofía occidental predominante de nuestros días. La oímos cada vez que alguien puntualiza: «Bueno, siempre y cuando sea feliz y no le haga daño a nadie, ¿qué importa lo que haga?». La vemos en nuestras artes y en el entretenimiento. Nos guste o no, en la fe actuamos frecuentemente como si esa fuera también nuestra filosofía. La nuestra no es una cultura que frecuentemente se prive del placer a corto plazo por un beneficio a largo plazo. La pregunta para nosotros es cuánto de nuestra cultura absorberemos.

La acusación de Pablo en contra de esta filosofía, ya sea su hedonismo hecho y derecho, o la simple miopía, se basa en la Resurrección. Debido a que ahora sabemos que la vida es eterna, aprovechar el día para un beneficio inmediato es una insensatez. Intercambia las bendiciones eternas por la satisfacción temporal. Pierde lo verdaderamente significativo por lo básicamente rutinario. Es como cambiar un Rembrandt por un dibujo en la arena, o abandonar la vida en una mansión por un viaje de fin de semana. Es tonto.

EN HECHOS Como cristianos, frecuentemente debemos hacer un inventario de nuestra vida. ¿Vivimos a la luz de la eternidad? ¿O estamos sacrificando nuestros recursos más valiosos por un beneficio momentáneo? Para conocer la diferencia, debemos ser sensibles a las motivaciones que están detrás de nuestras acciones. ¿Se basa nuestra moral en consideraciones eternas? ¿Por qué gastamos nuestro dinero de la manera en que lo hacemos? ¿Es solo para el ahora o para el reino de Dios? ¿Y qué del tiempo? ¿De nuestra energía? ¿De nuestros talentos? Conócete bien y reordena tu vida, si es necesario. Aférrate al reino. Es duradero.

4 DE MARZO
1 Corintios 15:32

El que provee para esta vida, pero no le importa la eternidad, es sabio por un momento, pero un tonto para siempre.

John Tillotson

El oro que permanece

Cuando me ponga a prueba, saldré tan puro como el oro.   JOB 23:10

Al esquivar una prueba, buscamos evitar una bendición.

Charles Spurgeon

EN PALABRAS Pocos de nosotros tendríamos la confianza de Job. Podríamos asumir que cuando Dios nos haya probado de la misma manera en que se refina el oro, se consumirán muchas impurezas. Finalmente, quizás salgamos como el oro, pero no inmediatamente. El pecado se extiende muy profundamente y la refinación se tarda terriblemente.

Tal vez sea excesiva confianza lo que hace que Job diga algo así, o quizás él en realidad era mucho más justo que el resto de nosotros. De cualquier manera, ya sea que él tenga razón en cuanto a sí mismo o no, ha dado en un principio espiritual fundamental: Dios prueba a sus siervos y el resultado que persigue es oro puro.

Así como la Cruz de Jesús reveló el carácter de Dios dentro de él, de la misma manera el fuego de prueba revela el carácter de Dios dentro de nosotros. ¿Somos pacientes? El mundo y nosotros lo sabremos solamente si nuestra paciencia se pone a prueba. ¿Somos amorosos? No se verá hasta que se nos confronte con el odio. ¿Estamos llenos de fe? No hay evidencia hasta que las circunstancias dicten en contra de ella. Cada fruto del Espíritu está latente dentro de nosotros, hasta que aparece su antítesis. La alegría superficial y el gozo verdadero se ven exactamente iguales hasta que llega la tormenta y se lleva uno de ellos. La paz no es paz verdadera si no puede sobrevivir al ser atacada. Y más profundo aún: tu vida en el Espíritu no es vida en absoluto si se derrite cuando la muerte amenaza.

EN HECHOS Queremos todos los frutos del Espíritu y todas las bendiciones de la semejanza a Cristo, pero rara vez nos damos cuenta del costo. Nada de lo que Dios nos da demuestra ser genuino hasta que los problemas de este mundo y las artimañas del enemigo asaltan. Es la única manera en que Dios se revela a través de sus santos. Es la única manera en que lo auténtico se distingue de lo superficial. Es la única manera en que salimos como oro.

¿Huyes de las pruebas? No lo hagas. Permanece firme en ellas. Deja que Dios haga su obra purificadora. Prepárate para brillar.

Perseverancia necesaria

Han oído hablar de Job, un hombre de gran perseverancia. Pueden ver cómo al final el Señor fue bueno con él. SANTIAGO 5:11

EN PALABRAS El poder para resistir. Es una posesión poco común en una sociedad de microondas. El avance tecnológico ha hecho que los viajes, la comunicación y las tareas diarias sean increíblemente eficientes, si no instantáneas. El resultado es que no se nos entrena en la perseverancia. No estamos acostumbrados a los dolores que no se pueden aliviar ni a los problemas que no se pueden resolver. Cuando llegan, lanzamos oraciones con casi la misma expectativa que cuando presionamos botones en nuestro horno de microondas. Pensamos que solo se requerirán unos cuantos segundos para olvidarnos de eso.

Generalmente, Dios no obra de esa manera. Él es minucioso y preciso, y no permitirá que se le apresure. Cuando él nos prueba en el fuego, como lo hizo con Job, nada puede sacarnos. El tiempo no se puede acortar y nuestro crecimiento no puede llegar más rápidamente. Tenemos que aprender perseverancia.

Santiago comenzó su carta hablando de los resultados de la perseverancia: madurez y plenitud (1:4). No hay manera de llegar a ser cristiano maduro sin pruebas. Podemos orar por un carácter semejante al de Cristo y esperar que llegue por ósmosis espiritual, pero no será así. El plan de Dios para todo su pueblo es de prueba por fuego. Es la única manera de consumir la carne y de revelar al Espíritu. Es la única manera de crecer. Nunca nadie ha llegado a ser un discípulo genuino sin perseverancia y nunca nadie ha perseverado sin dolor.

EN HECHOS ¿Cuál es tu reacción a las pruebas? ¿Esperas respuestas instantáneas a tus oraciones por liberación? La mayoría de las veces te decepcionarás. Cambia tu perspectiva. En lugar de buscar un escape, busca el beneficio de la prueba. Deja que la resistencia tenga su resultado perfecto. Pregúntale a Dios qué está logrando y luego participa en ello con buena disposición. Si puedes aprender perseverancia, serás una rareza en este mundo y muy apto para el reino de Dios.

6 DE MARZO
Santiago 5:7-11

Cuando un tren pasa por un túnel y se oscurece, no tiras tu boleto y saltas. Permaneces sentado y quieto, y confías en el maquinista.

Corrie ten Boom

Crecimiento constante

Muchos se dicen ser amigos fieles, ¿pero quién podrá encontrar uno realmente digno de confianza? PROVERBIOS 20:6

7 DE MARZO
Proverbios 20:6

Con perseverancia, el caracol llegó al arca.

Charles Spurgeon

EN PALABRAS Casi todos tenemos una experiencia espiritual extraordinaria en alguna ocasión. Para la mayoría de nosotros, así es como medimos nuestra madurez espiritual. Asumimos que las alturas que hemos alcanzado indican el nivel al que hemos crecido.

Sin embargo, Dios tiene una medida distinta para nuestra madurez. No se trata de las cumbres que hayamos escalado sino de nuestra constancia entre ellas. Las cumbres son grandiosas; las necesitamos como un estímulo ocasional, pero ellas no nos definen. Aprender la mentalidad de Dios no es una experiencia de montaña rusa. Es una subida constante.

Allí es donde muchos cristianos se desvían. Dejamos que nuestros puntos altos espirituales determinen nuestra autoimagen y vivimos de su memoria, en tanto que descuidamos el crecimiento diario. Pensamos que nos hemos abastecido en nuestras obligaciones dirigidas a Dios y que él debe estar satisfecho con nosotros, siempre y cuando nosotros estemos satisfechos con nosotros mismos. Una experiencia trascendental nos dará, en efecto, una sensación satisfactoria por un momento y con gusto la viviremos tanto como podamos. No obstante, mientras la revivimos, podemos perder de vista las necesidades actuales.

Piensa en la inconsistencia de eso. ¿Tenemos un banquete un día y luego decidimos que ya no necesitamos más alimentos por algunas semanas? No, nuestros cuerpos nos persiguen con su necesidad de sostén diario, sin importar lo bien que hayamos comido el día anterior. Nuestra alma es más sutil. Respondemos a sus punzadas de hambre con recuerdos de comidas pasadas y esperamos que quede satisfecha, pero el amor esporádico no es amor en absoluto y la obediencia ocasional es un oxímoron. El verdadero discipulado es constante.

EN HECHOS Nuestro Dios no es Uno al que hay que aplacar periódicamente y luego ignorar en el ínterin. Su amor por nosotros es constante y persistente. Su carácter nunca cambia. Su misericordia es nueva cada mañana y su compasión no falla. Si nuestra mente está siendo renovada para que sea como la suya, ¿no es la constancia un resultado lógico? Las bendiciones del discipulado y de la adoración se encuentran solamente en su constancia. No te midas por tus altibajos, sino por quién eres entre ellos.

Cuando reina la aflicción

Mañana, tarde y noche clamo en medio de mi angustia, y el SEÑOR oye mi voz.

SALMO 55:17

EN PALABRAS Los problemas nos pueden consumir. Cuando las pruebas nos asaltan, podemos estar totalmente preocupados por la manera en que debemos lidiar con ellas. Nos obsesionan sus resultados y formulamos estrategias para huir de ellas. Nos vamos a la cama pensando en ellas y nos despertamos pensando todavía en ellas. Pensamos que no podemos descansar hasta que estén resueltas.

El contexto de este salmo de David es la traición de un amigo. Alguien lo había traicionado y la traición incitó a otros a oponérsele. David se sentía rodeado, abrumado, desanimado y derrotado. Podemos identificarnos con él. Tenemos exactamente la misma reacción cuando la vida se pone difícil.

Dios oye. Eso es consolador. Es aún más consolador cuando consideramos otras traducciones de este pasaje.«Tarde y mañana y a mediodía oraré y clamaré, y él oirá mi voz» (RVR60). O «Mañana, tarde y noche clamo angustiado, y él me escucha» (NVI). La implicación es que inclusive cuando lloramos y refunfuñamos, Dios todavía escucha. Quizás a él no le gusta que nos quejemos, pero él conoce nuestro dolor. La gracia tolera nuestras actitudes. No tenemos una prueba en la que Dios no se interese. No podemos tropezar sin evocar su compasión. No podemos estar abrumados sin que él lo sepa y sin su llamado a que se lo dejemos todo a él. No importa por lo que estemos pasando, él oye.

EN HECHOS Todos hemos oído eso antes. Para algunos de nosotros es una realidad; para otros, son solo palabras. Algunos de nosotros hemos oído esa promesa tan frecuentemente como hemos oído que Jesús nos ama, y aunque sabemos que esas cosas son ciertas, nos hemos bloqueado a ellas. Simplemente no las absorbemos y no nos afectan.

Despierta al hecho de que el Dios todopoderoso y sobrecogedor escucha. Aunque te quejes, a él le importa. Más que eso, él oye con un plan para actuar. Él no escucha de manera pasiva. Se prepara para contestar. ¿No te encantaría que él interviniera en tu situación? De acuerdo a la Biblia, él lo hará. Observa y espera. Tu aflicción es de su interés.

8 DE MARZO
Salmo 55:16-23

Dios nunca permitirá que nos sobrevengan problemas, a menos que tenga un plan específico por el que una gran bendición puede surgir de la dificultad.

Peter Marshall

67

Cuando la batalla arrecie

Él me rescata y me mantiene a salvo de la batalla que se libra en mi contra, aunque muchos todavía se me oponen.   SALMO 55:18

9 DE MARZO
Salmo 55:16-23

El cristianismo es una batalla, no un sueño.

Wendell Phillips

EN PALABRAS Tienes enemigos. Tal vez estás consciente de eso, tal vez no. De cualquier manera, están allí, aunque funcionen en secreto sin que tú lo sepas. Se pueden manifestar en gente que tiene rencor contra ti. O pueden simplemente estar escondidos en los sistemas de este mundo corrupto, con todas sus filosofías, ideologías y tentaciones falsas. Luego están los principados del archienemigo de Dios, que te acosará, te tentará y te desanimará. A veces tu oponente es incluso tu propia carne, los deseos que compiten con tu lealtad a Dios.

Si la vida ha sido una batalla, hay una razón. El reino de Dios que anhelas está en conflicto con el mundo caído en el que vives. Has recibido el nuevo, aunque estás rodeado del viejo. Eso no contribuye a una vida pacífica.

¿Estabas consciente de esa batalla? Si has sido cristiano por algún período de tiempo, probablemente te has dado cuenta de que la vida cristiana, que es sobrenatural, no es naturalmente fácil. De hecho, es imposible, a menos que haya un nacimiento nuevo, una fe constante, una dependencia aprendida y una ambición santa. Conocer al Espíritu Santo es esencial. De otra manera, somos simplemente criaturas caídas esforzándose y deseando algo mejor.

EN HECHOS No te desanimes por el hecho de que hay una batalla en tu vida. Siempre la habrá, hasta el día en que pases de esta vasija terrenal a una morada celestial incorruptible (2 Corintios 5:1-4). La batalla, de hecho —si es entre lo nuevo y lo viejo, lo verdadero y lo falso, o el evangelio y el mundo—, es evidencia de que eres ciudadano del reino de Dios.

La batalla llega con una promesa: somos rescatados ilesos. Quizá no parezca que estamos ilesos, pero según la definición de Dios, sin duda alguna lo estamos. No hay enemigo más fuerte que «Dios, quien siempre ha gobernado» (Salmo 55:19). Tu Salvador reina. Recuerda eso cuando la batalla arrecie.

El arte de entregar

Entrégale tus cargas al SEÑOR, y él cuidará de ti; no permitirá que los justos tropiecen y caigan. SALMO 55:22

EN PALABRAS ¿Qué significa entregarle tus cargas al Señor? En realidad necesitamos saberlo. Es la diferencia entre estar apoyado y tambalear, entre la fe y el temor. Si estamos confundidos en cuanto a este punto, estaremos llenos de ansiedad y de fobias, con miedo de enfrentar el futuro y lejos de la voluntad de Dios. Si lo entendemos, podemos pasar por cualquier cosa con paz en nuestro corazón. Nuestras circunstancias quizás no sean fáciles, pero podemos recibir ayuda en la seguridad de su mano, si aprendemos lo que significa entregarle nuestras cargas a él.

¿Significa hacerle una oración? No necesariamente. Muchas oraciones se han emitido sin una sensación de paz. Orar no garantiza el descanso interno. Nuestras peticiones a Dios pueden ser actos de ansiedad en lugar de actos de fe. Cuando estamos estresados, nuestras oraciones frecuentemente hasta lo acusan de no cumplir su Palabra. Entregarle las cargas es más que pedirle ayuda a él.

¿Significa abandonar cualquier sentido de responsabilidad porque, después de todo, Dios se encargará de eso? No, en absoluto. Entregarle nuestras cargas no implica que nosotros dejemos de interesarnos. No implica para nada apatía y tampoco es una invitación a ser irresponsables. No, entregarle nuestras cargas a Dios tiene mucho más significado que eso. Es la cosa más proactiva que podamos hacer.

EN HECHOS No tiene sentido entregarle nuestras cargas a Dios y luego volver a tomarlas. Cuando le confiamos nuestras preocupaciones, le pedimos a él que se encargue de ellas. Reconocemos nuestra propia inutilidad y confiamos en su poder para resolverlas. Observamos activamente, no esperamos ignorantemente. Creemos con expectación, pero no intervenimos agresivamente. Actuamos cuando él nos dice que actuemos y nos sentamos tranquilos cuando él nos dice que lo hagamos. Obedecemos sus instrucciones porque sabemos que él está a cargo y nosotros estamos cómodos con eso. Podemos irnos a dormir en la noche, sabiendo que no podemos hacer nada más efectivo que reconocer su sabiduría, poder, amor y señorío. Podemos despertarnos sin una sola carga, porque nuestras cargas están sobre sus hombros. Rehusamos tratar de controlar la situación. Esperaremos solamente en él, porque es a él a quien le hemos entregado nuestras cargas.

10 DE MARZO
Salmo 55:16-23

La preocupación es una intrusión en la providencia de Dios.

John Haggai

La prioridad que se debe buscar

¡Nunca permitas que la lealtad ni la bondad te abandonen! Átalas alrededor de tu cuello como un recordatorio. Escríbelas en lo profundo de tu corazón.

PROVERBIOS 3:3

11 DE MARZO
Proverbios 3:1-12

Pon todo lo que tengas al cuidado de tu corazón, porque él determina a cuánto equivale tu vida.

Dallas Willard

EN PALABRAS Las palabras de Salomón habrían tenido connotaciones familiares para un judío fiel. En Deuteronomio 6, un capítulo prominente de la teología del Antiguo Testamento, Dios les dijo a los israelitas que lo amaran primero con todo su corazón, alma y fuerzas. Luego les dijo que tomaran las palabras de la Ley, inscritas divinamente en tablas de piedra, y que las escribieran en la tela de sus almas. Que siempre estén en su corazón, ordenó él. Moldéenlas en el corazón de sus hijos. Hablen de ellas siempre. Átenlas como símbolos en sus manos y en su frente. Nunca se alejen de ellas (ver Deuteronomio 6:4-9).

La conexión interesante entre Deuteronomio y Proverbios es que la ley se define como «amor y fidelidad». Es incluso interesante que Deuteronomio sea tan específico sobre el lugar hacia el que se debe dirigir primero nuestro amor y fidelidad: hacia Dios. El elemento principal de la vida de un creyente no es la obediencia, no es el servicio y no es la doctrina. Son importantes, de hecho, son indispensables, pero no son la prioridad. El amor es lo prioritario. Un amor apasionado, vital y abarcador que llega a las profundidades de nuestro ser. Cuando ese amor está allí, el resto es fácil.

EN HECHOS ¿Consideras que tu corazón es una tabla? ¿Qué está escrito en ella? ¿Te das cuenta de que algunas cosas se pueden borrar con el poder de Dios y otras se pueden escribir con ese mismo poder? Requiere de toda tu cooperación, pero la basura que hemos escrito allí —a través de todos los medios de comunicación y de entretenimiento que absorbemos, las relaciones que sostenemos y la información que consumimos— puede volver a escribirse. Puede ser reemplazada con amor y con fidelidad. De hecho, *debe* reemplazarse con amor y con fidelidad si vamos a aprender la mente de nuestro Dios de alguna manera. Así es él, y él insiste en que lleguemos a ser como él. El amor y la fidelidad lo definen. ¿Te definen a ti? Deja que saturen tu corazón.

La clave para el favor

Entonces tendrás tanto el favor de Dios como el de la gente.
PROVERBIOS 3:4

EN PALABRAS La promesa divina del favor es un poco sospechosa para nosotros. Hemos sabido de muchos siervos fieles que no tuvieron un buen nombre, por lo menos a los ojos de sus semejantes. Algunas veces fueron quemados en la estaca, a veces fueron mancillados con falsas acusaciones, a veces enfrentaron pelotones de fusilamiento. De hecho, Jesús les aseguró a sus discípulos que muchos los odiarían. ¿Cómo, entonces, puede Salomón, si de alguna manera está inspirado por Dios, prometer un buen nombre a los que escriben el amor y la fidelidad en su corazón?

No leemos las promesas de Dios con suficiente fe o paciencia. Primero debemos saber que la promesa del favor de Dios es inmediata. Él nunca les niega su afecto a los que lo aman fielmente. Es la segunda parte de esta promesa con la que batallamos. Él promete favor ante los hombres. ¿Puede ser cierto? Sí, si leemos con la eternidad en perspectiva. Los que aman a Dios tendrán reputaciones distinguidas en el reino. Los hombres *sabrán* que Dios ha favorecido a sus fieles. Es posible que no lo sepan ahora, ni siquiera dentro de poco tiempo. Es posible que no lo sepan antes de morir, pero finalmente lo sabrán. Dios lo ha prometido.

EN HECHOS Frecuentemente nos desviamos del camino, porque estamos determinados a tener una buena reputación entre nuestros semejantes ahora mismo. Muchos creyentes han comprometido su fe por un deseo de ser respetados por otra gente más que por Dios. Sin embargo, el amor y la fidelidad son selectivos. No pueden dirigirse hacia Dios y hacia nuestra propia reputación actual al mismo tiempo. La concesión es fatal. Debemos estar satisfechos, incluso emocionados, con la idea de que el favor de Dios es nuestro ahora mismo y el del hombre vendrá después, quizás mucho después, cuando la eternidad se revele a todos. A los corazones llenos de amor y de fidelidad no les importará. Serán pacientes. Saben la promesa de Aquel a quien aman.

12 DE MARZO
Proverbios 3:1-12

La fe en Dios
siempre será
coronada.
William S. Plummer

Dónde apoyarse

Confía en el SEÑOR con todo tu corazón; no dependas de tu propio entendimiento. PROVERBIOS 3:5

13 DE MARZO
Proverbios 3:1-12

Oh, Señor, en ti he confiado; permite que nunca sea confundido.

Libro de oración común

EN PALABRAS Para conocer la forma de pensar de Dios, tenemos que enfrentarnos a un hecho aleccionador: nuestro propio entendimiento es fundamentalmente deficiente. La mentalidad humana nunca es de fiar, y no se le puede dar rienda suelta para que elija su propia dirección. ¿Por qué? Porque nuestro conocimiento es limitado y nuestros motivos no son puros. En nuestra condición original, no deseamos glorificar a Dios por encima de todo y a cualquier costo. Incluso cuando hemos entrado en una relación con él, nuestros motivos pueden mezclarse terriblemente. Queremos su gloria, pero también queremos buscar nuestro propio bien, a nuestra manera. No podemos ser sabios en este mundo sin darnos cuenta de que necesitamos la sabiduría de Dios. Desesperadamente.

Piénsalo. ¿Preferirías depender de la lógica de una mente finita, contaminada con motivos pecaminosos? ¿O de los enormes recursos intelectuales del Omnisciente, de Aquel que conoce la tela de nuestra alma y que tiene el futuro en sus manos? La respuesta debería ser clara. Aun así, a un nivel práctico, frecuentemente somos ambivalentes en cuanto a la decisión. En principio, queremos la sabiduría de Dios. En la práctica, seguimos la propia.

EN HECHOS El mejor consejo que encontramos en Proverbios repetidamente nos señala una sabiduría que está más allá de la nuestra. Dios es digno de toda nuestra confianza. Nosotros somos dignos de sospecha. Aun así, frecuentemente batallamos entre su sabiduría y la nuestra. La suya puede parecer demasiado difícil. Olvidamos que la nuestra es más difícil. Hay consecuencias nefastas por depender de nuestros propios recursos limitados.

La confianza no es natural para el corazón humano caído. El corazón redimido tiene que aprenderla. Tenemos que tomar una decisión consciente de abandonar nuestro propio entendimiento y de apoyarnos en el suyo. Las crisis nos confrontan todo el tiempo. Úsalas como oportunidades para beber de la sabiduría de la Fuente de toda sabiduría. ¿Te enfrentas con una decisión hoy? Decide no actuar hasta que hayas buscado la sabiduría de Dios de manera diligente, persistente y paciente. Pídesela. Síguela, no importa lo difícil que sea. Deja que su forma de pensar sea la tuya.

El camino hacia el camino recto

Busca su voluntad en todo lo que hagas, y él te mostrará cuál camino tomar.

PROVERBIOS 3:6

EN PALABRAS Tenemos hambre de orientación. Vivimos en un mundo que nos ofrece una multitud de opciones. Algunas se pueden descartar fácilmente, pero muchas de ellas parecen buenas. ¿Qué debemos hacer? ¿Con quién debemos relacionarnos? ¿Adónde iremos? ¿Cuándo debemos seguir adelante? No sabemos lo suficiente acerca del futuro como para tomar bien esas decisiones. Tratamos de tomar decisiones acertadas y esperamos que todo salga bien. Queremos más información, pero vacilamos cuando nos damos cuenta de que el plan de Dios para nosotros requiere que primero le entreguemos todo a él.

Es por eso que los horóscopos son tan atractivos para muchos. Ofrecen orientación sin hacer ninguna exigencia de nuestro carácter. Prometen información sin requerir el trabajo arduo de someterse a Dios ni la aceptación de su obra en nuestro corazón caído. No obstante, Dios nos ama demasiado para eso. Obtener orientación de él significa, más que nada, recibirlo a él. Su Espíritu nos da forma, su sabiduría llega a ser parte de nosotros y la sustancia de piedad nos moldea hasta volvernos piadosos.

EN HECHOS Generalmente, Dios no es un fomentador de oráculos; él es un transformador de vidas. Normalmente nos orienta sin proporcionar información de lo que tenemos que hacer, sino cambiándonos fundamentalmente desde adentro. Él cambia nuestro carácter, nuestra perspectiva, nuestras prioridades. Entonces somos orientados por la persona en que Dios nos ha transformado, la nueva creación gobernada por el Jesús que habita en nosotros.

Esto es un impacto para nuestro sistema, pero es esencial. Por eso es que este proverbio no comienza simplemente con: «Él te mostrará cuál camino tomar». Hay condiciones. Nosotros confiamos en él con todo nuestro corazón. Rehusamos apoyarnos en nuestra propia sabiduría. Reconocemos su suficiencia, que implica nuestra propia insuficiencia, en todo. Entonces él nos muestra cuál camino tomar. ¿Por qué? Porque él está presente. No lo hemos usado simplemente por su amplia información, lo hemos invitado a que nos acompañe en el trayecto.

14 DE MARZO
Proverbios 3:1-12

Dios siempre da lo mejor de sí a los que dejan que él decida.

Hudson Taylor

El rechazo del yo

No te dejes impresionar por tu propia sabiduría. En cambio, teme al SEÑOR y aléjate del mal. PROVERBIOS 3:7

15 DE MARZO

Proverbios 3:1-12

Todas las bendiciones del cristiano surgen de la muerte del yo.

Madame Guyon

EN PALABRAS Si alguna vez nos aferramos a la idea de que somos sabios innatamente, estamos destinados al fracaso. De hecho, Proverbios 16:18 dice así: «El orgullo va delante de la destrucción, y la arrogancia antes de la caída». Colocar cualquier cantidad de fe en nuestra propia sabiduría es una forma de orgullo. También es un autoengaño. No sabemos con seguridad nada en cuanto al futuro, no conocemos las complejidades de nuestro propio corazón, no vemos todos los motivos y los estados de ánimo de otra gente, no tenemos un entendimiento infalible de la psicología humana y no comprendemos totalmente las realidades espirituales del reino de Dios. Dios tiene el control de todas estas cosas; nosotros no controlamos ninguna de ellas. Actuar como si fuera lo contrario es una tontería garrafal.

Hemos leído que el temor del Señor es el inicio de la sabiduría (Proverbios 9:10). Proverbios 3:7 implica que lo opuesto de temer al Señor es la confianza en sí mismo. Si vamos a actuar sabiamente, es esencial que entendamos la brecha que hay entre nosotros y Dios, y la manera tan maravillosa en que se remedió. No podemos enfrentarnos a la vida sin una sensación abrumadora de lo eterno, si vamos a invertir en lo que es verdaderamente valioso. El entender a Dios cambiará la manera en que pasamos nuestro tiempo, gastamos nuestro dinero y usamos nuestros talentos. Cambiará la forma en que enfrentamos nuestras circunstancias y manejamos nuestras relaciones, nuestro trabajo y nuestras actitudes.

EN HECHOS ¿Te has dado cuenta de que los que toman malas decisiones generalmente actúan por un excesivo interés en sí mismos? El enfoque en el yo lleva a una miopía devastadora y tiene consecuencias malas y destructivas. El enfoque en Dios —en su carácter, en sus caminos, en su naturaleza eterna— conduce a la gente a la sabiduría.

Prueba este ejercicio la próxima vez que enfrentes una decisión: en lugar de hacer un listado de las ventajas y de las desventajas, escribe una lista de lo que motiva cada decisión. Las ventajas y las desventajas tienen que ver con resultados; pero ya que no podemos conocer el futuro, solamente son suposiciones. Los motivos tienen que ver con la perspectiva; identifican el centro de nuestra vida. Si estamos centrados en nosotros mismos, somos insensatos; si estamos enfocados en Dios, somos sabios.

El camino a la salud

Entonces dará salud a tu cuerpo y fortaleza a tus huesos. PROVERBIOS 3:8

EN PALABRAS No tratamos de conducir nuestro auto sobre el agua ni de ir a toda velocidad en nuestro yate por la autopista. ¿Por qué? No fueron hechos para eso. Entonces ¿por qué nos involucramos en propósitos para los que no fuimos hechos? ¿Por qué, aunque fuimos creados para estar totalmente preocupados por nuestro Creador, llegamos a preocuparnos totalmente por nosotros mismos? Eso daña nuestra mente, y nuestra mente afecta nuestro cuerpo. Nuestros pensamientos se distorsionan, nuestro cuerpo se enferma y terminamos hechos un lío. Un lío egocéntrico. Somos como vehículos desubicados en el camino equivocado.

¿Crees eso? ¿Entiendes que fuimos creados para estar fascinados, sobrecogidos y extasiados con nuestro Hacedor? La mente caída evita eso a toda costa. Tratamos de forjarnos un nombre. Tratamos de juntarnos con la gente adecuada. Leemos libros de autoayuda. Aprendemos diversas filosofías y métodos que nos lleven a una mejor forma de vida. Y todo se trata de nosotros.

Dios nos señala que debemos alejarnos de nosotros mismos y volvernos hacia él. Él debe ser nuestra visión, nuestra pasión, nuestro amor. Este principio es tan significativo que puede darle salud a nuestro cuerpo. Cuando nos alineamos con el propósito para el que fuimos creados, somos como la pieza perfecta en una máquina de precisión. Podemos funcionar sin el desgaste indebido. O somos como una bella pieza musical que se ejecuta en la clave correcta. Podemos desempeñarnos sin incomodar a los que nos rodean y sin deprimirnos en el proceso.

EN HECHOS Valoramos mucho la buena salud. En un mundo enfermo y caído, es un bien muy valioso. Tratamos de alimentarnos bien, de tomar nuestras vitaminas, de elegir al médico apropiado, de ejercitarnos a menudo y de orar para evitar las enfermedades mortales. No obstante, si no hemos sumergido nuestra mente en la realidad, de que Dios es nuestro todo en todo, no hemos dado el primer paso hacia la buena salud. Tu mente tiene un efecto profundo en tu fisiología. Permite que siempre se alimente de la verdad eterna.

16 DE MARZO
Proverbios 3:1-12

Nuestra única ocupación es amar a Dios y deleitarnos en él.

Hermano Lorenzo

Una forma de dar honra

Honra al Señor con tus riquezas. PROVERBIOS 3:9

17 DE MARZO
Proverbios 3:1-12

Obtén todo lo que puedas, ahorra todo lo que puedas y da todo lo que puedas.

John Wesley

EN PALABRAS Frecuentemente no estamos conscientes de las afirmaciones que hacemos, pero son más numerosas de lo que creemos. No estamos conscientes de ellas porque la mayoría no son verbales. Son revelaciones del corazón que se expresan con nuestras decisiones. Como se dice a menudo, las acciones hablan más fuerte que las palabras.

Considera, por ejemplo, lo que decimos cuando no tenemos dinero para el ministerio de Dios, pero tenemos suficiente para pagar la televisión por cable. O cuando vemos a los que tienen hambre y desearíamos poder ayudar, pero después desperdiciamos dinero en bebidas gaseosas que no tienen valor nutritivo. ¿Por qué treinta dólares al mes para salvar a un niño parece tanto y treinta dólares por una cena de bistec para dos personas parece una buena ganga? ¿Qué dicen nuestras decisiones sobre Dios? No mucho. Dicen más de nuestros valores. Revelan lo que hay en nuestro corazón.

Dios no es enemigo del entretenimiento ni de nuestras papilas gustativas, pero sí lo es de los ídolos, y nuestras decisiones revelan cuáles son. A menudo nos engañamos a nosotros mismos; nuestra enorme capacidad de hacerlo llegó con la Caída. Es sorprendente la manera en que no podemos permitirnos hacer cosas para el reino de Dios; el presupuesto siempre está ajustado, ¿verdad? Mientras tanto, las vacaciones que en realidad queremos tomar, usualmente las disfrutamos. Las comidas que en realidad queremos saborear, generalmente las paladeamos. La marca y el modelo que queremos conducir generalmente está en nuestro garaje. Cómodamente postergamos la satisfacción de Dios y no la nuestra.

EN HECHOS Tenemos que despertar de nuestra inconsciencia. Muchos de nuestros ídolos han llegado a ser automáticos para nosotros. No los vemos como decisiones intencionales que revelan los tesoros de nuestro corazón. Sin embargo, profundamente lo sabemos: si amáramos a Dios con todo nuestro ser, si atesoráramos su reino por encima de todo lo demás, él vería que más de nuestro tesoro es aportado para su uso.

¿Por qué es esto tan importante? ¿Tiene Dios falta de fondos? Probablemente no. Al Dueño de todo no le falta dinero cuando en realidad quiere lograr algo. Él quiere más que dinero. Él quiere que valoremos la fe, la moneda de su reino, por encima de la moneda de este mundo. Y más que eso, él nos quiere a nosotros. Quiere que nuestras decisiones reflejen un amor intenso e ilimitado. Él quiere que ellas lo honren.

Los medios para más medios

Entonces él llenará tus graneros, y tus tinajas se desbordarán de buen vino.

PROVERBIOS 3:10

EN PALABRAS El propósito de toda la creación es honrar a Dios. Así que no podría ser de otra manera que cuando se le honra, en este caso con nuestros primeros frutos, él conceda incremento y dé su bendición. La honra genera más honra. A los que se han ocupado fielmente de cosas pequeñas se les darán cosas más grandes. A los que han glorificado a Dios con sus riquezas se les dará más, con las que glorificarán a Dios aún más.

Esto no es una garantía de que los que diezman llegarán a ser ricos. La Biblia nunca dice algo así. Sin embargo, *sí* es una promesa de que Dios nunca será tacaño con los que son generosos con él. No está en su naturaleza tomar y nunca dar. De hecho, es totalmente lo contrario. Él siempre da más de lo que recibe. Él, que no nos negó a su propio Hijo, no nos dará de mala gana de su generosidad ilimitada.

De eso es lo que trata el vivir para el reino: tomar las cosas de este mundo y usarlas para la eternidad. Lo físico llega a ser espiritual. La corrupción del dinero se redime como inversión en vidas. Tenemos una oportunidad con nuestros ingresos de declarar que estamos de acuerdo con el propósito para el que fuimos creados. ¿Honraremos a Dios como él quiere que lo hagamos? ¿O buscamos solo los medios suficientes para sobrevivir? El medio para más medios es dejárselo todo a él, para su gloria. Él no lo tomará y después rehusará apoyarte. No puede hacerlo. Él no es así.

EN HECHOS ¿Has declarado inequívocamente que estás alineado con el propósito de Dios para la creación, de darle la honra? Es más que una declaración verbal, por supuesto. Llega a cada área de nuestra vida y se demuestra más con nuestras acciones que con nuestras palabras. Una manera de honrarlo es dedicando todos nuestros recursos para su uso, dando una porción generosa para su obra en este mundo. Con eso él se glorifica. Y con eso se demuestra que somos dignos para administrar más recursos.

Dios nos llama a ser como él. Él ha demostrado una y otra vez que por naturaleza es un donador extravagante. ¿Lo eres tú?

18 DE MARZO
Proverbios 3:1-12

Dios está más ansioso de darnos sus bendiciones de lo que lo estamos nosotros por recibirlas.

Agustín

77

La batalla hacia la piedad

No rechaces la disciplina del SEÑOR ni te enojes cuando te corrige.
PROVERBIOS 3:11

19 DE MARZO
Proverbios 3:1-12

La disciplina y
el amor no son
antitéticos; el uno
es una función
del otro.

James Dobson

EN PALABRAS Nuestra reacción natural a la represión —de cualquiera, incluso de Dios— es ofendernos. No queremos que nadie nos diga qué hacer y creemos que nadie tiene el derecho de hacerlo. Claro que sabemos que Dios sí lo tiene, pero pensamos que él siempre está de nuestro lado. Cuando él obra a través de otros para corregirnos, les decimos que nuestra relación con él es personal y que no les incumbe interferir. Cuando él obra a través de nuestras circunstancias, clamamos preguntando por qué, sin considerar que él podría estar buscando un cambio en nuestro corazón. Nos cuesta mucho aceptar la corrección.

Por supuesto que así es la naturaleza humana. Huimos de cualquier clase de incomodidad. Pasamos la mayor parte de nuestra vida tratando de estar un poco más cómodos, de hacer que las cosas sean un poco más fáciles, de escalar un poco más alto, evitando el dolor y las dificultades a toda costa. Y cuando es algo personal, como una represión, lo tratamos como un contagio. Incluso romperemos amistades con otras personas que nos recuerden nuestras debilidades, sin importar que lo hagan de una manera cortés. Somos criaturas que buscan la paz y la comodidad superficiales.

No podemos permitirnos ese lujo como discípulos. Comenzamos como viles pecadores y queremos terminar como hijos redimidos de Dios. ¿Qué esperábamos? ¿Pensamos que podemos pasar de lo uno a lo otro sin un impacto doloroso en nuestro sistema? No podemos hacerlo. Debemos soportar mucha corrección en el camino. De otra manera, nunca podremos ser rehechos a su imagen.

EN HECHOS Nuestro problema es confundir la represión de Dios con su desaprobación. Debemos entender que su corrección nunca es para condenar y que siempre es para edificar. Es una edificación dolorosa, pero bien vale la pena. Un día estaremos en la eternidad y derramaremos gratitud eterna a sus pies por las cosas difíciles que experimentamos y por la disciplina que nos impuso. Nos habrá hecho más gloriosamente radiantes en el reino eterno. El dolor temporal por la bendición eterna es una ganga. Coopera siempre con su disciplina y agradécele por su promesa.

La señal de un hijo

El Señor corrige a los que ama, tal como un padre corrige al hijo que es su deleite. PROVERBIOS 3:12

EN PALABRAS Nosotros no corregimos a los extraños. ¿Por qué? No nos toca hacerlo; no hay ninguna relación allí. Entonces podemos tener consuelo con el hecho de que Dios nos disciplina. Implica un vínculo y no solo una relación informal. Implica que él nos ama como hijos y que está decidido a que lleguemos a ser más semejantes a él. Él no disciplina a los que no son suyos. Disciplina a los que atesora.

Imagina a un escultor que tiene una visión que lo consume mientras trabaja día y noche en su creación. Poco a poco esculpe y da forma. Cuidadosamente deja que su visión se haga realidad. Cuando la escultura está casi terminada, imagina que este artista deja caer sus herramientas y se aleja. ¿Absurdo? Por supuesto. Así es la idea de que Dios deje caer sus herramientas antes de hacernos sabios.

O imagina a un padre afectuoso que pasa años de atención intensa en su hijo y que luego se marcha antes de que su hijo llegue a la madurez. Solo un padre con un cambio drástico de personalidad haría algo así, y Dios no tiene cambios drásticos de personalidad. Él nos amó desde el principio y nos ama ahora. Su corrección no cesará hasta que su obra esté completa y seamos maduros. Es una señal de su deleite.

EN HECHOS ¿Estás pasando por algo difícil hoy? Podría ser la disciplina del Señor para impulsarte a cambiar algo en tu vida. O quizás es simplemente una prueba divina de estrés, planificada para que desarrolles mejor resistencia y carácter. Sin importar su causa específica, está diseñada para formarte a su imagen y está monitoreada con mucho cuidado, incluso con deleite, por la mano de donde viene. No pasarías por ella si a él no le importaras. No estarías en el doloroso proceso de conformarte a su imagen si no fueras su hijo. Coopera con su obra, sin importar lo incómodas que sean sus herramientas. Él no las usa descuidadamente. Las usa tan amorosamente como un padre cuando toca a su hijo.

20 DE MARZO
Proverbios 3:1-12

La disciplina es una prueba de nuestra calidad de hijos.
Erwin Lutzer

Una misma mente

Tengan la misma actitud que tuvo Cristo Jesús.   FILIPENSES 2:5

21 DE MARZO
Filipenses 2:1-11

Si buscas un
ejemplo de
humildad, mira
la Cruz.

Tomás de Aquino

EN PALABRAS Evodia y Síntique tenían un conflicto. Las dos mujeres, cada una un miembro valioso de la iglesia, no podían llegar a un acuerdo en cierto punto (Filipenses 4:2-3). No sabemos de qué se trataba, solo que era polémico de alguna manera y que rompió la unidad de ese cuerpo de creyentes.

Pablo pudo haber intervenido y arreglado el desacuerdo. Él afirmó tener la autoridad apostólica en otras ocasiones; pudo haber actuado como juez en esta ocasión. Sin embargo, si lo hubiera hecho, una parte podría haber resentido la decisión y la otra podría haberse enorgullecido. Y ninguna de las dos habría aprendido lección alguna, más que el hecho de que Pablo estaba a cargo. No, había una forma mejor. Pablo les dio un remedio más profundo.

¿Cuál fue el remedio? Tener la mente de Cristo. Pablo les había dicho a los corintios que la mente de Jesús era su herencia (1 Corintios 2:16). Ahora les dice a los filipenses lo que implica tener su mente: significa pensar como él, tener su actitud y, más que nada, tener su humildad.

EN HECHOS Cuando pensamos en tener la mente de Cristo, generalmente pensamos en términos de obtener su dirección y seguir su voluntad. Nos enfocamos en la acción. No obstante, Dios tiene un propósito mejor. Él se enfoca en el carácter. Cuando él nos da la mente de Jesús, nos está dando el único regalo que fundamentalmente alterará nuestra naturaleza pecadora y propensa al conflicto. Es un regalo que nos conformará a la imagen misma de Dios.

¿Cómo es la mente de Jesús? Pablo continúa y nos habla de la humildad de Jesús: aunque era el Dios encarnado, fue un hombre humilde y obediente. Un siervo. De hecho, un siervo moribundo. Generalmente, esa no es nuestra meta cuando nos esforzamos por una mentalidad piadosa, pero es el primer elemento del carácter que Dios obrará en nosotros. Si no hemos aprendido la humildad de Jesús, en realidad nunca entenderemos el poder de su resurrección. Nuestras oraciones carecerán de fortaleza porque carecen de la naturaleza de un siervo. Nuestro trabajo carecerá de poder porque no se conforma a su carácter. Y nuestra comunión carecerá de unidad porque, a diferencia de Jesús, no estamos pendientes de los intereses de los demás.

Una mente humilde

En cambio, renunció a sus privilegios divinos; adoptó la humilde posición de un esclavo.   FILIPENSES 2:7

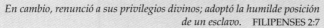

EN PALABRAS Los seres humanos rara vez aspiramos a no ser nada. La mayoría de nosotros quiere ser «alguien». Queremos forjarnos fama, o por lo menos tener éxito en alcanzar nuestras metas. Quizá no aspiremos a mucho, pero aspiramos a algo. Queremos una buena reputación, suficiente apoyo y una vida satisfactoria. Tratamos de escalar más alto.

La mente de Jesús nos llevará en la dirección opuesta. Piensa en lo que él intercambió para servirnos en nuestra condición de caídos: todas las cosas con las que el diablo lo tentó, como reinos y gloria inmediata (ver Mateo 4:1-11); una exhibición de su propia deidad frente a quienes se burlaban de él y lo ridiculizaban; y, quizás el asunto con el que estamos más relacionados, una existencia sin dolor. Jesús aceptó el dolor, la humillación, el desprecio y la deshonra voluntariamente. ¿Por qué? Porque servir y amar están en la naturaleza misma de Dios. Y la humanidad, en nuestra condición caída, necesitaba de ese amor.

La mente de Jesús encontró satisfacción al interesarse en las necesidades de otros. No se aferró a la deidad porque, a la larga, una demostración de poder sería menos satisfactoria que una demostración de carácter. El plan piadoso busca la plenitud y la unidad por encima de la autoridad y de la comodidad. Para llegar a la exaltación y a la gloria, el plan divino es pasar por la humildad y la mansedumbre.

EN HECHOS Si nuestra mente alguna vez va a ser transformada a la semejanza de Jesús, tenemos que aprender a pensar de esa manera. Debemos aceptar la deferencia, considerando el bienestar de los demás como más valioso que el nuestro. Debemos aceptar el servicio y trabajar por el beneficio mutuo, en lugar de tratar de adelantarnos. Debemos humillarnos bajo la poderosa mano de Dios para que esa mano nos eleve.

Cuando oramos por la semejanza a Cristo y después vamos en pos de las aspiraciones de nuestra naturaleza humana caída, debilitamos nuestras propias oraciones. No hemos adoptado la mente de Jesús. No obstante, si aceptamos de buena gana la condición de siervos y el valor de los demás, tenemos un impactante parecido con él.

22 DE MARZO
Filipenses 2:1-11

Nuestro Señor vivió su vida [...] para dar el patrón normal de nuestra vida.
Oswald Chambers

Una mente sorprendente

Se humilló a sí mismo en obediencia a Dios y murió en una cruz.
FILIPENSES 2:8

23 DE MARZO
Filipenses 2:1-11

¿Me estás
preparando un
colchón de plumas?
No, no será así. Mi
Señor fue colocado
en un árbol duro
y doloroso.

Hermano Lorenzo

EN PALABRAS En las Escrituras se nos ofrece la mentalidad de Cristo y suena muy atractiva. Pensamos en el amable Jesús de Galilea, el pastor que nos cuida y que puede curar cualquier enfermedad. Queremos a ese pastor como nuestro guía; él nos alimentará cuando tengamos hambre y limpiará nuestra suciedad. Él nos lavará los pies y resolverá nuestras disputas. *Si solo pudiéramos ser como él*, pensamos. Y cuando las Escrituras nos ofrecen ese tesoro —la dicha de ser semejantes a Cristo—, le pedimos que lo haga real en nuestra vida.

Qué sorpresa, entonces, cuando nos damos cuenta de que ser como Jesús significa más que sanar y ayudar, predicar y enseñar, alimentar y vestir, y bendecir a cada instante. También significa obediencia, una obediencia difícil y dolorosa. La clase de obediencia a la que cada hueso de nuestro cuerpo se quiere resistir. La clase que suda gotas de sangre cuando se confronta con el plan de Dios para nuestra vida. La clase que requiere humildad definitiva, que nos impulsa a someter cada sueño que alguna vez valoramos profundamente. La mentalidad de Jesús no lo llevó primero a la gloria sino a la muerte. Sí, esa clase de mentalidad es una sorpresa para nosotros. Es radical e inesperada.

EN HECHOS ¿Significa eso que no debemos orar para tener su mente? Por supuesto que no, pero sí significa que debemos entender lo que significarán nuestras oraciones. Dios no nos llevará por caminos fáciles para conformarnos a Jesús. No nos lleva a una caminata por el parque, sino a una batalla en el huerto de Getsemaní, donde las voluntades firmes se someten, y la gloria de Dios y el bienestar de los demás compiten con nuestros propios planes. Cuando llegamos allí, sabemos que él nos llevará a la muerte.

Es una muerte dolorosa, pero gloriosa. El otro lado de ella es la resurrección, que Dios ha planificado desde el principio. Nuestra obediencia definitiva y humilde llevará a una exaltación elevada. ¿Por qué? Porque un Jesús humilde que después fue exaltado nos ha llamado. La misma mente de la resurrección se ha convertido en nuestra guía.

Un Dios apasionado

Yo soy de mi amante, y mi amante es mío. CANTARES 6:3

EN PALABRAS Hay una gran divergencia en cómo los cristianos interpretan Cantares. Muchos lo interpretan totalmente como una alegoría del amor de Dios por su pueblo o, más específicamente, del amor de Jesús por su novia, la iglesia. Algunos lo interpretan estrictamente como una aprobación divina del amor erótico dentro de sus límites apropiados. Otros son capaces de aceptar ambas interpretaciones: el amor de Dios que se expresa en una relación humana como el reflejo de un amor más grande de arriba.

Es correcto ver que todo el amor proviene de Dios. El mundo tomará ese argumento y dirá que todas las expresiones de amor —de la manera en que el mundo define «amor»— son de Dios, pero esa es una gran distorsión de la verdad bíblica. Sin embargo, todo el amor genuino *es* de Dios, ya sea el amor de los amigos, de las familias o de las parejas. Dios creó el rango de emociones que sentimos y parece lógico que él nunca haya creado una clase de amor que él mismo no haya experimentado. El amor romántico que se expresa en Cantares también debe de estar en alguna parte del corazón de Dios. Él tuvo que haber concebido el amor romántico antes de crear a una humanidad romántica. No obstante, si así es, ¿a quién ama él tan íntimamente?

Tenemos miedo de emitir la respuesta porque parece demasiado arrogante, pero sabemos lo que la Biblia dice. A nosotros. Nosotros somos las personas para las que Dios ha creado el amor romántico, no solo para que lo tengamos dentro de nosotros, sino para tenerlo primero con él. El amor íntimo entre los humanos no es el prototipo; es solo un reflejo del romance divino.

EN HECHOS Fácilmente podemos decir de otra persona: «Yo soy de mi amante, y mi amante es mío». ¿Podemos decir eso de Dios? ¿Hemos alcanzado ese nivel de intimidad? No tengas miedo. No profana la gloria de Dios acercarse a él de esa manera. Lo honra. Valora el amor que fluye de su corazón y no lo deja trágicamente sin respuesta.

24 DE MARZO
Cantares 6:3

El romance está en el corazón del universo y es la clave para toda la existencia.

Paul Billheimer

Un Dios penetrante

Tú deseas honradez desde el vientre y aun allí me enseñas sabiduría.
SALMO 51:6

A Dios no se
le engaña con
apariencias.

C. S. Lewis

EN PALABRAS El salmo confesional de David contiene el reconocimiento de uno de los deseos más grandes de Dios para nosotros: integridad. El «hombre conforme al corazón de Dios», el rey favorecido de Israel responsable de mucha de la alabanza más bella de la Biblia, ha encontrado dentro de sí una enorme incongruencia. Por un lado, ha buscado a Dios con todo su corazón y ha declarado su corazón recto en numerosas ocasiones. Por otro lado, ha pecado. No solo un poco, sino seriamente. Hay una enorme brecha entre sus creencias manifiestas y su condición interna. Ha descubierto dentro de sí lo que todos debemos descubrir: Dios quiere que su verdad y su sabiduría lleguen a lo más profundo de nuestro ser y no que solo adornen nuestras expresiones externas.

Dios ha dejado claro, primero a través de la ley y los profetas, y luego por medio de Jesús, que no tolera la hipocresía. En absoluto. Es uno de los pecados más abominables en las Escrituras. Los que dicen palabras piadosas en público y luego atesoran su propia naturaleza corrupta en privado están lejos del corazón de Dios.

El pecado de David no nulifica su devoción. Tampoco el nuestro. Sin embargo, refleja lo poco profundo que la Palabra de Dios ha penetrado en nosotros. Al grado de que su sabiduría no llega a nuestras partes más profundas —que su Espíritu no transforma el centro de nuestro ser—, a ese grado hemos llegado a ser como los escribas de los días de Jesús: expertos en la Palabra pero faltos de su poder. En otras palabras, somos hipócritas. Nuestra boca habla piedad, pero nuestro corazón la niega.

EN HECHOS Ninguno de nosotros es perfecto en nuestra integridad. Todos tenemos incongruencias, pero ellas deben desaparecer regularmente si crecemos en la fortaleza del Espíritu de Dios. Examínate frecuentemente. ¿Reflejan las palabras de tu boca los pensamientos de tu corazón? Al igual que David, debemos saber que Dios es celoso de nuestra congruencia. Debemos reflejarlo desde adentro, o no lo reflejaremos en absoluto.

Un Dios persuasivo

*¡El Señor concede sabiduría! De su boca provienen el saber
y el entendimiento.* PROVERBIOS 2:6

EN PALABRAS La naturaleza humana toma cualquier sabiduría y entendimiento disponible y se atribuye el mérito. Nos damos palmadas en la espalda, nos sentimos un poco más iluminados que nuestros vecinos y nos cuesta entender por qué otros no tienen el juicio suficiente para recibir el evangelio, tal como nosotros lo hicimos.

Cuando pensamos de esta manera —y la mayoría de la gente confesará que alguna vez lo ha hecho—, se nos olvida nuestra propia pecaminosidad e ignorancia de la Palabra de Dios. La sabiduría, el conocimiento y el entendimiento vienen de él. Nosotros no los ganamos, no los descubrimos por nuestra cuenta y no estamos dotados por naturaleza para las cosas espirituales. Llegan directamente de su boca, y si él no hubiera hablado ni hubiera abierto nuestro corazón a ellas, seríamos como miles de millones de otras personas en este planeta, que viven en total oscuridad. La gracia pura nos dio la verdad.

Esto no solo es una advertencia efectiva en contra del orgullo espiritual, es un consuelo para los que tenemos seres amados que rechazan el evangelio. La clave para su entendimiento no son nuestras palabras convincentes ni nuestras explicaciones claras. Sin importar cuán impresionante sea nuestra espiritualidad, simplemente no se le pegará a los que necesitan conocer a Jesús. Ese entendimiento llega de Dios. Nuestro acercamiento más efectivo, que debe complementarse al proclamar el mensaje y demostrar amor, es orar para que él les abra sus ojos así como ha abierto los nuestros: con su gracia inescrutable e insondable.

EN HECHOS Dios es el persuasor consumado. Él puede convencer la mente del científico e influir en el corazón del poeta. Ninguna esquina de la psique humana está fuera de su alcance. Ningún muro mental o emocional puede resistirse a sus más firmes propuestas por demasiado tiempo. La clave para que alguien reciba su verdad es la oración por el receptor. ¿Te viene alguien a la mente? Ora diligente, persistente y repetidamente. Ora para que Dios abra los ojos y los corazones a su sabiduría.

26 DE MARZO
Proverbios 2:6

Dios le da forma al mundo con la oración.

E. M. Bounds

Fidelidad

No codicies su belleza; no dejes que sus miradas coquetas te seduzcan.
PROVERBIOS 6:25

27 DE MARZO
Proverbios 6:20-29

Dios no nos llamó
a ser exitosos, sino
a ser fieles.

Madre Teresa

EN PALABRAS Podemos leer este versículo demasiado rápido. Después de todo, la prostitución no parece ser un problema descontrolado en la iglesia contemporánea. Ciertamente hay indiscreciones entre sus miembros y el adulterio es trágicamente más común que en el pasado. No obstante, para quienes conseguir una prostituta no es una tentación viable, este versículo y otros similares a menudo podrían pasar desapercibidos.

Eso es trágico. ¿Por qué? Porque aquí hay cosas más profundas en riesgo que la inmoralidad sexual al pie de la letra. Los que son sabios saben que el corazón humano es tentado por toda clase de adulterio. Nuestras oportunidades para traicionar el corazón de nuestro Señor son enormes en cantidad y en diversidad. Cuando Salomón nos advierte en contra de desear la belleza de otro, él lo sabe, y el Espíritu que está detrás de las Escrituras habla de miles de lujurias que nos alejan de Dios. ¿Pensábamos que este pasaje se trataba solo de esposos y esposas? También se trata del matrimonio entre el Hijo y su novia, la iglesia. Nadie más nos debe cautivar. La fidelidad a nuestro novio es primordial.

EN HECHOS ¿Cuáles son tus tentaciones? No tienen que ser de naturaleza sexual para que conlleven las advertencias de este pasaje. Cualquier infidelidad a nuestro Dios es un asunto peligroso. Él es un Dios celoso; la devastación de una relación dañada con nuestro Creador es mucho peor que la devastación de un cónyuge amado que tiene una aventura amorosa con alguien más.

¿Es tu relación con Dios como la unión con un enamorado? Si no lo es, se queda corta del romance divino para el que fuimos creados. Si lo es, entonces sabes la importancia del compromiso y del poder peligroso de otros deseos. Huye de ellos. Tu Amante quiere todo tu ser para sí mismo.

La búsqueda más profunda

¡Obedece mis mandatos y vive! Guarda mis instrucciones tal como cuidas tus ojos. PROVERBIOS 7:2

EN PALABRAS ¿Por qué querríamos tener la mente de Cristo? Hay muchos aspectos atractivos de tener la clase de sabiduría que llega desde lo alto: nuestro Señor conoce el futuro, conoce el fundamento sobre el que desplegó este universo y conoce lo más íntimo de nuestro ser. El acceso a esa clase de conocimiento es, en efecto, atractivo. Nos ayudaría a tomar decisiones, a entender a otra gente, a vivir en paz y con satisfacción. No obstante, hay una razón más importante por la que debemos anhelar la sabiduría de Dios, un llamado más noble a su entendimiento. Primero y antes que nada, debemos querer tener su mente no porque nos beneficie sino porque amamos a la persona que él es.

Frecuentemente tenemos un acercamiento utilitario hacia Dios. Queremos que su Espíritu nos llene porque nos llevará a un ministerio más fructífero, a relaciones más satisfactorias y a más poder en nuestro crecimiento personal. En otras palabras, queremos el Espíritu de Dios y su mente como un medio de desarrollo personal o para mejores circunstancias. Sin embargo, Dios no es principalmente nuestra técnica de autoayuda; él es el Amante de nuestra alma. Ninguna relación de amor cumple su propósito cuando una parte usa a la otra de forma egoísta para su propio beneficio. Las relaciones de amor tienen que ver con el amor.

EN HECHOS ¿Tiene que ver con el amor tu relación con Dios? ¿O se trata de obtener más de él para tu propia mejora personal? Su mente y su Espíritu están a nuestra disposición, y su presencia en nuestra vida, de hecho, nos cambiará dramáticamente. No obstante, ¿sigues a Dios simplemente por el cambio que él puede darte? Si así es, da un paso hacia atrás y prueba con otro método.

Acércate a Dios con una confesión de tu amor por él. Si puedes decirlo honestamente, dile que quieres una experiencia más profunda de su presencia porque amas lo que él es: su pureza, su misericordia, su amor, su santidad, su poder, su sabiduría. No avances a peticiones; disfruta de su carácter. Ten comunión con él. Tu servicio y tu lugar en su reino surgirán desde esa base de amor.

28 DE MARZO
Proverbios 7:2

Odiaría mi propia alma si me diera cuenta de que no ama a Dios.

Agustín

Mártires vivos

Si tratas de aferrarte a la vida, la perderás, pero si entregas tu vida por mi causa, la salvarás.   MATEO 16:25

29 DE MARZO
Mateo 16:24-27

El que no tiene una visión de la eternidad nunca entenderá verdaderamente el tiempo.

Thomas Carlyle

EN PALABRAS La mayoría de la gente en este mundo tiene un enfoque de la vida en el que todo tiene que ver con ella. No es necesariamente egoísta, simplemente está orientada hacia el yo. Los que no tienen mucho en cuanto a riqueza material viven en modalidad de supervivencia, tratando solamente de salir adelante por el momento. Los que están en mejores circunstancias viven en modalidad de prosperidad, tratando simplemente de avanzar durante algún tiempo. En cada caso, tendemos a buscar «lo que sigue». El siguiente trabajo, el siguiente cheque de pago, el siguiente gran acontecimiento, la siguiente relación, la siguiente compra; estamos en un camino sin fin hacia mejorar nuestra vida.

¿Qué tiene eso de malo? No es la manera en que Jesús define el discipulado. No, Jesús llama a sus seguidores a «perder» su vida. Los que son sabios no se enfocan en «lo siguiente», se enfocan en «lo último»: el reino de Dios y el reinado de su Hijo como Señor de todo. Jesús no les habla a sus discípulos acerca del martirio en este pasaje. Habla del estilo de vida. Los que saben de la eternidad vivirán para ella. Eso tiene implicaciones poderosas.

Preferiríamos pensar que podemos hacer ambas cosas, vivir para ahora y para la eternidad al mismo tiempo, pero no podemos. Muchas de nuestras decisiones nos obligarán a elegir lo uno o lo otro. Sí, podemos tener un auto deportivo de lujo o unas vacaciones de ensueño y todavía ir al cielo. No obstante, no podemos tener esas cosas y también invertir lo que costaron en algo eterno. De igual manera, podemos perder el tiempo de manera descuidada y todavía ir al cielo. Sin embargo, no podemos desperdiciar el tiempo *e* invertir ese mismo tiempo en una obra eterna. Frecuentemente tomamos decisiones entre el ahora y la eternidad.

EN HECHOS Jesús nunca nos dice que vivamos vidas austeras, como si fuéramos monjes ascetas aislados en un desierto de autonegación. No obstante, sí nos dice que seamos sabios. Podemos disfrutar de su generosidad, pero seremos mucho más felices si nos damos cuenta de lo que contribuye a una eternidad abundante. ¿Cómo hacemos eso? Dejamos de tratar de «salvar» nuestras vidas y las perdemos. Quita tu enfoque de «lo siguiente» e invierte en «lo último»: el reino de Dios.

Misterios de majestad

Así como no puedes entender el rumbo que toma el viento ni el misterio de cómo crece un bebecito en el vientre de su madre, tampoco puedes entender cómo actúa Dios, quien hace todas las cosas.   ECLESIASTÉS 11:5

EN PALABRAS A la naturaleza humana le gusta reducir las cosas a partes comprensibles. Nos gustan las teorías elegantes que explican diversas situaciones con una sola verdad simple. Nos gusta analizar libros y películas, organizar sus partes y descubrir sus temas. Y nos gusta la verdad teológica; nos gusta adecuar todo en doctrinas y credos para poder entender los diversos aspectos de Dios.

El problema es que Dios no encaja. Cualquier manera sistemática de pensamiento que al hombre se le ocurra es demasiado pequeña para explicar a Dios. Cualquier principio que podamos identificar en su Palabra es demasiado limitado para definir cómo se relaciona él con nosotros. Nosotros simplemente no podemos entenderlo. Es demasiado extenso. Somos como hormigas ancladas a la tierra tratando de entender la luna. Sabemos que Dios está allí, podemos describir lo que vemos y podemos especular acerca de cómo se comportará. Sin embargo, no podemos saberlo.

Eso no significa que la doctrina y la teología no sean importantes. Lo son, y sumamente. Nos dan un marco de referencia para discutir la gloria de nuestro Creador y nos ayudan a entender los patrones que él ha usado en su trato con nosotros, pero no lo definen ni lo plasman. No lo reducen a fórmulas manejables.

EN HECHOS Podemos confiar en el carácter de Dios. Sabemos que él es santo, justo, omnisciente, omnipotente, amoroso, misericordioso y más. Y sabemos que esos atributos suyos no cambiarán. Ellos, junto con su Palabra, son dignos de confianza para siempre. Sin embargo, eso no significa que lo hayamos entendido. Nadie lo ha explicado completamente. A nadie se le han ocurrido sus fórmulas, porque él no es un Dios de fórmula.

¿Es eso inquietante? Lo es para mucha gente. Nos gustan la predictibilidad y las explicaciones. No obstante, un dios que podamos explicar no es Dios. Recuerda eso cuando parezca que tu vida está fuera de control. No lo está. Está bajo la mano del Dios misterioso y todopoderoso.

30 DE MARZO
Eclesiastés 11:5-6

Una religión sin misterio debe ser una religión sin Dios.

Jeremy Taylor

La batalla oculta

Cuando yo perdono lo que necesita ser perdonado, lo hago con la autoridad de Cristo en beneficio de ustedes, para que Satanás no se aproveche de nosotros. Pues ya conocemos sus maquinaciones malignas. 2 CORINTIOS 2:10-11

31 DE MARZO
2 Corintios 2:5-11

Si no crees en la existencia del diablo, solo trata de resistirlo por algún tiempo.

Charles Finney

EN PALABRAS Cualquier sabiduría que logremos y que no incluya un sentido muy real del mundo oculto es seriamente deficiente. El enemigo tiene intenciones contra nosotros como el cuerpo de Cristo: destruir nuestra unidad; y contra nosotros como individuos: que ignoremos nuestra unión con Jesús. Él no es una fuerza abstracta; es una personalidad maligna con un plan malicioso. Los que creemos estamos en su mira.

El enemigo se acercará a ti, pero Jesús se acercará aún más. No olvides eso nunca. Para los cristianos, nuestra cercanía a Jesús es siempre mayor que nuestra cercanía al maligno. «El Espíritu que vive en ustedes es más poderoso que el espíritu que vive en el mundo» (1 Juan 4:4). Esa perspectiva siempre debe mantenerse, o se pierde la batalla. El enemigo no puede robarte tu salvación, pero puede robarte todo su placer: tu alegría y tu paz.

EN HECHOS La guerra espiritual a veces se ve extremadamente física. Se requiere sabiduría para ver la batalla que está detrás de tus batallas y para responder de manera apropiada. Debes estar consciente de que al enemigo le encantan tus conflictos, no simplemente porque sean conflictos, sino porque te distraen de los asuntos de Dios, y, si no eres cuidadoso, de su carácter. A Satanás le encanta oscurecer la gloria del nombre de Dios, y cuando él puede degradar tu salud espiritual en un conflicto, sin duda la gloria del nombre de Dios se oscurece. Satanás se retira cuando tú permaneces firme, cuando mantienes tu paz y tu gozo, actúas en humildad y demuestras amor, incluso en medio del conflicto. *Especialmente* en medio del conflicto. Él preferiría no darte ocasión de demostrar el carácter de Dios en el fuego, así que si vas a demostrar el carácter de Dios de cualquier manera, él finalmente apagará el fuego. Volverá después con otra estrategia, pero perderá esta, si permaneces fiel.

A la espera con fe

Es bueno esperar en silencio la salvación que proviene del Señor.
LAMENTACIONES 3:26

EN PALABRAS Esperar tranquilamente no es lo que la mayoría de nosotros hace mejor. Preferimos ser activistas, por lo menos en los asuntos que nos conciernen. Tal vez nos gusta mantener la ilusión de control. Quizás simplemente no confiamos en otras personas como confiamos en nosotros mismos. En cualquier caso, esperar pacientemente cuando pensamos que podemos ser capaces de afectar el resultado va en contra de nuestra naturaleza.

Hacemos una declaración cuando actuamos. Respondemos a todas nuestras preguntas acerca de Dios: ¿Le importa a él? ¿Tiene él un propósito en la situación? ¿Interviene en nuestros asuntos? ¿Dice su Palabra algo en cuanto a nuestra situación? Cada vez que actuamos, respondemos a estas preguntas de una forma o de otra, por lo menos en el asunto en cuestión. Tal vez no nos demos cuenta de todo el significado que tiene nuestro comportamiento, pero es profundo. Casi todo lo que hacemos indica lo que creemos de Dios.

Dios nos dice cómo abordar la vida. Debemos enfrentar cada situación con fe, con la expectativa de su bondad y con el deseo de hacer su voluntad. Aunque nos gustaría que esas actitudes del corazón fueran instantáneas, rara vez lo son. Requieren de tiempo y, por lo tanto, debemos tratar cada situación con tiempo y meditación. Cuando nos encontramos en alguna dificultad, en lugar de abrirnos camino para salir de ella por el sendero de la mínima resistencia, tal como somos propensos a hacer, primero debemos pedirle al Señor su voluntad, esperar su respuesta y dejar que él tome la iniciativa al preparar el camino ante nosotros. El suyo no es un camino instantáneo.

EN HECHOS Pregúntate por qué a veces es difícil esperar. ¿Es impaciencia por la situación? ¿Un deseo de estar en control? ¿Una sospecha de que Dios no va a intervenir? Permite que Dios examine tus motivos y luego busca su voluntad. Espera tranquilamente hasta que él te la revele. Las puertas se abrirán y las victorias caerán en tus manos, rara vez en tu tiempo, pero siempre en el suyo. Esperar tranquilamente, como ninguna otra cosa, demuestra confianza. Es una forma de honrarlo.

1 DE ABRIL
Lamentaciones 3:26

Simplemente espera en él. Al hacerlo, tendremos dirección, provisión, protección, corrección y recompensas.

Vance Havner

Cómo evitar los desiertos

No se dejen engañar: nadie puede burlarse de la justicia de Dios. Siempre se cosecha lo que se siembra. GÁLATAS 6:7

2 DE ABRIL
Gálatas 5:16-26;
6:7-8

Participamos de la naturaleza divina al compartir el Espíritu.

Atanasio

EN PALABRAS ¿Qué dirías si alguien ofreciera venderte una propiedad en la playa a un precio aparentemente de ocasión? Suena bueno, ¿verdad? No obstante, ¿si la propiedad fuera un desierto: un basurero tóxico, el final de un drenaje de alcantarillado o que sirviera para algún otro propósito desagradable? La posibilidad de poseerla no sería nada atractiva, por no decir otra cosa. ¿Por qué? Porque no hay valor en una inversión de esas.

La imagen es una ilustración exacta de una decisión que todos debemos tomar. Podemos vivir en el Espíritu o en la carne. Si sembramos semillas de la carne invertimos en una tierra sin valor. No durará. No se puede desarrollar. Nos dejará sin nada al final; la naturaleza pecaminosa está destinada a la destrucción.

Cuando pensamos en sembrar para agradar a nuestra naturaleza pecaminosa, como lo dice Pablo (v. 8), inmediatamente pensamos en pecados explícitos y carnales: inmoralidad sexual, abuso de sustancias, avaricia, etcétera. No obstante, rara vez consideramos las semillas más sutiles de nuestra naturaleza pecaminosa. Si sembramos semillas de esfuerzo propio, cosecharemos sus recompensas: quizás unos cuantos elogios, pero nada duradero. Si sembramos semillas de arrogancia moral, terminamos con arrogancia moral, que no puede permanecer ante Dios. Si sembramos semillas de autosuficiencia, cosecharemos solamente lo que podemos proveer para nosotros mismos, y nunca es suficiente. Vivir en el poder de la carne es una futilidad perpetua. No logra nada eterno.

EN HECHOS Uno de los grandes misterios del pecado y del yo es por qué invertimos en ellos. Así como el terreno de la playa, la inversión puede tener un atractivo natural, pero una vida autodirigida es engañosa. Nos promete éxito, pero no ofrece nada duradero. Incluso sus obras más nobles son corruptas. ¡Qué inversión tan desastrosa! Cuando compramos mercancía nociva recibimos, pues, mercancía nociva. Cuando cultivamos la carne, obtenemos la carne.

Siembra semillas eternas. Vive por el poder del Espíritu. Permanece unido para siempre al plan, a los propósitos y a la Persona del Dios incorruptible. Y disfruta cosechando todo lo que has sembrado.

La obediencia flexible

Acampaban o viajaban bajo las órdenes del Señor.   NÚMEROS 9:23

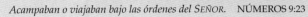

EN PALABRAS Servimos a un Dios impredecible. Él no es irrazonable y no es incongruente, pero *sí* es impredecible. Ningún ser humano ha desentrañado jamás sus caminos. Aunque tratemos de convertir en una fórmula la vida espiritual del discipulado —y revisa los estantes de tu librería cristiana local si crees que no lo hemos hecho ya— Dios nos hará cambiar el rumbo. ¿A qué se debe eso? ¿Le gusta ser elusivo? ¿Le gusta bromear con nosotros manteniéndose siempre fuera de nuestro alcance?

No. Dios no es un bromista. Sin embargo, cualquiera que lo sigue debe aprender esto rápidamente: él no es una fórmula. Él no repite los mismos métodos una y otra vez. Él no deja que formemos hábitos memorizados de obediencia que no involucren al espíritu. Hay una gran misericordia en eso. Él es un Dios de relaciones y solamente permite que nos relacionemos con él. No podemos memorizarlo, no podemos aprender sus principios lejos de su persona y no podemos sustituir su ley en el lugar de su Espíritu. Él desea ser conocido, y aunque sus obras pasadas nos ayudan a conocer quién es él, su guía actual solo se puede encontrar en una relación vital con su persona.

EN HECHOS Dios busca a los que tienen la flexibilidad de levantarse y de salir cuando él dice que hay que levantarse y salir, y de sentarse y de esperar cuando él dice que se sienten y esperen. A veces nos hará acampar por varios días, otras solo por unos minutos. A veces nos guiará por kilómetros, otras por unos cuantos metros. El discípulo que dice: «El Dios que me guió por cinco kilómetros ayer me guiará por cinco kilómetros cada día» no conoce al Dios al que sirve. Está sumido en una religión y no en la fe. Hay una gran diferencia.

En tu discipulado, ¿dependes de principios, o buscas a Dios? Debes estar disponible para hacer lo que él ordena hoy, no para lo que te ordenó la última vez. Conoce la diferencia. Conoce a tu Dios.

3 DE ABRIL
Números 9:15-23

La evidencia de conocer a Dios es obedecer a Dios.
Eric Alexander

Cuida tu dieta

Concéntrense en todo lo que es verdadero, todo lo honorable, todo lo justo, todo lo puro, todo lo bello y todo lo admirable. Piensen en cosas excelentes y dignas de alabanza.   FILIPENSES 4:8

4 DE ABRIL
Filipenses 4:8-9

Nadie permitiría basura sobre su mesa, pero muchos permiten que sea servida en su mente.

Fulton John Sheen

EN PALABRAS ¿Qué esperaríamos de alguien que se alimenta solo de comida rápida y de meriendas no saludables, llenas de azúcar y de grasas? ¿Un cuerpo saludable? ¿Una vida larga? No, esperaríamos que la salud física fuera mayormente el producto de la ingesta física. ¿Hay alguna diferencia con el espíritu?

La cultura moderna está saturada de comida espiritual insalubre, desde los deseos de la carne y de los ojos, al orgullo humano de la vida centrada en uno mismo, hasta cosmovisiones y filosofías elaboradas y engañosas. Cientos de canales de televisión, docenas de periódicos y revistas, imágenes ilimitadas del ciberespacio y un sinnúmero de otros medios de comunicación compiten por nuestra atención. Dejamos que muchos de ellos en realidad se apoderen de nuestra atención. Mucho de lo que ingerimos es insalubre. En nuestra búsqueda de sabiduría, nuestra mente frecuentemente tiene hambre de una nutrición genuina.

Es irrazonable pensar que horas de digerir material insalubre resultarán en mentes y espíritus saludables. «Eres lo que comes» no solo se aplica al mundo físico, sino también al espiritual. Consumir todas las cosas equivocadas dará todos los resultados equivocados. Es una ley natural. No hay manera de ingerir basura sin dejar de contaminarnos con ella.

EN HECHOS Dios nos llama a cuidar nuestra dieta. A él le agrada que cuidemos su templo, nuestro cuerpo. Sin embargo, le agrada mucho más cuando cuidamos nuestra mente. Nuestra vida interior es donde su Espíritu prefiere obrar más, dándole forma a corazones despejados e impartiendo sabiduría a mentes despejadas. Aun así, nosotros no facilitamos una autopista expedita para él en nuestra alma. A través de nuestro entretenimiento, nos permitimos ser bombardeados por una campaña incesante de relaciones públicas a favor de los caminos del mundo. Busca un equilibrio. Ten cuidado con lo que ingresa a tu mente. Permite que los pensamientos de Dios te nutran sin obstáculos.

El espectáculo de la necesidad

¡Cuánta alegría para los que escoges y acercas a ti, aquellos que viven en tus santos atrios! ¡Qué festejos nos esperan dentro de tu santo templo!

SALMO 65:4

EN PALABRAS Imagina a un indigente que empuja su carrito de supermercado sobre la vereda, enfrente de un restaurante bufé al aire libre. Hambriento por una comida, una sola buena comida, pasa por el restaurante una y otra vez. La gente está sentada en las mesas de la vereda y se dan un festín de una espléndida exhibición de la comida más delicada. Imagina un cartel enfrente del restaurante que dice: «Bufé gratis. Todo lo que pueda comer. Todos son bienvenidos». Aun así, el hombre vacila sobre la vereda. Todo lo que necesita por el momento se le ofrece, pero no se quiere sentar. Tal vez no entiende el cartel, no cree que se aplique a él o siente que tal vez está demasiado sucio como para encajar allí. Tal vez simplemente no quiere dejar sus botellas vacías afuera en su carrito. Sin importar cuál sea la razón, padece hambre mientras otros comen.

Es así como muchos cristianos abordan las promesas de Dios. Merodeamos enfrente de su Palabra, pero no la entendemos, no creemos que se aplique a nosotros o pensamos que estamos demasiado sucios como para encajar en ella. Frecuentemente, no queremos soltar la basura que estamos acumulando. Sin importar la razón, pasamos hambre mientras que otros comen. El banquete de Dios nos espera, pero no podemos vincularnos a él, por lo que ni siquiera preguntamos. No queremos sentarnos. Adquirimos cierta clase de orgullo perverso en nuestra indigencia, confundiendo nuestra pobreza con espiritualidad verdadera. Pensamos que somos mucho menos pretenciosos que los que están festejando. Simplemente no lo entendemos. El banquete es para nosotros. Las promesas de Dios se derraman en nosotros con su propio Hijo como garantía.

EN HECHOS Benditos son los que aceptan las promesas de Dios como niños, los que son demasiado inocentes como para hacer preguntas o como para sospechar de su extravagancia. Mientras que los indigentes desfilan enfrente de su almacén, aferrados a sus carritos, los que simplemente le toman la Palabra evaden lo absurdo del cuadro. Ellos lo entienden: tenemos un Dios de abundancia descomunal y somos gente con mucha necesidad. Es una relación simple. Él nos invita a exhibir nuestra pobreza delante de él para que él pueda mostrarle al mundo sus misericordias. ¿Qué evita que recibamos su generosidad con los brazos abiertos?

5 DE ABRIL
Salmo 65

Nunca oras con mayor poder que cuando suplicas las promesas de Dios.
William J. C. White

El hambre del enemigo

Si tus enemigos tienen hambre, dales de comer. Si tienen sed, dales agua para beber. PROVERBIOS 25:21

6 DE ABRIL
Proverbios 25:21-22

En Jesús y por él, se debe amar a los enemigos.
Tomás de Kempis

EN PALABRAS Si alguna vez necesitamos evidencia de que el carácter de Dios no es instintivo para nosotros, esta es esa. Darles comida y agua para beber a nuestros enemigos va en contra de todo principio de justicia que hayamos cultivado desde los primeros días de rivalidad entre hermanos hacia adelante. Los impulsos de la humanidad caída, de promoverse uno a sí mismo, no nos permiten velar por nuestros enemigos y bendecirlos con bondad. Si *quisiéramos* hacer eso con ellos, ya no serían nuestros enemigos.

Se requiere de mucha fe para actuar de esa manera. El Espíritu Santo tiene que renovar nuestra mente radicalmente y luego nuestra mente debe confiar en que Dios honrará nuestro comportamiento. Parece un gran riesgo, ¿verdad? Tratar bien a un enemigo arriesga la posibilidad de que se aproveche de nosotros, de que tome la delantera, de que nuestros cuentos estén tan desequilibrados que seamos aún más vulnerables que cuando nos sentimos ofendidos por primera vez. Tratar a un enemigo con bondad significa que hemos decidido, en fe, que Dios es el que lleva la cuenta de nuestro enemigo, así como la nuestra. No podemos hacerlo a menos que confiemos en que él obrará justicia al final y que en realidad estamos mejorando nuestro propio bienestar al mejorar el bienestar de nuestro rival. La lógica humana no nos lleva a esas conclusiones. Solo la fe puede hacerlo.

EN HECHOS ¿Cómo tratas a tus enemigos? Tal vez afirmas no tenerlos; felicitaciones. No obstante, hay cierta gente que te saca de quicio. ¿Cómo lidias con ellos? ¿Guardas rencores? ¿Buscas la manera de evitarlos? ¿En secreto esperas que Dios los humille y te reivindique?

Tal vez lo haga. Si en realidad crees en su bondad, tienes la libertad de permitir que él se encargue de la justicia en tu nombre. Eres libre para comportarte de maneras inesperadas y piadosas al bendecir a los que te maldicen, dándole a los que te han engañado o elogiando a los que te han ofendido. Al tratar de hacer sus vidas incómodas, aunque es natural, le decimos a Dios que no creemos en su justicia. Tratar bien a un enemigo honra su voluntad misericordiosa.

Intensifica tu resplandor

Los sabios resplandecerán tan brillantes como el cielo y quienes conducen a muchos a la justicia brillarán como estrellas para siempre. DANIEL 12:3

EN PALABRAS La gente gasta miles de dólares para vivir más. Ejercicio, cosméticos, cirugía plástica, consejos de autoayuda y planes nutritivos —en otras palabras, toda la industria de la autoconservación— son un enorme negocio. Nos gusta la vida y queremos que dure, no solo en una expectativa etérea e indefinible de una vida en el más allá, sino en una eternidad real, satisfactoria, llena de significado. No solo queremos «para siempre». Queremos saber que la disfrutaremos.

A Daniel se le dice lo que determina o arruina la eternidad en la resurrección: la justicia. Amarla, beber de ella, llevar a otros a ella, invertir en ella. La justicia es la clave. La calidad de nuestra justicia en la tierra tiene todo que ver con la calidad de nuestra eternidad. Y los que son sabios lo saben.

Los que son sabios también saben que hay un problema. Inherentemente somos injustos. Una eternidad que se basa en la justicia terrenal es una dificultad devastadora para la gente que está, en su propia genética, infectada con la corrupción. ¿Hay alguien que en realidad pueda llevar a los demás a la justicia? ¿Brillará alguien con el resplandor del cielo? ¿O es una promesa vacía?

Los que conocemos a Jesús sabemos la respuesta, por supuesto. La justicia es un regalo de un cielo santo a una raza infectada. Llega de nuestro exterior y está disponible únicamente a través de la fe en su Dador. Los que son sabios informarán a otros de este regalo. Los que quieran brillar conocerán la Fuente de luz y estarán totalmente embebidos en él.

EN HECHOS Probablemente sabes de los imperativos de la Biblia en cuanto al evangelismo: se nos ordena extender el evangelio de salvación por todo el mundo. ¿También te has enterado de esta promesa en Daniel? El evangelismo es una manera de hacer una inversión que nunca jamás deja de dar rendimiento abundante. Dios promete que compartir la Luz con otros intensificará para siempre tu propio resplandor.

7 DE ABRIL
Daniel 12:1-4

La eternidad para los piadosos es un día que no tiene ocaso.

Thomas Watson

Rendimiento eterno

Los descarriados reciben su merecido; la gente buena recibe su recompensa.
PROVERBIOS 14:14

8 DE ABRIL
Proverbios 14:14

Dios nos ha dado
un tiempo corto
aquí en la tierra,
aun así, la eternidad
depende de este
tiempo corto.

Jeremy Taylor

EN PALABRAS ¿Puedes imaginarte siendo uno de los primeros accionistas de la industria automovilística, cuando el carruaje sin caballos se veía como un esfuerzo insensatamente imposible? ¿Cuánto valdrían tus acciones ahora, más de un siglo después? Las inversiones sabias y anticipadas, con el tiempo, llegan a ser sorprendentemente rentables. De hecho, casi toda inversión económica, con suficiente tiempo, produce un rendimiento exponencial que ensombrece mucho su costo inicial. Unos cuantos dólares invertidos sabiamente cientos de años atrás podrían valer millones de dólares ahora.

El principio de «inversión más tiempo es igual a ganancia» no solo se aplica en la economía del mundo sino en la de Dios. La fidelidad, con el tiempo, obtiene resultados rentables. Y en la economía de Dios, el tiempo no se mide en años sino en eones. Nuestras inversiones son eternas. Sus ganancias *nunca* dejan de llegar.

El mismo principio también se aplica en sentido negativo. La infidelidad produce un interés gravoso que nunca deja de acumularse sin la intervención divina y un cambio con arrepentimiento. O, como dijo Pablo cientos de años después de Salomón: «Siempre se cosecha lo que se siembra» (Gálatas 6:7). Es absurdo esperar lo contrario, como muchos lo hacen, y pensar que la insensatez no tendrá ningún resultado negativo. Es igual de absurdo pensar que la fidelidad no pueda ser recompensada jamás, aunque tarde mucho tiempo en suceder. Dios no funciona de esa manera. La sabiduría reconoce su carácter y sabe que él recompensa a los que lo buscan diligentemente.

EN HECHOS Aprende a ver tus acciones de ahora como inversiones eternas. Es posible que no produzcan ganancias o pérdidas visibles inmediatamente, pero a las ganancias y a las pérdidas se les da una eternidad para que se desarrollen. Su escala puede ser enorme. Una palabra sabia, un regalo oportuno o un simple acto de servicio pueden capitalizarse diariamente para toda la eternidad. Dios ya conoce su valor futuro. Cuando hayamos estado allí por diez mil años, ¿cuánto valdrán las inversiones de hoy? Más de lo que nos podemos imaginar.

Cómo honrar a Dios

Quienes oprimen a los pobres insultan a su Creador, pero quienes los ayudan lo honran. PROVERBIOS 14:31

EN PALABRAS Para la mayoría de nosotros, cuidar del pobre es una idea secundaria. No somos despreocupados; simplemente no somos muy intencionales en cuanto a nuestros esfuerzos. Para Dios, cuidar del pobre es esencial. Es un tema enfático en su Palabra. Está escrito en su ley, se expresa en su sabiduría, es considerado por los profetas, es característico de Jesús y es un ministerio sustancial en la iglesia del Nuevo Testamento. De tapa a tapa, la Biblia nos habla del interés de Dios por el pobre.

El cristianismo moderno mantiene ministerios para el pobre, pero frecuentemente son ministerios periféricos. Para la mayoría de los cristianos, nuestros esfuerzos incluyen donar cosas que ya no valoramos e instar a nuestras denominaciones para que ayuden a los necesitados. No obstante, Dios es un Dios involucrado y nosotros debemos ser gente involucrada.

El mensaje de Proverbios 14:31 revela que nuestra opinión del pobre refleja nuestra opinión de Dios. ¿Vemos la imagen de Dios en el indigente? Tal vez esté encubierta, pero está allí. Aunque la imagen esté caída, no obstante es de Dios. No permitas que su oscuridad te engañe; toda la humanidad fue creada a su imagen y nuestra actitud hacia otras personas es sintomática de nuestra actitud hacia Dios. O, para decirlo de otra manera, nuestro amor a Dios determina cómo tratamos a los demás, incluso a los menos favorecidos de ellos. Si podemos dejar fácilmente que su creación sufra, probablemente no pensamos mucho de Dios.

EN HECHOS ¿Por qué es tan importante para Dios que seamos amables con los necesitados? Porque si no lo somos, hemos olvidado quiénes somos. Estábamos necesitados. Él fue amable. ¿Aprendimos algo de su ejemplo? ¿Consideramos su amor valioso solo porque se aplicó a nosotros? ¿Captamos en realidad la misericordia?

Los pobres permanecen porque Dios quiere saber esto: ¿qué tanto valoras sus caminos? Dale una demostración hoy. Demuéstrales amabilidad a los que más la necesitan.

9 DE ABRIL
Proverbios 14:31

La pobreza mundial es cien millones de madres llorando porque no pueden alimentar a sus hijos.

Ronald J. Sider

Paz en el corazón

La paz en el corazón da salud al cuerpo. PROVERBIOS 14:30

10 DE ABRIL
Proverbios 14:30

La paz gobierna el día cuando Cristo gobierna la mente.

Anónimo

EN PALABRAS La relación entre el espíritu y el cuerpo es más profunda de lo que podamos pensar. No toda enfermedad física es producto de la confusión espiritual, pero muchas de ellas sí lo son. Cuando Dios está en la periferia de nuestra vida, nuestro cuerpo no puede soportar el vacío. Pregúntale a cualquiera que haya tenido problemas cardíacos. El estrés es frecuentemente responsable por una gran parte de ellos. Y el estrés es el resultado de un Dios demasiado distante.

La paz tiene prerrequisitos. Uno de ellos es renunciar a todos los intentos propios de ganarse la aprobación de Dios. En lugar de eso, debemos entender que Dios aprueba a Jesús y que estamos relacionados con Jesús por fe. El otro es una capacidad inspirada de confiar en Dios, incluso cuando parece que las circunstancias dictaminan en contra de la confianza. Sin embargo, hay un prerrequisito para la paz que frecuentemente se asume, pero que es una suposición indudablemente desorientada. La paz *no* depende de las circunstancias. No la verdadera paz, en todo caso. La verdadera paz que llega de Dios está disponible a pesar de las circunstancias. Y frecuentemente se revela *solamente* en los tiempos difíciles. Nunca conoceremos la verdad de nuestra relación con Dios hasta que se queme en el fuego. ¿Permanece? Entonces es oro; es genuina. ¿O se desintegra? Entonces fue combustible desde el principio; no vale nada en absoluto. La paz de Dios debe ser probada. Si no se prueba, nunca sabremos si es genuina o no.

EN HECHOS Los seres humanos somos una mezcla extraña de mente, cuerpo y espíritu. Nos gusta pensar que son tres entidades separadas, pero no lo son. Se interrelacionan a niveles que apenas podemos entender. El pecado tiene efectos físicos. El estrés mental tiene efectos físicos. Y tener paz en el corazón da vida.

No importa por lo que estés pasando —y se puede suponer que siempre estamos pasando por algo—, no debe afectar tu paz. Dios está por encima de tus circunstancias y él es más grande que tu pecado. Entrégaselo todo a él: tu pecado, tus pruebas, tu todo. Sujétate a las cosas que en realidad importan y a Aquel que las puede gobernar. Y descansa. Ten paz y que estés bien.

La envidia pudre

La paz en el corazón da salud al cuerpo; los celos son como cáncer en los huesos.   PROVERBIOS 14:30

EN PALABRAS La envidia es un enemigo sutil. Pensamos que estamos libres de ella, pero frecuentemente es la raíz silenciosa de nuestros pecados. Podemos tomar decisiones impías porque queremos una calidad de vida similar a la de nuestros vecinos. Podemos formar juicios sin fundamento porque nos vemos obligados a reducir mentalmente a otras personas para agrandarnos mentalmente a nosotros mismos. Y podemos evitar el plan de Dios para nuestra vida, porque anhelamos mucho encajar en nuestra cultura. Nuestra tendencia constante es la de compararnos con los demás, y la comparación lleva a la envidia. Afecta la manera en que gastamos nuestro dinero, nuestro tiempo y nuestros talentos. Afecta las carreras que elegimos y las relaciones que cultivamos. Muy dentro de todos nosotros existe un impulso para «lograrlo», para obtener mucho más éxito que la persona media. Queremos éxito porque hemos visto que otros lo tienen.

Esta obsesión de éxito por comparación, arraigada en la envidia, conlleva muchos síntomas físicos. Nos succiona hacia una competencia sin tregua y muy intensa, a una máquina de correr que debilita nuestra buena salud. Hace que gastemos más de lo que tenemos para gastar, que impresionemos más de lo que debemos impresionar y que controlemos más de lo que nos toca controlar. Nos dice que nunca somos lo suficientemente buenos y que siempre hay más por hacer. Nos llena de ansiedad.

EN HECHOS ¿Cómo superamos esta actitud tan corrosiva? No puede haber espacio para la envidia cuando nos medimos según como Dios lo hace y no en la forma en que lo hacen los demás. Si todos somos desdichados pecadores, salvos por una misericordia extravagante, ¿a quién podemos envidiar? Solo a los que se han aferrado a la inmensa gracia de Dios, que está disponible en igual medida para todos los que se aferren a ella.

Si el estrés de la competencia sin tregua te carcome, reconoce primero la envidia que está subyacente. Luego intenta esto: Realiza una acción al día que desafíe el «éxito» como alguna vez lo definiste. Elige no impresionar a nadie; rehusa invertir en una imagen; elogia a alguien que alguna vez juzgaste. Por favor, permite que tu corazón esté en paz.

11 DE ABRIL
Proverbios 14:30

La envidia es una negación de la providencia.
Stephen Charnock

El orgullo detestable

El SEÑOR detesta a los orgullosos. Ciertamente recibirán su castigo.
PROVERBIOS 16:5

12 DE ABRIL
Proverbios 16:5;
1 Pedro 5:5-6

El orgullo es la
pobreza total del
alma, disfrazado
como riqueza.

Juan Clímaco

EN PALABRAS Nuestro mundo honra el orgullo. Frecuentemente le damos la mayor parte de la atención mediática a quienes la exigen. Los atletas hacen afirmaciones arrogantes y luego se les aclama por su competitividad. Los artistas promueven descaradamente su propia imagen y luego se los elogia por su confianza. Los líderes políticos y militares ejercen orgullosamente su poder sobre gente vulnerable y son recompensados por su carácter enérgico. Forjarse un nombre es un asunto honorable en la cultura del mundo.

Fácilmente podríamos ser atraídos hacia esa filosofía, si no nos recordamos constantemente que Dios odia el orgullo. Es un tema constante en la Biblia: el orgullo es repulsivo. Dirige la gloria hacia adentro y no hacia arriba. Busca el honor del que ha recibido los dones en lugar de honrar al Dador. Se impresiona demasiado con el ingenio y la creatividad de las habilidades humanas. En su esencia misma, ignora a Dios. Si queremos evitarlo, siempre debemos honrarlo a él. También debemos honrar su odio al orgullo.

Eso es difícil de lograr. El orgullo es la base de la voluntariedad, que a su vez es la base principal detrás de cada pecado. Está profundamente arraigado en nosotros. Lo detestamos en los demás, pero nos regodeamos en él cuando se nos permite. Cuando un pequeño indicio de gloria aparece en nuestro camino, bebemos de él como si fuera el aplacador más dulce de la sed. No obstante, al igual que cualquier otro dulce, tiene poca sustancia. Finalmente, ninguna cantidad de honra cubrirá el hecho de que somos indigentes interiormente. Algo profundo en nosotros anhela gloria, pero algo más profundo nos recuerda que no somos dignos de ella. La profundidad de nuestra alma sabe que Dios es el único receptor digno de alabanza.

EN HECHOS Permite que cualquier indicio de orgullo te sea repulsivo. Deja que Dios lidie con los que buscan su propia gloria; no es trabajo nuestro humillar a nadie. Sin embargo, la Biblia nos dice repetidamente que nos humillemos a nosotros mismos. Odia el orgullo al que te sientes propenso a amar. Concuerda con Dios en que es algo detestable. Despáchalo y busca la gloria de Dios. Su honra le llega a quienes hacen eso.

El temor bendito

¡Qué feliz es el que teme al Señor, todo el que sigue sus caminos!
SALMO 128:1

EN PALABRAS Nuestra lógica nos dice que no temamos al Dios que se define a sí mismo como «amor» y que ofrece su gracia gratuitamente a todo el que la acepte. Aun así, como lo hemos visto, el temor está donde comienza la sabiduría. Los que le temen a Dios llegarán a ser sabios y los que no le temen son insensatos. Las Escrituras dejan eso claro.

El que no teme a Dios enfrenta la vida de manera relajada. La belleza asombrosa de la creación la da por sentado. El valor inapreciable del tiempo y de la vida dejan de ser valiosos. Poco a poco, las relaciones se vuelven más triviales y el pecado ya no es un inconveniente sino algo que en realidad no existe o que Dios simplemente pasará por alto sin pensarlo demasiado. El que no teme a Dios no se entiende a sí mismo.

Sin embargo, los que sí temen a Dios comienzan a ver todas las cosas como santas. La creación es una bendición; la vida es un privilegio. Las relaciones y los recursos se convierten en responsabilidades que administrar y el pecado se convierte en una difamación trágica del carácter de nuestro Padre. El que teme a Dios comienza a ver el pecado como el feo grafiti que desfigura la propiedad divina y como una traición grande en contra del plan divino. Y para los que temen a Dios, eso desestabilizará su mente y carcomerá su sensibilidad.

¿Cuál es la bendición de esto? ¿Cómo puede ese descontento tan doloroso llamarse vida «feliz»? Debido a que nos da la perspectiva correcta y nos pone en el camino correcto. Nos une con el corazón de Dios, no con un Dios del cual nos aterrorizamos, sino con un Dios que nos cautiva en reverencia y en asombro. Nos libra de una existencia que alguna vez fue accidental e irreflexiva. Vemos las cosas como son y ya nunca podremos volver a tomar la vida de manera descuidada.

EN HECHOS ¿Cuál es la medida de tu temor? ¿Eres relajado en cuanto a los preciosos dones de Dios? ¿Das la gracia por sentado y ves tu pecado como tolerable? ¿Son tus relaciones proposiciones de tómala o déjala? ¿Administras tu tiempo y recursos de manera descuidada? Deja que cualquier síntoma de falta de temor te alarme. Ríe y disfruta de la vida, pero teme a Dios. Ámalo afectuosamente, pero respétalo profundamente. Sabrás lo que es ser bendecido.

13 DE ABRIL
Salmo 128:1-2

Teme al Señor, pues, y todo lo harás bien.

Hermas

La sabiduría del mundo

Dios ha hecho que la sabiduría de este mundo parezca una ridiculez.
1 CORINTIOS 1:20

14 DE ABRIL
1 Corintios 1:18-31

Fuimos engañados por la sabiduría de la serpiente, pero somos liberados por la insensatez de Dios.

Agustín

EN PALABRAS La sabiduría del mundo nunca habría elegido una cruz para su salvación. La sabiduría del mundo siempre elige el camino de la victoria obvia. No sabe nada de las batallas más profundas ni de las sutilezas de la fe. Actúa en base a lo que ve en la superficie y toma tanta gloria visible como le sea posible. No espera; aprovecha el día.

No nacemos de ese espíritu. Nacemos del Espíritu de Dios, y el Espíritu de Dios nos llevará a la cruz. Él nos señala las realidades eternas, no la gloria temporal. Mientras que la sabiduría terrenal nos dice que obtengamos lo que podamos mientras podamos, la sabiduría de Dios nos muestra la realidad de la eternidad, que está más allá de la naturaleza visible de este mundo corrupto. Nos muestra la resurrección más allá de la Cruz.

Los que buscamos la sabiduría genuina no deseamos simplemente información de Dios. Queremos saber cómo es él. Debemos llegar a verlo como la fuente de toda verdad y debemos tomar nuestras señales de él. No debemos sentirnos satisfechos de que solamente nos diga qué creer. Necesitamos verlo en acción. ¿Cómo es *su* sabiduría? ¿Qué haría *él* si estuviera vestido de carne humana?

Por supuesto que Dios nos ha dado la respuesta. Podemos examinar la sabiduría de Jesús, que lo llevó a la muerte por un bien mayor. Lo que hizo al rendirse a la Cruz fue una insensatez absoluta a los ojos del mundo. Y todavía lo es. Sin embargo, nosotros podemos ver más allá de la Cruz si somos sabios, y en base a lo que vemos podemos caminar hacia ella con confianza.

EN HECHOS La primera lección de sabiduría de la Cruz es esta: *Nunca cambies la gloria eterna por la ganancia temporal.* Jesús renunció a lo temporal porque él conocía lo eterno. No obstante, el mundo siempre nos impulsa a buscar una victoria superficial ahora. No lo hagas. Es un mundo insensato y Dios lo ha avergonzado. Mira lo que Dios ha hecho, aprende la sabiduría de la Cruz y abrázala.

La sabiduría de Dios

Dios, en su sabiduría, se aseguró de que el mundo nunca lo conociera por medio de la sabiduría humana.   1 CORINTIOS 1:21

EN PALABRAS El mundo vivía en la oscuridad. ¿Por qué decretaría Dios esa ignorancia? ¿Por qué *no* querría que el mundo lo reconociera a través de su propia sabiduría? ¿No quiere que se le conozca? ¿Por qué no se le encuentra más fácilmente?

Piénsalo de esta manera: ¿quién recibiría la gloria si encontráramos a Dios por nuestra cuenta? Él sería el que estaría escondido, nosotros seríamos sus rastreadores, y el mérito de este juego al escondite sería para el intelecto de los rastreadores. Dios no lo decretó de esta manera. Él es el Rastreador y él recibe la gloria. El mundo, en su «sabiduría», rehúsa jugar ese juego, para su propio detrimento. Sin embargo, los que *en realidad* anhelan a Dios se alegran cuando él se revela y no están renuentes a darle la gloria por encontrar a los rastreadores antes de que ellos con su propia sabiduría pudieran encontrarlo.

No hay nada en la mente humana que pueda discernir las realidades eternas sin una revelación de arriba. Todo depende de la propia iniciativa de Dios. Si no fuera así, él sería el objeto pasivo de nuestra actividad. Nunca estaríamos seguros de su amor, nunca conoceríamos sus caminos y nunca lo veríamos obrar. Solamente lo encontraríamos y nunca estaríamos seguros de lo que encontramos. No obstante, en su búsqueda activa de los rebeldes humanos, se exhibe su carácter. Vemos la intensidad de su amor, la sabiduría de sus caminos y el poder de sus obras. Su gloria llega de arriba.

EN HECHOS La segunda lección de sabiduría de la Cruz es esta: *Nunca olvides la iniciativa divina.* Pensamos que somos nosotros los que buscamos a Dios, olvidando que él provee toda la revelación, toda la fortaleza y todos los medios para conocerlo. Esa es una búsqueda estresante y fútil. Debemos cooperar con él, pero también debemos descansar. Conocerlo a él requiere nuestra diligencia, pero es una diligencia de recepción, no una diligencia de adquisición. Recibimos solamente lo que él ya dio. Como resultado, no podemos celebrar nuestra sabiduría ni la del mundo, solamente la suya.

15 DE ABRIL
1 Corintios 1:18-31

Su sabiduría es vasta y no conoce límites, una profundidad donde todos nuestros pensamientos se ahogan.

Isaac Watts

La sabiduría de Jesús

Dios los ha unido a ustedes con Cristo Jesús. Dios hizo que él fuera la sabiduría misma para nuestro beneficio. Cristo nos hizo justos ante Dios; nos hizo puros y santos y nos liberó del pecado. 1 CORINTIOS 1:30

16 DE ABRIL
1 Corintios 1:18-31

Nada en mis manos traigo, solo a tu cruz me aferro.
Augustus Toplady

EN PALABRAS La vida de fe comienza con una confesión de bancarrota. Para aceptar a nuestro Salvador, debemos aceptar nuestra necesidad. No podemos tener su justicia sin negar la nuestra, no podemos tener su santidad sin confesar nuestro pecado y no podemos recibir su redención sin admitir nuestra esclavitud. Estamos en bancarrota ante él, y somos unos insensatos si no lo sabemos.

La belleza de la Cruz es su fealdad. Dios no nos dejó una religión estética para idolatrar, ningún esfuerzo propio para perfeccionar, ninguna ley para cumplir. Él nos liberó completamente haciéndolo todo él mismo. La forma de llegar a ser piadosos ahora no es siendo piadosos; es declarando nuestra impiedad y echando el precio sobre Otro. La forma de llegar a ser puros ahora no es siendo puros; es declarando nuestra impureza y rogando por el corazón y la mente de Otro. La manera de vivir no es buscando la vida; es muriendo y permitiendo que Otro viva en nuestro lugar. Pensábamos que la sabiduría de Dios sería hacernos mejores personas a través de obras, servicio, intelecto, filosofías, religión y más. Sin embargo, en su sabiduría, Jesús no vino para hacernos mejores. Él vino para eliminar lo antiguo totalmente y para darle vida a algo nuevo. Nos aferramos a eso al abrazar la fea y vil cruz. Solamente entonces puede llegar lo nuevo.

EN HECHOS La tercera lección de sabiduría de la Cruz es esta: *Nunca desprecies la apariencia humilde del plan de Dios.* No te equivoques: al principio, la cruz no estuvo bañada en oro para adornar nuestros campanarios ni nuestros cuellos. Al principio fue un lugar de desgracia. Era el símbolo de la muerte. Era brutal y fea, horrible y vergonzosa. Sin embargo, ¡fue la manera de Dios! Desde la fundación del mundo, él decretó que su valioso tesoro se vistiera con ropa muy simple.

Si alguna vez te sientes tentado a evitar el camino poco atractivo que Dios ha planificado, vuélvete hacia Jesús en la cruz. Míralo como un recordatorio de que los tesoros valiosos están en vasijas quebrantadas.

La sabiduría del Espíritu

Su Espíritu investiga todo a fondo y nos muestra los secretos profundos de Dios.
1 CORINTIOS 2:10

EN PALABRAS Deja que Dios ejerza su sabiduría perfecta. De alguna manera, pensábamos que un Dios que es Espíritu podría darnos salvación en la carne. No obstante, Aquel que engendra hijos debe procrearlos a su semejanza. Es la forma en que actúa la genética, sea física o espiritual.

Al ser llevados a un reino espiritual —aunque su naturaleza abarca también el cuerpo y la mente—, debemos aprender de su cultura. No puedes esperar prosperar en otro país sin aprender algo de sus costumbres ni hablar su idioma. Es igual con el reino de Dios. Debemos sumergirnos en su cultura y entrar a su dimensión. El medio para hacerlo es el Espíritu de Dios.

Llegar a ser sabio en los caminos del reino es como ponerse un conjunto de ropa nueva extraña. Nos vemos distintos y nos sentimos diferentes. No es una ilusión; *somos* distintos. Y podemos consolarnos con el hecho de que mientras una multitud de cristianos —que solo Dios sabe si es genuina o no— está contenta con una espiritualidad superficial, Dios nos ha llamado a profundizar. La Cruz es nuestra invitación santa. No somos salvos para la superficialidad. Se nos llama a la sabiduría que sostiene el fundamento de este universo, a entender su propósito, su dinámica, su dirección y sus necesidades. La invitación es más extraordinaria de lo que podamos pensar; es un llamado a participar en las obras de Dios.

EN HECHOS La cuarta lección de sabiduría de la Cruz es esta: *Nunca tengas miedo de profundizar.* El privilegio del creyente es participar en las cosas profundas de Dios. La Cruz fue un misterio inescrutable desde antes del inicio del tiempo, pero ahora se revela para nuestra gloria (2:7). Somos colaboradores con él y ¡compartimos su semejanza! Toda la creación debe maravillarse con la escena.

No te conformes nunca con permanecer en la superficie y nunca asumas que has aprendido suficiente. Dios es más profundo de lo que la mayoría de la gente sabe. Sumérgete en las profundidades de su sabiduría.

17 DE ABRIL
1 Corintios 2:1-16

El Espíritu Santo de gracia desea perturbar tu sueño. Bendito eres si despiertas.

Lars Linderot

La sabiduría del creyente

Nosotros hemos recibido el Espíritu de Dios (no el espíritu del mundo), de manera que podemos conocer las cosas maravillosas que Dios nos ha regalado.
1 CORINTIOS 2:12

18 DE ABRIL
1 Corintios 2:1-16

El Espíritu sopla
sobre la Palabra
y pone a la vista
la verdad.
William Cowper

EN PALABRAS Este versículo es la conclusión de la extraordinaria historia de la sabiduría de Dios que se manifiesta en este mundo. Comenzamos en total bancarrota. Terminamos con la entrada que se nos permite a los profundos misterios de Dios. Pablo hace una afirmación sorprendente: «Tenemos la mente de Cristo» (2:16).

La mayoría de los cristianos cree a cierto nivel que a Dios no se le puede conocer. Es cierto que nunca podremos saber todo lo que hay por conocer acerca de él. Exploraremos sus profundidades por la eternidad y aun así seguiremos cerca de la superficie. No obstante, el Dios desconocido de las filosofías especulativas se ha dado a conocer en la Cruz. Allí, él es Juez y Redentor, ira y amor, santo y misericordioso, poderoso y sabio. El poder de Dios fue revelado un día oscuro en una colina en el Medio Oriente, y nadie esperaba que se viera así. Parecía vergonzoso, pero resultó en victoria, vida y paz. Todo lo que alguna vez necesitaremos fue puesto a disposición allí.

¿Necesitas salvación? Se nos da en base a la sangre de Jesús y al poder de su resurrección. ¿Necesitas sabiduría? Se ofrece gratuitamente también en la Cruz. ¿Necesitas cosa alguna de Dios? Él nos llama a que lo encontremos allí, cada vez, por cualquier razón. La Cruz y la resurrección fueron la intervención magna en este mundo y la base de todos los encuentros entre lo santo y lo profano. Los misterios del Cordero sacrificial son profundos, pero están disponibles para nosotros, en todo el tiempo y para siempre.

EN HECHOS La quinta lección de la sabiduría de la Cruz es esta: *Nunca menosprecies la disponibilidad de Dios.* Dios no solo raspó la superficie en la Crucifixión. Él llegó a las profundidades y nos rescató. Él nos invita a su victoria y a la vida resucitada que sigue: a conocerla, saborearla y contarla. Nunca clames a Dios: «¿Dónde estás?» sin mirar primero a la Cruz. Entiende lo que él ha dado gratuitamente y fundamenta tu vida en eso. En la Cruz, su sabiduría es tuya.

¿Dónde está tu cielo?

Nos fatigamos en nuestro cuerpo actual y anhelamos ponernos nuestro cuerpo celestial como si fuera ropa nueva.   2 CORINTIOS 5:2

EN PALABRAS Hay un profundo impulso en nuestro corazón por las cosas del cielo. Dios lo colocó allí. Él nos formó para la eternidad, y en alguna parte profunda dentro de nosotros lo sabemos. Puede ser que hayamos distorsionado ese impulso cuando nuestros primeros padres comieron del fruto prohibido, o cuando deliberadamente pecamos en contra de Dios, pero todavía lo tenemos. Queremos el cielo y lo queremos ahora.

¿Te has dado cuenta de todas las formas en las que tratamos de obtenerlo? Buscamos el cielo en muchos lugares: en los catálogos de primavera, en los folletos de vacaciones, en las guías de bienes raíces, en las novelas y películas que nos fascinan, en las relaciones satisfactorias que buscamos, en el sueño americano que se nos ha prometido y en más. O en cualquier otra cosa, hemos colocado nuestra esperanza en ella. Aceptamos sustitutos mediocres.

Tal vez pensamos en nuestras metas personales como en una búsqueda inocente de satisfacción, pero llegaron más allá de eso. Nuestros impulsos por el reino eterno nos empujaron, y tratamos de satisfacer nuestros corazones con cosas que no están a la altura. Es por eso que siempre queremos más, sin importar cuánto tenemos ya. Cada cosa que pensamos que nos va a satisfacer no lo hará, no a largo plazo. Los impulsos eternos no se satisfacen con los tesoros temporales. Nuestra esperanza es como una comezón; se cura con un bálsamo divino, no con una rascadura impaciente.

EN HECHOS ¿Dónde has buscado asegurar tu cielo? Aunque hayas colocado tu esperanza en el reino de Dios, todavía puedes sentirte tentado a asegurar tu reino por tus propios medios. ¿Te has aislado en los vecindarios más cómodos, has rellenado tus cuentas con los márgenes más cómodos, te has alejado de todo con los descansos más cómodos y te has escapado a las fantasías más cómodas? Podrías estar albergando falsas esperanzas. Puedes haber cultivado tu propio reino falso paralelo al eterno reino de Dios.

Resiste ese afán. Dios nos ha llamado a una relación con él. Deja que ese sea tu tesoro. Administra las cosas de este mundo sin aferrarte. Busca el cielo donde realmente está el cielo.

19 DE ABRIL
2 Corintios 5:1-4

El cielo será la perfección que siempre hemos anhelado.
Billy Graham

Caído

No hay una sola persona en la tierra que siempre sea buena y nunca peque.
ECLESIASTÉS 7:20

20 DE ABRIL
Eclesiastés 7:20;
Romanos 3:10-18

No somos parte de una creación agradable e impecable [...]; somos parte de un mundo sedicioso, donde la rebeldía en contra de Dios está a la orden del día.
Samuel Shoemaker

EN PALABRAS Eclesiastés es un libro deprimente. Nadie puede tildarlo de superficialidades diseñadas para darle un giro positivo al mundo que nos rodea. Dice la verdad, por lo menos desde la perspectiva de una humanidad caída. Si dependemos de nuestros ojos para la verdad, terminaremos diciendo lo mismo que «el Maestro» que escribió: «Nada tiene sentido» (1:2).

Lo bueno de Eclesiastés es que nos impulsa a buscar un Salvador. En su evaluación fría y dura de quiénes somos, nos incita hacia el Único que puede remediar nuestra situación. No obstante, para conocerlo, primero tenemos que abrazar la dura realidad: «No hay una sola persona en la tierra que siempre sea buena y nunca peque».

Aceptamos esta verdad como básica, pero difícilmente vivimos como si la creyéramos. Ponemos nuestra esperanza en políticos y en políticas. Admiramos a los artistas y a los atletas como modelos a seguir. Nos alimentamos con el afecto de los amigos y de los seres amados. Desarrollamos nuestro propio potencial como lo que hará, si diligentemente nos ponemos en acción, que nuestra vida sea significativa. Invertimos emociones muy extremas en seres humanos y en nosotros mismos, y nos olvidamos de una piedra angular crucial en la que se sustenta el evangelio: cada ser humano tiene el potencial, incluso la probabilidad, de decepcionarnos.

EN HECHOS Simplemente es natural. Quitamos la mirada del Dios invisible y la ponemos en la humanidad visible. Esperamos que nuestros sueños y deseos sean satisfechos por los demás o por lo menos por nosotros mismos. Desarrollamos un enfoque mundano e invertimos nuestras energías en los planes, la gente y los lugares de este planeta. Entonces, cuando menos lo esperamos, nuestros sueños se hacen pedazos. Teníamos que haberlo esperado. Ningún ser humano puede estar a la altura de las expectativas que tenemos. Nadie es lo suficientemente virtuoso.

Por supuesto que hay una excepción. Es la excepción que señala Eclesiastés: el Salvador enviado por Dios. En un mundo caído, necesitamos seguir dirigiendo nuestros ojos hacia él, para todo. Él nunca nos decepcionará.

La victoria de la misericordia

Dios será misericordioso con ustedes cuando los juzgue. SANTIAGO 2:13

EN PALABRAS Cuando alguien peca contra nosotros, somos impulsados por un sentido de justicia. Queremos que se reconozca el pecado, que se demuestre arrepentimiento y que haya restitución. Dentro de nuestra mente hay dispositivos de evaluación sensibles a los detalles, que analizan las acciones de los demás para asegurarnos de que se nos trate justamente.

Cuando pecamos en contra de alguien más, tenemos un enfoque totalmente distinto. Nos impulsa un sentido de misericordia. Esperamos que la gente sea comprensiva con nosotros, ya que, después de todo, solamente la gente amarga y crítica se pone tensa por cosas pequeñas. Olvidamos que nosotros mismos nos ponemos tensos frecuentemente por las cosas pequeñas.

Jesús dijo que tomemos esa mente impulsada por la misericordia que tenemos cuando ofendemos y que la apliquemos a las veces en las que nos ofenden. «Traten a los demás como les gustaría que ellos los trataran a ustedes», dijo (Lucas 6:31). El mismo Dios asumió el sentido de justicia que tenemos cuando nos ofenden y lo derramó sobre el Jesús crucificado. Ya no tenemos derecho a él. Él declaró de una vez por todas que la justicia es suya, no nuestra. Solamente se nos deja con misericordia. Y gracias a Dios por eso. Es todo lo que necesitamos.

EN HECHOS El juicio de Dios es el resultado natural de su justicia. Es integral a su carácter. Sin embargo, su misericordia excede a su justicia. Solamente Dios pudo haber concebido un plan para ejercer juicio de una manera tan misericordiosa. Al condenar nuestros pecados, él los puso todos sobre su propia carne y asumió él mismo la condenación. Su juicio se basó en la gracia.

Dios nos dice que seamos como él. Si vamos a tener su mente y nos vamos a empapar en su sabiduría, debemos dejar que nuestra propia misericordia triunfe sobre nuestra indignación. Dios nos ha dado un fundamento seguro para la gracia y nada en absoluto para el juicio.

La próxima vez que necesites que alguien te dé tregua y te perdone, toma nota del sentimiento. Saboréalo y cultívalo. Luego recuérdalo la próxima vez que te sientas indignado por la ofensa de alguien más. Al hacerlo, aplicarás la victoria de la misericordia a tu propio corazón. Y comprenderás la de Dios.

21 DE ABRIL
Santiago 2:8-13

Mientras más piadoso sea algún hombre, más misericordioso será.
Thomas Benton Brooks

Solidaridad en el sufrimiento

Acuérdense de aquellos que están en prisión, como si ustedes mismos estuvieran allí. Acuérdense también de los que son maltratados, como si ustedes mismos sintieran en carne propia el dolor de ellos. HEBREOS 13:3

22 DE ABRIL
Hebreos 13:1-3

Dime cuánto sabes del sufrimiento de tu prójimo, y yo te diré cuánto lo has amado.

Helmut Thielicke

EN PALABRAS En cualquier momento dado, muchos de los santos de Dios están encarcelados. La prisión puede ser literal, o puede ser el producto de circunstancias. Puede ser una deuda financiera, una relación rota, una dolencia física o cualquier otra situación limitadora.

Hay un gran problema en la iglesia cuando los cristianos ven a sus hermanos y hermanas que están presos y asumen que Dios no los ha favorecido. Probablemente Pablo experimentó ese fenómeno. Leemos sus Epístolas de la cárcel y nos maravillamos de su sufrimiento por la causa. No obstante, muchos de sus contemporáneos quizás no se maravillaron. Pudieron haber visto su problema como una señal de la desaprobación de Dios y pudieron haberse preguntado por qué alguien con tanto potencial había caído a esa profundidad.

Las prisiones de Dios están llenas de sus amados. Él usa esas experiencias poderosamente, como lo hizo con Pablo, José, Juan el Bautista, Juan el discípulo y con otros numerosos ejemplos bíblicos. De hecho, la mayoría de los que él ha usado de maneras poderosas ha experimentado un encarcelamiento, cautividad o soledad decretada directamente por él.

EN HECHOS ¿Estás encarcelado? Probablemente no estás literalmente tras las rejas, pero tus circunstancias pueden hacerte sentir como si lo estuvieras. No te desesperes; no durará. Fue decretado por Dios y está diseñado ya sea para tu testimonio actual o para algún uso futuro. Él te está refinando y moldeando a su imagen, a la exacta imagen de su Hijo crucificado.

¿Conoces a alguien que esté en la cárcel? No lo condenes. Dios está resaltando el testimonio actual de sus santos y preparándolos para un fruto futuro. Nunca tiene la intención de que su iglesia se vuelva en contra de sus visiblemente caídos. La solidaridad es su receta para los creyentes. Ora por los que sufren y suple sus necesidades como puedas. Demuestra hoy tu solidaridad con un santo cautivo.

Arrepentimiento

Entonces David confesó a Natán: «He pecado contra el SEÑOR».
2 SAMUEL 12:13

EN PALABRAS Las Escrituras son ricas en el tema de la humildad. La primera bienaventuranza de Jesús no tendría que haber sido tan impactante como lo fue: «Dios bendice a los que son pobres en espíritu y se dan cuenta de la necesidad que tienen de él, porque el reino del cielo les pertenece» (Mateo 5:3). El minisermón de Pedro sobre Proverbios 3:34 no fue nada nuevo: «Dios se opone a los orgullosos pero da gracia a los humildes» (1 Pedro 5:5-6). La humildad es buena a los ojos de Dios. Siempre lo ha sido.

En ninguna parte se demuestra la humildad más claramente que en nuestra capacidad de arrepentirnos de nuestros pecados. La parábola incisiva de Natán acerca del robo de ovejas confrontó a David con su pecado. Muchos de nosotros habríamos respondido con un indignante «¿Cómo te atreves?», o «¿Quién te crees?». Sin embargo, David no lo hizo. Su respuesta, cuando vio su pecado, fue pesar. Fue lo suficientemente humilde como para reconocer su propia depravación. Estaba arraigado firmemente en la realidad de la corrupción del hombre. Su nivel de arrepentimiento fue alto.

EN HECHOS ¿Qué haces cuando te ves confrontado con tus propios pecados? ¿Te pones a la defensiva? ¿Eres resistente? Eso puede depender de quién es el que te señala tus pecados. Es difícil aceptar la represión de un amigo y aún más difícil la de un extraño. La Biblia nos reprende frecuentemente, pero nos es fácil ignorar la Palabra cuando queremos hacerlo. Hay muchas páginas a las que podemos recurrir cuando queremos un pensamiento más edificante y estimulante. Sin importar de dónde llegue la represión, generalmente no queremos que los mensajes de nuestra propia corrupción nos incomoden. Preferimos reflexionar sobre lo lejos que hemos avanzado y no en cuánto nos falta aún por avanzar. No nos gustan los recordatorios de que no importa por cuánto tiempo hayamos sido discípulos, necesitamos mucha misericordia.

Prueba tu nivel de arrepentimiento. Evalúa tu respuesta cuando seas confrontado por tu pecado, ya sea por alguna persona o por la Palabra de Dios. Sigue el modelo de David. Permite que la humildad sea tu guía y enfócate en la misericordia de Dios.

23 DE ABRIL
2 Samuel 12:1-13

Ningún hombre entra jamás al cielo si no se ha convencido primero de que merece el infierno.

John Everrett

113

El verdadero refugio

El Señor los ayuda, los rescata de los malvados. Él salva a los justos, y ellos encuentran refugio en él.   SALMO 37:40

24 DE ABRIL
Salmo 37:39-40

Querido Señor, aunque estoy seguro de mi posición, no soy capaz de sostenerla sin ti. Ayúdame o estaré perdido.

Martín Lutero

EN PALABRAS ¿Qué significa refugiarse en Dios? Significa tener fe en que lo que él dice es cierto; él liberará a los que claman a él. Eso significa apelar a él en tiempos difíciles; la oración es un recurso poderoso. No obstante, más que todo, significa que decidimos no refugiarnos en nosotros mismos, en otros, en la sabiduría del mundo ni en las estrategias humanas. Nos refugiamos en él, *y solamente en él.*

¿Qué haces cuando tienes problemas? Si eres como la mayoría de los creyentes, te ingenias una estrategia y le pides a Dios que la bendiga. En su misericordia, él puede hacerlo. No obstante, él nos llama a un camino mejor. Cuando Dios nos dice que él es nuestro refugio, nos pide que abandonemos nuestra lealtad anterior a otras fuentes de protección. ¿Estás enfermo? Primero reconoce que ningún tratamiento funcionará si Dios no es el Sanador que está detrás de él. ¿Tienes algún conflicto con alguien más? Reconoce primero que ninguna palabra tuya cambiará el corazón de otro si Dios no es el agente de cambio. ¿Tienes aflicciones financieras? Reconoce primero que ninguna cantidad de ingreso ayudará si Dios no es la fuente. Luego de haber reconocido todo esto, búscalo constantemente. Sigue sus instrucciones para actuar, pero reconoce primero que tus acciones están dirigidas por Dios y que no son un medio inútil de autoayuda.

Dios es un liberador para los que reconocen lo impotentes y vulnerables que son. Él no es un Liberador para los que tratan de agregarlo a sus propios esfuerzos.

EN HECHOS «Ayúdate que yo te ayudaré» es un dicho pegajoso, pero no es bíblico. Más bien, Dios ayuda a los que están conscientes de lo impotentes que son y que apelan a él para que los rescate, de acuerdo a sus condiciones. Eso no es tan pegajoso, pero es cierto. Los que quieren que Dios sea su fortaleza en épocas difíciles en realidad deben *depender* de Dios como su fortaleza. La liberación es de él y exclusivamente suya.

La fe en el agradecimiento

El dar gracias es un sacrificio que verdaderamente me honra; si permanecen en mi camino, les daré a conocer la salvación de Dios. SALMO 50:23

EN PALABRAS Para la mayoría de nosotros, el agradecimiento llega después de un regalo. Recibimos y estamos agradecidos con el que da si, de hecho, aceptamos el regalo. Sería extraño entre los seres humanos pecadores dar gracias antes de que se dé un regalo. La generosidad nunca se puede presumir entre nosotros. Debemos verla antes de reconocerla.

Como somos muy negativos, frecuentemente tratamos a Dios como a un ser humano pecador. Le damos gracias cuando vemos su bendición. Si no la vemos, retenemos nuestra gratitud. La fundamentamos en una suposición falsa de su carácter, de que tal vez no es un Dador. ¿Por qué? Porque no lo hemos visto con nuestros propios ojos. Sin embargo, Dios no funciona de esa manera. Su carácter es constante. Podemos presumir su generosidad. Él es Dador por naturaleza y podemos reconocerlo como tal ahora mismo, incluso antes de que pensemos que hemos recibido su generosidad. No solo es apropiado darle gracias después de una bendición, es correcto darle gracias de antemano. Y no solo es correcto, frecuentemente es un prerrequisito. Si no lo hacemos, posiblemente no recibiremos lo que él tiene preparado para darnos.

EN HECHOS Es una dinámica extraña para los ojos humanos. Los que nunca han visto ni esperado la bendición de Dios nunca la recibirán, mientras que los que sí lo han hecho recibirán más. ¿Eso parece injusto? No lo es. El pesimismo en cuanto a Dios es infidelidad, y Dios no honra la infidelidad. Él honra la fe. La fe ve a Dios por lo que él es antes de que él haya vuelto a demostrarla. Ve las bendiciones pasadas en la vida del creyente, en la historia de sus siervos y en la Palabra inviolable. Sabe que cuando Dios dice que liberará, lo hará. Cuando dice que proveerá, lo hará. La fe no espera averiguar quién es Dios y cómo es. Ya lo sabe. Le toma la palabra y le agradece por adelantado.

25 DE ABRIL
Salmo 50

A aquel que puede dar gracias por poco siempre le parecerá que tiene suficiente.

Anónimo

La anatomía de una tentación

«¿De veras Dios les dijo...?».   GÉNESIS 3:1

26 DE ABRIL
Génesis 3:1-7;
Proverbios 16:25

La tentación no
tiene su fuente en
el encanto externo
sino en la lujuria
interna.

D. Edmund Hiebert

EN PALABRAS Ya no necesitamos que la serpiente nos diga esas palabras. Nos las decimos a nosotros mismos. Es allí donde comienzan todas las tentaciones: preguntas y confusión en cuanto a lo que Dios dijo en realidad. A veces es una confusión legítima, pero frecuentemente no lo es. En alguna parte profundamente dentro de nosotros, *queremos* una razón para seguir adelante y desobedecer. Queremos pasar por alto la voluntad de Dios «involuntariamente» porque tenemos que apaciguar nuestra propia voluntad y eso es mucho más atractivo. Entonces cuestionamos la clara sabiduría de nuestro Creador y enturbiamos las aguas, tratando de llegar al punto en el que podemos decir: «Es que no lo sabía. No tenía claro cómo proceder correctamente. Fue un asunto complicado».

Conoces la rutina. Cada ser humano la ha practicado. Las acrobacias por las que pasa el corazón humano para justificar nuestros deseos son impresionantes. Se requiere considerable entrenamiento y una flexibilidad extraordinaria. No obstante, es un ejercicio trágico con consecuencias trágicas.

Los psicólogos llaman a nuestro proceso de pensamiento «racionalizar», pero la palabra bíblica para eso, o por lo menos para lo que lo precede, es *tentación*. Estos son los impulsos que compiten con la santidad que nuestro Dios ofrece: los antojos de nuestra carne, la lascivia de nuestros ojos, el orgullo del yo. El enemigo ha hecho un trabajo magistral de colorear brillantemente esos impulsos y de pintar insípidamente la santidad. Él no quiere que esto último tenga ningún atractivo porque resultaría en una gloria que él no puede soportar. Honraría a Dios y completaría la imagen de Dios en nosotros. Para él, esa sería una escena muy, muy fea.

EN HECHOS ¿Eres hábil en el arte de racionalizar? Si eres un ser humano, debes responder que sí. La serpiente astuta puso las cosas en marcha en el jardín, pero han marchado a buen ritmo desde entonces. Hay profundidades en este arte de convencernos para desobedecer de las que frecuentemente no estamos conscientes. Pídele a Dios que te las revele. Él quiere que tengas discernimiento.

¿Puedes orar por eso ahora? Pídele a Dios que te dé una perspectiva clara de los juegos mentales que jugamos. Permite que su Palabra tenga dominio completo de tu pensamiento. Aprende a reconocer la tentación.

La seducción del alma

*Delante de cada persona hay un camino que parece correcto,
pero termina en muerte.* PROVERBIOS 16:25

EN PALABRAS No comienza con un mapa vial bien señalizado hacia nuestra destrucción. No, nuestra salida del camino de Dios es una serie de grises borrosos y deseos entremezclados. Los matices de nuestras tentaciones tienen una forma de hacer que la toma de malas decisiones se vea bien, incluso atractiva. La seducción del alma es un asunto sensible y sutil.

Por eso es que la vida espiritual sin vigilancia es increíblemente irracional. Si no nos cuidamos y si no estamos bien protegidos, podemos ser guiados poquito a poco a las trampas del enemigo y a los caminos del mundo. Dios nunca nos dice simplemente que hagamos lo que parece correcto en ese momento. Lo que *parece* correcto y lo que *es* correcto frecuentemente son dos cosas enormemente distintas.

El alma redimida que todavía no ha aprendido la mente de Dios —que no se ha saturado de ella, que no se ha formado con ella y que no ha aprendido a confiar en ella— es un lugar peligroso. Las preguntas acerca de la autenticidad o de la seguridad de nuestra salvación no son el único problema; un hijo de Dios puede llegar a ser prácticamente infructuoso si se ve atraído por lo que parece correcto pero no lo es. Dios tiene un mayor deseo para sus hijos que el hecho de su salvación eterna. Es una salvación que debe vivirse y disfrutarse ahora. El engaño de la falsa moralidad y de los valores equivocados puede socavar totalmente la experiencia de esa salvación, si no su esencia.

EN HECHOS El cristiano enfrentará muchas bifurcaciones en el camino a lo largo de su vida y frecuentemente no se percatará de ellas. El camino principal, el sendero amplio y muy transitado, parece el correcto. Todos van por él y frecuentemente es difícil ver las salidas, a menos que las busques.

Así que, búscalas. Que no te guíe el camino aparentemente correcto, sin hacer las preguntas difíciles acerca de él. Entiende el alto llamado del reino: Dios quiere que hagamos más que lo que es correcto, más que lo que se espera. Pídele su mente y ábrete para recibirla. Permite que su Palabra cultive un discernimiento agudo en tu espíritu. Nunca te permitas ser seducido por cualquier cosa que no sea el buen amor de Dios.

27 DE ABRIL
*Génesis 3:1-7;
Proverbios 16:25*

Cada tentación nos deja mejor o peor; la neutralidad es imposible.

Erwin Lutzer

Buenas intenciones

La mujer quedó convencida. Vio que el árbol era hermoso y su fruto parecía delicioso, y quiso la sabiduría que le daría. Así que tomó del fruto y lo comió.
GÉNESIS 3:6

28 DE ABRIL
Génesis 3:1-7;
Proverbios 16:25

La intención correcta es a los actos de un hombre lo que el alma es al cuerpo, o la raíz al árbol.

Jeremy Taylor

EN PALABRAS Parecía tener sentido en ese momento. Eva probablemente estaba convencida de que esa manera, la manera de comer lo que estaba prohibido, era correcta. No recordaba (o no creía) que llevaría a la muerte. La serpiente la había convencido, o cortésmente la había ayudado a convencerse, de que tal vez había entendido mal a Dios. O quizás él incluso estaba ocultándoles algo, aunque si Dios supiera *toda* la historia, como ahora la sabía ella, probablemente permitiría un banquete de esta fruta. Después de todo, *solo* era un intento para disfrutar de su creación y aprender más de ella. ¿Qué podría haber de malo en eso? Dios quiere que disfrutemos de su generosidad y quiere que lleguemos a ser sabios. Seguramente no le importará un poco de placer que honre su creación.

Los juegos mentales que jugamos durante nuestras épocas de tentación no parecen tan malos como resultan ser. Frecuentemente tenemos buenas intenciones, o por lo menos nos convencemos de que las tenemos. Al abandonar la claridad de la Palabra de Dios, abrazamos la ambigüedad del razonamiento humano. Las cosas llegan a ser relativas y no absolutas. Aunque mantenemos una sensación de que nuestros motivos son buenos, nuestras decisiones son malas. Hemos determinado «hacer el bien» en lugar de obedecer a Dios.

EN HECHOS Sabes lo que dicen acerca del camino al infierno. Está pavimentado de los motivos distorsionados y frecuentemente inactivos de nuestro corazón, de esas buenas intenciones que no son tan buenas. Siempre debemos sospechar de ellos. Generalmente hay una deshonestidad profunda debajo de ellos. Nos hemos dicho que queremos hacer lo mejor, cuando de hecho en realidad queremos transigir las instrucciones claras de Dios.

El resultado es una ilusión peligrosa. Nos *sentimos* justos. Pensamos que un corazón sincero nos hace buenos y esa es una actitud peligrosa. Las intenciones no tienen valor hasta que Dios sea todo el foco de ellas y nosotros seamos diligentes para llevarlas a cabo. Decide obedecerlo a él exclusivamente. No tengas otro deseo.

Mejores intenciones

La fe por sí sola no es suficiente. A menos que produzca buenas acciones, está muerta y es inútil. SANTIAGO 2:17

EN PALABRAS Cuando Dios ha convertido nuestra mente, ha purificado nuestro corazón y ha puesto su sabiduría dentro de nosotros, nuestros motivos, de hecho, a menudo llegan a ser buenos. No siempre son un autoengaño simplemente porque proceden de nuestro interior. Dios se ha colocado dentro de nosotros por medio de la fe. A veces nuestras intenciones son el producto de buscar su voluntad sinceramente, con un corazón íntegro.

Aun así, no hay nada que prácticamente valga la pena en cuanto a ellas hasta que se lleven a cabo. Tal vez honran a Dios en espíritu, pero ¿quién verá su honra si están enterradas muy profundamente? Un buen plan sin diligencia proactiva no tiene sentido. La visión que Dios les ha dado a sus siervos, las obras a las que los ha llamado, la gloria que quiere que ellos reflejen, todo comienza en el corazón, pero no termina allí. Termina al ponernos en acción. Llegamos a ser sus hijos por fe, pero llegamos a ser sus siervos por obras.

No te equivoques: Dios discierne los motivos. A él le importan profundamente. William Borden dejó su riqueza en Estados Unidos en 1913 para trabajar como misionero en Egipto. Murió poco después de meningitis cerebral, sin haber logrado prácticamente nada, en forma de fruto visible. ¿Considerará Dios sus motivos como fructíferos? Nuestro Señor justo no podría hacer menos. Sin embargo, Borden no falló en sus planes simplemente porque nunca los llevó a cabo. Él murió en obediencia. Hay una diferencia.

EN HECHOS Es posible que nunca llevemos a cabo todas nuestras genuinas buenas intenciones en esta vida. Dios tiene sus propósitos para nosotros y ellos quizás no incluyan la realización de cada deseo piadoso que hay en nosotros. No obstante, debemos perseguir esos deseos de cualquier forma. Las buenas intenciones piadosas son para ser vividas, no soñadas. Se planifican en nuestro corazón para movilizarnos, no para entretenernos. Los impulsos de una persona llena del Espíritu son un llamado a la acción.

¿Hay algo que siempre has sentido que Dios pudiera querer que hagas, pero que nunca has hecho? ¿Es su plan siempre un asunto de «un día de estos» para ti? Ponle pies a tus intenciones. Vívelas bien. Nuestro Dios que obra maravillas está llamando a su pueblo a la acción.

29 DE ABRIL
Santiago 2:14-17

Cuando puedas hacer el bien, no lo postergues.

Policarpo

Una esperanza significativa

Nada tiene sentido —dice el Maestro—, ¡ningún sentido en absoluto!
ECLESIASTÉS 1:2

30 DE ABRIL
Eclesiastés 1:1-11

Otros hombres ven solamente un fin desesperanzador, pero el cristiano se regocija en una esperanza sin fin.

Gilbert Brenken

EN PALABRAS Los conquistadores ganan países, los políticos ganan elecciones, los competidores ganan campeonatos y las corporaciones ganan adquisiciones. A veces, los resultados de esas victorias duran años, siglos y, ocasionalmente, incluso milenios. Con más frecuencia su recuerdo se borra con el paso de una generación. De cualquier manera, nunca son permanentes. Como los castillos de arena en la playa, las obras de una raza ingeniosa y ambiciosa son susceptibles al paso del tiempo. Fuimos creados con anhelos eternos, pero hemos caído en la esclavitud del tiempo. Nada de lo que hacemos perdura.

Esa fue la opinión de un anciano rey que había visto imperios florecer y sucumbir, y que había llegado a conocer la naturaleza fugaz de su propia riqueza. Él tenía razón, por supuesto... desde una perspectiva puramente humana. Él enfrentaba la ansiedad común de todos los que evalúan el trabajo de su vida con alguna profundidad de perspectiva.

Sin embargo, esa perspectiva está limitada por los límites de la sabiduría humana. Es la conclusión a la que todos llegamos cuando dependemos de nuestro propio razonamiento. Es sabiduría sin revelación, solo cerebro y sin Espíritu. Los que dependemos de la revelación de Dios en toda su plenitud conocemos la base de la esperanza: un reino eterno está en construcción y lo que hagamos ahora puede tener resultados eternos.

EN HECHOS Las estadísticas dicen que una de las enfermedades comunes de nuestra generación es la desesperanza. Hay un sentido generalizado entre nuestros semejantes de que esta vida visible es todo lo que hay, y eso simplemente no es suficiente para la mayoría de la gente.

Tenemos dos respuestas necesarias: 1) No debemos dejar que la desesperanza de nuestra época nos infecte. En cambio, tenemos que fijar nuestra esperanza en la eternidad. 2) Después debemos compartir esa esperanza con una generación agobiada por la ansiedad, que está convencida de que nuestra esperanza no tiene base. Debemos convencerla de que no es así. Se nos dice que esa es una de las cosas más significativas y duraderas que podemos hacer.

Un deseo significativo

No importa cuánto veamos, nunca quedamos satisfechos. No importa cuánto oigamos, nada nos tiene contentos. ECLESIASTÉS 1:8

EN PALABRAS La naturaleza humana nunca se satisface. No importa qué regalos nos haya dado Dios, queremos más. Cuando hemos recibido una prueba de la generosidad de Dios, se nos abre el apetito, no nos llenamos. Siempre esperamos la siguiente cosa buena.

Lo bueno de nuestra búsqueda constante por más es que, cuando está dirigida correctamente, podemos lograrlo. Esto puede ser sorprendente para los que hemos oído sermón tras sermón acerca de las virtudes del contentamiento. Es cierto que el deseo por las cosas de este mundo, como lo describe Salomón, nunca se satisface completamente. No obstante, hay un deseo piadoso que es recompensado con bendición tras bendición. Si nuestra insatisfacción nos mueve hacia Dios y su reino y no hacia los logros temporales, es una insatisfacción santa. Será recompensada al final. Dios nunca les niega a los que quieren más de él.

Salomón dice: «No importa cuánto veamos, nunca quedamos satisfechos. No importa cuánto oigamos, nada nos tiene contentos». ¿Es esto malo, como él lo implica? ¿O puede ser bueno? Eso depende. Es malo si nuestros deseos eternos están mal dirigidos hacia las cosas temporales. Es bueno si buscamos primero el reino de Dios y su justicia.

EN HECHOS ¿Estás insatisfecho con la vida? Pregúntate por qué. Si estás llenando tu vida con cosas que no duran, nunca estarás satisfecho en absoluto. ¿Cómo puedes estarlo? Las cosas que buscas no son satisfactorias por naturaleza.

Sin embargo, Dios sí lo es. Si estás llenando tu vida de él (y le permites que llene tu vida con él mismo), él te satisfará, y cuando te vuelvas a sentir descontento, él te dará más. Te encontrarás totalmente contento por algún tiempo y luego te darás cuenta de que hay que descubrir mucho más de él. Tu anhelo santo te llevará más profundamente hacia su presencia. Eso no es un problema. Él es inagotable en sus riquezas. Podemos explorarlo para siempre, y si queremos más, habrá más que encontrar.

1 DE MAYO
Eclesiastés 1:1-11

Deja que las cosas temporales cumplan tu propósito, pero que las eternas sean el objeto de tu deseo.

Tomás de Kempis

Riquezas significativas

Me dije: «Vamos, probemos los placeres. ¡Busquemos "las cosas buenas" de la vida!». ECLESIASTÉS 2:1

2 DE MAYO
Eclesiastés 2:1-11

La verdadera medida de nuestra riqueza es lo que valdríamos si perdiéramos todo nuestro dinero.

John Henry Jowett

EN PALABRAS A un hombre de negocios sumamente adinerado, que recientemente tuvo una cirugía de *bypass*, le preguntaron cómo cambiaría su vida la experiencia. Respondió que gastaría más dinero y que nunca, como un ejemplo, dejaría que ningún vino que costara menos de cien dólares por botella pasara por su boca. Su gran revelación en su tiempo de crisis fue que la vida es corta y que tenía que vivirse a plenitud. Esa no es una filosofía mala, si uno sabe cómo definir una vida «plena». No obstante, su definición reflejaba un fundamento defectuoso basado en valores muy pasajeros.

Un discípulo cristiano maduro puede reconocer la falacia del placer temporal como una meta de vida. Vivimos para algo mucho más duradero que el culto a los imperios terrenales y a las ganancias personales: el verdadero placer que se basa en las realidades del reino de Dios y en nuestra comunión con él. Este, por lo menos, es nuestro ideal. No obstante, si nos examinamos cuidadosamente a nosotros mismos, con frecuencia encontraremos un conflicto dentro de nosotros: una aversión hacia la filosofía del hombre de negocios, pero un estilo de vida que la refleja. La naturaleza humana, a partir de la Caída, es desarrollar un cielo en la tierra, reconstruir el Edén. Aunque se nos promete un cielo eterno, queremos el cielo aquí también. ¿No puedes verlo en las comodidades que deseamos y en las oraciones que elevamos? El Edén siempre está fuera de nuestro alcance, pero seguimos tratando de alcanzarlo.

EN HECHOS Salomón nos dice en Eclesiastés 2:1-11 lo que logra una vida de invertir en lo temporal: nada. Su descripción de inversiones es impresionante, pero él está decepcionado, incluso desilusionado, con la ganancia. Llega a la conclusión de que es insignificante. Un día moriremos, y a menos que hayamos invertido en lo eterno, no quedará nada.

Contrasta la futilidad de Eclesiastés con las riquezas del evangelio de Jesús. Hay una herencia que llega de Dios. El rico hombre de negocios la pasó por alto, incluso cuando confrontó la muerte. Multitudes de personas lo hacen. Sin embargo, los ojos de fe pueden ver las riquezas del reino de Dios. Aprende a vivir por ellas, a toda costa.

Nuestro propósito supremo

Dios creó a los seres humanos a su propia imagen. A imagen de Dios los creó; hombre y mujer los creó. GÉNESIS 1:27

EN PALABRAS Nadie puede vivir sabiamente y con propósito sin saber de dónde venimos, adónde vamos y por qué ocurrió todo en primer lugar. Esa es la base de todo. Si no entendemos eso, no entendemos el evangelio y no tenemos el contexto para tomar decisiones diarias que estén alineadas con el plan de Dios. Debemos saber: fuimos creados por él, para él y a su imagen.

Es una verdad extraordinaria. Estábamos predestinados para ser la imagen de Dios, y aunque la imagen se destrozó en la Caída, la intención original de Dios permanece. Él no fue sorprendido con la Caída y su plan incluía diseñar un pueblo que reflejara su gloria. Él todavía quiere que llevemos su imagen. Por eso es que ha puesto su Espíritu en el corazón de la humanidad pecadora pero redimida, esas vasijas de barro que somos. La humanidad *llevará* su imagen. Él *será* visto en su creación, sin importar que los portadores de su imagen alguna vez renunciaran a ese privilegio. Incluso antes de que la perdiéramos, él ya había determinado rehacer su imagen en nosotros. Él mismo produce su imagen en nosotros.

EN HECHOS Nos sumergimos en trabajos, hipotecas, asuntos familiares, relaciones y pasatiempos tratando de encontrar algún sentido de realización en todos ellos. Es fácil distraerse de esa manera. No obstante, tenemos un llamado supremo que está al fondo de todo eso. *¡Fuimos hechos para ser como él!* Ese es el punto de todo esto. Ese fue el propósito de nuestros primeros padres y ese es el propósito de nuestra redención. Adán y Eva fueron moldeados a su semejanza, pero él inclusive habita en nosotros. Cada día somos conformados a la imagen de Dios en Cristo (2 Corintios 3:18).

¿Vives con ese conocimiento? ¿Tomas tus decisiones diarias y rutinarias con eso en mente? Medita en esta extraordinaria verdad y deja que guíe tu vida. Cualesquiera que sean tus otros deseos, no hay llamado más supremo que este. Para eso fuimos hechos.

3 DE MAYO
Génesis 1:26-28

La regla de vida para una persona perfecta es ser a imagen y semejanza de Dios.

Clemente de Alejandría

Demasiadas voces

«Entren conmigo», clama a los ingenuos.   PROVERBIOS 9:4, 16

4 DE MAYO
Proverbios 9

El sentido común
se adapta a los
caminos del mundo.
La sabiduría trata de
conformarse a los
caminos del cielo.

Joseph Joubert

EN PALABRAS Tanto la sabiduría como la insensatez adquieren voz humana en Proverbios; son principios personificados. Repetidas veces a lo largo del libro, la sabiduría llama. También la insensatez. La sabiduría promete bendición eterna; la insensatez promete un momento de placer. Sus voces son incesantes.

Entonces ¿cuál se cita en los versículos anteriores? Ambas: la sabiduría en el versículo 4, la insensatez en el versículo 16. Dicen exactamente lo mismo. Hablan a los que son simples y faltos de juicio; la única diferencia entre los dos dichos está en la respuesta del oyente.

Tal vez no estamos conscientes del llamado constante. Tal vez no nos damos cuenta de que cada decisión es la respuesta a una voz: a la voz de la sabiduría o a la voz de la insensatez. Cuando eres tentado, las dos hablan. Cuando estás en busca de seguridad, las dos claman. Cuando haces tus planes, ambas compiten por tu atención. Cuando gastas tu dinero y tu tiempo, las dos te hacen señas. ¿No las has escuchado? Siempre dicen lo mismo: «¡Ven aquí!».

La sabiduría es como un cónyuge: un compañero permanente que siempre está allí, apoyándote por tu propio bien. La insensatez es como una prostituta: la promesa es seductora, pero el resultado es breve y decepcionante. Cuando Proverbios habla de esposas y de prostitutas, de fidelidad y de adulterio, habla en términos literales. Sin embargo, también habla de manera figurada. Tomamos decisiones a diario. Enfrentamos elecciones que se repiten entre la sabiduría y la insensatez, y sus voces pueden sonar muy parecidas.

EN HECHOS ¿Cuál voz escuchas? La sabiduría no es llamativa, rara vez impresiona y nunca exige. La insensatez es descarada, ostentosa y, frecuentemente, insistente. Dice que fuiste puesto aquí para pasarla bien. La sabiduría discrepa: fuiste puesto aquí para tener y para ser de bendición. ¿Puedes ver la diferencia? Cuando ambas llaman, ¿con qué voz están sintonizados tus oídos? Entrénalos bien; mucho depende de tu capacidad de escuchar.

El pecado y un Dios santo

Todos los que temen al SEÑOR odiarán la maldad. Por eso odio el orgullo y la arrogancia, la corrupción y el lenguaje perverso. PROVERBIOS 8:13

EN PALABRAS El progreso es muy natural, pero sumamente peligroso. Batallamos con nuestro pecado; nos damos cuenta de que no podemos vencerlo, por lo que lo aceptamos como parte de lo que somos; y luego comenzamos a redefinir nuestra propia naturaleza. Hicimos lo mejor que pudimos, después de todo, por lo que nuestra naturaleza humana no debe haber sido tan mala, para comenzar. Terminamos con la perspectiva: «Yo estoy bien, tú estás bien». Tenemos el propósito de mejorar, pero nos sentimos cómodos si no podemos lograrlo.

El problema de sentirnos cómodos con el pecado es que está totalmente en contra de la naturaleza de Dios. Él no se siente cómodo con el pecado. Él nunca lo deja pasar. Dios pagó por él, totalmente y con gran sacrificio. Desde Génesis 3 hasta Apocalipsis 20, nunca fue un asunto de poca importancia.

El libro de Proverbios nos ha dicho que el temor de Dios es la base de la sabiduría. ¿Cómo? Si tenemos temor de Dios, lo obtuvimos al entender correctamente lo asombroso que él es. Obtuvimos un vistazo de su santidad que nos hizo postrarnos. Entendimos nuestra necesidad de suplicar por una reconciliación con un Creador ofendido. Vimos su bondad y, en comparación, todo lo demás se veía malo. Y ya que Dios es la norma por la que todas las cosas se miden, nuestra propia naturaleza simplemente ya no nos *pareció* mala; *era* mala. Llegamos a odiarla.

EN HECHOS Hay una actitud falsa en muchos segmentos de la iglesia contemporánea. Es la creencia de que el pecado, ya que es universal para la naturaleza humana, no es tan grave. Esa creencia lo lleva a uno hacia un dios que es indulgente, en contraposición a un Dios que perdona. El primer dios no existe; solo el último puede salvar.

¿Odias el pecado? ¿Te es detestable? Entonces estás alineado con la sabiduría de Dios. Conoces la diferencia entre una deidad indulgente y el Dios perdonador, y sabes ante quién inclinarte.

5 DE MAYO
Proverbios 8

Ningún pecado
es pequeño.

Jeremy Taylor

El pecado y la salida

Amo a todos los que me aman. Los que me buscan, me encontrarán.
PROVERBIOS 8:17

6 DE MAYO
Proverbios 8

La vista de su
crucifixión crucifica
el pecado.

Charles Spurgeon

EN PALABRAS Aunque la mala notica es devastadora —somos, en nuestra naturaleza pecaminosa, opuestos al carácter de Dios y estamos desalineados con su fundamento de sabiduría—, la buena noticia es que podemos cambiar. La sabiduría no permanece esquiva para siempre, sin importar cuán firmemente la hayamos rechazado en el pasado. Incluso si la insensatez nos ha perseguido por años, todavía podemos girar en un instante a la voz de la sabiduría que llama desde la calle. No es demasiado tarde para volvernos ineptos para un mundo pecaminoso y aptos para el reino de Dios.

La sabiduría de Dios nos llevará a la cruz de Jesús, por supuesto. Allí es donde toda nuestra inutilidad anterior es redimida y donde nuestra rebeldía es perdonada. Una reverencia humilde ante el Cordero sacrificial nos limpiará del estiércol de este mundo y nos pondrá en un camino de discipulado. No obstante, una vez que hayamos pasado por esa cruz, debemos cultivar nuestro amor por lo eterno. Debemos buscar la sabiduría con pasión. Debemos llegar a estar enamorados con los caminos de justicia del mundo como debería ser. Cuando lo hagamos, la encontraremos.

EN HECHOS Si alguna vez te falta perspectiva, lee los dos primeros y los dos últimos capítulos de la Biblia. Génesis 1–2 y Apocalipsis 21–22 son cuadros de perfección. De paraíso a paraíso, desde el jardín de Edén a la ciudad de Dios, desde el polvo de la tierra a la novia de Cristo, la sabiduría gobierna. Quita el gran paréntesis del problema del pecado, desde Génesis 3 a Apocalipsis 20, y claramente verás la santidad de Dios y la belleza de su obra. Frecuentemente es difícil, en ese ínterin parentético, ver esa belleza, pero está allí. Es nuestro origen y nuestro destino, todo enrollado en uno.

A medida que lees esos cuatro capítulos, los apoyalibros eternos a cada lado del problema temporal del pecado, deja que tu amor por tu Creador y Redentor llegue a ser más profundo. Así como una planta se estira hacia la luz del sol, deja que tu vida crezca hacia su sabiduría. Ábrete ante él y permítete amar sus caminos.

El pecado y la seguridad

Fui nombrada desde la eternidad, en el principio mismo, antes de que existiera la tierra. PROVERBIOS 8:23

EN PALABRAS Nuestro orgullo humano frecuentemente revierte el orden de las cosas. Pensamos que Dios vino a nuestra vida algo tarde. Nuestra identidad estaba ya establecida firmemente y luego él se invitó a entrar, tratando de atraernos hacia una relación con él. Los que leen esto probablemente han aceptado sus propuestas, pero incluso esa aceptación puede conllevar orgullo. Estábamos en control del corazón que se abrió a él. O eso pensamos.

A pesar de nuestro sentido de independencia, Dios tiene un reclamo anterior sobre nosotros. Él creó el mundo que llegó a ser nuestro ambiente necesario. Él comenzó el proceso genético que finalmente resultó en nuestro nacimiento. Él incluso nos formó en el útero (Salmo 139:13; Jeremías 1:5). Él no es un Redentor que llega tarde. Él y su sabiduría han estado allí todo el tiempo.

Es sumamente importante saber esto cuando parece que tu vida se desmorona. No es así. La vida que *tú* has construido tal vez se desmorone, pero la vida que Dios ha formado no. Su sabiduría ha conocido todas las cosas antes de la fundación del mundo, incluso a ti. Si ha dejado que estés destrozado, lo ha permitido por alguna razón. Él te está llevando al final de tu ser pecaminoso y al inicio de la vida en sus brazos seguros. Está eliminando tu identidad construida falsamente para que encuentres tu identidad en él y en sus caminos. La sabiduría fue designada desde el pasado en la eternidad; tú eres el que llega tarde. Dios te está llevando a casa.

EN HECHOS ¿Te das cuenta de lo completamente arraigada que está tu vida en la eternidad? No fue una idea tardía en la mente de un Dios que arregla cosas sobre la marcha. ¿Pensabas que tu pecado fue una sorpresa para él? No lo fue. Él ya ha provisto lo necesario para eso. Antes de la fundación del mundo, él hizo por lo menos dos cosas: puso de manifiesto su sabiduría; y pensó en ti (Efesios 1:4). Su sabiduría y tu existencia fueron de la mano. ¿Te deja perplejo eso? Debería hacerlo. Descansa en la seguridad de un Dios eternamente sabio.

7 DE MAYO
Proverbios 8

Señor mi Dios, tú me has formado y reformado.

Anselmo

El pecado intruso

[Yo] era la arquitecta a su lado.   PROVERBIOS 8:30

8 DE MAYO
Proverbios 8

Con la Caída, todo
se volvió anormal.
Francis Schaeffer

EN PALABRAS «En el principio, Dios creó los cielos y la tierra», comienza la Biblia. Apenas podemos imaginar una creación *ex nihilo*: algo de la nada. De la punta de los dedos de Dios salieron cosas que no existían antes. El vacío se llenó de sustancia. Con la palabra se creó vida en un cosmos sin vida ni forma.

Este pensamiento es asombroso para nuestra mente finita, pero también debemos recordar que esto no fue solamente una creación material. El carácter de Dios estaba por debajo de todo eso. Las cosas que con la voz del Todopoderoso cobraron existencia fueron colocadas en una base que ya existía: la sabiduría. Ella «era la arquitecta a su lado», como nos lo dice este versículo. Hay orden y propósito allí. Todo lo que vemos que no tiene sentido para nosotros —la violencia de un mundo obsesionado consigo mismo, el caos y la locura, la muerte y las enfermedades— entró a esta creación como un intruso virulento a través del pecado. No fue invitado por la voz de la sabiduría. No tiene base legítima, ningún derecho legal para estar aquí, excepto por la rebeldía humana que lo introdujo. La creación de Dios fue fundada sobre principios inviolables; nuestro pecado es un criminal malicioso que invade la propiedad del Creador.

Hemos llegado a sentirnos cómodos con este elemento extraño, con esta patología de pecado, pero no tiene lugar en un mundo que se construyó sobre la sabiduría. La misma sabiduría que subyace a la creación del mundo ahora nos llama. Podemos desarrollar nuestra vida sobre el mismo principio que formó la base cuando Dios habló en el comienzo. Sin embargo, tenemos que abandonar la intrusión del pecado.

EN HECHOS ¿Entiendes lo violento que es el pecado? ¿Lo ves como un cáncer invasor, como la antítesis de la vida y una violación del orden creado? ¿O lo ves con comprensión, como una serie de fallas humanas comprensibles? Los que llegan a entender el pecado como la contradicción final de la voz del Creador sienten dolor genuino, pero llegan a ser sabios y a ser limpiados en el proceso. Se alinean con el primer fundamento. Finalmente encajan en un mundo que tiene base en la sabiduría.

El pecado y el favor de Dios

Todo el que me encuentra, halla la vida y recibe el favor del Señor.
PROVERBIOS 8:35

EN PALABRAS El terreno está preparado para que Dios convoque a aquellos cuyo corazón le pertenece. Él creó su mundo sobre un fundamento de sabiduría, y la sabiduría llama. Aunque llegamos a ser inadaptados en el plan eterno, fuimos resucitados y reacondicionados por la obra de la Sabiduría Encarnada: Jesús. Ahora tenemos toda la eternidad frente a nosotros. ¿Qué haremos con ella?

Todavía no hemos entrado a nuestro descanso. Si Dios no nos ha llamado a casa en el cielo, todavía vivimos la vida eterna en la tierra por alguna razón. No obstante, innumerables cristianos han tomado el tesoro de la vida eterna y lo han derrochado en una vida insensata. La sabiduría de toda la eternidad, el fundamento de este mundo, se nos ofrece, y muy fácilmente fallamos en tomarlo. ¿Por qué?

La opción debería ser obvia. Por un lado, se nos ha ofrecido la confiable Palabra de Dios, la sangre limpiadora de la Cruz, la vida resucitada, el poder del Espíritu Santo, la comunión del cuerpo de Cristo, la herencia del Hijo y el mismo favor de Dios. Por otro lado, vemos los placeres momentáneos por obtener, cosas que poseer, lugares que visitar, gente que utilizar, dinero que gastar, tiempo que perder, derechos que defender y comodidades que disfrutar. Solo un tonto elegiría lo segundo, pero vivimos en un mundo absurdo. Participamos de sus pasiones y absorbemos sus filosofías. La sabiduría eterna se ofrece generosamente, pero la manejamos negligentemente.

EN HECHOS Siempre estamos en busca de algo. Puede ser lo material, como riquezas, posesiones o placer. Puede ser algo menos tangible, como estatus y logros. Incluso puede ser espiritual, como tranquilidad mental y alegría profunda. No obstante, si no viene de la propia mente de Dios, es trivial.

El cristiano que vive por la sabiduría de Dios se da cuenta de que el pecado no es tanto algo que hay que vencer, sino algo que llega a ser irrelevante. Él encuentra una búsqueda mayor y sus beneficios superan todas las demás búsquedas. ¿Qué pecado puede competir? El favor de Dios fluye como una fuente en los que buscan su mente.

9 DE MAYO
Proverbios 8

El abandono del pecado es una de las mejores evidencias de que el pecado ha sido perdonado.

J. C. Ryle

Protege el interior

Sobre todas las cosas cuida tu corazón, porque este determina el rumbo de tu vida. PROVERBIOS 4:23

10 DE MAYO
Proverbios 4:20-27

Aprendamos a vaciar nuestro corazón en Dios.
Bernardo de Claraval

EN PALABRAS Si eres alguien típico, piensas en proteger tu corazón en términos de ahuyentar cosas. La corrupción, las ideas falsas y las tentaciones tienen que ser mantenidas lejos; nunca se les puede permitir entrar a las profundidades íntimas de tu afecto. Sin embargo, hay otro lado en esta protección. Debemos evitar la salida de otras cosas. De hecho, si podemos llegar a ser expertos en esto, la corrupción y las tentaciones se las arreglarán por sí solas.

Piensa en esto: las cosas que pueden asediar al corazón desde afuera son innumerables, demasiado abrumadoras para manejarlas. No obstante, las cosas que se nos dice que debemos mantener adentro —el espíritu de Jesús, la humildad y la mansedumbre, la actitud de servicio y el sacrificio, la adoración y la alabanza— son un solo Espíritu. Mientras que la mayoría de religiones nos dice que evitemos lo malo, Dios nos dice que lo abracemos a él. Estamos mejor equipados para enfocarnos en su carácter que en las estrategias del enemigo. De hecho, se nos ordena que lo hagamos. Pablo hace énfasis en este discipulado radicalmente nuevo: «Dejen que el Espíritu Santo los guíe en la vida. Entonces no se dejarán llevar por los impulsos de la naturaleza pecaminosa» (Gálatas 5:16). En ninguna parte se nos dice que vivamos en contra de la naturaleza pecaminosa y que esperemos que el Espíritu se manifieste. Se nos dice que vivamos por el Espíritu y que esperemos que la naturaleza pecaminosa no tenga poder. Nos confundimos con eso muy frecuentemente.

EN HECHOS Demasiados cristianos vigilan la entrada de su corazón para no dejar entrar nada. Eso puede ser apropiado algunas veces, pero intenta un método distinto. Vigila la salida. Permanece detrás de la puerta y ten cuidado con lo que pueda salir. De vez en cuando, obtenemos un vistazo de adoración genuina que cambia la vida. A toda costa, ¡manténla adentro! Algunas veces, veremos una imagen de verdadero servicio. ¡No permitas que desaparezca! Otras, nos mueve un espíritu de sacrificio, algún ministerio nos inspira o alguna palabra poderosa del Señor nos convence. ¡Aférrate a esas cosas! Al atesorar el manantial que Dios ha creado en tu corazón habrá poco espacio para esas corrupciones con las que alguna vez te obsesionaste. Y el manantial es una preocupación mucho más agradable.

Los soñadores y los hacedores

El que se esfuerza en su trabajo tiene comida en abundancia, pero el que persigue fantasías no tiene sentido común. PROVERBIOS 12:11

EN PALABRAS Los sueños son maravillosos. Dios nos da corazones soñadores porque él quiere que logremos cosas. En el corazón que sueña, Dios puede plantar visiones de ministerios extensos y efectivos, de predicación del evangelio, de ayuda al pobre y de encontrar maneras innovadoras de desarrollar el reino del cielo. Él puede inspirar a millones y establecer el curso de las naciones. Los sueños son el inicio de todos los buenos logros.

El problema con los sueños es que solo son el comienzo. Por sí mismos no logran nada. Pueden ser el combustible que alimenta el fuego, pero no son su sustancia. Una vida llena de fantasías, sin importar lo dignas que sean las fantasías, es inútil si ninguna acción brota alguna vez de sus ambiciones. Aunque Dios planta sueños en nuestro corazón, él no los deja allí simplemente. Él espera que los que guardan la tierra la labren, que rieguen las semillas y que cultiven su crecimiento. Dios quiere que nuestras visiones tengan un plan de acción.

Jesús contó una parábola que ilustró ese principio. Un hombre tenía dos hijos. Uno de ellos dijo que iba a trabajar en el viñedo, pero nunca lo hizo. El otro dijo que no lo haría, pero al final lo hizo de todas maneras. ¿A quién elogió Jesús? Al hacedor, no al soñador (Mateo 21:28-32).

EN HECHOS ¿Tienes grandes planes? ¿Tienes una visión que estás convencido que Dios te dio? Si es así, ¿cuáles son tus planes? Dios espera que tomes las visiones que te ha dado y que las lleves a cabo. Escribe los pasos. Luego da esos pasos. No permitas que tus sueños lleguen a ser recuerdos vagos de la noche.

¿Estás inseguro de tus sueños? ¿Todavía tratas de determinar si tú los creaste o si Dios te los dio? Entonces pídele a Dios específicamente que estimule los que también son sus sueños para ti, pero cuando sepas la diferencia, no los dejes relegados. Pídele su tiempo oportuno. Pídele su sabiduría y actúa de acuerdo a sus promesas.

11 DE MAYO
Proverbios 12:11;
Mateo 21:28-32

Los sueños se vuelven santos cuando se ponen en acción.

Adelaide Proctor

¿Por qué no?

Los que conocen tu nombre confían en ti, porque tú, oh SEÑOR, no abandonas a los que te buscan. SALMO 9:10

12 DE MAYO
Salmo 9:1-10

La confianza implica soltarte y saber que Dios te sujetará.

James Dobson

EN PALABRAS Hay algo que nos detiene. Tal vez es el miedo a estar equivocados en cuanto a Dios. Tal vez nos sentimos presuntuosos. Es posible que, si nos hemos decepcionado en el pasado, nuestra mala interpretación nos atormente. Oímos una voz dentro de nosotros que dice: «¿Qué pasa si Dios no se hace evidente? ¿Qué pasa si él hace las cosas más difíciles de lo que yo pueda manejar? ¿Qué pasa si todas mis esperanzas son ilusiones?». Entonces vacilamos en confiar en Dios. Oramos y esperamos, pero la fe sigue siendo incompleta y las dudas permanecen. Le pedimos que nos ayude, pero nos abstenemos de emitir juicio hasta conocer su respuesta.

El llamado de las Escrituras es contrario a nuestra inclinación natural. Se nos llama a creer en Dios con un abandono temerario, no solo a creer que él está allí y que participa con nosotros de alguna manera, aunque no estemos seguros exactamente de cómo; pero que busca nuestro bienestar activa y personalmente, y responde a nuestras oraciones. Debemos renunciar a nuestras propias estrategias y ambiciones, renunciar a todo «Plan "B"», y lanzarnos temeraria e irrevocablemente, completamente, a sus brazos. No obstante, somos reacios y el problema siempre vuelve a nosotros: a pesar de su historial, parece que no confiamos completamente en él. ¿Por qué no?

EN HECHOS Dios llamó a Abraham para que dejara Harán y se dirigiera a un lugar que él le revelaría después. Jesús invitó a Pedro a salir de la barca y a caminar sobre el agua. Este tipo de llamado es aterrador, aunque es típico del reino de Dios. Sin embargo, ¿por qué es aterrador? ¿Adónde podría llevarnos que nosotros podríamos lamentar? ¿Alguna vez nos llevaría hacia el peligro y no nos rescataría de él?

Dios nos llama a la confianza «temeraria», la clase que no prepara ninguna red de seguridad y que no reserva nada para cuando no haya. Esa clase de confianza que, si se rompe, no deja espacio para proteger el orgullo. No obstante, no puede romperse. Trata de encontrar a alguien que Dios haya abandonado, observa la fidelidad de Dios y pregúntate: «¿Por qué *no* he de confiar en él incondicionalmente?». Piensa en eso. ¿Por qué no?

Ojos que lo ven todo

Los ojos del SEÑOR están en todo lugar, vigilando tanto a los malos como a los buenos. PROVERBIOS 15:3

EN PALABRAS Siempre tenemos presente lo que sabemos de la omnipresencia de Dios, pero ¿estamos conscientes de ella en realidad? Hay pocos pensamientos tan aleccionadores como este: sin importar lo que hagamos, qué motivos profundos nos impulsen a hacerlo, adónde vayamos ni las razones por las que vamos allí, Dios lo ve. Él conoce cada impulso nuestro, ya sea bueno o malo. No podemos contarle alguna historia que él no conozca cabalmente. No podemos pintar un cuadro bonito de nuestros feos desaciertos. Él lo ha visto todo.

Eso es más que un poco apabullante. Profundamente sabemos cómo somos. Sabemos las pequeñas mentiras blancas que les decimos a otros para hacernos quedar bien. Conocemos al cuerpo real que está debajo de los cosméticos y la ropa, tanto literal como metafóricamente. Incluso sabemos, hasta cierto punto, que nos engañamos a nosotros mismos en cuanto a muchas cosas. Cuando nos despojamos de toda la falsa seguridad que hemos construido y de la imagen que hemos presentado, sentimos escalofríos al pensar en lo que podemos ver. Sin embargo, eso es exactamente lo que Dios ve.

Hay también un gran consuelo al saber acerca de este Dios que lo ve todo. ¿Por qué? Porque cuando nos damos cuenta de que él nos ve como verdaderamente somos, y entendemos que él nos ha ofrecido esta maravillosa invitación de ser salvos y amados por él *a pesar de eso*, podemos descansar con una seguridad total. Él ha visto lo peor de nosotros y eso no lo ha hecho salir corriendo en dirección opuesta. Aun así nos busca. Aun así busca nuestra comunión. Él lo ve todo, y está bien.

EN HECHOS No se puede engañar a Dios. Nuestra habilidad para actuar no es así de buena. La mejor relación con él es la honesta. Él no se entera de nada nuevo con nuestra honestidad, pero nosotros no podemos aprender nada de él sin ella. Cuando dejamos nuestra postura, encontramos seguridad en él y no en nuestra imagen. Sabemos que su amor tiene que ser profundo; ¡él nos ama a *nosotros*!

Deja que los ojos de Dios que lo ven todo te aleccionen y que esa aguda percepción guíe cada paso que das. Sin embargo, descansa en esa percepción. No puedes dar un paso sin que él ya lo sepa.

13 DE MAYO
Proverbios 15:3;
Salmo 139:1-17

Dios siempre está cerca de ti y contigo; no lo dejes solo.
Hermano Lorenzo

Refugio y destrucción

El camino del SEÑOR es una fortaleza para los que andan en integridad, pero destruye a los que hacen maldad. PROVERBIOS 10:29

14 DE MAYO
Proverbios 10:29

El centro de la
voluntad de Dios
es nuestra única
seguridad.

Betsie ten Boom

EN PALABRAS Los exploradores antiguos que se atrevieron a atravesar océanos aprendieron rápidamente una lección valiosa: la corriente del mar podría llevarlos a su destino, si la seguían correctamente. Esa corriente también podría desviarlos de su trayectoria, si se ignoraba. Las mismas circunstancias pueden tener ya sea un efecto positivo o uno negativo en una embarcación; todo depende del conocimiento y de la reacción de la tripulación.

La sabiduría de Dios es, de alguna manera, como la corriente del mar. Puede llevarnos adonde necesitamos ir. Es nuestro refugio, el medio para mantenernos a salvo y llevarnos a nuestro destino deseado, pero solo si la seguimos. El beneficio de su sabiduría solamente se aplica a los que están dispuestos a alinearse con ella y a dirigir su curso apropiadamente. De otra manera, esas mismas corrientes beneficiosas llevarán a la ruina.

La historia está llena de millones que han tratado de seguir un camino contrario a la sabiduría de Dios. Puede ser una religión o una filosofía falsa, una ambición personal, un plan político, una estrategia económica o cualquier otra cosa en la que los humanos, en nuestra ignorancia, nos hayamos empeñado. Millones han navegado contra la corriente de Dios y han fracasado. Su final es desdichado. Lo que parecía tan prometedor resultó ser fútil. Cualquier cosa que contradiga la sabiduría eterna del Dios verdadero siempre lo es.

EN HECHOS ¿Tienes algún plan personal? ¿Planes para tu futuro? ¿Estrategias para tener una vida cómoda y gratificante? Examínalos de cerca y pregúntate si son totalmente consecuentes con los caminos de Dios. Si no, podrías navegar cómodamente por miles de kilómetros, pensando que te diriges al destino correcto, solo para darte cuenta de que estás muy, muy lejos. Incluso variaciones leves en el comienzo pueden sacarte del trayecto al final. Si te das cuenta cuando finalmente llegas a la playa, será demasiado tarde. Planifica ahora. Estudia la corriente. Refúgiate en la sabiduría de Dios.

La batalla interior

Concédeme pureza de corazón, para que te honre. SALMO 86:11

EN PALABRAS ¿Hay algún cristiano vivo que no haya batallado con una naturaleza doble? Probablemente no. Se ha confirmado genéticamente que los que hemos nacido gloriosamente del Espíritu Santo de Dios también somos descendientes de pura cepa de Adán. El Espíritu nos capacita para tener vidas piadosas, pero nuestra tendencia para hacerlo es esporádica. Aunque nuestro espíritu a menudo está dispuesto, la carne sigue siendo débil. El síndrome de la doble personalidad puede ser común para toda la humanidad, pero es especialmente común para los redimidos. Dos naturalezas en un cuerpo pueden dar lugar a una batalla agotadora. ¿Estás agotado ya? No pienses que estás solo. No lo estás.

La carga del corazón dividido es común en las Escrituras. Es la carga de la que Pablo escribió en Romanos 7: «Quiero hacer lo que es correcto, pero no puedo» (v. 18). Es la misma contradicción que sentía Pedro, al afirmar una tarde que nunca podría abandonar a su Señor, y luego negarlo tres veces en la misma noche oscura. Cada uno de nosotros, por lo menos ocasionalmente, ha conocido la angustia de un alma dividida.

Una solución falsa para el problema ha llegado a ser epidémica. Es resignarse a la naturaleza más humilde de las dos, y abandonar el llamado a ser santo como Dios es santo (1 Pedro 1:15). Al llamar equivocadamente «legalismo» a la verdadera santidad podemos llegar a ser demasiado tolerantes de nuestra corrupción. A veces hasta la acogemos. Nos rendimos en la batalla y dejamos que gane la vieja naturaleza.

EN HECHOS Hay una forma más sabia y es obra del Espíritu de Dios, no de nosotros mismos. Nunca se nos librará de la batalla completamente hasta que estemos en el cielo, pero la victoria es posible. Pablo lo dijo (Romanos 7:24-25), y después de Pentecostés, Pedro coincidiría. Dios responde la oración del salmista; es posible tener un corazón no dividido. *¡Pídelo diariamente!* Tienes que estar consciente de todo lo que competiría por el trono de Dios en tu corazón. Quita tu atención de eso, cualquier cosa que sea, y ponla en la belleza impresionante de Dios. Que solo él te cautive. Si tu corazón está inmerso en él, el pecado no tendrá espacio para prosperar.

15 DE MAYO

Salmo 86

Nadie sale perdiendo por una devoción excesiva a Cristo.

H. A. Ironside

Resístete a escapar

Si tan solo tuviera alas como una paloma, ¡me iría volando y descansaría! Volaría muy lejos, a la tranquilidad del desierto. Qué rápido me escaparía lejos de esta furiosa tormenta de odio. SALMO 55:6-8

16 DE MAYO

Salmo 55:4-8, 16-18

Nunca se ha hecho algo grande sin soportar mucho.

Catalina de Siena

EN PALABRAS David fue un hombre conforme al corazón de Dios y un gran rey ungido. No obstante, de muchas maneras, él era igual a nosotros. El Salmo 55 es un ejemplo. Cuando aumentaba la presión, David solo quería escapar.

Todos hemos tenido impulsos similares. Cuando la vida se pone intensa y parece que los problemas no ofrecen una salida, solo queremos salir de la situación. Cada cristiano a quien Dios ha preparado y que ha llegado a sus límites puede identificarse con eso: hay veces en las que haríamos cualquier cosa para que Dios simplemente nos liberara de nuestra prueba. Oraremos por maneras de escapar, pero Dios frecuentemente nos deja rodeados hasta que su tiempo sea el correcto.

Dios no menosprecia esos sentimientos. Él nos hizo y conoce nuestra fragilidad. Él entiende nuestro impulso de huir de cualquier dificultad que enfrentamos, pero también insiste en nuestra perseverancia, porque genera resultados espirituales que ninguna otra cosa puede lograr. Y no hay otra forma de aprender a perseverar que simplemente perseverando. No podemos aprenderla en principios ni en teoría; solamente el dolor puede enseñárnosla. Se nos debe poner en una situación de tener que apoyarnos en nuestro Dios y de aprender sus caminos. La experiencia es el único camino para conocerlo.

EN HECHOS La buena noticia para los que pasan por pruebas y sufrimiento intensos es que cuando el impulso de huir se trunca, Dios libera. Cuando la perseverancia es completa, Dios quita la tribulación que soportamos. A cada temor de los versículos 4-8 le sigue cada bendición de los versículos 16-18. Nuestro Dios no nos deja en nuestros problemas. Él nos ha puesto allí para descubrir su provisión; él no la retendrá por tiempo indefinido. *Habrá* un día de liberación. Dios es el que está sentado en el trono para siempre (v. 19), no el sufrimiento. No tenemos que huir; simplemente invocamos al que mora por encima de nuestras pruebas.

La Palabra perfecta

Toda palabra de Dios demuestra ser verdadera. Él es un escudo para todos los que buscan su protección. PROVERBIOS 30:5

17 DE MAYO
Proverbios 30:5;
Colosenses 3:16

Tenemos que afirmar la inerrancia de la Escritura y luego vivir bajo ella.

Francis Schaeffer

EN PALABRAS En un mundo de lealtades que cambian, de estafas maliciosas e ideas en evolución constante, necesitamos saber dónde anclar nuestra alma. No somos lo suficientemente diligentes para analizar toda falsificación que encontramos en el camino, ni somos lo suficientemente perspicaces para exponer cada filosofía falsa. El racionalismo humano no está equipado para establecer la verdad eterna. Por eso es que necesitamos ayuda. Solo Dios puede señalarnos la dirección correcta.

Es un consuelo encontrar absolutos cuando los buscamos. Según este proverbio, esa verdad absoluta nos protegerá. ¿De qué? De cada engaño sutil, de cualquier palabra maliciosa, de cada error doctrinal y de cada mesías falso. Para nuestro gran desaliento, el mundo está lleno de promesas vacías. Si se nos deja a nuestra suerte entenderlas, nos pasaremos la vida siendo lanzados a olas turbulentas de «verdades» rivales. Para cuando obtenemos el entendimiento por nuestro propio esfuerzo, es demasiado tarde para establecernos sobre la base de la sabiduría de Dios. En pocas palabras, tenemos que anclarnos en la revelación.

EN HECHOS ¿Cómo hacemos eso? Un tiempo diario en la Palabra de Dios es un buen comienzo. Introduce la verdad en nuestra mente de manera regular. No obstante, ¿es eso suficiente? ¿Es suficiente el tiempo cotidiano a solas, frecuentemente a la carrera, para protegernos del error?

He aquí un buen patrón a seguir: primero, pídele a Dios todos los días que convenza tu corazón de su verdad y que te dé discernimiento sobre las mentiras. Segundo, busca por lo menos un versículo a la semana para memorizar. Reflexiona en él, cáptalo, míralo desde cualquier ángulo e ingéniate maneras específicas de aplicarlo. Tercero, no solo estudies la Palabra de Dios. Enamórate de ella. Consúmela tan vorazmente como si fuera tu comida favorita. Dios tiene una manera de obrar en nuestro corazón las cosas que amamos. Si amamos la Palabra infalible, la Palabra infalible morará en nosotros.

El Nuevo Testamento reafirma el proverbio. Debemos dejar que la Palabra de Dios llene nuestra vida con su riqueza (Colosenses 3:16). Tal vez ese podría ser un buen versículo con el cual comenzar a memorizar. Deja que llene tu vida con su riqueza esta semana. En un mundo de mentiras, ¿no es bueno saber que puedes acoger algo perfecto?

Inquebrantable

Los perversos son aplastados por el desastre, pero los justos tienen un refugio cuando mueren. PROVERBIOS 14:32

18 DE MAYO
Proverbios 14:32;
Salmo 71:1-3

Tan cierto como Dios pone a sus hijos en el horno, él estará en el horno con ellos.

Charles Spurgeon

EN PALABRAS ¿Cómo reaccionas en una crisis? O, para hacer una pregunta aún más reveladora: ¿cómo reaccionas frente a las irritaciones menores de la vida diaria? La respuesta no es un asunto de qué es lo que dices que crees. Es un asunto de tu familiaridad, incluso intimidad, con tu Padre. Aunque digamos que él es confiable y veraz, nuestra torre de fortaleza y nuestro escudo, esas son solo palabras hasta que se ponen a prueba. Y en este mundo, se ponen a prueba frecuentemente.

¿Has conocido cristianos que creen las cosas correctas acerca de Dios, pero que entran en pánico ante cualquier dificultad? Es difícil creer que la fe de alguien en la soberanía y en la fidelidad de Dios es más que superficial cuando este pánico se activa. La verdad de nuestra relación con Dios se manifiesta cuando sube la temperatura. Descubrimos si en realidad confiamos en él o no cuando estamos en una posición de tener que confiar en él. La confianza en la providencia de Dios significa poco hasta que a uno le falta lo esencial, y la fe en la fortaleza de Dios significa poco hasta que uno está totalmente impotente. Entonces surge la verdad.

Los que no han puesto su confianza en el Refugio, que lo ignoran y que siguen su propio camino, son malos según la Biblia. Eso puede parecer duro, pero es la verdadera evaluación de la rebeldía humana. Y los que en realidad no confían en él serán abatidos por cada calamidad. Los que sí confían en él no pueden ser abatidos con nada, ni siquiera con la muerte.

EN HECHOS Entonces, ¿dónde te encuentras? ¿Tienes una fe superficial en la fidelidad de Dios al aplicar sus promesas a las situaciones de otros pero no a las tuyas? Se nos llama a vivir en una dimensión diferente a la que vivimos alguna vez. Tenemos que *saber* quién es nuestra Fortaleza. No debemos llegar a ser fuertes; debemos encontrar nuestra fortaleza en él. Debemos dejar que su paz nos hable más fuerte que nuestras pruebas. Dios permanece firme cuando todo lo demás se mueve. ¿Puedes hacerlo tú?

Cómo domar a un destructor

De todas las partes del cuerpo, la lengua es una llama de fuego. Es un mundo entero de maldad que corrompe todo el cuerpo. SANTIAGO 3:6

19 DE MAYO
Santiago 3:1-12

EN PALABRAS Cada verano se repite la historia noticiosa. Alguien en el oeste de Estados Unidos no logra apagar completamente una fogata de campamento, y de una sola brasa arde un bosque. Los bomberos batallan con el enemigo consumidor desde cielo y tierra, y los gobiernos no escatiman en gastos para extinguirlo, pero es implacable. Prácticamente no se puede detener un incendio forestal hasta que llegan las lluvias. Antes de que lo hagan, millones de hectáreas se destruyen. Y todo comienza con una sola chispa.

Santiago dice que así es el poder de la lengua. Las palabras queman. Cuando se han encendido, no hay manera de detenerlas. La única manera de prevenir un daño enorme es prevenir las chispas que lo inician todo. Una vez dichas, las palabras no se pueden retractar. Combinadas con la naturaleza propensa al chisme del género humano, las palabras se esparcen rápidamente. Es prácticamente imposible extinguirlas.

Hay que domar la lengua. Sus habilidades destructoras exigen un cuidado extremo. Su corrupción se esparce hacia afuera y también obra hacia adentro. Las palabras no solo distorsionan las percepciones de otros, entrenan nuestra mente para que haga lo mismo. Un comentario descuidado se convierte en una convicción que se guarda profundamente muy rápidamente. No hay tal cosa como una conversación de poca importancia. Las palabras importan.

EN HECHOS ¿Qué tan cuidadoso eres con tu lengua? La sabiduría bíblica tiene mucho que enseñarnos en cuanto al poder del habla. «Las palabras que ustedes dicen provienen del corazón; eso es lo que los contamina», dijo Jesús (Mateo 15:18). Las palabras revelan nuestras impurezas internas, y esas impurezas pueden ofender a otros. El dicho infantil en cuanto a que las palabras no lastiman tanto como los palos y las piedras simplemente no es cierto. Las palabras pueden lastimar.

Doma tu lengua. Puede incendiar todo el curso de tu vida, según Santiago. Hay que domar cualquier cosa que tenga esa clase de poder.

> Las palabras frías congelan a la gente, las palabras calientes las queman y las palabras amargas los hacen amargos.
>
> *Blaise Pascal*

Cómo liberar lo que bendice

A veces [la lengua] alaba a nuestro Señor y Padre, y otras veces maldice a quienes Dios creó a su propia imagen. SANTIAGO 3:9

20 DE MAYO
Santiago 3:1-12

Las palabras amables también producen su imagen en el alma de los hombres; y qué bella imagen es esa.

Blaise Pascal

EN PALABRAS Las palabras positivas parecen menos volátiles que las negativas, pero su poder puede ser sorprendente. Una palabra buena puede edificar. Puede confirmar los talentos, las habilidades, e incluso la dirección de la vida de alguien que solamente necesitaba un poco de estímulo para seguir adelante. Puede cambiar el curso del día de alguien y, a su vez, puede cambiar el curso de la semana, mes o año de esa persona. El efecto bola de nieve de un comentario puede ir tanto en una dirección edificante como en una destructiva. ¿Por qué descuidaría alguien una herramienta tan poderosa?

Nuestra boca no solo puede bendecir a otros, también puede llamar la atención a la gloria de Dios. Las palabras pueden hablar de sus grandes obras, testificar de su misericordia insondable y maravillarse de sus caminos asombrosos. Pueden oírse en las esquinas más oscuras de este mundo, en las asambleas de los santos y en los pasillos del cielo. Pueden entrar a sus puertas con gratitud y hablar de la grandeza maravillosa de Dios. Pueden gritar con una voz de triunfo y proclamar sus misericordias a todas las naciones. De hecho, nuestra boca fue creada totalmente para esos propósitos.

Degradar, denigrar, humillar o destruir es una violación del diseño creado de la lengua. Es incluso una violación expresar excesivamente su descontento y crítica. La lengua fue creada exclusivamente, o por lo menos principalmente, para bendecir. Fue dada para bendecir a otros y para bendecir a Dios. Al hacerlo, nos bendecirá a nosotros mismos.

EN HECHOS ¿Tienes esa asombrosa herramienta escondida en alguna parte? ¿No has logrado usar esta potente fuente de bendición? Si de tu boca salen palabras negativas, revierte la tendencia. Usa tu boca para bendecir todo el tiempo. Te darás cuenta de que la corriente de tu vida fluirá en una dirección correspondiente. Cuando de tu corazón sale bendición, Dios se asegura de que bendición entre a él. Libera tu lengua para que cumpla con su propósito.

No aceptes ningún sustituto

«¿He puesto mi confianza en el dinero o me he sentido seguro a causa de mi oro? [...] Si así fuera, [...] significaría que he negado al Dios del cielo».
JOB 31:24, 28

EN PALABRAS Una vez, Moisés dio un discurso muy largo sobre las bendiciones de obedecer a Dios y las maldiciones de la desobediencia. Dios había hecho un pacto con su pueblo, un pacto que él nunca violaría. ¿Y su pueblo? Moisés explicó qué pasaría si ellos lo hacían. Sus enemigos sitiarían sus ciudades «hasta derribar todas las murallas fortificadas de [su] territorio, esos muros en los que confiaba[n]» (Deuteronomio 28:52).

Ese es uno de los resultados terribles del pecado: comenzamos a confiar en nuestros propios esfuerzos y no en el Dios que siempre es de fiar. Nuestra fe en Dios se desmorona y tenemos que acudir a sustitutos, sin importar lo defectuosos que puedan ser. En el discurso de Moisés, fueron los muros altos de las ciudades: ¡protección por si acaso Dios fallara! En el lamento de Job, es el oro, ¡la provisión en caso de que Dios se quedara corto! No hay escasez de las garantías que establecemos para asegurar nuestra seguridad, salud, comodidad o placer. Podemos depender mucho de ellas. Cuando lo hacemos, corremos un gran riesgo: gradualmente podemos aprender a colocar más confianza en ellas que en Dios. Para las normas de Dios, eso es infidelidad.

EN HECHOS ¿Dónde buscas tu paz? ¿En una cuenta? ¿En la educación? ¿En la defensa nacional? ¿En las estaciones de seguridad del aeropuerto? ¿En las bolsas de aire del automóvil? La lista podría continuar y llenar páginas. No es que haya algo malo en los seguros terrenales en sus diversas formas, pero nuestra confianza en la riqueza o en los muros puede ser una declaración enmascarada de desconfianza en Dios. Él tiene que dejar que nuestros seguros falsos fallen antes de que nuestra confianza regrese a él.

¿No te acuerdas? Sus ojos están en los gorriones y los cabellos de tu cabeza están contados. Lo *único* que puede dañarte es tu desobediencia deliberada, e incluso eso está bajo su supervisión. Permítete confiar en Aquel que es infaliblemente confiable. No aceptes ningún sustituto. Descansa en sus brazos soberanos.

21 DE MAYO
Job 31:24-28

Nuestra confianza no es lo que nos cuida, sino el Dios en quien confiamos es quien nos cuida.
Oswald Chambers

Cómo responder al dolor

Nada malo le sucederá a los justos, pero los perversos se llenarán de dificultades.   PROVERBIOS 12:21

22 DE MAYO
Proverbios 12:21

Las pruebas permiten que la gente se eleve por encima de la religión a Dios.

Hermano Andrés

EN PALABRAS Hace varios años, un rabino escribió un libro popular en el que preguntaba por qué a la gente buena le pasaban cosas malas. Es una pregunta legítima; vemos que gente piadosa pasa por algunas cosas muy difíciles. Entonces, ¿no contradice nuestra experiencia este proverbio? ¿Debemos generalizar este versículo y diluirlo para sacar algo de él? No necesariamente. Necesitamos abordar ese proverbio con algunas definiciones claras. Tenemos que definir «malo», y tenemos que definir «justo».

¿Quién es justo? Seguramente no los que lo tienen todo y bien calculado. Ninguno de nosotros lo tiene. El proverbio sería erróneo si implicara eso, y la Biblia no es errónea. Los que son justos saben quién es Dios y se aferran a ese conocimiento sin importar la situación. Desean a Dios lo suficiente para confiar en él. Tal vez el pasado de ellos no sea justo, pero su rumbo sí lo es.

¿Qué es «malo»? Seguramente no son las circunstancias difíciles ni el dolor. De otra manera, el proverbio sería una suposición superficial basada en fantasías, y la Biblia no es una fantasía superficial. No, las pruebas y el dolor no son dañinos en última instancia, a menos que hagan menguar nuestra relación con Dios. Sin embargo, los justos no permiten que hagan eso. Ellos dejan que sus pruebas los acerquen más a Dios. Ven su gracia más claramente después del dolor; confían verdaderamente más en él cuando los obstáculos dificultan la confianza; lo sirven con más sacrificio cuando les cuesta algo. A través del dolor lo vemos mejor, y él llega a ser más real para nosotros. No hay nada de malo en eso.

EN HECHOS Este proverbio trata menos sobre las pruebas que nos ocurren que sobre nuestra reacción ante ellas. Nada por lo que pase el justo es verdaderamente malo si mantiene la fe. No obstante, los dilemas son efectivamente problemáticos para los que tienen una fe condicional. Su amor por Dios depende solamente de lo que él hace para hacerlos sentir bien.

Todos tenemos pruebas, y nuestra reacción nos define. ¿Somos justos o perversos? La prueba del dolor lo dejará claro.

Cómo despojarse del pasado

Olvido el pasado y fijo la mirada en lo que tengo por delante, y así avanzo hasta llegar al final de la carrera. FILIPENSES 3:13-14

EN PALABRAS Es fácil vivir con remordimientos. Algunas personas son capaces de no mirar atrás nunca, pero la mayoría de nosotros puede señalar unas cuantas decisiones que hacen que nos preguntemos qué vida habríamos tenido si hubiéramos hecho las cosas de forma distinta. Esa clase de pensamientos puede paralizarnos. Nos obsesionan y nos mantienen preocupados con el pasado.

23 DE MAYO
Filipenses 3:12-14

Dios no es derrotado por el fracaso humano.
William J. C. White

Dos verdades evitarán que el pasado nos robe nuestra alegría en el presente: nuestra identificación con Jesús y nuestra fe en la soberanía de Dios. El enemigo aprovechará la oportunidad de recordarnos nuestros fracasos y nos acusará de desobediencia. Él podría tener razón, por supuesto, pero no vivimos en base a lo que hayamos hecho o no. Vivimos totalmente identificados con Jesús. Estamos ante Dios en base a lo que *él* ha hecho.

Una convicción firme de que Dios es soberano también nos protegerá de nuestros remordimientos. Incluso cuando hayamos dado malos pasos, podemos confiar en que Dios lo supo antes de la fundación del mundo y planificó compensar como corresponde. Nada de lo que hayamos hecho lo ha tomado por sorpresa. Él ha sabido todo el tiempo cómo alinearnos con su voluntad, aunque nos hayamos alejado muchísimo de ella.

EN HECHOS Dios nunca nos pidió que miráramos por el retrovisor para lamentarnos de nuestras fallas. Cuando llegamos a Jesús confesamos que éramos unos pecadores perdidos, y él nos salvó. Es hora de avanzar.

¿Te atormentan los recuerdos del pasado? Toma una postura activa en contra de ellos. Al enemigo señálale a Jesús como base de tu justicia; sus acusaciones son irrelevantes cuando ya has encontrado tu identidad en el perfecto Hijo de Dios. Recuerda la soberanía de Dios. Busca en las Escrituras a los héroes de la fe que fallaron —es una tarea bastante fácil— y mira cómo, a pesar de sus fracasos, Dios llevó soberanamente a cabo sus propósitos. Descansa en el presente y mira hacia adelante con esperanza. Nada en tu pasado puede frustrar el plan de Dios.

Una ilusión destrozada

Solo cuando tú vengas a juzgar la tierra, la gente aprenderá lo correcto.
ISAÍAS 26:9

24 DE MAYO
Isaías 26:7-11

La gema no se puede pulir sin fricción, ni el hombre se puede perfeccionar sin pruebas.

Anónimo

EN PALABRAS La extraña tendencia de la naturaleza humana es de prosperar con la aflicción y de descarriarse con la prosperidad. Generalmente no lo vemos de esa manera porque definimos prosperidad según nuestras circunstancias. Sin embargo, Dios la define desde el punto de vista de nuestra actitud y crecimiento en él. Y crecemos mejor cuando estamos en problemas.

¿Por qué es así? El dolor ha sido el catalizador del crecimiento espiritual desde las primeras páginas de las Escrituras. Lo vemos más dramáticamente en el libro de Jueces: cada vez que el pueblo prosperaba, se alejaba de Dios. Cada vez que clamaban, él los liberaba. Luego el ciclo volvía a repetirse. Es un ciclo que conocemos bien en nuestra vida individual, y el principio es casi matemático en su precisión. Tranquilidad es igual a apostasía y dolor es igual a un corazón hambriento de Dios. ¿Por qué?

Porque somos motivados por la necesidad. Cuando todo se ve bien en nuestras circunstancias, pensamos que no tenemos necesidades. Es una ilusión peligrosa porque enmascara la pobreza espiritual que todos compartimos. De alguna manera, un conjunto de circunstancias que resalta nuestra necesidad, uno que corresponde directamente con nuestra pobreza espiritual, nos hace ver la carencia en nuestra autosuficiencia, que tendríamos que haber reconocido todo el tiempo. Eso hace que nuestros ojos giren hacia Dios en lo físico, lo cual, a su vez, puede hacer girar nuestros ojos hacia él en lo espiritual. Su misericordia es la que nos pone en una crisis. Las crisis impulsan nuestros corazones, que alguna vez fueron pasivos, hacia él.

EN HECHOS ¿Consideras ese principio cuando estás en medio de una prueba? Puede que no sea la única razón de tu problema, pero sin duda es una posibilidad. Tu crisis puede ser la ocasión perfecta para que «aprendas lo correcto»: a dirigir tu atención hacia Dios y a esperar en su Palabra. Él nos acerca por medio de esas circunstancias. Siempre se nos da una oportunidad para crecer más profundamente en él cuando nuestras situaciones externas encajan con nuestra condición interna. Aprendemos a buscar a Aquel que importa. Si tienes problemas, búscalo celosamente.

Satisfacción santa

Así como la Muerte y la Destrucción nunca se sacian, el deseo del hombre nunca queda satisfecho. PROVERBIOS 27:20

EN PALABRAS Casi todo niño ha hecho este juramento a sus padres: «Solo cómprame esto y nunca más volveré a pedir nada». Es una promesa falsa desde el principio; todo padre sabe que no es cierta.

Casi todo cristiano le ha hecho una oración similar a Dios: «Solo respóndeme esta cosa y te prometo que quedaré satisfecho». Es una promesa vana. Dios lo sabe bien. Y muy profundamente, nosotros también.

¿Qué pasa con la naturaleza humana que siempre quiere cosas y nunca está satisfecha? Todos nos hemos acercado a logros importantes en nuestra vida con el pensamiento de que una vez que los alcancemos, estaremos satisfechos con nuestra vida. Sin embargo, nunca lo estamos. Tan pronto como se realiza el siguiente trabajo, se compra la siguiente casa, se conduce el siguiente auto, se formaliza en matrimonio la siguiente relación o se logra cualquier otra cosa que esperamos, ponemos nuestra vista en algo nuevo.

Cualquiera que sea la razón, podemos saber por lo menos una cosa acerca de nuestros antojos: indican que profundamente dentro de nosotros falta algo. Tenemos un hambre interna de más significado, más propósito, más resultados. Podemos agradecerle a Dios por habernos hecho así; es su diseño para que produzcamos fruto y para nuestra creciente relación con él. No obstante, también debemos estar conscientes de cómo el pecado ha distorsionado ese diseño. Lo enfocamos hacia posesiones, gente, lugares y planes personales. En lugar de permitir que un descontento santo nos impulse hacia Dios y su reino, dejamos que un descontento distorsionado nos impulse a suplir nuestras necesidades de una manera impía. Buscamos satisfacción en los lugares equivocados.

EN HECHOS El proverbio es cierto; el deseo del hombre nunca queda satisfecho. Sin embargo, una relación madura con Dios arrojará luz sobre nuestra insatisfacción. También la hará brillar en las cosas que en realidad nos satisfacen. Nos daremos cuenta de que, de hecho, es posible estar satisfechos con las cosas del mundo y todavía estar motivados por el deseo de Dios. Él es el único que satisface.

25 DE MAYO
Proverbios 27:20;
Eclesiastés 6:7

Es tan importante no desperdiciar lo que es valioso perdiendo el tiempo [...] quejándose por lo que no se tiene.
Edith Schaeffer

Emociones fugaces

Vivimos por lo que creemos y no por lo que vemos. 2 CORINTIOS 5:7

26 DE MAYO
2 Corintios 5:1-7

La fe es el ave
que canta cuando
todavía está oscuro.
Max Lucado

EN PALABRAS Los humanos caídos generalmente tomamos decisiones por vista, y la vista generalmente toma una de tres formas: 1) Dejamos que nuestras emociones sean la guía. En otras palabras, hacemos lo que queremos hacer, y el orgullo y los sentimientos gobiernan; 2) elegimos el enfoque del sentido común, y evaluamos las ventajas, las desventajas y los riesgos que implican cada curso de acción; y 3) buscamos guía sobrenatural, frecuentemente en formas paganas, por medio de estrellas y horóscopos, médiums y espiritistas, e incluso gurús de autoayuda de mucho éxito.

Hay problemas profundos en cada enfoque. Considera el primero hoy. Atrapa a muchos creyentes. Dios creó nuestras emociones y tiene la intención de que se satisfagan, pero no pretende que ellas nos gobiernen. Si así fuera, nuestra vida sería un paseo de montaña rusa, de arriba abajo con cada capricho y tendencia. No puede haber consistencia en ese enfoque para la vida, y no puede haber adoración de Dios. Él trasciende nuestros sentimientos, y cuando los elevamos por encima de su sabiduría, nos colocamos en el trono de nuestro corazón, que solamente le pertenece a él. La guía emocional es una manera desastrosa de vivir. Establece el curso de nuestra vida en base al estado de ánimo del momento. Terminamos viviendo con remordimientos inconmensurables. Tarde o temprano nos damos cuenta de esto: el que hace lo que quiere en cualquier momento es como un animal, y un necio.

EN HECHOS La receta de Dios para nuestra sabiduría es encontrar la suya. La suya es constante, es eterna, está arraigada profundamente en la realidad: en la manera en que son las cosas *en realidad*. No está de moda y no es superficial. En pocas palabras, su sabiduría es todo lo que no son nuestras emociones.

El creyente que abandona sus propios sentimientos por la guía mucho más confiable del Dios eterno ya llegó a ser sabio. Ese creyente debe darse cuenta de que los sentimientos no se evitan para siempre; Dios nos creó para nuestra realización emocional. Sin embargo, nos realizamos mucho más cuando él nos llena, no cuando tratamos de llenarnos a nosotros mismos con nuestros antojos egoístas. La vista es limitada; la fe no lo es. Debemos caminar por fe, no por vista.

La lógica falible

Vivimos por lo que creemos y no por lo que vemos.   2 CORINTIOS 5:7

EN PALABRAS Considera el segundo enfoque de la sabiduría humana: el sentido común. Es más alto y más noble que la vida egoísta de los que están sujetos a sus emociones y deseos. Se basa en la mejor lógica que podamos reunir. Hacemos listas de ventajas y desventajas, evaluamos los riesgos que implica cada curso de acción, y determinamos la dirección más clara, más segura y más beneficiosa. Es el mejor camino y el más confiable que pueda ofrecer el razonamiento humano. No obstante, es todavía profundamente humano. Y es todavía por vista, no por fe.

En esencia, el enfoque del sentido común es una manera intelectual de «hacer apuestas seguras» en la vida. No es muy distinto de un apostador en la pista, que ha estudiado cuidadosamente a los caballos y ha calculado a los mejores candidatos para llegar en primer, segundo y tercer lugar. Podemos abordar la vida con la misma mentalidad. Apuntamos a la mejor educación, nos ubicamos en el área más segura y cómoda, planificamos la carrera más satisfactoria y ahorramos para el futuro. Ninguna de estas actividades tiene nada de malo si se desarrolla sobre un fundamento de sabiduría eterna y bajo la guía de Dios. No obstante, frecuentemente nos saltamos el fundamento y pasamos por alto la guía. Confiamos en nuestros propios recursos y apostamos a la mejor vida que podamos. En pocas palabras, exaltamos nuestra lógica limitada por encima de la voz del Eterno. Aunque tengamos éxito a los ojos de los hombres, fallamos ante los ojos del cielo.

EN HECHOS Como lo hemos aprendido, la receta para nuestra sabiduría es encontrar la de Dios. La suya es completamente acertada, pero solamente se ve así con los ojos de la fe. Los ojos que ven los valores genuinos del reino eterno más allá de las ambiciones de este mundo tendrán un criterio diferente para tomar decisiones. La fe frecuentemente abandona las cosas de este mundo por los tesoros duraderos del reino. La fe no busca la vida física más larga posible sino la vida más fructífera posible. La fe entiende que la sabiduría de Dios frecuentemente parece totalmente sin sentido para los que tienen un sentido mundano. Su Palabra está llena de ejemplos: la vista conservadora no hace milagros; la fe «arriesgada» no hace nada más que eso.

27 DE MAYO
2 Corintios 5:1-7

Todo lo que Jesucristo enseñó era opuesto al sentido común.
Oswald Chambers

La fe caída

Vivimos por lo que creemos y no por lo que vemos.   2 CORINTIOS 5:7

28 DE MAYO

2 Corintios 5:1-7

La esencia de la fe es estar satisfecho con todo lo que Dios es para nosotros en Jesús.

John Piper

EN PALABRAS De los tres enfoques para la toma de decisiones que usualmente elegimos, el tercero, la guía sobrenatural, puede ser el más gratificante. También puede ser el más desastroso. Todo depende de dónde colocamos nuestra fe. Así como es posible caminar con una vista defectuosa, es posible caminar por fe y aun así equivocarse. Vivir por fe y no por vista no es una garantía; la fe puede estar desacertada.

Considera todas las opciones sobrenaturales que nuestro mundo ofrece: sesiones espiritistas, médiums, horóscopos, clarividentes, guías espirituales, psíquicos y demás. Los más evidentes de estos son ridículos para el creyente ordinario, pero también pueden tomar formas muy sutiles. ¿No lo crees? Ve a una librería y lee fragmentos de la sección de autoayuda. Algo de eso es sabiduría humana o incluso bíblica, disfrazada como algo nuevo, pero mucho tiene connotación de secta. Nuestra época no carece de místicos que proclaman el camino a la felicidad, el camino a la realización y el camino al desarrollo personal. El problema es que si no surge de lo que la revelación de Dios establece como *verdaderamente* real, siempre será el camino equivocado.

Todas las fuentes sobrenaturales de guía aparte de Dios se prohíben en las Escrituras, incluso las que se disfrazan de «consejo» y se comercializan a una audiencia general. El cristiano que las busca es un idólatra. Es una bofetada al rostro de Dios buscar consejo de los horóscopos, de los gurús no bíblicos y de cualquier otro que falsamente afirme sabiduría de arriba. Sugiere que podría haber una fuente suprema, o por lo menos más accesible, que Dios. Sin embargo, él es la autoridad final y está disponible. ¿Por qué ir a otro lado?

EN HECHOS Buscar la guía sobrenatural es un mandato bíblico. No obstante, debemos tomar ese mandato con cuidado y discernimiento. No puede ser cualquier guía sobrenatural; tiene que ser la revelación de Dios. No confíes en tus emociones, en tu sentido común, ni en las seducciones espirituales de esta época. Depende solamente de Dios. Atrévete a vivir por la fe genuina y exclusiva.

Los temerosos primeros pasos

Vivimos por lo que creemos y no por lo que vemos.   2 CORINTIOS 5:7

EN PALABRAS El problema que la mayoría de nosotros enfrenta en esta vida de fe es que debemos cimentar nuestras decisiones, nuestro futuro, nuestra familia, nuestro trabajo —de hecho, nuestro todo— en realidades que no podemos ver. No solo no podemos verlas claramente —aunque Dios abrirá nuestros ojos a ellas más claramente si se lo pidamos—, sino que los que nos rodean tampoco las pueden ver. Es allí donde se dan los malos entendidos, el rechazo e incluso las burlas. Cuando vivimos por fe, al principio estamos inseguros de hacia dónde vamos. No podemos ver muy lejos enfrente de nosotros. Y los miembros de nuestra familia y amigos observan. Mientras que apenas entendemos nuestros próximos pasos, ellos no los pueden entender en absoluto.

Todos los principios de este mundo se basan en la vista. A nuestra cultura humana le gusta la evidencia tangible. Ha aprendido a prosperar con los límites que se nos han dado. Sin embargo, cuando se desafían esos límites, rápidamente perdemos muchas amistades. Cuando rehúsas vivir por vista, rehúsas jugar los juegos de este mundo. Rechazas sus creencias más fundamentales. Se nos dice que la religión es solamente especulativa. A nuestro mundo no le importa que creamos cualquier cosa que queramos, siempre y cuando no cimentemos nuestra vida en lo que no se ve. No obstante, cuando los ojos de la fe se abren a la realidad más grande del reino de Dios, la etiqueta de «inestable» o incluso de «loco» llega rápidamente.

Solo pregúntale a Abraham, cuya misión fue trasladarse a un lugar al que se le diría después, y a quien se le prometió un hijo sumamente improbable. O a Moisés, que fue llamado para exigir de un gobernante hostil la liberación de un millón de esclavos útiles. O a Eliseo, que fue rodeado por un ejército cruel, pero a quien circundaron las huestes celestiales aún más numerosas. O a María, que dio a luz al Hijo de Dios en forma insólita y socialmente inaceptable.

EN HECHOS ¿Tienes miedo de vivir por fe? Bienvenido al club. Sin embargo, el Salón de Fama de la Fe de Hebreos 11 se formó de un club similar. Sé valiente y deja la miopía. La fe ve más de lo que la vista podría ver jamás.

29 DE MAYO
2 Corintios 5:1-7

La base fundamental de la fe y del conocimiento es la confianza en Dios.
Charles Hodge

Vidas fértiles

Vivimos por lo que creemos y no por lo que vemos.   2 CORINTIOS 5:7

30 DE MAYO

2 Corintios 5:1-7

Honras a Jesús cuando actúas con fe en su Palabra.

Ed Cole

EN PALABRAS La mayoría de nosotros trata de salir adelante en la vida en base a la sabiduría humana. Algunos tenemos éxito. Otros cometemos tantos errores que morimos con innumerables remordimientos. Si tan solo pudiéramos obtener la guía de arriba podríamos resolver bien este asunto de la «vida». Si tan solo pudiéramos oír la voz de Aquel que lo sabe todo. Si tan solo.

La verdad es que sí podemos. La Voz ha hablado. Sus palabras están disponibles para nosotros, pero hay una traba. Tenemos que estar dispuestos a obedecerlo. De otra manera, no tendremos lo que Jesús llama «oídos para oír». Los que obedecen lo que ya saben de Dios tienen sus oídos abiertos para más, y los que tienen sus oídos abiertos están listos para obedecer. Es un ciclo precioso, concebido en la mente de Dios: la obediencia engendra escuchar, lo cual engendra obediencia, lo cual engendra escuchar, lo que... ¿captas la idea?

La vida de fe es una vida de obediencia, y una vida de obediencia es una vida de fe. La raíz del problema es que la mayoría de nosotros tiene problemas, sin importar lo insignificantes que puedan ser, con la obediencia. Perdemos nuestros «oídos para oír», y como resultado, volvemos a caer en la sabiduría humana. Nuestra vida nunca corresponde a la de los héroes bíblicos. ¿Por qué? La sabiduría humana nunca habría impulsado a Abraham a una montaña para sacrificar a su hijo; no habría llevado al pueblo de Dios al borde del mar Rojo, con un ejército persiguiéndolo; no habría marchado alrededor de Jericó siete veces ni sonado una trompeta para que el muro cayera; no habría enfrentado a David contra Goliat en el valle; y, más notablemente, la sabiduría humana no habría denigrado al Hijo de Dios en una cruz para salvar a una raza perversa.

EN HECHOS En realidad, a fin de cuentas, ¿preferirías vivir según la lógica humana que resulta cuando pierdes tus oídos para oír? ¿O preferirías la vida pionera, arriesgada pero real, de un creyente genuino y radical? La respuesta no está clara para todos, pero ya hemos visto quién permanece. Tu Biblia está llena de sus historias. Vivieron por fe, no por vista.

Recordatorios humildes

Es capaz de humillar al soberbio.   DANIEL 4:37

EN PALABRAS En alguna parte, muy profundamente, conocemos la verdad sobre nosotros mismos: todo lo que tenemos nos fue dado. Ninguno de nosotros pidió nacer ni especificó las condiciones en las cuales llegó a este mundo. No elegimos nuestros talentos ni nuestros rasgos físicos. No elegimos nuestro lugar de nacimiento ni nuestro idioma natal. Podríamos haber sido diligentes y cuidadosos al elegir nuestros caminos, pero nuestro impulso y sabiduría nos fueron dados por nuestro Creador. No generamos nuestras propias circunstancias, no desarrollamos nuestro cerebro ni controlamos nuestras relaciones. Todo lo que tenemos fue un regalo.

Aun así, nos atribuimos una tremenda cantidad de mérito por las cosas buenas que Dios nos ha dado. Nos orgullecemos de nuestro trabajo, exhibimos nuestros logros, anunciamos nuestras habilidades y usamos nuestras relaciones para nuestra propia estima. Para ser gente que fue creada, actuamos demasiado como creadores.

Nabucodonosor, el rey de Babilonia durante la época de Daniel, cometió ese error. Después de haber visto extensa evidencia de Dios en las interpretaciones de sueños por Daniel y en la supervivencia de tres hombres en un horno, Nabucodonosor frecuentemente se atribuía la gloria. Construyó una representación de sí mismo de oro para que se le adorara, y se atribuía el mérito por el poder y la gloria de Babilonia.

Dios le dio al rey un recordatorio claro de que todos los dones, todo el poder, toda la sabiduría y toda la autoridad venían de arriba. Humilló a Nabucodonosor con demencia. Demostró la insignificancia de los logros humanos. Anuló el orgullo del rey.

EN HECHOS Dios también anulará nuestro orgullo. Tal vez no somos tan arrogantes y atrevidos como lo fue Nabucodonosor, pero frecuentemente necesitamos recordatorios de nuestra necesidad. No podemos relacionarnos con Dios apropiadamente si no entendemos que todo lo que tenemos y todo lo que somos es por gracia. Cuando nos atribuimos méritos, negamos la generosidad de Dios. Esa no es una ofensa menor. Su amor nos corregirá.

Despierta cada mañana con un autorecordatorio de que toda tu vida es por gracia. Eso te mantendrá humilde y abrirá los brazos de Dios para ti. Te cimentará en la verdad.

31 DE MAYO
Daniel 4:28-37

El que está abajo no tiene que temer ninguna caída, el que es humilde, ningún orgullo.

John Bunyan

La moneda del reino

Todos ustedes son hijos de Dios por la fe en Cristo Jesús. Y todos los que fueron unidos a Cristo en el bautismo se han puesto a Cristo como si se pusieran ropa nueva. GÁLATAS 3:26-27

1 DE JUNIO
Gálatas 3:22-29

En última instancia, la fe es la única llave del universo.

Thomas Merton

EN PALABRAS ¿Cómo te relacionas con Dios? La mayoría de la gente, después de que ha sido salvada por gracia a través de la fe, rápidamente se embarca en una vida híbrida de fe y de legalismo. No es que no creamos en Dios, ni siquiera que no confiemos en Jesús para salvación; el problema es que nuestra creencia frecuentemente se basa en la calidad de nuestras obras. Cuando servimos bien a Dios, suponemos que él nos mira de manera favorable. Cuando tropezamos, suponemos que él nos da la espalda hasta que nos arrepentimos.

Hay un elemento de verdad en esto; sabemos que Dios ve con aprobación al justo y que disciplina a sus hijos que toleran el pecado y la rebeldía en sus vidas. No obstante, al aceptar estas verdades, frecuentemente damos un paso más adelante: comenzamos a relacionarnos con Dios en base a lo que hayamos o no hayamos hecho. Oramos con más confianza cuando hemos sido buenos y lo servimos con más entusiasmo cuando hemos sido obedientes. Olvidamos lo dependientes que somos como hijos de su gracia. Comenzamos a cimentar nuestra fe en lo bien que hemos actuado y no en lo bueno que es él. Comenzamos a pensar en la obediencia como en un medio para permanecer en su favor y no como una respuesta al hecho de que él ya nos hizo justos.

Somos santos ante Dios. No, no somos justos por nosotros mismos, pero se nos ha investido con la justicia de Jesús. Se nos ha dado un derecho sagrado para hablar con el Eterno acerca de los problemas de hoy. Y mientras hablamos, no nos atrevamos a asumir que la calidad de nuestras obras obtuvo ese derecho. Dios solo acepta una moneda en su reino, y no existe una tasa de cambio. Nuestros negocios con él deben hacerse solamente con la moneda de la fe.

EN HECHOS ¿Con qué moneda tratas de presentarte en el reino de Dios? ¿Es alguna vez con algo distinto a la fe en la justicia del mismo Jesús? Si es así, recuerda esto a diario: solamente Jesús es aceptable para Dios, en la oración, en el ministerio, en todo. Y estamos «en Jesús» solamente por fe.

Transformación radical

*Ahora sean santos en todo lo que hagan, tal como Dios, quien los eligió,
es santo. Pues las Escrituras dicen: «Sean santos, porque yo soy santo».*
1 PEDRO 1:15-16

EN PALABRAS Nuestra familiaridad con el evangelio frecuentemente nos adormece a la verdad más espectacular de la historia: los seres humanos podemos tener una relación con el increíblemente maravilloso Dios. Tal vez haber oído eso tantas veces nos ha llevado a darlo por sentado, pero es la afirmación más sorprendente de las Escrituras y un pensamiento verdaderamente sobrecogedor para cualquiera que se dé cuenta de ello.

¿Qué hace que esto sea posible? El sacrificio purificador de Jesús nos quita nuestras impurezas y nos hace puros. No obstante, ese es el lado legal del asunto. ¿Qué hace que una relación continua e íntima con el Todopoderoso sea una realidad práctica? La santidad. El proceso de llegar a ser como él. Quienes entre nosotros necesitan términos teológicos impresionantes para convalidar una doctrina lo llaman «santificación». Si el sacrificio sustitutivo de Jesús es la base de nuestra relación con Dios, nuestra santificación es su aplicación práctica. No podemos conocerlo bien sin ella.

Eso es lo que hace que esta verdad de una relación con Dios sea tan asombrosa. Cuando supimos por primera vez quién es él, nos enfrentamos con un obstáculo abrumador: un hombre totalmente pecador no se puede llevar bien con un Dios perfectamente santo sin que uno de ellos tenga un cambio radical de carácter, y sabemos que Dios no va a ser quien cambie. Él no puede. Tenemos que ser nosotros.

EN HECHOS Demasiados cristianos están satisfechos con la base legal de su salvación, sin pensar mucho en aplicarla a su vida diaria. Sin embargo, no podemos conocerlo —conocerlo *verdaderamente*, como en una relación— si no llegamos a ser como él. Eso dolerá. Llegar a ser santos le ocasiona un daño doloroso a nuestra naturaleza pecaminosa. Somos lentos para soltarla.

¿Has asumido que Dios nunca te pedirá que dejes algunas de tus tendencias naturales? No lo hagas. No hay duda de que lo hará. ¿Ese pecado que toleras? Suéltalo. No importa cuánto te duela, deja que Dios te vuelva a moldear. Abandona todo lo que simplemente no se parezca a su carácter puro y perfecto. Sé santo.

2 DE JUNIO
1 Pedro 1:13-16

Amar a Jesús es
amar la santidad.
David Smithers

Entrega radical

Ahora sean santos en todo lo que hagan, tal como Dios, quien los eligió,
es santo. Pues las Escrituras dicen: «Sean santos, porque yo soy santo».
1 PEDRO 1:15-16

3 DE JUNIO
1 Pedro 1:13-16

La belleza serena
de una vida santa
es la influencia
más poderosa en el
mundo, después del
poder de Dios.

Blaise Pascal

EN PALABRAS Nuestra santidad personal no es un prerrequisito quisquilloso impuesto por un Dios moralmente exigente. Es el medio para un manantial de bendiciones. Tal vez pensamos que era una inconveniencia necesaria, algo que Dios requería en teoría, pero que nosotros nunca podríamos obtener completamente. Tal vez pensamos que todo era para su beneficio y no necesariamente para el nuestro. Probablemente es un problema para cada cristiano que está montado en la cerca que hay entre el llamado a la santidad y la indulgencia de los deseos desencaminados. A fin de cuentas, en realidad no creemos que llegar a ser como Jesús —nuestra santificación— en realidad nos beneficie en el lugar en que vivimos ahora.

Sin embargo, estamos terriblemente equivocados. Hay bendición inconmensurable para los que decididamente siguen la justicia de Dios que se encuentra en Cristo. «Busquen el reino de Dios por encima de todo lo demás y lleven una vida justa, y él les dará todo lo que necesiten» (Mateo 6:33). «Los ojos del SEÑOR recorren toda la tierra para fortalecer a los que tienen el corazón totalmente comprometido con él» (2 Crónicas 16:9). Se nos ofrece toda clase de riqueza en abundancia impensable, y aun así nos aferramos a nuestra naturaleza marchita y pecaminosa como si nuestra única seguridad se encontrara allí. Esa es frecuentemente la postura de la carne humana cuando un llamado santo la amenaza, y eso es lamentable.

EN HECHOS ¿Hay una profunda desconfianza hacia la santidad detrás de tu lucha por dejar la pecaminosidad? Con fe, haz todo lo que puedas por dejarla. Lee acerca de José, quien cosechó beneficios sorprendentes de largo plazo por su compromiso de mantenerse puro. Lee acerca de Job, que fue doblemente bendecido por su compromiso de mantener su creencia en la fidelidad de Dios. Lee acerca de cualquier personaje bíblico, del Antiguo o del Nuevo Testamento, y trata de encontrar a alguien que fuera totalmente fiel a Dios y aun así no fuera bendecido. Sí, es un reto. Acéptalo y anímate con lo que descubras.

Un lugar de descanso

*No se preocupen por nada; en cambio, oren por todo. Díganle a Dios lo que
necesitan y denle gracias por todo lo que él ha hecho. Así experimentarán la
paz de Dios, que supera todo lo que podemos entender. La paz de Dios cuidará
su corazón y su mente mientras vivan en Cristo Jesús.*   FILIPENSES 4:6-7

EN PALABRAS Fácilmente nos sumergimos en pensamientos ansiosos. La ansiedad puede mantenernos pensando de manera obsesiva en cuanto a algún problema, ocupando todo nuestro tiempo y energía. Oramos por la situación y le pedimos a Dios que intervenga, pero seguimos consumidos por ella. No es fácil despojarnos de nuestra ansiedad.

Pablo nos da un consejo sabio. De hecho, es una orden: «No se preocupen por nada». ¿Cómo podemos seguir esto? Podemos orar mecánicamente, pero ¿cómo puede penetrar a nuestro corazón esa clase de paz en medio de un problema difícil? Al orar con acción de gracias y confianza total en que el problema es de Dios. En esta clase de oración, le transferimos la posesión de nuestra situación a Dios. No tenemos que estar envueltos en ella; es suya.

No hay manera de llegar a ese lugar de descanso si no podemos abandonar nuestros planes en la situación. Debemos llegar a estar dispuestos a que Dios lo resuelva de cualquier manera que él decida, cualquiera que sea el resultado para nosotros. Parece aterrador dejar el control, pero de todas formas, nunca estuvimos verdaderamente en control. ¿Y qué resultado podría Dios lograr que no fuera totalmente bueno? Él es completamente digno de confianza en nuestros problemas.

EN HECHOS ¿Te encuentras en una prueba difícil? Renuncia a tus metas en ella. En tu corazón, transfiérele la posesión de la situación a Dios. Nuestra ansiedad proviene de un falso sentido de control, la idea de que quizás somos responsables de manipular la crisis para que resulte en nuestro propio bien. Ese es el trabajo de Dios. Despréndete de tu voluntad, y permite que tu corazón y tu mente estén en paz.

4 DE JUNIO
Filipenses 4:4-7

Ora y deja que Dios se preocupe.

Martín Lutero

Acciones humildes

Si ustedes son sabios y entienden los caminos de Dios, demuéstrenlo viviendo una vida honesta y haciendo buenas acciones con la humildad que proviene de la sabiduría. SANTIAGO 3:13

5 DE JUNIO
Santiago 3:13-18

El que se conoce mejor a sí mismo se enorgullece menos.

Henry G. Brown

EN PALABRAS Si Proverbios es el libro sapiencial del Antiguo Testamento, Santiago es el libro sapiencial del Nuevo. Allí se aplica la teología profunda de la iglesia primitiva. La fe real se demuestra y las buenas obras son el resultado. La verdad del evangelio cobra vida para el pobre, para las viudas, para las lenguas de los santos, para la iglesia que sufre y para los fieles que oran. Y, según Santiago, todo se caracteriza por la humildad.

¿Por qué es la humildad un producto natural de la sabiduría? Porque la sabiduría sabe quién es Dios y quiénes somos nosotros. Ve el contraste extraordinario entre ambos y acepta que Dios nos ha salvado de todas maneras. Reconoce la depravación total de la condición humana, pero afirma la gloria de la redención. ¿Dónde puede encajar el orgullo en ese entendimiento? No puede. La sabiduría lo descarta. La humildad crece en los que ven las cosas como son en realidad.

Cuando encontramos orgullo en la iglesia, podemos estar seguros de que hay creyentes allí que en realidad no entienden el evangelio. El orgullo nunca puede existir donde el evangelio se entiende claramente. El hecho de que todos batallamos con el orgullo no altera esa verdad en absoluto; de igual manera, todos batallamos con la profundidad y la majestad del evangelio. Se requiere de toda una vida para entenderlo realmente.

EN HECHOS Hazte una pregunta profunda. ¿Resultan en orgullo o en humildad tus buenas obras? Si es en orgullo, entonces las haces para ganarte el favor de Dios. Eso no es evangelio, es legalismo. Si es en humildad, entonces las haces por la sublime gracia que has experimentado.

Sé sumamente cauteloso con el orgullo, pero no lo confundas con la satisfacción. La vida sabia y comprensiva de la que Santiago habla es profundamente satisfactoria, pero no es orgullosa. ¿Cómo podría serlo? La buena noticia de la misericordia de Dios lo impide. La gracia quita todo sentido de mérito. Hacemos todas nuestras obras en humildad porque no tenemos otra razón para hacerlas.

El buen favor de Dios

El Señor aprueba a los que son buenos, pero condena a quienes traman el mal.
PROVERBIOS 12:2

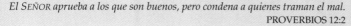

EN PALABRAS Podríamos pensar que lo opuesto a un hombre bueno es un hombre malo. No es así, según este versículo. Un hombre bueno se contrasta aquí con un hombre astuto. Dios no les concede ningún favor a los que, al igual que la serpiente en el jardín, son arteros.

Nuestro mundo alaba la sagacidad. Sin embargo, la sagacidad tiene un lado malicioso; la astucia manipula a la gente con objetivos personales. ¿Por qué es tan tolerable para el mundo y tan abominable para Dios? Porque el deseo de servirse a sí mismo es común en toda la humanidad. Frecuentemente se admira a los que lo hacen mejor, pero la astucia dice mucho sobre la fe que una persona tiene en Dios. Los que son astutos no esperan que Dios los ayude; ellos deben ayudarse a sí mismos. No esperan que Dios honre la bondad; ellos tienen que buscar su propio bien. No creen que Dios está mirando; están en este mundo para sí mismos. En pocas palabras, una persona astuta niega quién es Dios.

Todos tenemos la tendencia a manipular las circunstancias. Queremos apilar las probabilidades a nuestro favor, establecer el mejor rumbo ante nosotros, hacer que todos estén de nuestro lado. No obstante, mientras más enfocados llegamos a estar en nuestra posición en este mundo, ya sea en el trabajo, en casa, en la iglesia o en cualquier otra situación, menos enfocados estamos en Dios. No podemos tener nuestros ojos enfocados en nuestros propios planes y en los de Dios simultáneamente, a menos que nuestros planes estén perfectamente alineados con los de él, y rara vez lo están, por no decir nunca.

EN HECHOS Ser «bueno» a los ojos de Dios, y según la definición de las Escrituras, implica una estrategia pasiva en las cosas que le pertenecen a Dios. Él es el Maestro de nuestras circunstancias; no se necesita de nuestra astucia. Las oportunidades que él quiere que tengamos se abrirán frente a nosotros. La gente que él quiere que conozcamos llegará a nuestro camino. No se necesita ninguna manipulación, y tampoco es bien recibida. Todo lo que él requiere de nosotros es nuestra obediencia voluntaria a su plan. Eso, por encima de todo lo demás, recibe su favor.

6 DE JUNIO
Proverbios 12:2;
Salmo 5:12

Cuando te sales con la tuya, alimentas a un ídolo abominable que se llama ego, pero cuando renuncias a tu forma de hacer las cosas, tienes a Dios.

Janet Erskin Stewart

El poder de la amabilidad

Las palabras amables son como la miel: dulces al alma y saludables para el cuerpo. PROVERBIOS 16:24

7 DE JUNIO
Proverbios 16:24;
Colosenses 4:6

Las palabras
amables pueden
ser cortas y fáciles
de pronunciar,
pero su eco es
verdaderamente
interminable.

Madre Teresa

EN PALABRAS Hay pocas cosas en este mundo tan contagiosas como las palabras. Los rumores se propagan como el fuego, las mentiras inflaman pasiones mortales y la amargura endurece el corazón, tanto del que habla como del que oye. Por otro lado, el ánimo cultiva la voluntad, la alabanza consolida al digno de alabanza y la verdad siempre engendra sabiduría. Las palabras pueden hacer grandes cosas.

El habla es una responsabilidad asombrosa. Es difícil imaginar que nuestros comentarios informales puedan tener implicaciones eternas, pero pueden tenerlas. Dios los unge para bendición y Satanás los usa para maldecir. Tanto las bendiciones como las maldiciones tienen un impacto dramático en el corazón y el alma de los seres humanos. Frecuentemente, decretan la dirección en la que vamos, para siempre.

Por eso es que las palabras agradables son dulces y reconfortantes. Tienen un impacto espiritual profundo. No son afirmaciones neutrales de gente neutral; son vehículos tanto para el poder de Dios como para la corrupción de este mundo. Pueden ser inspiradas por el Santo o secuestradas por el maligno. Importan, muchísimo.

EN HECHOS ¿Has considerado alguna vez las implicaciones de tus palabras? Pueden ser poderosas, ya sea que te des cuenta o no. A través de tus palabras puedes derramar ira y condenación, y puedes derramar bendición y ánimo. Puedes establecer la atmósfera de una habitación y cultivar la dirección de una vida. Puedes parar en seco a la gente o ponerla en rumbo hacia la productividad. De una u otra forma, lo que sale de tu boca es rápidamente contagioso. Edificará o destruirá. Todo depende de lo que digas y cómo lo digas.

Prueba este ejercicio mental: aprende a considerar cada una de tus palabras como una chispa poderosa, una pequeña inversión en un futuro enorme. Ve las implicaciones más allá del momento. Disciplina tu boca para que esté callada hasta que estés convencido de que tus palabras 1) son consecuentes con las Escrituras y 2) están condimentadas con gracia. Eso no significa que nunca dirás nada áspero; algunas situaciones requieren de una amonestación. Sin embargo, deja que tu lenguaje sea redentor, y más que nada, deja que señale hacia Dios.

La fuente de las conversaciones

Que sus conversaciones sean cordiales y agradables, a fin de que ustedes tengan la respuesta adecuada para cada persona. COLOSENSES 4:6

EN PALABRAS Si las palabras son tan poderosas como un incendio, capaces de dar calor al corazón como también achicharrarlo, podría ser importante considerar su fuente. Las palabras no son expresiones ocasionales de mentes ausentes; son el fruto del alma. Indican lo que crece dentro de nosotros, ya sea el Espíritu de Dios o el espíritu de corrupción. Son una medida genuina de la vida espiritual. Nos dicen lo que hay adentro.

Jesús dijo que todas las vilezas del pecado «provienen de adentro; esas son las que los contaminan» (Marcos 7:23). Su evaluación de la corrupción humana es sorprendente, pero la experiencia y la sabiduría lo confirman. El corazón humano inventa toda clase de jugarretas, y aunque frecuentemente las guardamos en secreto, inevitablemente condimentan nuestras palabras. No podemos disfrazar la condición de un alma pecadora. Las palabras corruptas son el fruto de ese árbol en descomposición.

Sin embargo, cuando el Espíritu de Dios nos ha resucitado a la vida, nuestras palabras llegan a ser el fruto de un árbol vivo y próspero, plantado junto a corrientes de agua. Nuestra conversación puede estar llena de gracia porque *nosotros* estamos llenos de gracia. Podemos hablar con el sabor de la sal, porque *nosotros* hemos sido sazonados con sal. Podemos dar fruto eterno, porque *somos* fruto eterno. La Palabra de Vida llena el corazón fiel con palabras de vida. Él hace que lo que alguna vez fue estéril sea fértil.

EN HECHOS Analiza tus palabras. ¿Haces comentarios negativos frecuentemente? ¿Hierves de ira y amargura? ¿Esparces desánimo y crítica cuando abres tu boca? Si ese es el caso, es un reflejo de lo que hay adentro. Indica una falta de comunión con el Espíritu de vida, esperanza y gracia.

No cometas el error de pensar que tus palabras y tu condición espiritual son distintos. Uno refleja al otro. Si el reflejo es negativo, no limpies solo tu boca. Disfruta de la comunión con el Espíritu. Dios no quiere cambiar tu lengua; quiere cambiar tu corazón. Cuando lo haga, tus palabras llegarán a ser suyas.

8 DE JUNIO
Proverbios 16:24;
Colosenses 4:6

Toma mis labios
y llénalos de
mensajes tuyos.

Frances
Ridley Havergal

Practica la Palabra

No solo escuchen la palabra de Dios; tienen que ponerla en práctica. De lo contrario, solamente se engañan a sí mismos. SANTIAGO 1:22

9 DE JUNIO
Santiago 1:22-25

La fe sin obras no puede agradar, ni las buenas obras sin fe.

Beda el Venerable

EN PALABRAS ¿Quiénes observan el comportamiento de los cristianos? En primer lugar, Dios. Él está interesado en las motivaciones que guían nuestras decisiones y en los pensamientos que llenan nuestra mente. No obstante, Dios está interesado en más que en un pueblo que piense correctamente. Su deseo, que se expresa repetidamente a lo largo de las Escrituras, es que su pueblo haga algo con lo que sabe.

¿Quién más observa? Otros cristianos. No nos estimulamos mutuamente con nuestras palabras principalmente sino más bien con nuestras acciones. Un hermano o una hermana en necesidad puede precisar un recordatorio amable del amor de Dios, pero él o ella puede necesitar con más desesperación una ilustración visible. La fe que solo dice: «Que Dios te bendiga, te deseo lo mejor» entristece el corazón de Dios, como lo insinúa más adelante Santiago (ver 2:16). No logra nada que Dios pueda usar. Debe resultar en acción, en oración, en *algo*. De otra manera, es una fe desperdiciada.

Y también nos observa un mundo incrédulo. No le importan las complejidades de nuestra teología, y en realidad, aparte de las especialidades universitarias en filosofía, nadie hará las preguntas que queremos responder. Los no creyentes quieren ver cómo es la fe, y la única manera de hablar en esos términos es actuando. Cuando Jesús les dijo a sus discípulos que el mundo los conocería por su amor, los unos por los otros, no se trataba de un sentimiento escondido en lo profundo. Él pidió actos de amor. La fe, el amor, la esperanza y cualquier otra virtud espiritual permanecen invisibles a un mundo perdido, hasta que actuamos de acuerdo a nuestras creencias.

EN HECHOS Escuchar la Palabra es inmensamente provechoso, pero también puede ser peligrosamente engañoso. Cuando oímos la Palabra, reflexionamos en ella y permitimos que llegue a ser parte de nuestro pensamiento, frecuentemente cometemos el error de creer que ha llegado a ser parte de nuestra vida. Eso es una ilusión. La Palabra es nuestra solamente cuando hemos actuado en base a ella. Solo es efectiva cuando hemos permitido que Dios la traslade de nuestra mente a nuestro corazón, y luego hacia afuera a nuestras acciones. Cualquier otra cosa nos hará caer en una sensación falsa de seguridad. No te dejes engañar. Tienes que «ponerla en práctica».

La hora de necesidad

Siempre habrá harina y aceite de oliva en tus recipientes, ¡hasta que el
Señor mande lluvia y vuelvan a crecer los cultivos!   1 REYES 17:14

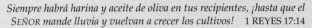

EN PALABRAS Una sequía había hecho que la comida escaseara en Israel. Unos cuervos habían alimentado al profeta Elías, pero Dios tenía una nueva orden: *Ve donde una viuda en Sarepta.* Ella supliría la necesidad. Elías lo hizo, y aunque la mujer se preparaba para morir de hambre, Dios milagrosamente proveyó suficiente para ella, para su hijo y para el profeta.

¿Te has preguntado alguna vez por qué Dios le dijo al profeta que buscara a una mujer que no tenía nada? Ella no era fuente de gran riqueza, ni una benefactora prominente. Estaba a punto de preparar su última comida para que ella y su hijo pudieran morir. No obstante, la providencia de Dios llega a los lugares estériles, y la mujer aprendió un principio valioso: obedece primero a Dios, aunque él te pida tu última comida. Entonces tu provisión dependerá de él.

¿Puedes imaginarte dándole tu último dólar a un ministerio, mientras que tu estómago te atormenta para que lo atiendas? Eso es exactamente lo que Dios ordenó. Los profundos principios de providencia entran en acción solo cuando hemos demostrado un deseo mayor de invertir en la obediencia que invertir en nosotros mismos. Nadie recibió nunca la bendición de Dios al aferrarse desesperadamente a su última moneda. La afluencia más grande de providencia llega cuando determinamos que nada impedirá nuestro flujo de salida. Dios busca a los que harán lo que él dice antes de cumplir con sus propios y desesperados planes, así como la viuda de Sarepta le dio a Elías lo que pensaba que podría ser su última comida.

EN HECHOS ¿En qué punto llegas a tener tan poco que dejas de darle a Dios? Es en ese punto donde Dios demuestra la futilidad de tus planes, no porque a él le guste frustrarnos, sino porque él tiene planes más grandes para su pueblo que los que el instinto de autoconservación permite. El flujo milagroso de su providencia es milagroso para nosotros solamente cuando parece improbable. Nuestra hora de mayor necesidad es su hora de mayor provisión. Una viuda fenicia sobrevivió una hambruna de acuerdo a ese principio. Tú también puedes hacerlo.

10 DE JUNIO
1 Reyes 17:7-16

Nunca necesitarás más de lo que Dios pueda proveer
J. I. Packer

Cómo tratar bien al pobre

¡Qué alegría hay para los que tratan bien a los pobres! El Señor los rescata
cuando están en apuros. SALMO 41:1

11 DE JUNIO
Salmo 41:1-3

El que exige
misericordia y no la
ofrece estropea el
puente por el que él
mismo debe pasar.
Thomas Adams

EN PALABRAS Imagina tener un niño a quien parece no importarle mucho el resto de la gente. Está totalmente absorto en actividades centradas en sí mismo, siempre planifica su ganancia personal y nunca hace ningún sacrificio verdadero por alguien más. Aunque se le confronte con necesidades desesperadas, este niño parece no conmoverse.

¿Cómo te sentirías con este niño cuando tuviera problemas? Como padre, tu simpatía te llevaría a cuidar de tu hijo de manera natural. No obstante, ¿con qué entusiasmo? Si el hijo no ha demostrado sentimientos hacia los demás, probablemente tendrías un deseo fuerte de que aprendiera compasión.

Por otro lado, ¿cómo te sentirías con un hijo que siempre se ha salido de su camino para ayudar a otros? Tu compasión se agita por alguien que por naturaleza es compasivo. Cuando una persona simpática está en serios problemas, puede hacer uso de la simpatía de los demás.

Así es con Dios. Él ama a cada uno de nosotros, incluso a los que son insensibles, pero se deleita en rescatar a una persona compasiva. Si rara vez nos enfocamos en los demás, Dios frecuentemente permitirá que nos quedemos por un tiempo en nuestras dificultades hasta que aprendamos cómo se han sentido otros en su necesidad.

EN HECHOS Los que se interesan en los pobres siempre tienen el oído compasivo de Dios. El problema es que nos absorbemos tanto en nuestros propios planes que difícilmente observamos las necesidades de quienes nos rodean. No es que no nos importe el resto de la gente; simplemente no nos importa lo suficiente como para sentir su dolor, o siquiera para darnos cuenta de sus dificultades. Estamos demasiado ocupados con nuestros propios asuntos.

En su misericordia, Dios se interesa por nuestras necesidades sin importar cuál sea nuestro nivel de compasión. Sin embargo, él se interesa más rápidamente, más poderosamente y más manifiestamente si nosotros hemos demostrado su naturaleza hacia otros. ¿Retenemos gracia? Entonces será difícil encontrar gracia. ¿O somos ejemplos de misericordia? Si es así, tendremos misericordia en abundancia.

El Dios de justicia

Muchos buscan el favor del gobernante, pero la justicia proviene del SEÑOR.
PROVERBIOS 29:26

EN PALABRAS Dios ama la justicia, y a los que hemos sido creados a su imagen nos encanta ver que las cosas resulten de una manera que sea justa para todos. Detestamos la injusticia, especialmente cuando estamos en el extremo corto del desequilibrio. Sin importar cuántas veces alguien nos diga que la vida es injusta, todavía queremos que no lo sea. Tememos no poder obtener nuestra porción del pastel.

Nuestro sentido de justicia se aflige verdaderamente cuando el tiempo de Dios no es igual al nuestro. Difícilmente nos contenta el pensamiento de que las cosas se arreglarán en el tribunal de Cristo. Está demasiado lejos en el futuro. Y ¡qué pasa si el agresor se arrepiente! Entonces *nunca* habrá una compensación, solamente un beneficio sin costo alguno. Ignoramos que hayamos recibido el mismo beneficio el día en que aceptamos el sacrificio de Jesús. Cuando se nos ofende, estamos totalmente a favor de la justicia.

Esa indignación nos ha llevado a lo largo de los siglos a establecer toda clase de tribunales y de castigos. Dios habría hecho lo mismo; él nunca está a favor del caos en este mundo. En la medida en que nuestros sistemas de justicia reflejen sus normas, estos le son agradables, pero nunca son perfectos y no se encargan de todos nuestros agravios. Se nos deja por lo menos con algunas ofensas, ya sea para que echemos chispas y estemos ansiosos por ellas, o para que las pasemos por alto y las perdonemos, confiando en que Dios se encargará de ellas. Frecuentemente elegimos la ira en lugar de la confianza. Dios parece mucho menos insistente que nosotros en cuanto a nuestras quejas. Nosotros queremos restitución ahora.

EN HECHOS ¿Cómo arreglas las cosas cuando te han hecho daño? La venganza no es una opción bíblica; Dios insiste en que la venganza es suya, no nuestra. Y la justicia perfecta tampoco es una opción bíblica; los que hemos recibido un borrón y cuenta nueva de nuestro Salvador no podemos tener quejas en contra de nuestro Dios de justicia. La justicia que alguna vez se dirigía hacia nosotros fue derramada sobre Otro. Difícilmente podemos insistir en que otros deben recibirla.

¿Te molesta eso? Relájate. Dios *arreglará* todas las cosas, a su tiempo y a su manera. Él espera pacientemente a todos los que se arrepentirán; un veredicto ahora sería prematuro. Busca justicia ahora, si es apropiado, pero no pongas tus esperanzas en ella. Vale la pena esperar por Dios.

12 DE JUNIO
Proverbios 29:26;
Isaías 30:18

La justicia de Dios garantiza que, en última instancia, todo lo que es injusto se resolverá.
Joseph Stowell

¿Un Dios bajo obligación?

¿Quién me ha dado algo para que tenga que pagárselo? Todo lo que hay debajo del cielo es mío. JOB 41:11

13 DE JUNIO
Job 41:1-11

Entre aquí y el cielo, cada minuto que el cristiano vive será un minuto de gracia.

Charles Spurgeon

EN PALABRAS Imagina a un padre que le da a su hija un extravagante regalo cada año para la Navidad: una joya costosa. Al principio, ella gritará de la alegría y abrazará a su padre tan fuerte como pueda. Después de algunos años, su reacción al regalo anual puede menguar a un respetuoso «gracias». Finalmente, podría comenzar a esperar la extravagancia como su derecho. Supón que un año el padre no tiene suficiente dinero para una joya cara y le compra algo mucho más humilde. ¿Cómo reaccionaría ella?

Conocemos muy bien la naturaleza humana para saber que cuando estamos acostumbrados a la gracia generosa, no la esperamos como un regalo, sino como un derecho. Tal vez hemos observado esta dinámica en nuestra vida espiritual también: Dios nos dio salvación, a lo que nos regocijamos como deben hacerlo los receptores indignos; después comenzamos a dar por sentado sus misericordias; ahora, las esperamos frecuentemente como nuestra legítima herencia. Hasta podríamos quejarnos cuando él no responde nuestras oraciones como queremos que lo haga, o cuando él no hace que la vida nos sea tan fácil como pensamos que debería ser. ¿Qué nos pasó? Cometimos un tremendo error. Malentendimos la constancia de la misericordia de Dios. En alguna parte del camino, determinamos que sus promesas extravagantes nos daban el derecho no solo de confiar en ellas, sino de exigirlas. Tal vez se nos ha consentido.

Las muchas bendiciones de Job pudieron haberlo llevado a esperar que Dios siempre lo bendeciría exactamente de la misma manera. Dios no lo hizo. Job no pudo entender eso, e incluso insinuó que quizás Dios lo había tratado de manera injusta. Al igual que nosotros, olvidó que somos caídos, corruptos y que estamos muertos espiritualmente. No merecemos nada. La gracia nos lo dio todo.

EN HECHOS Ten cuidado en cómo te diriges a Dios. No seas un niño consentido; sé uno agradecido. Recuerda que todo lo que tienes, incluso la vida en sí, es un regalo que brota de su misericordia fabulosa e insondable.

Despreocupado

La preocupación agobia a la persona; una palabra de aliento la anima.
PROVERBIOS 12:25

EN PALABRAS Uno de los problemas más persistentes de los cristianos es la ansiedad. Una de las exhortaciones más constantes de las Escrituras es la de no estar ansioso. Es una contradicción curiosa, ¿verdad? O tal vez tiene mucho sentido. La orden de Dios de no asustarse, de no estar ansioso, de no temer, y de ser fuertes y valientes es tan completa y frecuente por una razón: él sabe que el temor será uno de nuestros peores problemas.

¿Por qué le preocupa tanto a Dios nuestro nivel de ansiedad? Porque como lo dice este proverbio, la preocupación agobia a la persona. Es una carga muy pesada. Es la antítesis de la vida abundante que Jesús vino a darnos. Nos impedirá hacer la voluntad de Dios y evitará que disfrutemos de su presencia. Cuando estamos concentrados en la amenaza de circunstancias difíciles o de gente problemática, no estamos concentrados en Dios. Cuando tememos a las cosas que parecen robarnos la vida, las colocamos en un pedestal más alto que el de Aquel que nos da la vida.

Enfáticamente, Dios *no* quiere que nos agobiemos. Él puede darnos muchas responsabilidades, pero él no nos *carga* con ellas. Su carga es ligera, porque es Jesús quien lleva las cargas. Mientras nos preocupamos ansiosamente por nuestras cargas, no dejamos que Jesús las lleve. Simplemente, no podremos experimentar su fortaleza mientras llevemos el peso de la vida con nuestra propia fortaleza. Tenemos que elegir lo uno o lo otro. Debemos elegir al Dios que lleva las cargas.

EN HECHOS ¿Cuál es la solución para nuestra ansiedad? Hay varias, y la oración clasifica primera entre ellas. Sin embargo, el proverbio nos da otra: las palabras de aliento. Deja que tu vida esté llena de ellas. Repítelas a ti mismo. Después de todo, la verdad de Dios es de aliento para ti; repítela frecuentemente. Díselas a otros. El vehículo principal de Dios para expresarse en este mundo es a través de la gente. Demuestra verbalmente su amabilidad a los demás. Y cuando los demás te den palabras de aliento, acéptalas. Dios te las ha enviado. Acéptalas, y no estés ansioso.

14 DE JUNIO
Proverbios 12:25;
Filipenses 4:6

Ten cuidado con la ansiedad. Junto con el pecado, no hay nada que atribule tanto la mente, que ponga tenso el corazón, que aflija el alma y confunda el juicio.

William Ullathorne

El fruto y el Espíritu

La clase de fruto que el Espíritu Santo produce en nuestra vida es:
amor, alegría, paz, paciencia, gentileza, bondad, fidelidad, humildad
y control propio. GÁLATAS 5:22-23

15 DE JUNIO
Gálatas 5:16-26

El trabajo diseñado para la eternidad solo puede hacerse por el Espíritu eterno.

A. W. Tozer

EN PALABRAS Todos los que desean vivir piadosamente han orado por estos frutos. Queremos más amor, por lo que oramos para que Dios aumente nuestro amor. Queremos más paciencia, por lo que oramos por paciencia. Todos sabemos la rutina. Todos hemos buscado los dones del Espíritu con la mentalidad de una lista de compras.

Sin embargo, hay una mejor forma. En lugar de buscar más de los frutos, debemos buscar más del Espíritu. Cuando pensamos que necesitamos más amor, en realidad necesitamos más de Jesús en nosotros. O, para ser más precisos, necesitamos que Jesús tenga más de nosotros. Lo mismo ocurre con nuestro gozo, con nuestra paz, con nuestra paciencia y demás. Estas no son nueve características individuales que podamos aislar y trabajar individualmente. Son partes integrales de la mente de Cristo. Cuanto más moremos en su Espíritu, más las desarrollaremos. Cuando carecemos de ciertos frutos, carecemos de comunión con el Espíritu que las da. Para ser más fructíferos hay que pedir una relación más íntima con la Fuente. Cuando tengamos eso, el amor, gozo, paz, etcétera, llegarán.

Ese es el diseño de Dios para su pueblo. Su plan no es simplemente perfeccionarnos y hacernos mejores personas. Su plan es morar en nosotros. El fruto del Espíritu no tiene que ver con nosotros y con nuestras deficiencias. Tiene que ver con Dios y su presencia en este mundo. Si te das cuenta de que te falta algo, el problema no es una característica aislada; es la comunión con el Dios vivo y personal. Él anhela vivir su vida en ti.

EN HECHOS Aunque no lo creas, tú, al igual que otros creyentes, eres el medio para exhibir el carácter de Dios en este mundo. Si no lo exhibimos, él no se verá. Esa es una tremenda responsabilidad. También es un privilegio formidable. ¿Careces de su productividad? Entonces careces de él; no necesariamente de su salvación, sino de su señorío y de su comunión. No pidas tan solo amor, gozo o cualquier otra cosa. Pídelo a él.

Amor

Es evidente lo mucho que me ama.   CANTARES 2:4

EN PALABRAS Cantares es un libro romántico porque nuestro Dios es un Dios romántico. ¿Te parece irreverente decir eso? No puede serlo, no si nos damos cuenta de que la clase de amor más apasionado no pudo haberse originado en ninguna parte más que en el corazón apasionado de Dios. Ciertamente no es invención de Satanás, ni de una condición humana depravada. Lo experimentan los seres emocionales que fueron hechos a la imagen de un Dios emocional. Nuestro amor refleja el suyo.

Así como el novio de Cantares, nuestro novio, Jesús, ha puesto su amor en nosotros como su declaración de victoria. Es nuestra identidad. Sabemos que él nos ama, y por eso, nosotros lo amamos (1 Juan 4:19). No solo lo amamos a él, nos amamos mutuamente. Esa es la característica particular de un cristiano lleno del Espíritu. Donde el amor está ausente, también lo está el Espíritu. Donde el Espíritu está ausente, también lo está el amor.

Esta característica es tan importante que la mayor parte de las últimas palabras de Jesús a sus discípulos fueron sobre este tema. En Juan 13–16, él primero demuestra amor y luego predica sobre él: el amor y la obediencia, el amor y el Espíritu, el amor y la oración, el amor y su amistad, el amor y el gozo. Luego, en su oración de despedida, le pide esto a su Padre: «Que gocen de una unidad tan perfecta que el mundo sepa que tú me enviaste y que los amas tanto como me amas a mí» (Juan 17:23). Es un amor íntimo —«Yo estoy en ellos, y tú estás en mí»— entre un Dios amoroso, el Hijo amado y un pueblo hambriento de amor. Si hay una sola señal de fe, es el amor.

EN HECHOS ¿Tiene tu vida evidencia del amor? ¿Estás consciente del gran amor de Dios por ti? ¿Tienes un gran amor por él y por los demás? No te dejes engañar: no importa cuán espiritualmente maduro sea un creyente, es una espiritualidad falsa si no está totalmente saturado de amor. «Dios es amor, y todos los que viven en amor viven en Dios y Dios vive en ellos» (1 Juan 4:16). No hay otra manera. La vida cristiana es una vida amorosa. Una vida sin amor no es cristiana. Deja que el amor, por encima de todo, te defina.

16 DE JUNIO
Cantares 2:1-4

El amor del hombre necesariamente surge del amor de Dios.

John Hooper

Gozo

¡El gozo del Señor es su fuerza! NEHEMÍAS 8:10

17 DE JUNIO
Nehemías 8:1-12

El gozo es la experiencia de saber que se te ama incondicionalmente.

Henri Nouwen

EN PALABRAS Era un día de dolor y de arrepentimiento, ese día que el escriba Esdras leyó «el libro de la ley de Dios» en la audiencia de la asamblea. Una generación de israelitas de repente se dio cuenta de lo que muchas generaciones anteriores habían abandonado: un pacto de amor con el grandioso y poderoso Dios. Y, según Nehemías, lloraron.

¿Has llorado alguna vez por tus fracasos? Es una experiencia humillante, derramar tu corazón por pecados serios que no se pueden deshacer. El corazón humano nunca se siente más débil que cuando se enfrenta con sus fallas innegables. Nuestra humanidad está impregnada de pecado, y no hay nada que podamos hacer en cuanto a eso. Somos débiles e impotentes.

Aunque no lo creas, ese es un buen lugar donde estar. Dios se encuentra con nosotros en nuestra debilidad y exalta al humilde. «Dios bendice a los que lloran, porque serán consolados» (Mateo 5:4). Es una fragilidad bendita no tener argumentos ante Dios, ninguna palabra con la cual justificarnos, ningún poder para negociar. Cuando podemos aceptar eso, podemos aceptar su provisión; y no hay gozo mayor que su provisión. Es todo lo que necesitamos. Nos lleva de la debilidad a la fortaleza porque el poder de Dios, su presencia misma, es mayor cuando somos más visiblemente vulnerables. Podemos dejar de lado nuestros intentos estresantes y dolorosos de autosuficiencia y aceptar su capacidad en lugar de eso. ¡Qué gozo tan grande encontramos al darnos cuenta de que todo recae en sus hombros y no en los nuestros!

EN HECHOS ¿Conoces el gozo de Dios? ¿Lo has oído hablar en tu dolor, y decir con Nehemías: «Este es un día sagrado delante de nuestro Señor. ¡No se desalienten ni entristezcan, porque el gozo del Señor es su fuerza!»? El cristiano sin gozo lleva cargas que ningún humano es capaz de llevar. El cristiano gozoso ha llegado a aceptar su debilidad y ha aceptado la fortaleza de Dios al entregarle todas sus cargas a él. Aprende el arte de entregar esas cargas; ten gozo y sé fuerte.

Paz

Que la paz que viene de Cristo gobierne en sus corazones.
COLOSENSES 3:15

EN PALABRAS La paz es difícil de encontrar. No solo es elusiva para los gobiernos en los lugares conflictivos del mundo, es también difícil de encontrar en las instituciones públicas y privadas. Desafortunadamente, también es esquiva en las iglesias y en las familias. Y, aún más inquietante para nosotros, es difícil encontrarla en nuestro propio corazón.

Desde el jardín de Edén, el corazón humano es inestable por naturaleza. Somos criaturas inquietas porque nos hemos separado de nuestro propósito creado. La dependencia natural que nuestros primeros padres sentían por Dios se perdió para nosotros. La inseguridad reina por dentro; y donde reina la inseguridad no hay paz.

La razón por la que vivimos en un mundo que está en conflicto es porque nuestro corazón está en conflicto. Queremos instituir la regla de Cristo en nuestro corazón, pero él debe reemplazar el reino del yo —con todos sus temores, ambiciones, pasiones y falsas esperanzas—, y eso requiere de tiempo. A los seres humanos en esa turbulencia les cuesta vivir en paz con los demás, ya sea en el trabajo, en la iglesia o en casa. Los que no se llevan bien con los demás invariablemente están incómodos consigo mismos. Los que tienen paz interna casi siempre están en paz con los demás. Aun cuando otros se enojen con ellos, como lo hicieron con Jesús en la cruz, con Esteban ante el Sanedrín y con Pablo de ciudad en ciudad, ellos no hacen nada para fomentar el conflicto. No necesitan hacerlo. Están en paz consigo mismos y en paz con Dios.

EN HECHOS Pablo dice que debemos dejar que la paz de Cristo gobierne en nuestro corazón. Él no dice que la paz simplemente debe existir en nuestro corazón. No dice que debe influir en nuestro corazón periódicamente. Debe gobernar.

Toma esta prueba diagnóstica: ¿estás en conflicto con otros? Probablemente es un reflejo de la condición de tu corazón. Pídele a Dios que tranquilice tus aguas turbulentas. Deja que Jesús gobierne en las esquinas más profundas de tu ser. Conoce las profundidades de su paz.

18 DE JUNIO
Colosenses 3:15-17

Nos creaste para ti mismo, y nuestros corazones estarán inquietos hasta que encuentren descanso en ti.

Agustín

Paciencia

Las personas sensatas no pierden los estribos; se ganan el respeto pasando por alto las ofensas. PROVERBIOS 19:11

19 DE JUNIO
Proverbios 19:11;
Eclesiastés 7:8-9

Sé tan paciente con otros como Dios lo ha sido contigo.

Anónimo

EN PALABRAS Es profundamente irónico que los que son más agresivos para defender sus derechos y para establecerse son los que tienen menos probabilidades de obtener una reputación respetable. Hay algo inquietante en los que son impulsivos y demasiado seguros de sí mismos. Tienen que tener lo que quieren *ahora mismo*. Sus caprichos los gobiernan. Llevan en sí las características propias de este mundo, y no impresionan a nadie, excepto a sí mismos.

Por otro lado, los que son pacientes —lentos para enojarse, deliberados en sus pasos, reacios para hablar o juzgar precipitadamente— son las personas que los demás tienen en más alta estima. No afirman su reputación; simplemente se la ganan. Pierden el argumento, pero ganan respeto. El mundo los observa porque son notablemente distintos a este mundo. Tienen las marcas de la sabiduría. De hecho, ya sea que lo pretendan o no, se parecen a Jesús.

Jesús pudo haberse ganado los reinos de este mundo en la tentación, pero él esperó. Pudo haber establecido su reino cuando entró montado a Jerusalén, pero esperó. Pudo haber condenado a los que lo crucificaron, pero esperó. Pudo haber llamado a legiones de ángeles para que lo defendieran, pero esperó. Pudo haber vuelto ayer, pero esperó.

¿Por qué es tan terriblemente paciente? Porque mientras mayor sea la inversión en su pueblo, tanto en tiempo como en madurez espiritual, mayor será el beneficio en el plan eterno.

EN HECHOS ¿Has aprendido ese principio por tu cuenta? A veces la mejor respuesta es una lenta, o ninguna. A veces no hay una necesidad urgente de que te defiendas cuando sabes que tu posición se establecerá al final. A veces la persona que te ofende finalmente recobrará el sentido, si le das tiempo. Si eres paciente en todas las cosas, te pareces a Jesús. Tu sabiduría será tu propia gloria, y también la suya.

Amabilidad

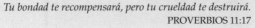

Tu bondad te recompensará, pero tu crueldad te destruirá.
PROVERBIOS 11:17

EN PALABRAS La amabilidad se define como una actitud o acción que beneficia a otros. Se dirige a otros, la disfrutan otros y es edificante para otros. La crueldad también se define como algo que se dirige a otros. Sin embargo, este proverbio no se enfoca en el efecto de la amabilidad (o la falta de ella) en otros. Se salta las definiciones básicas y va directamente a los efectos secundarios. Se enfoca en los resultados en uno mismo.

Así como la paciencia irónicamente promueve a los que son más renuentes a promoverse a sí mismos, la amabilidad edifica a los que están más interesados en edificar a los demás. La gente cruel trata de darse un impulso al dañar a los demás, pero la estrategia produce un efecto no deseado. Dañar a los demás al final le ocasiona problemas a la persona cruel. De igual manera, la amabilidad finalmente se le devolverá a la gente amable. La gente que ayuda a otros también se ayuda a sí misma, y Dios también lo hace.

No obstante, debemos tener cuidado al definir la amabilidad. La amabilidad genuina hará que una persona hable la verdad en amor (Efesios 4:15). Nadie cuestionaría la amabilidad de Jesús, pero podría ser una amabilidad muy polémica hacia los que distorsionaban la verdad y la justicia. Una persona sabia aceptará lo que escribió David: «¡Deja que los justos me golpeen! ¡Será un acto de bondad! Si me corrigen, es un remedio calmante» (Salmo 141:5). La amabilidad es un esfuerzo intencional de buscar lo que es bueno para otra persona.

EN HECHOS ¿Ha sido desagradable la gente contigo? Existe la posibilidad de que la razón esté en ti; no es que no seas digno de la amabilidad de otros, sino quizás tú no has hecho el esfuerzo de ser amable. Una persona cosecha lo que siembra, y si uno ha sembrado amabilidad, también la cosechará.

Tal vez otros dan por sentado tu amabilidad. Dios no lo hará. Un dicho no bíblico afirma que Dios ayuda a los que se ayudan. La verdad bíblica dice que Dios ayuda a los que ayudan a los demás. ¿Cumples los requisitos? Entonces ellos, y tú, se beneficiarán.

20 DE JUNIO
Proverbios 11:17;
Colosenses 3:12

Las palabras amables pueden ser cortas y fáciles de pronunciar, pero su eco es verdaderamente interminable.

Madre Teresa

Bondad

Ciertamente tu bondad y tu amor inagotable me seguirán todos los días de mi vida. SALMO 23:6

La bondad es algo muy simple: vivir siempre para otros, nunca buscar el beneficio propio.

Dag Hammarskjöld

EN PALABRAS Para que algo valga la pena en nuestra época, debe ser asombroso, excepcional, extraordinario o impresionante. Estamos tan abrumados con los superlativos que debemos mantenernos pensando en nuevos adjetivos que llamen la atención con cada nueva temporada de publicidad. No obstante, Dios frecuentemente se hace publicidad con una sencillez refrescante. Él es bueno. Completa, pura y simplemente, él es bueno. Su actitud hacia nosotros es buena, su voluntad hacia nosotros es buena y sus obras por nosotros son buenas. No estamos acostumbrados a las formas puras en nuestro mundo —todo está manchado de corrupción—, pero con Dios no se necesita ningún superlativo. Desde cualquier ángulo que lo miremos, vemos bondad.

Hay una transformación extraordinaria para nosotros en su bondad. Dios bendice para que su pueblo llegue a bendecir. Él da para que nosotros demos. Él ama para que amemos. Él perdona para que perdonemos. Su comportamiento con nosotros debe reflejarse en nuestro comportamiento hacia los demás. No es solamente una responsabilidad que cumplir; es una reacción natural. Cuando se nos ha tratado tan bien, es natural tratar bien a los demás. Su bondad se arraiga en nosotros; llegamos a ser buenos, como él.

EN HECHOS La mayoría de nosotros está ocupada tratando de impresionar a los demás con una personalidad extraordinaria, habilidades asombrosas o con logros excepcionales. Sin embargo, el Espíritu de Dios en nosotros no hará que seamos llamativos; hará que seamos buenos.

Si los demás no nos ven con una bondad simple e incorrupta, no ven al Espíritu de Dios. Olvidamos que detrás de cada milagro, de cada enseñanza, de cada revelación y de cada profecía está la buena voluntad de Dios. La bondad sustenta todo lo que él hace. Él es un creador caritativo, y un creador caritativo da a luz hijos caritativos. ¿Eres portador de su bondad? Demuéstrasela a alguien hoy. Muéstrale a tu mundo cómo es Dios.

Fidelidad

¡Oh Señor Dios de los Ejércitos Celestiales! ¿Dónde hay alguien tan poderoso como tú, oh Señor? Eres completamente fiel.   SALMO 89:8

EN PALABRAS Si tuvieras que hacer un estudio de palabras bíblicas acerca de la «fidelidad», encontrarías algo ligeramente sorprendente: la gran mayoría de referencias bíblicas sobre la fidelidad es acerca de Dios, no de nosotros. La fidelidad de Dios es un hecho establecido en las Escrituras; la del hombre no. Se nos anima a ser fieles, pero siempre quedamos cortos. Sin embargo, Dios es constante. Su fidelidad llega hasta los cielos (ver los Salmos 36:5; 57:10; 108:4), y su amor y su fidelidad se unen semánticamente con tanta frecuencia que están claramente entretejidos. Su amor nunca cambia; no hay nada inconstante en él; continúa de generación en generación (Salmo 100:5). La fidelidad genuina permanece para siempre (Salmo 117:2). No puede hacer otra cosa.

Por eso es que la fidelidad *tiene* que ser un fruto del Espíritu. No puede ser de la carne. La humanidad mide la fidelidad en función de meses y años; Dios la mide en función de la eternidad. No podemos mantener ese compromiso si el poder de Dios para hacerlo no se da desde arriba. Simplemente, no está en nosotros ser fieles al pacto por mucho tiempo. Casi todo pacto bíblico se origina en el cielo y el Dios que cumple los pactos lo conserva unilateralmente. Solo *su* fidelidad es eterna.

EN HECHOS Si necesitabas algún sentido de seguridad de tu salvación, allí está. Dios te guarda porque él es fiel. Él conoce la inconstancia de los que él busca, y aun así nos busca. Él sabía lo inestables que éramos antes de comprometerse a guardarnos.

Sin embargo, no podemos seguir siendo inestables, no si estamos llenos de su Espíritu. La carne es débil, pero ya no vivimos según la carne. Nunca uses la excusa: «Solo soy un humano». Eres un humano con el Espíritu del Dios vivo que mora dentro de ti. La fidelidad es posible para nosotros cuando dependemos totalmente de él. Su fidelidad rodea su trono. Asegura a Dios en el trono de tu corazón y ella te rodeará también.

22 DE JUNIO
Salmo 89:1-8

La persona fiel vive constantemente con Dios

Clemente de Alejandría

Gentileza

Que todo el mundo vea que son considerados en todo lo que hacen. Recuerden que el Señor vuelve pronto. FILIPENSES 4:5

23 DE JUNIO
Filipenses 4:4-5

Nada es tan fuerte como la gentileza, nada es tan gentil como la verdadera fortaleza.

Francisco de Sales

EN PALABRAS David fue gentil con su hijo rebelde (2 Samuel 18:5). Jesús vino a este mundo con un espíritu de gentileza (Mateo 11:29; 21:5). Pablo tenía una actitud tierna hacia las iglesias que había fundado (2 Corintios 10:1; 1 Tesalonicenses 2:7). A lo largo de las Escrituras se nos instruye a que nos vistamos de gentileza, como si fuera una vestimenta requerida. ¿Por qué? Porque Dios ha sido gentil con nosotros. Él es así, y debemos ser como él.

Es posible que no visualicemos a Dios como a alguien gentil. Leemos de su ira hacia la humanidad antes de que se construyera el arca; de su mandamiento de que Israel conquistara a los cananeos a sangre fría; de sus juicios sobre Israel en los profetas; y de su dura condena de nuestro pecado cuando puso nuestra iniquidad en un Jesús sangriento y golpeado. No obstante, todo esto señala a su pureza absoluta, inquebrantable y santa. Su corazón es totalmente tierno. Cuando nuestra confesión y humildad dan lugar a su gentileza, él *siempre* la prefiere en lugar del juicio.

¿Has sentido su delicadeza? Cuando recibiste misericordia en lugar de condenación, estaba allí. Cada día, cuando te alimenta, te viste y te rodea de aire para respirar, sientes su provisión tierna. Si hay alguien en el mundo que te ama tal como eres, has visto el reflejo de su naturaleza gentil. En Jesús, conocemos a un Dios gentil.

EN HECHOS Si los frutos del Espíritu exhiben su carácter a través de la iglesia a un mundo que busca, entonces la gentileza es uno de los elementos más necesarios de esa exhibición. El mundo no conoce a este Dios gentil; lo considera maliciosamente crítico o sosamente irrelevante. No ha visto suficientes ejemplos de gentileza justa, paciente y redentora. Sé uno de esos ejemplos. Busca a una persona que sufre y demuéstrale la delicadeza de Dios.

Control propio

Una persona sin control propio es como una ciudad con las murallas destruidas. PROVERBIOS 25:28

EN PALABRAS La iglesia contemporánea está plagada de problemas de autodisciplina. Los comportamientos pecaminosos se han infiltrado en nuestras congregaciones posiblemente a niveles sin precedentes. Una razón por la que el control propio es un gran problema para tantos cristianos es que se siente como una obra de la carne. Se nos dice que vivamos vidas llenas del Espíritu, por lo que nos volvemos pasivos. Hemos asumido incorrectamente que cualquier esfuerzo de nuestra parte es «obras», un producto de la carne y un síntoma de legalismo. Terminamos con una fe sin obras, y según nos damos cuenta, esa clase de fe está muerta.

El control propio es quizás el más confuso de todos los frutos del Espíritu. ¿Cómo puede involucrar al yo y al Espíritu al mismo tiempo? Si es control propio, ¿cómo puede ser control del Espíritu? No puede. No obstante, contrario a la enseñanza popular, la Biblia nunca nos dice que seamos controlados por el Espíritu, por lo menos no en el sentido de perder nuestra personalidad y voluntad. Debemos nacer del Espíritu, ser llenos del Espíritu, guiados por el Espíritu, inspirados por el Espíritu y sellados por el Espíritu. Sin embargo, nosotros no somos controlados por el Espíritu. El Espíritu nos permite tener autocontrol.

Una falta de control propio nos hará descuidar disciplinas necesarias como la oración, el estudio bíblico, la contemplación, el evangelismo y demás. También podría permitir que nos entreguemos incluso a deseos piadosos de maneras inapropiadas. Una falta de disciplina distorsiona el trabajo, la sexualidad, el entretenimiento, la nutrición y la administración del tiempo y del dinero. Si nuestra vida se comparara con una ciudad antigua, la autosatisfacción sería la debilidad de nuestro muro. Con el tiempo, la erosión ocasionaría que nuestra protección colapsara, permitiendo que nuestros enemigos nos invadan.

EN HECHOS Una vida de disciplina piadosa es útil para Dios. Él puede lograr mucho con ella, porque puede administrar sus múltiples recursos de manera apropiada. La vida descontrolada derrocha los tesoros de Dios, espirituales y materiales, e invita al ataque. A toda costa, deja que el Espíritu te faculte para que aprendas el control propio. Es la clave para administrar toda clase de productividad.

24 DE JUNIO
Proverbios 25:28;
2 Timoteo 1:7

Si vas a aprender a ser maestro de ti mismo, comienza entregándote a Aquel Gran Maestro.

Johann Friedrich Lobstein

Demasiadas identidades

Dios conoció a los suyos de antemano y los eligió para que llegaran a ser como su Hijo. ROMANOS 8:29

25 DE JUNIO
Romanos 8:28-30

No podemos evitar conformarnos a lo que amamos.

Francisco de Sales

EN PALABRAS Muchos jóvenes encuentran su identidad en un atleta o equipo profesional, mientras que otros idolatran y emulan a una estrella de rock. Los adultos somos más sutiles, pero nosotros también nos identificamos por nuestras carreras, nuestras funciones en la familia, nuestros pasatiempos o con las modas establecidas por nuestras celebridades favoritas. Es por naturaleza humana que elegimos una imagen atractiva, cualquier imagen, y luego tratamos de vivir a la altura de ella. De manera entusiasta llegamos a ser como la gente o como las ideas en las que colocamos nuestro afecto. Cuando queremos, nos conformamos fácilmente. Nuestra imagen deseada se convierte en parte de nosotros.

Cuando llegamos a ser cristianos, es posible que nos hayamos dado cuenta de que continuamente batallamos para llegar a ser como Cristo. ¿Por qué? Si nuestro afecto está en él, como alguna vez lo estuvo en las tendencias e íconos de nuestra cultura, ¿no sería la transformación piadosa un proceso natural para nosotros? Tal vez ese es precisamente el problema. Quizás nuestro afecto no está totalmente dirigido hacia Cristo. Fácilmente permitimos que nuestro amor se estanque y perdemos la emoción que la novedad y el descubrimiento nos dieron naturalmente al principio. Otras imágenes —las tendencias culturales y los intereses recién descubiertos— llegan a ser objeto de nuestro apasionamiento, mientras que Jesús sutil e imperceptiblemente pasa de ser nuestra adoración a nuestra obligación.

Cuando ocurre eso, la piedad nos parece más una batalla. Es difícil dejarnos conformar a la imagen de Jesús cuando tenemos a otra imagen en más alta estima. Otras pasiones nos arrastran en distintas direcciones que frecuentemente tienen exigencias conflictivas, o por lo menos superfluas, sobre nuestro carácter. El carácter piadoso no puede prosperar en ese contexto. Nuestro espíritu no encajará en dos moldes a la vez.

EN HECHOS ¿Es tu crecimiento hacia la piedad una batalla difícil? Examina tus deseos. ¿Cómo te visualizas? ¿Cómo te gustaría que otros te percibieran? ¿Qué imagen buscas? Si encuentras que cualquier otra imagen le está dando forma a tu alma y no Jesús, abandónala. Impedirá tu crecimiento. Encuentra tu identidad totalmente en él.

Diversidad espiritual

Dios trabaja de maneras diferentes, pero es el mismo Dios quien hace la obra en todos nosotros. 1 CORINTIOS 12:6

EN PALABRAS Los dones del Espíritu son un tesoro glorioso. Son evidencia de que Dios nos ha insertado en su plan y nos ha hecho sus colaboradores. ¡Piensa en eso! ¡Socios del Dios eterno! Ningún logro o reconocimiento de nuestra labor puede competir con eso. No hay mayor honor para el trabajo de nuestras manos.

Una realidad tan asombrosa solamente cobra vida en los que tienen la mente de Cristo, los que tienen una mentalidad espiritual y están llenos del Espíritu de Dios. Es entonces aún más asombroso cuando la naturaleza humana distorsiona esta bendición y la convierte en un asunto de discordia carnal. Sin embargo, ¡cuán frecuentemente ocurre eso! Los dones del Espíritu llegan a ser nuestra ocasión para juzgar la obra de gracia en otros. Si Dios nos ha dado el don de la misericordia, despreciamos a los que demuestran falta de ella. Si Dios le ha dado a alguien una carga por un problema social específico, qué fácil es para esa persona asumir que todos los demás deberían tener la misma carga. Cuán común nos es pensar que nuestros dones son espirituales y los que carecen de ellos no son espirituales. Nuestros talentos y convicciones son una medida genuina de madurez espiritual solo en nuestra propia mente, nunca en las Escrituras.

EN HECHOS La unidad de la iglesia frecuentemente se daña con la suposición de que todos los creyentes deben defender todas las causas de igual manera. O de que todos los miembros del cuerpo de Cristo deben servir en todos los ministerios de igual manera. Olvidamos que a nuestro Dios le encanta la variedad. Olvidamos que él no ha distribuido sus dones en completa equidad. ¿Parece injusto eso? No, él juzgará con justicia. Cada quien es responsable de los recursos que se le han confiado. Ni más ni menos. La distribución está determinada por la sabiduría de Dios.

La madurez espiritual no se encuentra al tener todos los dones o al defender todas las causas. Se encuentra al aceptar la diversidad del pueblo de Dios y al trabajar dentro de ella.

26 DE JUNIO
1 Corintios 12:1-20

Los dones espirituales no son prueba de espiritualidad.
Samuel Chadwick

Sabiduría en comunidad

Los necios creen que su propio camino es el correcto, pero los sabios prestan atención a otros. PROVERBIOS 12:15

27 DE JUNIO
Proverbios 12:15;
15:22

Busca el consejo de tus superiores en vez de seguir tus propias inclinaciones.

Tomás de Kempis

EN PALABRAS ¿Cómo sabe el sabio que sus decisiones son acertadas? ¿Cómo saben los insensatos que las suyas no lo son? Ninguna de estas preguntas se puede responder mirando internamente. El corazón humano no es confiable en asuntos de sabiduría. Esperamos que nuestra perspectiva se base en la realidad, pero siempre hay distorsiones, siempre hay filtros perceptivos por los que recibimos nuestra información. El camino que nos parece correcto puede, o no puede, ser el correcto.

La historia de Israel está llena de dos contrastantes enfoques de la vida. En Deuteronomio, Dios y Moisés repetidamente estimulan al pueblo a hacer lo que es correcto a los ojos del Señor. En Jueces, todos hacían lo que les parecía bien. Después de eso, las Escrituras señalan claramente que los reyes piadosos hacían lo bueno a los ojos de Dios. Los reyes impíos hacían lo que a ellos les parecía bien, pero casi todos pensaban que hacían lo correcto.

Nuestro período de la historia es uno en el que la mayoría de la gente hace lo que le parece correcto. La mayoría considera que la ética es relativa. La gente vive como barcos sin ancla. Cada uno tiene su propio dios. Los líderes espirituales populares nos estimulan a buscar las respuestas adentro, porque profundamente en el corazón humano encontraremos nuestro verdadero llamado y seguiremos nuestro curso. Nada podría ser menos bíblico. Los insensatos no están conscientes de su insensatez. ¿Cómo podemos saber lo que es correcto? ¿Por sentimientos? ¿Al seguir los deseos momentáneos o que se originan en el ego? ¿Hay algún estándar objetivo para medir la sabiduría?

EN HECHOS Claro que lo hay. La Biblia nos da sabiduría sólida en la cual cimentar nuestra vida. Sin embargo, aunque es absoluta, su interpretación puede variar ampliamente. Allí es donde entra el consejo. Nunca subestimes el cuerpo de Cristo. Él nos ha creado para vivir en comunidad. La sabiduría generalmente no llega a individuos piadosos sino a comunidades piadosas.

¿Buscas guía? Conoce tu corazón, pero no confíes en él totalmente. Mídelo con la sabiduría bíblica y el consejo de los que la siguen bien.

A la espera de sabiduría

¡Qué pronto olvidaron lo que él había hecho! ¡No quisieron esperar su consejo!
SALMO 106:13

EN PALABRAS Le has pedido guía a Dios. Todavía no ha llegado. Sientes que debes actuar. Seguramente Dios quiere que procedas con tu mejor instinto. Si no fuera así, seguramente ya habría respondido. Su silencio solo puede significar que debes avanzar y hacer lo que creas que es mejor, ¿verdad?

El Salmo 106 relata la historia de la rebelión de Israel. Un aspecto de su desobediencia fue seguir el impulso de actuar cuando Dios todavía no había dado consejo. Se olvidaron de su bondad. Si la hubieran recordado, habrían esperado; pero a la naturaleza humana le cuesta esperar. Cuando los recuerdos claros de los beneficios de Dios están ausentes, sentimos que debemos buscar nuestro propio beneficio. El pueblo de Israel olvidó que Dios era su defensor, su proveedor, su protector, su libertador y el que hacía milagros para todo efecto. Así que, ¿qué dirección tomaron ellos? «Dieron rienda suelta a sus deseos» (v. 14).

El impulso de actuar rápidamente siempre nos lleva a nuestras propias estratagemas humanas. ¿En qué otra cosa basamos nuestras decisiones cuando no hemos esperado la guía de Dios? No tenemos otro recurso. Decidimos hacer lo que creemos que es mejor, y entonces se nos deja con las limitaciones de nuestro propio pensamiento. Dios rara vez obra de prisa. Formar a Jesús dentro de nosotros —la renovación de nuestra mente— requiere tiempo.

EN HECHOS Prácticamente, no hay manera de discernir la voluntad de Dios sin esperar con tranquilidad. Los deseos autogenerados deben suprimirse. Hay que preguntarle a Dios. Debemos escuchar. La Palabra debe arraigarse en nuestro corazón. Se debe buscar el consejo de otros en el cuerpo de Cristo. Hay que evaluar las opciones. Con el tiempo, el curso de acción será claro. La voz de Dios susurrará en tu oído: «Este es el camino. Camina en él».

¿Cuánto confías en la sabiduría de Dios? ¿Lo suficiente como para esperar hasta que sea «demasiado tarde»? Dios no prestará oído a nuestras fechas límite, pero él nunca llega demasiado tarde. Su guía llegará, su camino será claro y su tiempo será perfecto.

28 DE JUNIO
Salmo 106:1-23

Él nunca llega a los que no esperan.
Frederick William Faber

179

Oraciones necesarias

En cuanto a mí, ciertamente no pecaré contra el SEÑOR al dejar de orar por ustedes. 1 SAMUEL 12:23

29 DE JUNIO
1 Samuel 12:19-25

Ora como si todo dependiera de tu oración.

William Booth

EN PALABRAS Te has preguntado si tus oraciones son eficaces. Has sentido, a veces, como que tratas de persuadir a un Dios renuente a intervenir en una situación que él preferiría dejar en paz. Profundamente en tu corazón, a veces parece que tus oraciones y tu Dios se mueven en direcciones opuestas. Has dejado que tus sentimientos resulten en inactividad.

Es seguro suponer que has seguido este patrón, por lo menos ocasionalmente, porque prácticamente todos los cristianos lo han hecho. Ningún creyente genuino está convencido de estar capacitado para la oración. Tenemos un sentimiento incómodo de que podríamos y deberíamos orar más. Parte de la razón por la que no lo hacemos es porque no estamos totalmente convencidos de que nuestras oraciones sean necesarias.

La imagen en Samuel es la de un Dios que ha hecho de la oración una parte integral de su actividad en este mundo. No se nos ordena convencer a un Dios renuente de hacer lo que él no quiere hacer; se nos ordena ser un catalizador para su intervención. No solo es aceptable presentarle nuestras peticiones, es requerido. Dios nos da la impresión de que su actividad en los asuntos del hombre de alguna manera está supeditada a las oraciones de los intercesores. Si no oramos, él no actúa. En su arreglo divino con este planeta, nuestras oraciones son esenciales. Es su plan que pidamos; cuando no lo hacemos, violamos su plan.

EN HECHOS ¿Te ha impulsado el Espíritu Santo a orar por alguien? ¡*Tienes* que hacerlo! Su impulso no fue superfluo; él es eficiente con sus instrucciones, y no te habría guiado si tus oraciones no fueran un aspecto esencial de su intervención. Tenemos que continuar con nuestras tareas de oración hasta que la obra de Dios se haya completado. Cuando su Espíritu nos asegura que nuestras oraciones están completas, podemos pasar a otras, pero no antes. Su plan puede girar en torno a tus súplicas. Suplica como y cuando él te guíe.

De un extremo a otro

*Los creyentes que son pobres pueden estar orgullosos, porque Dios
los ha honrado; y los que son ricos deberían estar orgullosos de que
Dios los ha humillado.* SANTIAGO 1:9-10

EN PALABRAS Los creyentes tenemos la tendencia de caer en uno de dos extremos: sumirnos en el hecho de nuestra depravación o alardear de los beneficios de la fe. Nuestra posición en este mundo puede cultivar más cada extremo. Por alguna razón, sacamos conclusiones de que nuestra pobreza o riqueza son posibles señales del favor de Dios, pero no lo son. Y Santiago nos dice cómo volver a entrenar nuestra mente en el asunto.

Los que tienen baja posición en este mundo quizás necesiten que se les recuerde frecuentemente que son hijos amados del Dios Altísimo. Los que son ricos y exitosos quizás necesiten que se les recuerde frecuentemente que son pecadores totalmente corruptos y llamados a ser siervos. No obstante, en uno que otro momento, todos necesitamos saber las dos cosas. Solo un conocimiento equilibrado de la verdad mantendrá una perspectiva adecuada: somos increíble e insufriblemente depravados y estamos naturalmente divorciados del Dios vivo; y somos inimaginable y gloriosamente redimidos y benditos con tesoros eternos, incluyendo el conocerlo a él. Ambos extremos son inalterablemente ciertos. Nada puede cambiar el hecho de que provenimos de un lugar tan bajo, y nadie puede quitar la promesa estremecedora de hacia dónde nos dirigimos. De la decadencia de este planeta rebelde a la familia del Rey, ¡qué historia!

EN HECHOS ¿Tiendes a hacer hincapié en tu condición pecadora? Las circunstancias humildes pueden llevarte a ese desequilibrio. Medita en las riquezas del reino. ¿Tiendes a sentirte superior a los demás? Los éxitos mundanos pueden llevarte a ese desequilibrio. Recuerda nuestro origen corrupto y nuestro llamado al servicio con sacrificio.

No obstante, sin tener en cuenta tus circunstancias, materiales o espirituales, ten en mente que ambos extremos son ciertos para cada creyente. La Biblia es clara. La historia de gracia es completamente asombrosa. Hemos sido elevados de un extremo al otro.

30 DE JUNIO
Santiago 1:9-11

Lo único en mí de
lo que me glorío
es que no veo en
mí nada de lo que
pueda gloriarme.

Catalina de Génova

La Palabra de vida

Estudiaré tus mandamientos y reflexionaré sobre tus caminos. Me deleitaré en tus decretos y no olvidaré tu palabra. SALMO 119:15-16

1 DE JULIO
Salmo 119:9-16

Algunos leen
la Biblia para
aprender, y a gunos
leen la Biblia para
oír del cielo.

Andrew Murray

EN PALABRAS ¿Es la Biblia una obligación, algo que sabemos que debemos leer, ya sea que tengamos entusiasmo por hacerlo o no, como acabarnos nuestras verduras antes de comer el postre? Si es así, tal vez no hemos entendido correctamente el significado de esta Palabra que Dios nos ha dado. Es más que literatura, más que historia, más que teología. Es vida.

Muchos lectores se han quedado atascados en los «fue el hijo de» y los «no harás» de la Biblia, pasando por alto la importancia de esas secciones para establecer nuestra fe como histórica y humana. No obstante, piensa en nuestra condición: estamos perdidos en este mundo, sin saber para qué lado es arriba. Cada crisis de la mediana edad o punzada de angustia existencial nos obligará a admitirlo, ya sea que lo queramos o no. Mientras tanto, la Biblia se consume en el estante, ardiendo por responder nuestras preguntas esenciales sobre significados y misterios. Es la revelación de lo divino. Tiene toda la sabiduría que necesitamos.

EN HECHOS Tu cultura y cualquier elemento de ella en el que te enfoques —ya sea tu ambiente de trabajo, tus opciones de entretenimiento, tus conversaciones con amigos, etcétera—, constantemente tratarán de arrastrarte hacia su sistema de valores y hacia su propio sentido de moralidad. La Palabra de Dios, si se lo permitimos, nos rescatará. Solo la Palabra de Dios puede resistir la corriente de este mundo y moldearnos de acuerdo al diseño de Dios.

¿Significa esto que debemos evitar nuestra cultura? No, no podemos escapar. De hecho, *debemos* involucrarnos en nuestro mundo para influenciarlo para el reino de Dios. Sin embargo, no podemos dejar que nos persuada. Deja que la Palabra sea una influencia más fuerte en tu vida que cualquier otra filosofía o sistema de valores. No solo *deberíamos* darle la atención apropiada; deberíamos *deleitarnos* en ella, anhelarla y saborearla. Cuando lo hagamos, logrará en nosotros todo lo que Dios quiere que ella logre. Hará que seamos todo lo que estamos destinados a ser.

La Palabra que deleita

¡Oh, cuánto amo tus enseñanzas! Pienso en ellas todo el día. SALMO 119:97

EN PALABRAS Incluso cuando estamos convencidos de la necesidad de leer nuestra Biblia y de aplicar sus verdades, podemos quedar atrapados en la obligación de hacerlo. De alguna manera, tal vez no por casualidad, cuando determinamos aprender las Escrituras con un corazón abierto, el resto de la vida parece bloquearse. Los horarios se ponen más complicados, las exigencias se ponen más intensas, parece que las necesidades urgentes imposibilitan nuestro tiempo de meditación. Nuestro enemigo se asegura de eso, y Dios permite que lo haga; es una prueba de nuestra devoción a la Palabra de vida.

Sin embargo, incluso cuando nos ceñimos a ella, hay tiempos de deleite y tiempos de indiferencia pasiva. Es la naturaleza humana. Lo que nos emociona un día frecuentemente puede aburrirnos al día siguiente, incluso cuando el tema es algo tan sustancial como la Palabra de Dios.

¿Qué debemos hacer? ¿Cómo podemos mantener nuestro deleite en la Biblia? Tal vez es un asunto de perspectiva. Fácilmente podemos llegar a ver la Biblia como una reliquia irrelevante de una época distinta, que mantiene poca consistencia con una era de multiculturalismo global y de maravillas tecnológicas. Tenemos que recordar que el corazón humano y sus relaciones son esencialmente iguales a como lo fueron hace miles de años: empapados del ego y del pecado, y propensos al conflicto y a la insatisfacción.

EN PALABRAS Si ves la Biblia como una colección de escritos antiguos, podría impresionarte, pero no cambiará mucho tu vida. Sin embargo, si la ves como la vasija que contiene los profundos misterios de Dios, la llave que abre los caminos secretos de la vida, tendrá un poder transformador asombroso. La Palabra de Dios no podría hacer menos; infunde vida a almas muertas y hace que florezca todo lo que estaba estancado y paralizado dentro de nosotros.

Cuando la Biblia llega a serte aburrida, tal vez sea porque has llegado a un estancamiento espiritual en tu trayecto al corazón de Dios. Pídele que te lleve más profundo. Es difícil imaginar a cualquier buen padre que rechace esa petición de su hijo, y mucho menos nuestro Padre.

2 DE JULIO
Salmo 119:97-104

La Biblia es una ventana en este mundo-cárcel, por la que podemos examinar la eternidad.
Timothy Dwight

La Palabra de poder

Honro y amo tus mandatos; en tus decretos medito.   SALMO 119:48

3 DE JULIO
Salmo 119:41-48

Meditación es retener la Palabra de Dios en la mente hasta que ha afectado cada área de la vida y del carácter de uno.

Andrew Murray

EN PALABRAS Los oyentes modernos de la Palabra a menudo oímos mucha verdad con muy poco cambio en nuestra vida. Oímos un sermón en la iglesia, o en la radio o en la televisión, o leemos un libro cristiano, y aunque el mensaje puede ser poderoso y verdadero, frecuentemente lo olvidamos en cuestión de días o incluso de horas. ¿Por qué? Una razón es que no tomamos el tiempo para meditar en lo que oímos.

La mayoría de nosotros tiene vidas ocupadas. Después de la iglesia hay otras actividades dominicales. Después del estudio bíblico personal están el trabajo o las responsabilidades familiares. Nuestros días están llenos de complicaciones, y tenemos poco tiempo para sentarnos a pensar. No obstante, sentarnos a pensar es algo esencial. Cuando no tomamos tiempo para pensar, saltamos de verdad en verdad con la ilusión de que oír es lo mismo que aprender. Se necesita tiempo para que la verdad se filtre del intelecto a las profundidades de nuestra alma.

Cuando oímos o leemos la verdad, nuestra aceptación mental es solamente el primer paso. Para muchos, también es el último paso. Dios tiene mucho más trabajo por hacer en nuestro corazón a través de su Palabra. La meditación la lleva más profundo hasta que llega a ser parte de nuestra vida. Solamente entonces nos afecta. Nuestra mente no se transformará hasta que nuestro corazón haya sido transformado. Solamente en las horas de meditación las verdades profundas del evangelio se remueven dentro de todo nuestro ser y nos cambian por dentro. Sin ese movimiento, somos como los que están de acuerdo con el evangelio sin *creer* verdaderamente el evangelio. La verdadera fe sale del centro de nuestro corazón.

EN HECHOS ¿Carece de poder la Palabra en tu vida? Si así es, tal vez careces de tiempo en la Palabra. Y ninguna simple adición de minutos u horas ayudará. El tiempo que pasas con la Palabra debe ser tiempo que pasas reflexionando en la Palabra, descifrando sus ramificaciones, permitiendo que penetre profundamente y dejando que renueve tu vida en el Espíritu. Tenemos que hacer preguntas sobre la Palabra de Dios y dejar que él responda. Solo entonces llega a ser una poderosa herramienta de cambio. Entonces nuestra vida puede ser transformada.

Un nacimiento

La gente común no vale más que una bocanada de viento, y los poderosos no son lo que parecen ser; si se les pesa juntos en una balanza, ambos son más livianos que un soplo de aire.   SALMO 62:9

EN PALABRAS Los seres humanos tenemos toda clase de formas de dividirnos. En algunas culturas es un sistema de castas público y reconocido. En otras, es mucho más sutil. Por ejemplo, el mundo occidental tiende a clasificar a la gente en cuanto a estatus económico, raza o nivel de habilidades. Haremos casi cualquier cosa por definirnos en grupos cerrados y distinguibles.

No hay nada de malo con identificarnos con un grupo de gente de mentalidad o de trasfondo similar. El problema surge cuando le atribuimos cierto valor a nuestros grupos distintos. Nos obsesionamos con la ideología y la educación, con el pedigrí y el abolengo, o con el poder adquisitivo y el patrimonio neto. Hay una razón por la que los magnates de Wall Street y las madres en asistencia social generalmente no andan juntos, y no es solo porque tienen poco en común. Nuestra sociología no es solamente un accidente. Nos gustan nuestras distinciones de clases y queremos mantenerlas.

Somos divisionistas por naturaleza, pero el reino de Dios no hace esas distinciones. Todos estaremos en íntima comunión ante el trono. Cuando los miembros de cada tribu y nación se unan para alabarlo, no habrá fronteras entre ellos. Cuando los ricos y los pobres se reúnan en su nombre, no habrá asientos de primera clase. El reino de Dios conoce solo una especie de seres humanos: sus hijos.

EN HECHOS Si el reino de Dios en el cielo es como una comunidad unida de santos, ¿no debería verse el reino de Dios en la tierra en forma similar? El salmista tiene razón: a los ojos de Dios, no hay diferencia entre la gente común y los poderosos. Siglos después, las enseñanzas de Jesús solo harán una distinción: entre los que han nacido de nuevo y los perdidos. Solo una clase de nacimiento importa en su reino, y no tiene nada que ver con el pedigrí. Todo gira alrededor de la gracia, ahora mismo, aquí en este mundo. Y nosotros también.

4 DE JULIO
Salmo 62:5-10

La unión de los hombres con Dios es la unión de los hombres entre sí.

Tomás de Aquino

El cambio constante

Hay una temporada para todo, un tiempo para cada actividad bajo el cielo.
ECLESIASTÉS 3:1

5 DE JULIO
Eclesiastés 3:1-8

Después del invierno llega el verano. Después de la noche llega el amanecer. Y después de cada tormenta llegan cielos claros y abiertos.

Samuel Rutherford

EN PALABRAS La experiencia humana está llena de anticipación de las cosas buenas y temor de las malas. Tenemos sueños, metas, deseos escondidos e impulsos necesarios. Cuando más esperamos fruto y realización, no encontramos nada. Frecuentemente, cuando esperamos esterilidad, Dios da fruto. Las estaciones de la vida nos frustran.

El escritor de Eclesiastés, probablemente Salomón, está anciano y filosófico, y aunque no manifiesta la esperanza que se les ha dado a los cristianos, sabe un poco de la vida finita de este mundo físico. Ha visto vacío y futilidad. Y, aparte de Dios, ha visto falta de sentido. Si no hay Dios, si no hay inmortalidad, si no hay una esperanza escondida que no podemos ver, entonces no hay razón para nada en esta vida que vivimos. Aun así, ciego a un propósito discernible, Salomón es capaz de decir: «Hay una temporada para todo».

Salomón ha visto ir y venir las estaciones. Sabe que el patrón cíclico de la vida no solo es un asunto para los meteorólogos; también es un asunto para las relaciones, para el trabajo y para las miles de emociones que tenemos. En nuestra vida *habrá* estaciones de improductividad. *Habrá* épocas de desánimo y hasta de desesperación. *Habrá* tareas sin sentido y conflictos difíciles. Intercaladas con todas las alegrías de la experiencia humana estarán las estaciones latentes, períodos de barbecho y retroceso. No todo será bueno todo el tiempo.

EN HECHOS Es importante que sepamos eso. Nos volveremos locos si no entendemos que hay estaciones en nuestra vida. Si ahora eres particularmente improductivo, o incluso fructífero, ten en mente que solo es por un tiempo. Si una relación es difícil, o incluso perfecta, también es solamente por un tiempo. Tenemos que acostumbrarnos al cambio constante.

Muchos cristianos se golpean la cabeza o cuestionan a Dios cuando la vida no transcurre sin problemas. No lo hagas. Solo es por una temporada. No esperes que todo tu año sea cálido y soleado. Parte de él será frío y lluvioso. Y si estás en invierno ahora, ten en mente que ya llegará la primavera. Siempre llega.

Tiempo para el bien

Un tiempo para nacer [...] para sembrar [...] para sanar [...] para construir.
ECLESIASTÉS 3:2-3

EN PALABRAS No nos cuesta ver a Dios como la fuente de vida, salud y felicidad. No obstante, los que están distanciados de Dios, tanto dentro del cuerpo de creyentes como los que están fuera, pueden considerarse excluidos de esas bendiciones. Para la gente cuya vida tiene marcas de dolor y de conflicto, la bendición de Dios parece muy, muy lejos. Tal vez hasta han perdido de vista al Dios benevolente y amoroso. Quizás han perdido la esperanza.

Las temporadas oscuras de la vida de una persona harán eso. Oscurecerán la bondad de Dios y nos harán pensar que estamos solos en este mundo. Convierten la fe en escepticismo, la esperanza en cinismo. En la noche oscura de incertidumbre, la gente que alguna vez se aferró a Dios se aferrará a él más fuerte, o lo soltará totalmente. Cuando llega la tentación de soltarse, es importante recordar esto: hay un tiempo para nacer, para plantar, para sanar, para construir. Hay un tiempo para la vida y para las bendiciones. Hay un tiempo para la bondad de Dios en la vida de alguien que cree, y definitivamente llegará.

Una interpretación popular de este pasaje, quizás con la ayuda de las melodías de generaciones pasadas, implica que un tiempo para todo significa que podemos abordar la vida de la manera que decidamos. «Una temporada para todo» puede significar, si se interpreta mal, que cualquier cosa vale. Sin embargo, el corazón de este pasaje trata sobre el discernimiento. Evita que lleguemos a ser orgullosos y descuidados en los tiempos de prosperidad, o pesimistas y temerosos durante tiempos de escasez. Mantiene nuestra perspectiva en equilibrio, para que no nos elevemos demasiado durante los tiempos altos ni nos deprimamos demasiado durante los tiempos bajos. Y nos recuerda que debemos discernir la diferencia, sabiendo que nuestros actos dependen del cuadro global de las estaciones cambiantes, no del clima de hoy.

EN HECHOS Si eres un creyente que ahora pasa por un tiempo difícil, ten en mente que pasará. Dios tiene sus estaciones, y muchas de ellas son buenas. Él nunca priva a sus hijos de todas las estaciones buenas. El sol saldrá, el hielo se derretirá y Dios bendecirá tu vida, a su tiempo.

6 DE JULIO
Eclesiastés 3:1-8

Asegúrate de que las adversidades de este mundo no te entristezcan repentinamente, porque no sabes el bien que ellas ocasionan.

Juan de la Cruz

Los frutos del pecado

Un tiempo para morir [...] para matar [...] para derribar [...] para llorar
[...] para dejar de buscar [...] para botar [...] para odiar [...] para la guerra.
ECLESIASTÉS 3:2-8

7 DE JULIO

Eclesiastés 3:1-8

El mundo llama a cambios; nunca es constante, excepto en sus desilus ones.

Thomas Watson

EN PALABRAS Lejos de darnos licencia para matar, odiar, destruir o cualquier otra actividad negativa de esas, las Escrituras nos dan una perspectiva sobre los frutos de la naturaleza caída. Vivimos en un mundo quebrantado, y somos gente quebrantada.

Si todos nos lleváramos bien y viviéramos de acuerdo a la justicia de Dios, nunca habría un tiempo para matar o para ir a la guerra. No obstante, así no son las cosas. Hay maldad en este mundo, y hay épocas para oponerse a ella, incluso violentamente. Si el pecado no hubiera introducido muerte en este mundo, nunca habría habido tiempo de erradicar, de destruir o de desechar. No obstante, ese no es el caso; hay descomposición en este mundo, tanto físicamente como en nuestros proyectos, ideas y sueños. Las estaciones cultivan la productividad, pero también implican un fin para ella. El ciclo de vida incluye tanto orígenes como expiraciones, celebración y sacrificio. Esa es la realidad patente de tratar de desarrollar permanencia en un mundo efímero. No puede hacerse. La naturaleza y Dios dictan en contra de ella.

EN HECHOS Piensa en Eclesiastés como una descripción de la vida en un mundo caído, y contrástalo con las promesas del reino de Dios. ¿Son todos esos tiempos inherentes a ambos? No, el reino de Dios no será un lugar de guerra y llanto, de muerte y destrucción, ni de cualquier otra evidencia de corrupción y de descomposición. El reino de Dios florecerá con vida, amor y con un Señor que no cambia con las estaciones. Tomará nuestra futilidad anterior y la transformará en fruto futuro.

Sin embargo, por ahora, entiende el mundo quebrantado en el que vivimos. No trates de disfrazarlo como tu cielo. No esperes tiempos de amor y de fidelidad mientras ignoras los tiempos de dolor y de desesperación. Dios no ha redimido a una nación de escapistas. Está cultivando un pueblo con perspectiva. Entendemos la naturaleza de nuestro mundo y anticipamos con esperanza la naturaleza de su reino. Incluso ahora, hemos comenzado a tener visiones temporales de él, todo a su tiempo.

El Dios de todos los tiempos

Un tiempo para rasgar y un tiempo para remendar. Un tiempo para callar y un tiempo para hablar.   ECLESIASTÉS 3:7

EN PALABRAS Si en realidad queremos entender cómo este pasaje se debe materializar en nuestra vida, solamente tenemos que confiar en Jesús. Podríamos argumentar que él cumplió apropiadamente cada tiempo bajo el cielo. ¿Tiempo para nacer? Sí, de hecho, a su debido tiempo. ¿Tiempo para morir? Sí, en el momento indicado por Dios. ¿Tiempo para matar o derribar? Sí, un ambiente malo de creencias falsas tuvo que ser atacado. ¿Tiempo para sanar o para construir? Sí, y él todavía está sanando y construyendo ahora. Además, esparció y recogió, abrazó y se refrenó, destruyó y reparó, estuvo callado y fue comunicativo. Amó a la gente y odió el pecado; todavía hace ambas cosas. Les declaró la guerra a los reinos de este mundo y proclamó paz eterna, el «shalom» de Dios. Jesús no hizo de sus estaciones situaciones de una sola opción. Él entendió el tiempo de Dios mejor que cualquiera.

Tenemos que discernir de manera similar en cuanto al tiempo de Dios. Tenemos que conocer las circunstancias que exigen la guerra contra el mal y las que requieren paz en lugar de conflicto. Tenemos que entender cuándo arar violentamente la tierra árida y cuándo plantar semillas delicadamente. Tenemos que recordar cómo nos confrontó Dios con nuestra propia pecaminosidad y aun así nos guió pacientemente al arrepentimiento. Tenemos que considerar al Dios que tiene un tiempo para todo, desde oposición intensa hasta estímulo humilde. Y más que nada, tenemos que hacer a un lado la idea de que Jesús vino a afirmarnos a todos, y aferrarnos a la idea de que él vino a reorientar radicalmente a la gente, a las culturas y a los reinos. Y debemos recordar esto: la creación nueva no coexistirá con la vieja para siempre.

EN HECHOS Al observar la actividad propia de Dios, podemos saber que hay, de hecho, un tiempo para todo. El Dios que ingresó en su mundo que alguna vez fue perfecto y que ahora es rebelde tiene un plan para arrancar y para plantar, para matar y para hacer nacer, para hacer la guerra y para hacer la paz. Benditos los que entienden lo que él hace y forman parte de eso.

8 DE JULIO
Eclesiastés 3:1-8

Lo único importante en la vida es ayudar a establecer el reino de Dios.

León Tolstói

189

Hermoso en su tiempo

Dios lo hizo todo hermoso para el momento apropiado.   ECLESIASTÉS 3:11

9 DE JULIO

Eclesiastés 3:11;
Romanos 8:18

Los dedos de Dios
no tocan nada
sin darle una
forma bella.

George MacDonald

EN PALABRAS Algunas plantas florecerán días después de haber sido plantadas. Otras no florecerán en años, y entonces solo por un corto tiempo. ¿Cuál es la diferencia? Solamente el Dios que ha decretado que la belleza de su creación se manifieste de maneras distintas y en épocas distintas.

Probablemente conoces gente que floreció tan pronto como fue plantada. Tal vez seas una de ellas. Sin embargo, para muchos de nosotros, los que florecieron temprano son frustrantes. Nos hacen recordar lo que nos gustaría que Dios lograra en nuestra vida. Nos ponemos impacientes con las estaciones de Dios y nos preguntamos si él alguna vez nos llevará a nuestra propia tierra prometida, como alguna vez esperamos que lo hiciera. Olvidamos la valiosa lección de la diversa flora de este planeta. El crecimiento, la maduración y la fructificación varían ampliamente entre las especies. Y en la mente de Dios, cada cristiano es de una especie distinta. Todos somos diferentes.

Todos somos uno en Cristo, por supuesto, pero en ninguna parte de las Escrituras encontramos un Dios que trate con su pueblo de manera uniforme. Hay gente que parece que nunca sufre, y gente que parece que sufre incesantemente. Hay gente que da fruto casi toda su vida, y los que dan fruto solo un momento. Hay gente que vive por décadas y gente que vive por breves minutos. Y Dios tiene su mano en todos ellos.

EN HECHOS ¿Eres un observador de gente, frustrado con lo abundantemente que Dios ha tratado con otros cristianos y te preguntas si alguna vez hará lo mismo contigo? Hay muchas razones posibles de la tardanza, que oscila entre el pecado en tu vida y la naturaleza especial de los dones que él te ha dado, pero considera al Dios que hace todas las cosas bellas. Él forma un testimonio global para su gloria (Habacuc 2:14). ¿Por qué habría de dejarte afuera?

Considera la promesa en Romanos 8:18 de que los sufrimientos actuales no se comparan con la gloria futura. Luego ubica tu corazón en la gloria futura. Ten en mente que a su tiempo Dios hará que todas las cosas sean sumamente bellas, incluso tu vida.

Escape a la realidad

Piensen en las cosas del cielo, no en las de la tierra.   COLOSENSES 3:2

EN PALABRAS La esencia de la sabiduría, el corazón de esta transformación que llamamos santificación y que Pablo llama renovación de la mente, se resume en este versículo. Ponemos nuestra mente en cosas distintas a las que lo hicimos alguna vez. En nuestro pensamiento, intercambiamos lo temporal por lo eterno, lo que no vale por lo valioso, lo profano por lo santo y el yo por Cristo. Ya no buscamos la oscuridad, solo la luz. Ya no buscamos dinero, solo tesoros. Ya no buscamos nuestra reputación, solo la suya. Estamos en un lugar radicalmente distinto.

Ese lugar es donde está Cristo. ¿Sabías que estamos con él? Esa es la base de la declaración de Pablo: hemos sido levantados con él. Estamos sentados donde él está sentado, y él vive en las profundidades de nuestro corazón, donde alguna vez pensamos que nosotros reinábamos. Entonces, tiene sentido que estemos totalmente absorbidos en nuestra nueva morada y en nuestra vida nueva. No ocuparnos de las realidades eternas sería estar ridículamente fuera de enfoque con el hecho de nuestra nueva naturaleza. Seríamos escapistas que fantasean con cosas sin valor y descuidan riquezas inimaginables. Seríamos como cerdos transformados en príncipes, pero que aún prefieren la porquería. No tendríamos sentido.

No obstante, de esa manera es como viven muchos cristianos. Nos es difícil pensar en la realidad que no podemos ver, aunque es muy, muy real. Estamos bien entrenados en los caminos de este mundo, inmersos en falsas filosofías. Albergamos pensamientos antiguos. Por eso Pablo tuvo que instruir a los creyentes colosenses que, al igual que nosotros, estaban siendo perseguidos por falsas perspectivas. Pongan sus mentes en donde está Cristo y, de hecho, donde están ustedes también.

EN HECHOS Esto es una disciplina. Quizás se nos ha enseñado que disciplinar la mente para pensar de determinada forma es similar a un lavado cerebral, a un escape artificial de la realidad. Sin embargo, para nosotros, poner nuestra mente en las cosas de arriba es un escape *hacia* la realidad. Nos pone prácticamente donde estamos posicionalmente. Renueva nuestra mente y nos hace verdaderamente sabios.

10 DE JULIO
Colosenses 3:1-10

Que la mente de Cristo, mi Salvador, viva en mí día a día.
Kate B. Wilkinson

Tu mente, los pensamientos de Dios

Vístanse con la nueva naturaleza y se renovarán a medida que aprendan a conocer a su Creador y se parezcan más a él. COLOSENSES 3:10

11 DE JULIO
Colosenses 3:1-10

Piensa a través de mí, pensamientos de Dios.

Amy Carmichael

EN PALABRAS Cuando nacemos de nuevo, somos renovados espiritualmente. La Biblia lo deja claro. Somos una creación nueva: la vida antigua ha pasado; una nueva vida ha comenzado (2 Corintios 5:17). ¿Qué significa eso para nuestro cuerpo? Aunque morirá, resucitará. ¿Qué significa eso para nuestro corazón? Aunque era duro y resistente a Dios, ahora es suave y se inclina hacia él. ¿Qué significa eso para nuestra mente? Pablo nos lo dice aquí. Se nos da conocimiento nuevo.

Este conocimiento nuevo no solo es un cambio de opinión. Es una invasión de verdad a nuestra alma que alguna vez estuvo engañada. Ahora tenemos una perspectiva radicalmente nueva, un entendimiento vital de quién es Dios y cómo nos ha salvado su Hijo, y un medio nuevo para tomar decisiones. También tenemos una sabiduría afín con nuestro Creador, una capacidad de pensar sus pensamientos y de vivir su vida. Estamos en un proceso santo de llegar a ser como él.

¿No es eso asombroso? Mientras que muchas sectas y filosofías falsas nos hacen dioses a nosotros mismos, Jesús nos hace humanos con la mente de Dios. Es un principio fundamental del cristianismo: en los que éramos caídos y estábamos muertos ahora habita Aquel que ha resucitado y que está vivo.

¿Significa eso que nuestro pensamiento nunca se equivocará? ¿Que nunca discreparemos? ¿Que nuestra lógica será infalible? Obviamente no, pero sí significa que, al grado en que sometamos nuestro pensamiento a Cristo, podemos tener su mente. Podemos ser guiados y dirigidos, renovados y transformados, moldeados cada vez más a la imagen divina.

EN HECHOS ¿Estás consciente de la meta de Dios para tu vida mental? Tal vez es el campo de batalla más desafiante para un cristiano. Todos nos rendimos muy fácilmente ante la depresión, la negatividad, el engaño, las malas interpretaciones y toda clase de perspectivas falsas. Dios cambia eso, si nosotros se lo permitimos. No tienes que convencerlo de que lo haga; a él le encanta hacerlo. Él quiere que pensemos como él. Que dejemos lo viejo y que abracemos lo nuevo. Confórmate a su imagen diariamente en tu mente.

La necesidad constante

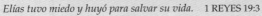

Elías tuvo miedo y huyó para salvar su vida. 1 REYES 19:3

EN PALABRAS Santiago tenía razón cuando escribió que «Elías era tan humano como cualquiera de nosotros» (Santiago 5:17). Aunque la mayoría de nosotros no tiene un ministerio de la magnitud del de Elías, tenemos un reflejo de temor igual al suyo. Elías había pasado los últimos días demostrando el poder de Dios por encima de la religión vacía de Baal. Había visto la verdad eterna con sus ojos muy humanos. De repente, cuando Jezabel persiguió su vida, vio las circunstancias a través de esos mismos lentes, pero con un temor inesperado. Esta vez, esos ojos no vieron la gloria de Dios, solo la ira de Jezabel. Tuvo miedo, así como nosotros.

¿Qué pasa con nosotros que podemos ver las majestades eternas en momentos inspirados y luego nos acobardamos con las amenazas impías en otros momentos? ¿Entra y sale el Espíritu Santo así de libremente en nuestro corazón? Tal vez simplemente es que estamos tan absolutamente llenos de fragilidad humana que solo podemos tener vistazos del poder divino. Tal vez simplemente somos inconstantes en nuestra devoción. Tal vez la fe es un músculo que a veces, por alguna razón, está reacio a actuar. Aunque la fe es, en cierto sentido, nuestro descanso en Dios, todavía podemos cansarnos. Pasamos fácilmente de la ansiedad a la gloria divina y luego a la ansiedad otra vez, y difícilmente nos damos cuenta de qué es lo que nos empodera un día y otro no.

Un corazón de sabiduría afrontará esas incongruencias humanas. Debemos establecer en nuestra mente el hecho de que nunca somos autosuficientes y siempre somos dependientes. Los grandes éxitos no eliminan las profundas necesidades; es un hecho de la condición humana. Tenemos que acostumbrarnos a eso.

EN HECHOS Tenemos que batallar constantemente en contra de dos deseos despiadados: el impulso de pensar que a las grandes victorias debe seguirlas la autosuficiencia; y el impulso de dejar que las circunstancias visibles gobiernen nuestro pensamiento. Elías, el gran profeta de Israel, se rindió ante ambos. Y nosotros también. Frecuentemente.

No dejes nunca que lo visible gobierne. Tu victoria de ayer no decide tu condición de hoy. Ni tus enemigos. Necesitas a Dios desesperadamente cada día, de igual manera, no importa lo amenazadoras o exitosas que se vean las cosas.

12 DE JULIO
1 Reyes 19:1-18

Oh, Dios, no permitas nunca que pensemos que nosotros mismos podemos resistir y que no te necesitamos.

John Donne

El merodeador

El SEÑOR le preguntó a Satanás:
—¿De dónde vienes?
Satanás contestó al SEÑOR:
—He estado recorriendo la tierra, observando todo lo que ocurre. JOB 1:7

13 DE JULIO
Job 1:6-12

No importa cuántos placeres te ofrezca Satanás, su propósito final es arruinarte. Tu destrucción es su máxima prioridad.
Erwin Lutzer

EN PALABRAS El creyente sabio entiende la naturaleza del enemigo. No conoceremos todas sus artimañas y nunca llegaremos al punto donde podamos ser más astutos que él. Vivimos en un mundo que él ha envuelto en oscuridad y confusión, y somos incapaces de penetrar esa oscuridad, por lo menos por nuestra cuenta. No, nuestra tarea en esta misión de reconocimiento es entender: 1) que el enemigo existe; 2) que tiene un plan que apunta a cada uno de los del pueblo de Dios; 3) que él *no* es omnisciente ni omnipresente; pero 4) merodea por este mundo.

Cuando Dios se encuentra con él en el versículo 7, Satanás está ante el trono celestial. Por supuesto que Dios sabe dónde ha estado, pero hace que Satanás admita su plan impío. Ha estado deambulando por toda la tierra para encontrar y exponer evidencias de «falta de gloria»: impureza y mal que podrían arruinar la reputación de Dios. Pedro también menciona la actividad: «Su gran enemigo, el diablo, [...] anda al acecho como un león rugiente buscando a quién devorar» (1 Pedro 5:8). Esto no es una superstición medieval; es una guerra.

La sabiduría del creyente llega al estar consciente de este enemigo. No tenemos que estudiar sus caminos ni obsesionarnos por sus habilidades; solo tenemos que confiar en Jesús. No obstante, tenemos que estar conscientes de que hay una entidad personal malvada que merodea por nuestra puerta en busca de oportunidades. No podemos dárselas por estar descuidados.

EN HECHOS En varios lugares, las Escrituras instan a los santos a que sean «sabios». La actividad del enemigo es la razón más importante de esas instrucciones. No quiere decir que no podamos disfrutar de la vida ni de los dones de Dios; sin embargo, sí significa que nunca podemos bajar nuestra guardia.

Busca a Jesús para todas las cosas, pero especialmente por protección. Él ya ganó la victoria contra Satanás y posee todo el poder sobre él. En un mundo de merodeadores, es sumamente importante recordar eso.

Agredido para gloria

Entonces el SEÑOR preguntó a Satanás: —¿Te has fijado en mi siervo Job?
JOB 1:8

EN PALABRAS Nos gustaría pensar que cuando nos resistimos al enemigo, Dios es nuestro refugio. Y lo es, pero no de la forma en que pensamos. Lejos de ser el refugio de Job, Dios se convirtió en su compañía de relaciones públicas. Él no hace ningún intento de proteger la reputación de Job del enemigo. Específicamente señala a su siervo como blanco.

¿Por qué haría Dios algo así? Job lo ha servido bien. ¿Es esta en realidad la recompensa que recibe? ¿En realidad merece su comportamiento correcto la transacción que se hizo en el cielo, cuando Satanás se acerca al Refugio de Job y el Refugio señala hacia Job? ¿Por qué expondría Dios a su siervo fiel a una tentación, incluso al desastre?

Debido a que hay un propósito global en este universo, y no es la comodidad del hombre. Nos gusta pensar que Dios existe para nuestro beneficio, que él es el celestial otorgador de deseos y suplidor de necesidades. Aunque él se ha comprometido a cumplir los deseos de nuestro corazón —presumiendo que esos corazones son piadosos— y a suplir todas nuestras necesidades —presumiendo que lo buscamos con fe—, sus actos no se guían principalmente para el bienestar del hombre. Sus actos se guían primero para la gloria de su nombre. Y en este caso, la gloria de su nombre exigía una demostración.

EN HECHOS Frecuentemente quedamos atrapados en la forma de pensar que se centra en los humanos. Asumimos que la salvación de Dios se trata primero y principalmente de nuestro bienestar, e incluso tratamos de definir «bienestar» como comodidad, prosperidad, éxito y salud. Dios se interesa en todas esas cosas; después de todo, él nos ama apasionadamente. No obstante, hay un propósito superior: su gloria. Este es un universo centrado en Dios, no en el hombre.

Cuando estés bajo el ataque del adversario, pídele a Dios que te proteja y que te libere, pero más que eso, pídele que preserve su reputación en ti. Pide que su gloria se manifieste en el conflicto. Pídele victoria por su bien en primer lugar, y por el tuyo en segundo lugar. Entiende que este conflicto gira alrededor de asuntos mucho más elevados que tú. Gira alrededor de la gloria de Dios.

14 DE JULIO
Job 1:6-12

La gloria de Dios [...] es el verdadero asunto de la vida.
C. S. Lewis

Dolor y adoración

Job se levantó y rasgó su vestido en señal de dolor; después se rasuró la cabeza y se postró en el suelo para adorar. JOB 1:20

15 DE JULIO
Job 1:13-22

Su amor del pasado me prohíbe sentir que al final me dejará hundirme en problemas.

John Newton

EN PALABRAS ¿Cuál es tu respuesta cuando tus pruebas son más severas? Si eres como la mayoría, la adoración no es tu primera reacción. De hecho, criticamos frecuentemente a Dios, cuestionamos su bondad y hacemos preguntas incisivas de por qué tuvo que pasarnos eso—todo un ritual de autocompasión— mucho antes de llegar a un lugar de verdadera adoración.

La adoración fue la primera reacción de Job. Le habían robado sus medios de vida (es decir, sus bueyes y sus burros). Le habían robado su medio de transporte (es decir, sus camellos). Y habían matado a sus hijos (es decir, su legado). ¡Todo eso en un día! Y la primera reacción de Job, después de su impacto y dolor iniciales, no fue ira, no fueron preguntas y no fue apostasía. Fue adoración. Violó la fórmula de todos los psicólogos de las etapas del dolor.

¿Cómo pudo hacer Job algo así? ¿Sabía que estaba bajo un microscopio divino? No, las preguntas con las que él y sus amigos batallan en los capítulos siguientes indican que él no tenía idea de lo que estaba pasando. ¿Presumía que sus pecados finalmente lo habían alcanzado? No, él mantuvo su integridad a lo largo de todo el libro. Entonces, ¿cómo podía adorar? Muy profundamente, él sabía en su corazón dos hechos esenciales que la mayoría de nosotros cuestiona de vez en cuando: 1) Dios es soberano, y 2) Dios es bueno. Esos eran hechos. Job pudo adorar porque cualquier cosa que estuviera ocurriendo estaba bajo la mano soberana de un Dios realmente bueno. Él no sabía por qué estaban ocurriendo cosas malas, pero sabía quién lo cuidaba. Y a pesar de las circunstancias, sabía que Aquel que lo cuidaba era digno.

EN HECHOS Esto va en contra de nuestra naturaleza humana, ¿verdad? Cuando nuestra vida se desmorona, tenemos la inclinación de acusar a Dios por no vivir de acuerdo a su lado del pacto. Job recordó que él no estaba en posición de negociar; nunca lo había estado. Todo lo que había recibido de Dios era de su misericordia. Sabía que el hecho de que entonces todo se hubiera acabado no tenía nada que ver con el carácter de Dios. Cuando nuestras pruebas nos pesan demasiado, incluso cuando hay crisis, debemos recordar la naturaleza inmutable y misericordiosa de Dios.

Nuestro amor más profundo

El Señor me dio lo que tenía, y el Señor me lo ha quitado.
¡Alabado sea el nombre del Señor!   JOB 1:21

EN PALABRAS No, Job no estaba complacido con este giro inesperado de los acontecimientos. No hizo ningún esfuerzo por enmascarar su dolor. No estaba siendo estoico, y tampoco derrochaba optimismo. Estaba destrozado y no podía ocultarlo. No obstante, en su devastación, recordó el carácter de Dios. Recordó que todas las cosas que alguna vez le habían sido dadas eran regalos de una mano misericordiosa. Nunca se había apegado a ellas en realidad.

Ese es el problema de muchas de nuestras pruebas. Sentimos un apego más profundo por las cosas o la gente que se ven amenazadas del que tenemos por el mismo Señor. Por muchos de nuestros amores, ya sean posesiones, gente, lugares o posiciones, casi preferiríamos perder a Dios que perderlos a ellos. Vivimos con un sentido de permanencia en este mundo, y cuando esa permanencia es sacudida, nuestra seguridad se destroza.

Dios tiene un mejor plan para nosotros. Él quiere que amemos a la gente que ha puesto en nuestra vida y que apreciemos sus dones, pero no quiere que perdamos la visión de él. En una crisis, cuando nuestro mundo se desmorona, él quiere ser el fundamento inconmovible. Si estamos construidos sobre ese fundamento, podemos decir juntamente con Job: «Desnudo salí del vientre de mi madre, y desnudo estaré cuando me vaya» (v. 21). Recordaremos que seremos lo que él quiere que seamos, nada más y nada menos. Viviremos como si nuestra vida no fuera nuestra, sino suya. Y que él puede hacer lo que quiera con ella, aunque sea trágico.

EN HECHOS Es difícil mantener esa actitud. Tenemos nuestros planes. Estamos llenos de sueños y metas, inclinaciones y amores. Hemos construido nuestra vida con todas las cosas que pensamos que más necesitamos y muchas de las cosas que nos consolarán. Y cuando Dios deja que su archienemigo nos quite una o todas esas cosas, pensamos que nuestra vida se ha destrozado.

El corazón sabio no se apega demasiado a las cosas de Dios, sino solamente a Dios. Mide con honestidad a qué estás apegado. Cuando estés soportando una prueba, considera el valor de tus pérdidas comparado con la gloria del nombre de Dios. Y deja que su nombre sea alabado.

16 DE JULIO
Job 1:13-22

Nuestro Padre celestial nunca les quita nada a sus hijos, a menos que él quiera darles algo mejor.

George Müller

Palabras mesuradas

No hagas promesas a la ligera y no te apresures a presentar tus asuntos delante de Dios. ECLESIASTÉS 5:2

17 DE JULIO
Eclesiastés 5:1-3

Cuando ores,
deja mejor que tu
corazón esté sin
palabras y no que
tus palabras sean
sin corazón.

John Bunyan

EN PALABRAS Si tuvieras una cita para dialogar con el presidente en el Despacho Oval, ¿te prepararías? ¿Planificarías lo que vas a decir antes de verlo o solamente improvisarías? Todos, menos los más descuidados y negligentes de nosotros, consideraríamos nuestras palabras sabiamente. Nos daríamos cuenta de que nos vamos a reunir con alguien que tiene el poder de cambiar las cosas. Pensaríamos en lo que queremos que cambie.

Sin embargo, rara vez nos acercamos a Dios de esa manera. Tal vez se debe a nuestra percepción de que nuestro tiempo con él es ilimitado. Quizás porque hemos oído a muchos pastores y maestros decirnos que hasta nuestras preocupaciones más pequeñas le interesan. Tal vez hemos interpretado su tiempo generoso y cuidado detallado como razones para que la oración sea informal. Si es así, lo hemos malinterpretado. Dios sí nos da tiempo ilimitado, y sí le importan los detalles, pero la oración es cualquier cosa menos algo informal.

Jesús reprendió tanto a los hipócritas religiosos como a los paganos por sus muchas palabras. Tal vez estaba dirigiendo la atención a sus repeticiones molestas, pero también señaló su idea falsa de que Dios oirá mejor la palabrería (Mateo 6:7). También advirtió que se nos pedirá cuentas por cada palabra inútil que hayamos hablado (Mateo 12:36). Y podemos suponer que su estándar para la oración probablemente no es más bajo que su estándar para las conversaciones.

EN HECHOS Dios nos anima a acercarnos a su trono con audacia y confianza (Hebreos 4:16), pero no nos alienta a que vayamos a su trono con descuido. Nuestras palabras en oración tienen un peso increíble. Deben considerarse cuidadosamente.

Tal vez una buena forma de enfocar la oración sería aplicar el consejo de Salomón. Después de todo, Dios seguramente tiene información más importante que compartir con nosotros que la que tenemos para compartir con él. Sí, él quiere oír nuestros deseos. También quiere que nosotros oigamos los suyos. Ambos son sumamente importantes.

Llamados a ser consoladores

Vi las lágrimas de los oprimidos, y no había nadie para consolarlos.
ECLESIASTÉS 4:1

EN PALABRAS La sabiduría de Salomón en Eclesiastés es una evaluación corrosiva y amarga de cómo es la vida «bajo el sol» (1:3). No toma en cuenta la intervención de un Dios redentor que le da propósito a todas las cosas. No, así es la vida con un Dios distante; en este cuadro, «nada tiene sentido» (1:2). Entonces, cuando este Maestro ve a los oprimidos: a las viudas, a los huérfanos y a los cautivos que se encuentran en la sociedad en cada época, él no ve a ningún consolador. No hay nadie del lado de ellos.

Dios ve la misma situación. Se nos dice que él es «padre de los huérfanos, defensor de las viudas» (Salmo 68:5). No obstante, más que eso, él llama constantemente a su pueblo para que cuide del necesitado. El pueblo de Dios nunca debe ser el opresor sino el que siempre debe estar del lado del oprimido. Debemos trabajar por su justicia, sacrificarnos por su bienestar y proveer para sus necesidades. Es posible tener diversas filosofías políticas, sociales o espirituales en cuanto a cómo debe hacerse esto, y podemos argumentar sobre qué institución está mejor equipada para suplir las necesidades. Sin embargo, hay un principio bíblico contra el que no podemos argumentar si creemos en la Palabra de Dios: es nuestro trabajo mostrar la compasión de Dios a los que la necesitan.

Piensa en los mandamientos. En la ley de Moisés, Dios siempre hizo provisión para las viudas, los huérfanos y otros en necesidad. Proverbios nos dice que cualquiera que oprima al pobre insulta a Dios (14:31) y que Dios no responderá las oraciones de los que descuiden a los pobres (21:13). Y a menos que pensemos que la preocupación de Dios por el necesitado es un fenómeno del Antiguo Testamento, considera a Santiago: la fe verdadera implica cuidar de las viudas y de los huérfanos (1:27).

EN HECHOS ¿Cómo tratas al pobre y al oprimido? Tu respuesta es esencialmente un barómetro de tu relación con Dios. Puedes medir el grado al que late tu corazón con el suyo por tu interés visible y activo por el necesitado. La observación de Salomón de que el pobre no tiene quién lo consuele amerita una respuesta. Dios llama a su pueblo a ser esa respuesta.

18 DE JULIO
Eclesiastés 4:1-3

Cuando le damos nuestra espalda al pobre, se la damos a Jesucristo.

Madre Teresa

Temor culpable

Los perversos huyen aun cuando nadie los persigue, pero los justos son tan valientes como el león.   PROVERBIOS 28:1

19 DE JULIO
Proverbios 28:1;
Levítico 26:14-17

La mente culpable no puede tranquilizarse con nada más que con arrepentimiento.

Benjamin Whichcote

EN PALABRAS Saúl fue implacable en su odio hacia David. En diversas ocasiones, David demostró que no intentaba hacerle ningún daño a Saúl y que esperaba pacientemente el plan de Dios, cualquiera que fuera. No obstante, un temor impío y celoso inquietaba a Saúl. Pensaba que la popularidad de David era su mayor amenaza. Quería mantener su trono, ya sea que fuera la voluntad de Dios o no. Y utilizaría cualquier medio traicionero para hacerlo.

Los que tienen una mala predisposición hacia los demás, frecuentemente son prisioneros de su paranoia. Los persigue implacablemente adondequiera que van. Cometen el error de pensar que los demás son tan manipuladores y malintencionados como ellos, y esa suposición los mantiene con un miedo constante de todos. No hay descanso para ellos, solo escape. La conciencia culpable no tiene paz.

Sin embargo, los que son de corazón puro no tienen nada que temer. Asumen la buena voluntad de los demás porque la tienen en sí mismos. Confían en que el poder de Dios los protege y establece porque han visto su poder en función dentro de su propio corazón. No se preocupan por el juicio de Dios porque conocen su justicia, y no se preocupan por el juicio de los hombres porque conocen el amor de Dios. Una conciencia tranquila siempre está en paz, y siente el poder del Todopoderoso.

EN HECHOS Mucha de la ansiedad que sentimos es producto de una culpa nerviosa en lo profundo de nuestro ser. No confiamos en Dios porque estamos convencidos de que le hemos fallado. Nuestra conciencia no nos dejará descansar. Y tampoco podemos confiar en nadie más. Nos sentimos nerviosos y desconfiados; estamos listos para huir. Tenemos la seguridad de que nuestros pecados, no importa cuán grande o cuán pequeños sean, nos descubrirán.

¿Cuál es el remedio? La limpieza que llega de Aquel de quien escapamos. Él nos busca, pero no para venganza sino para redención. Él quiere reemplazar nuestra conciencia culpable con un corazón en paz. Confía en él. Deja que te haga valiente ante él. Su justicia se te ofrece gratuitamente.

Deleite sobrenatural

¡Qué felices son los que temen al SEÑOR y se deleitan en obedecer sus mandatos!
SALMO 112:1

EN PALABRAS El momento decisivo de mayor trascendencia en la vida de una persona es cuando la salvación llega por gracia por medio de la fe. Aun así, mucha gente batalla interminablemente con los residuos de la naturaleza pecaminosa. El fracaso continuo lanza a muchos de nosotros a cierta clase de desesperación espiritual. Sabemos que somos salvos, pero parece que no somos capaces de vivir así. Somos una contradicción evidente.

El momento decisivo de mayor trascendencia en la vida de un creyente —es decir, después de la salvación— es cuando la búsqueda de la justicia de Dios se transforma de una obligación a un deleite. El tratar de ser santo siempre resulta en fracaso tras fracaso. Enamorarse de un Dios justo da como resultado el progreso. Todavía habrá fracasos, pero hay una estrategia distinta para afrontarlos. En lugar de obsesionarnos con las fallas, comenzamos a obsesionarnos con la bondad de Dios. Podemos dejar el pecado atrás, como la excepción, a medida que continuamos con nuestro amor por un Dios santo. Retiramos nuestro enfoque de nuestras obras y lo colocamos apropiadamente en nuestro Salvador. La ley ya no nos consume; la gracia sí.

Eso no significa que las reglas para tener una vida santa lleguen a ser menos relevantes. Solo significa que nuestro método de crecimiento cambia. En lugar de tratar de eliminar toda perversidad con reglas legalistas, nos enfocamos más bien en nuestra fe en el Justo. La fascinación con su bondad tiene un poder extraordinario para cambiarnos. El temor a la ley no lo tiene.

EN HECHOS No hay duda de que Dios nos llama a tener una vida santa, y no hay duda de que los estándares justos de Dios deben ser también nuestros estándares. El único asunto es cómo lograr nuestro crecimiento. ¿Es por la hipervigilancia hacia una ley inalcanzable o por una fascinación deleitable con Aquel que es santo? Los estándares de los dos no son incompatibles, pero el poder que cada uno ejerce sí lo es. «Nadie puede hacerse justo ante Dios por tratar de cumplir la ley» (Gálatas 3:11). La ley no puede impartir vida (Gálatas 3:21).

¿Cómo adquirimos este deleite? A través de la fe, de la oración y del Espíritu Santo del Deleitable. Tú *puedes* hacer lo humanamente imposible: disfrutar de sus mandamientos.

20 DE JULIO
Salmo 112

La justicia de Jesús es la justicia de una relación de confianza, dependencia y receptividad con Dios.

Michael Ramsey

Bendiciones para siempre

A estas personas no las vencerá el mal; a los rectos se los recordará por mucho tiempo.   SALMO 112:6

21 DE JULIO
Salmo 112

Todos los deleites terrenales no son más que «manantiales»; pero Dios es el océano.

Jonathan Edwards

EN PALABRAS Las promesas para los que se deleitan en los mandamientos de Dios son asombrosas. A cualquiera que nos hiciera esas promesas ahora lo recibiríamos con nuestras sospechas más profundas. Sin embargo, nosotros conocemos a la Fuente de esta promesa. No es un vendedor astuto. Esta promesa es la Palabra del Dios vivo, nuestra ancla absoluta en un mundo de inconsistencias.

¿Qué promete Dios a los que han encontrado esa combinación poco común de temor y deleite (v. 1)? Descendientes bendecidos (v. 2); prosperidad duradera (v. 3); luz, incluso en los tiempos más difíciles (v. 4); bondad (v. 5); libertad del temor (v. 7); seguridad y victoria (v. 8); y honor (v. 9). La extravagancia de la promesa nos abruma. Estamos listos para firmar sobre la línea de puntos.

¿Cuál es el ardid? El ardid es un corazón que le teme a Dios sin terror; un corazón que *quiere* su santidad en lugar de huir de ella. A la naturaleza caída le parece que la Palabra de Dios es restrictiva y condicionante, un límite impuesto a los impulsos que aman la libertad. Por otro lado, la naturaleza piadosa *ama* la Palabra de Dios, incluso a sus piedras de tropiezo más difíciles. Quizás la Palabra de Dios no le parezca fácil ni cómoda, pero la posibilidad de la semejanza a Cristo le parece convincente y, en última instancia, valiosa. Busca la santidad con pasión. Como la bendita cuarta bienaventuranza, es impulsada por el anhelo de justicia (Mateo 5:6). El hambre y la sed del que está fascinado con Dios y se deleita en él serán saciados.

EN HECHOS ¿Quién no quiere que esas promesas sean suyas? Solo los muy cínicos, que dudan de que Dios pueda lograr un cambio radical de los deseos del corazón dentro de ellos mismos. En su análisis final de la oferta, la condición de la justicia es demasiado prohibitiva. Se conocen demasiado bien a sí mismos, pero no lo suficiente a Dios. Se rinden sin esperanza.

No podemos darnos el lujo de dejar pasar esos tesoros. ¿Bendiciones para nosotros y para nuestros descendientes? ¿Seguridad y libertad de la ansiedad? *Debemos* pedirle a Dios que ponga su deleite en nuestro corazón. Es el único camino para su mejor bendición.

Anhelos satisfechos

Los perversos [...] se escabullirán avergonzados con sus esperanzas frustradas.
SALMO 112:10

EN PALABRAS La mayoría de nosotros no se considera malvada. Tampoco nos consideramos justos. No, cuando nos evaluamos, caemos en alguna parte intermedia. Leemos sobre las promesas espléndidas para la vida plena con Dios y nos consideramos indignos de ellas. Y leemos sobre las advertencias siniestras para los perversos y nos consideramos por encima de ellas. Sin embargo, la Biblia no nos da mucha información en cuanto a una espiritualidad mediocre. Siempre clasifica a la gente ya sea como piadosa o impía, buena o mala, santa o profana, salva o perdida. En la Palabra no hay un punto intermedio.

Eso tal vez es reconfortante para los que están seguros de que no son malos, o alarmante para los que están seguros de que no son justos. Para los que conocemos nuestra propia tendencia de asumir por defecto la naturaleza pecaminosa, cuando no estamos específicamente inspirados de lo contrario, este versículo nos impulsa hacia la justicia de Dios. No queremos que esta promesa se cumpla en nuestra vida. Queremos que nuestros anhelos sean los buenos, los refrendados por el mismo Dios.

¿Cómo podemos estar seguros de que nuestros anhelos son piadosos? Podemos examinar su fuente. ¿De qué necesidades surgen? ¿Qué propósito cumplirán? Si existen para satisfacer nuestras propias inseguridades y planes, tenemos que reconsiderarlos. Deben surgir del amor de Dios y de su Palabra. Cuando lo hagan, se *cumplirán*. Dios lo ha prometido.

EN HECHOS Todos tienen anhelos. La mayoría de ellos es moralmente neutral. La verdadera pregunta que deberíamos tener en cuanto a ellos es de dónde provienen.

Dios nos ha asegurado en su Palabra que los deseos que salen de un corazón egocéntrico e inmoral serán frustrados totalmente. Nunca se cumplirán en ningún sentido duradero, porque hay un principio fundamental en este universo: el corazón de Dios decide.

¿Está alineado tu corazón con el de Dios? ¿Lo amas? ¿Amas su Palabra, su voluntad y sus caminos? Entonces es seguro: tus anhelos serán satisfechos.

22 DE JULIO
Salmo 112

Oh Señor, nuestro Dios, concédenos gracia para desearte con todo nuestro corazón.

Anselmo

¿Y si?

La fe es la confianza de que en verdad sucederá lo que esperamos; es lo que nos da la certeza de las cosas que no podemos ver. HEBREOS 11:1

23 DE JULIO
Hebreos 11:1, 6

La fe es la visión del ojo interno.
Alexander Maclaren

EN PALABRAS Has orado y has tratado de armarte de fe. Has pasado por dificultades y has tratado de cultivar la esperanza. Has leído titulares y has tratado de mantener la confianza. Mientras tanto, has batallado con dudas. Te has preguntado si Dios en realidad se hará evidente, si las pruebas en realidad se resolverán, si las circunstancias en realidad obrarán para el bien. Has cuestionado a Dios.

La mente humana está llena de los «¿y si?». «¿Y si estoy interpretando mal las promesas de Dios?»; «¿Y si la Biblia está equivocada?»; «¿Y si mis oraciones no son respondidas?»; «¿Y si en realidad no soy salvo?». Las dudas sinceras nos acosan y son implacables. El enemigo de Dios ha sugerido estratégicamente muchos de nuestros «¿y si?»; muchos de ellos son el pensamiento natural de una carne caída. De cualquier manera, estamos inquietos hasta que podemos descansar en Dios.

Eso es parte de la razón para la oración, la oración prolongada, persistente y llena de adoración. Nos saca de un lugar de duda a un lugar de fe. Cuando estamos allí, Dios puede responder de acuerdo a su Palabra. El tiempo que pasamos clamando a Dios no es tanto para convencerlo a él como para convencernos de que él puede suplir, y que suplirá, nuestras necesidades. Nuestra adoración nos recuerda quién es él. Y saber quién es él nutrirá nuestra fe como ninguna otra cosa.

EN HECHOS Cuando enfrentas los «¿y si?», ¿cómo respondes? ¿Los cultivas, pensando en variable tras variable hasta que todo lo que puede salir mal satura tu mente? Ese no es el camino de la fe. Dios nos llama a la clase de adoración que impregna nuestra mente con su poder y amor infalibles. La sabiduría comienza con el conocimiento de quién es Dios, y la sabiduría es frecuentemente un prerrequisito para la fe. No podemos acercarnos a Dios con fe si no hemos determinado primero que su voluntad hacia nosotros es buena. Solo entonces podemos estar seguros de lo que no vemos. Solo entonces podemos aferrarnos a sus promesas. Solo entonces él recompensará a los que lo buscan sinceramente.

El río rugiente

Entonces los israelitas salieron del campamento para cruzar el Jordán, y los sacerdotes que llevaban el arca del pacto iban delante de ellos. Era la temporada de la cosecha, y el Jordán desbordaba su cauce. JOSUÉ 3:14-15

24 DE JULIO
Josué 3:9-17

EN PALABRAS ¿Te has preguntado alguna vez por qué eligió Dios la época de la cosecha para que los israelitas atravesaran el Jordán hacia la Tierra Prometida? El Jordán es una barrera nada formidable gran parte del año, y cuarenta años de peregrinaje les habrían dado una oportunidad amplia para atravesarlo en una época más conveniente. Sin embargo, no fue así; la muerte de Moisés y la llegada de los israelitas a la costa oriental del río los llevó a su orilla exactamente en su época más alta. ¿Por qué?

Dios quiere que sigamos su sabiduría: su guía, su tiempo y sus propósitos. No obstante, frecuentemente dejamos que nuestras circunstancias dictaminen el camino a seguir. ¿Son formidables las circunstancias? Entonces vamos en otra dirección. ¿Es fácil la situación? Entonces seguimos el camino de menos resistencia. Los que tienen una vida que se guía por esta dinámica siguen los caminos del mundo. Los caminos de Dios nos llevarán al Jordán en su nivel más alto. Él nos prometerá liberación en nuestros momentos más oscuros. Él proveerá para nuestras necesidades más abundantemente en una tierra infértil. Él será para nosotros el Dios de lo imposible.

EN HECHOS No permitas que las corrientes de tus circunstancias dictaminen la dirección que seguirás. Ese es el dominio de Dios. Su voz debe hablarnos más fuertemente que los límites que nos rodean. Tenemos que aprender a verlo como el Dios que no tiene restricciones, el Dios que no está limitado por la necesidad enorme de nuestra situación, ni por las limitaciones de nuestras circunstancias.

¿Por qué obra Dios de esa manera? Quizás simplemente porque le da más gloria. Cuando damos solamente los pasos humanamente posibles, le damos el mérito a nuestra humanidad. Solo a Dios se le puede alabar por vencer una imposibilidad. Los milagros señalan hacia él. Espéralos. Pídelos. Nunca dejes que el río rugiente acalle su voz.

La fe ve lo invisible, cree lo increíble y recibe lo imposible.
Corrie ten Boom

Un asunto del corazón

La gente juzga por las apariencias, pero el SEÑOR mira el corazón.
1 SAMUEL 16:7

25 DE JULIO
1 Samuel 16:1-13

La primera y mayor
obra del cristiano
es en relación con
su corazón.

Jonathan Edwards

EN PALABRAS David tuvo siete hermanos. Él era el menor y todos los demás se veían más fuertes y más capaces que él. El sacerdote Samuel era un hombre piadoso, pero vio a los ocho hijos de Isaí tal como lo hacían todos: con ojos humanos. Anticipaba la unción de Dios con medidas terrenales, un error que nadie puede darse el lujo de cometer, pero que todos cometemos. Samuel aprendió un principio divino ese día de selección del rey nuevo: aprendió que la unción de Dios no sigue estándares humanos. Es un secreto en su sabiduría insondable hasta que él está listo para revelarlo.

Piensa en lo que significa eso en nuestras iglesias. Definimos la unción de Dios en un predicador por lo bien que se relaciona con la gente y predica un sermón. Definimos la unción de Dios en un ministerio por lo impresionante que ha llegado a ser su reputación. Definimos la unción de Dios en nosotros por la forma en que nos vestimos, en que nos peinamos, en lo socialmente refinados que somos o en lo talentosos y conocedores que aparentamos ser. Y mientras tanto, la sabiduría de Dios se asoma al corazón de cada persona y mira más allá del talento, de la apariencia, de los dones, del intelecto, de los recursos y de todo lo demás. El carácter es la clave. La obediencia y la sumisión son las piedras angulares de su unción. Él bendecirá a la gente que menos esperamos que bendiga, y hará a un lado a la gente que menos esperamos que haga a un lado, todo porque busca en los lugares que nosotros apenas podemos ver.

EN HECHOS Eso no significa que los dones, los talentos, el intelecto, los recursos e incluso la apariencia, no sean importantes. Simplemente significa que ninguna de esas cosas puede llevar a cabo la voluntad de Dios en una persona si el corazón no está bien.

Eso debería decirnos dos cosas profundas: 1) no podemos juzgar a la gente por los estándares que normalmente usamos, y 2) no podemos ser discípulos en base a los dones que creemos que él nos ha dado. En ambos casos, la opinión popular es irrelevante. Al ojo penetrante de Dios no se le puede engañar. La calidad del discipulado de cualquiera, en todo momento, depende de la condición del corazón.

Cada día más profundo

Yo sé, mi Dios, que tú examinas nuestro corazón y te alegras cuando encuentras en él integridad. 1 CRÓNICAS 29:17

EN PALABRAS Mucha gente piensa que la fe bíblica tiene que ver con cambiar nuestro comportamiento. Muchos de los fariseos y expertos de la ley en los días de Jesús estaban convencidos de que la religión era solamente una expresión externa. Nuestra cultura frecuentemente comete el mismo error. Las pautas y los reglamentos sustituyen un cambio genuino del corazón. Mientras tanto, Dios nos vuelve a señalar su Palabra. No hay nada en ella, en absoluto, que aliente una justicia superficial.

¿No es fácil caer en esa trampa? Sabemos la verdad de que el evangelio tiene que ver con obtener un corazón nuevo. No obstante, buscamos la evidencia externa de nuestro corazón nuevo, como deberíamos hacerlo, y dejamos que la evidencia llegue a ser la sustancia de nuestra fe, lo cual no deberíamos hacer. Las obras externas de justicia son únicamente el subproducto de la obra interna de la fe. Tienen que ser un subproducto muy intencional, a medida que nos entrenamos en ponerle pies a nuestra fe. No obstante, son subproductos. Dios no requiere nada de nuestra conducta que no comience en lo profundo de nuestro espíritu.

Dios desea verdad en nuestras partes más internas. ¿La deseamos nosotros? Dios quiere sembrar su sabiduría profundamente. ¿Queremos eso nosotros? Tal vez hemos fallado en darnos cuenta de la naturaleza radical del evangelio. Tal vez hemos buscado guía para nuestro comportamiento sin buscar primero un cambio en nuestro carácter. Tal vez hemos deseado palabras fáciles de seguir en lugar de la Palabra traumática que nos transforma.

EN HECHOS Dios no permitirá que estemos contentos con eso. Su Espíritu continuará persiguiéndonos tan amorosamente como él pueda perseguirnos; no detendrá su obra en nosotros hasta que haya penetrado en la esencia de nuestro ser. No se conformará con las apariencias.

¿Te conformas con las apariencias? ¿Estás conforme con los actos superficiales de fe mientras que un corazón pecaminoso batalla y gana la batalla por dentro? Adopta los deseos de Dios. Nunca dejes de orar por un cambio hasta que el cambio penetre profundamente dentro de ti. Permite siempre que Dios te lleve más profundo que el día anterior.

26 DE JULIO
1 Crónicas 29:14-19

El crecimiento espiritual consiste principalmente en el crecimiento de la raíz, la cual no está a la vista.

Matthew Henry

Cuando Dios demora

Así que dije: «¡Los filisteos están listos para marchar contra nosotros [...]».
De manera que me vi obligado a ofrecer yo mismo la ofrenda quemada antes
de que tú llegaras.   1 SAMUEL 13:12

27 DE JULIO
1 Samuel 13:5-15

La paciencia es la
compañera de
la sabiduría.

Agustín

EN PALABRAS A Saúl lo superaban enormemente en tropas y en armas, y estaba rodeado de filisteos vengativos. Esperaba que Samuel llegara e hiciera las ofrendas que asegurarían el favor de Dios, pero Samuel se demoraba. No sabemos por qué; solo sabemos que mientras más tardaba, más desesperado estaba Saúl. Cuando Samuel estuvo oficialmente tarde, Saúl actuó. Él mismo hizo las ofrendas. Él no era sacerdote y no tenía autoridad; pero alguien tenía que hacerlo. Israel estaba en juego.

¿Has orado desesperadamente alguna vez pidiendo la ayuda de Dios, solo para ver que se cumplió el plazo sin recibir respuesta? Dios nos prueba frecuentemente de esa manera. La providencia es lenta en llegar y nos las arreglamos por nuestra cuenta. No tenemos la intención de ser desobedientes; simplemente asumimos que Dios no ha respondido a nuestras oraciones y quiere que nos ayudemos a nosotros mismos. Él no quiere eso. Él espera para ver qué es más importante para nosotros: nuestra obediencia o nuestra supervivencia.

¿Nos sometería Dios en realidad a una prueba tan difícil? Solo pregúntale a Abraham, a Ester o a Pedro. Y recuerda a Saúl. Nuestra obediencia será probada, generalmente en grados menores. No obstante, siempre se reduce a esto: cuando las cosas en realidad son desesperantes, cuando parece que toda nuestra vida depende del siguiente paso, ¿qué haremos? ¿Intervenimos nosotros mismos o seguimos confiando en Dios?

EN HECHOS La vida está llena de estas pequeñas acciones de impaciencia. Oramos, pero no esperamos la respuesta lo suficiente. Al igual que Samuel, Dios se tarda demasiado. Nuestro plazo se acaba; no el de Dios, solo el nuestro. Pensamos que él nos ha dejado solos para enfrentar la situación, que quizás nuestras oraciones no fueron lo suficientemente apropiadas. Sin embargo, es nuestro calendario el que no es el apropiado. La Biblia es enfática y tiene abundantes mandamientos para que «esperemos en el Señor».

La impaciencia de Saúl le costó su reino. Al igual que él, no vivimos en una sociedad que espera. Sin embargo, el reino de Dios es exactamente eso. Él nos probará para ver cuánto lo esperamos. Aférrate a la fe; la respuesta vendrá y nunca es demasiado tarde.

Fortaleza débil

Si fallas bajo presión, tu fuerza es escasa. PROVERBIOS 24:10

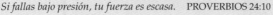

EN PALABRAS Pablo batalló con un aguijón en su carne. Tres veces le pidió a Dios que se lo quitara, pero la respuesta que ahora es familiar fue clara: «Mi gracia es todo lo que necesitas; mi poder actúa mejor en la debilidad» (2 Corintios 12:9). Pablo oyó directamente de la boca de Dios cómo perseverar en una prueba. La fortaleza de Dios es la que nos saca adelante.

Jesús nos aseguró que tendríamos problemas en este mundo (Juan 16:33). ¡Qué negligente sería nuestro Padre si hubiera sabido eso y no nos hubiera preparado para los tiempos difíciles! No estamos diseñados para navegar por esta vida con tranquilidad. El Dios que ha planificado una eternidad para nosotros nos hizo para resistir. Él sabe que habrá problemas. Él simplemente *tiene* que prepararnos para que lo manejemos con gracia y en su fortaleza.

Los productos que se acaban de fabricar frecuentemente pasan por una prueba de tensión. Se les aplica una cantidad extrema de presión —más de lo que experimentarán con el uso regular— para verificar su fortaleza. Dios hace lo mismo con nosotros, por muy doloroso que sea, pero hay una diferencia. Él no prueba nuestra fortaleza. Prueba nuestra inclinación a depender en su fortaleza. Su poder es el único poder que nos puede sacar adelante.

Tendríamos que estar de acuerdo con el proverbio anterior. *Sí* fallamos en tiempos difíciles, y nuestra fortaleza *es* pequeña, pero hemos aprendido un secreto. La fortaleza pequeña deja espacio para el poder de Dios. Nos envía en busca de un Sustentador y Libertador, y no hay una búsqueda que valga más la pena. Lo encontraremos si no tenemos ninguna ilusión en cuanto a nuestra autosuficiencia.

EN HECHOS ¿Estás pasando por alguna prueba? Es más que una lección de tolerancia. Es para tu resistencia y es una lección de dependencia. Conoce tu debilidad. Conoce tu potencial para fallar. Luego conoce el poder de tu Dios. Bendita es la persona que puede decir: «¡Mi fuerza es escasa!» con el conocimiento de que hay una fortaleza disponible mucho más grande. Y bendito es el Dador de gracia suficiente. Cuando somos débiles, él es fuerte.

28 DE JULIO
Proverbios 24:10;
2 Corintios 12:9-10

Cuando un hombre no tiene fortaleza, si se apoya en Dios, llega a ser poderoso.

D. L. Moody

En tus pruebas

A pesar de todo, Job no pecó porque no culpó a Dios. JOB 1:22

29 DE JULIO
Job 1

La prueba es lo que demuestra que una cosa es débil y otra es fuerte.

Henry Ward Beecher

EN PALABRAS Cuando llega la adversidad, nuestra verdadera madurez espiritual sale a la superficie. Muchos de nosotros podemos jugar el juego de la santidad y aparentar ser maduros, mientras que por dentro se propagan actitudes rebeldes. No obstante, cuando viene la adversidad, todo queda expuesto. Nuestros verdaderos sentimientos en cuanto a Dios salen en las preguntas que hacemos y en la forma en que actuamos.

Job fue un santo genuino. Su fe sobrepasó a la de todos en su época. La crisis llegó y Job se guardó sus pensamientos y sus palabras. No pecó acusando a Dios de haberle hecho algo malo.

¿Podemos decir lo mismo? Frecuentemente, cuando estamos en una crisis, le preguntamos a Dios: «¿Por qué me haces esto?». A veces es una pregunta honesta, pero frecuentemente tiene connotaciones de acusación en ella. Estamos completamente seguros de que no merecemos las pruebas que nos han acaecido, sin saber que frecuentemente las pruebas no tienen nada que ver con lo que merecemos o no merecemos. Nuestras pruebas pueden ser, como en el caso de Job, una oportunidad de demostrar la validez de nuestra adoración. Pueden desarrollar nuestro carácter y ayudar para acercarnos más a Dios. Cuando asumimos que nuestra prueba es un juicio o pago injusto de Dios, exponemos nuestros verdaderos sentimientos en cuanto a nosotros mismos. Significa que estábamos en una relación de «esto a cambio de lo otro» con él, en base a derechos en lugar de su gracia.

EN HECHOS La adversidad nos dice mucho de lo que realmente creemos. Tal vez por eso es que Dios permite que nos azote de vez en cuando. Responde las preguntas que necesitamos que se nos respondan. Exhibe la medida exacta de nuestro crecimiento y la verdadera naturaleza de nuestra relación con Dios.

¿Cómo reaccionas cuando estás en una crisis? ¿Es tu primer impulso acusar a Dios de injusticia? Vuelve a la Cruz y recuerda que su juicio de acuerdo a la ley en contra de nosotros habría sido justo. En lugar de eso, Dios nos dio gracia. La crisis significa algo más. Adora a Dios en medio de ella y permite que él use tus pruebas para acercarte más a él.

Confianza implícita

Dios podría matarme, pero es mi única esperanza. JOB 13:15

EN PALABRAS Cuando la fe puede enfrentar la muerte y decir que Dios es bueno, es fe verdadera. No depende de milagros ni de bendiciones y las pruebas no la arrancan. Cuando el salvajismo de Satanás intimida y hiere, el corazón verdaderamente fiel puede decir que Dios es fiel. No deja que la evidencia superficial ponga en duda el carácter firme del Dios amoroso.

Sin embargo, eso no quiere decir que los que tienen fe no pueden hacer preguntas. No podemos hacer preguntas acusadoras —eso sería pecado—, pero podemos pedirle a Dios que nos muestre sus caminos. Podemos preguntarle si nuestro dolor es el resultado de nuestro propio pecado o si tiene algún otro propósito divino. Podemos pedirle a Dios que se manifieste en nuestra prueba y que la use para revelarse a sí mismo de una manera más profunda.

Sin duda Job lo hizo. Su gran declaración de fe —«Dios podría matarme, pero es mi única esperanza»— fue el prefacio de otra declaración: «Voy a presentar mi caso ante él». En otras palabras, Job se comprometió a aferrarse a la fe a pesar de todo, pero mientras tanto iba a hacer algunas preguntas. La fe no implica ignorancia. Nos permite descubrir a Dios.

Se cuenta la historia de un médico en la jungla que se vio obligado a efectuar una cirugía sin anestesia en su joven hijo. ¿Miraría el hijo el bisturí de su padre con horror o con confianza? Eso dependería de la relación. En esta historia, aunque el dolor era insoportable, el hijo estuvo quieto en sumisa confianza. Sabía quién era su padre, y conocía el amor de su padre.

EN HECHOS ¿Lo conoces tú? ¿Puedes ver el bisturí del Padre con una confianza implícita de que él sabe lo que hace? ¿Estás seguro del amor que respalda tu prueba? Aunque parezca que te quita la vida, ¿confiarás en él todavía? La fe genuina siempre llegará a ese punto. Ella puede preguntar muchos «por qué» mientras tanto, pero sabe que las respuestas, cualesquiera que sean, no van a destruir la fe. Eso es seguro. A pesar de nuestras crisis, Dios es digno de confianza.

30 DE JULIO
Job 13:13-19

La esperanza puede ver el cielo a través de las nubes más espesas.

Thomas Benton Brooks

¿Castigo o amor?

Él hace que estas cosas sucedan para castigar a las personas o para mostrarles su amor inagotable. JOB 37:13

31 DE JULIO
Job 37

Dios prueba nuestra fe para que nosotros podamos probar su fidelidad.

Anónimo

EN PALABRAS La observación de Eliú en Job 37:13 es perceptiva. Las nubes que Dios trae a nuestra vida podrían ser juicio. También podrían ser misericordia. De cualquier manera, nuestro centro de atención durante las pruebas tiene que estar menos en la intención de Dios que en nuestra respuesta.

Frecuentemente, las acciones de Dios tienen diversos efectos en la gente. Su presencia puede ser reconfortante para una persona y sumamente incómoda para otra, dependiendo de la relación anterior. Sus bendiciones pueden ocasionar la gratitud de una persona o cultivar la corrupción de otra. De nuevo, todo depende de la relación anterior que tengamos con nuestro Creador. Lo mismo sucede con nuestras pruebas. En algunas personas, las pruebas ilustran que su adoración es genuina y las acercan más profundamente a Dios. En otras, las pruebas las alejan. No tendrán nada que ver con un Dios que permite que sufran.

En la adversidad, ese campo intermedio de indiferencia desaparece. Cuando la Segunda Guerra Mundial terminó, algunas personas se alejaron de los campos de concentración con una fe más profunda, y otras sin nada de ella. ¿Cuál fue la diferencia? Su relación anterior con Dios probablemente tuvo algo que ver con eso. La adversidad solo resaltó la diferencia entre lo genuino y lo falso. Quitó la ilusión de la fe tibia y llevó a la gente a extremos, ya fueran calientes o fríos.

EN HECHOS Dios enviará nubes a tu vida. Tal vez ahora están sobrevolando. ¿Serán tu castigo? ¿O te refrescarán y te harán ver su amor? La respuesta puede ser menos un asunto de su intención que de tu respuesta. Todo depende de cómo decidas verlas.

Deja que las nubes de adversidad te lleven a la presencia de Dios. Deja que revivan una pasión en tu corazón por conocerlo más profundamente y para adorarlo más auténticamente. No huyas de ellas. Deja que persistan lo suficiente para ver que la misericordia de Dios llega del cielo al final.

Señor de la mañana

¿Alguna vez has ordenado que aparezca la mañana o has causado que el amanecer se levante por el oriente? JOB 38:12

EN PALABRAS Esta es la pregunta de Dios para el ego humano. Él tiene su manera de recordarnos nuestras limitaciones cuando nos sentimos demasiado cómodos con nuestro entendimiento. Cuando las cosas simplemente no tienen sentido para nosotros, Dios nos recuerda que no tienen que tenerlo. Nosotros no estamos a cargo. Nuestro entendimiento no es la clave para el funcionamiento de su creación. Podemos participar en ella sin estar en control ni saber todo lo que hay que saber. De hecho, tenemos que hacerlo. El control y la omnisciencia no son opciones para nosotros.

¿Por qué con tanta frecuencia nos pone Dios en nuestro lugar? Porque tiene que hacerlo. Repetidamente nos salimos de nuestra dependencia de él y tratamos de manejar las cosas por nuestra cuenta. A veces hacemos preguntas que implícitamente lo acusan de ser inepto o ignorante. Buscamos controlar nuestro mundo y dominar nuestros recursos. Dios tiene que recordarnos que no podemos hacerlo. Ese es su trabajo. Nuestro papel es depender y confiar.

Eso no debería hacernos sentir demasiado mal. Al justo Job tuvo que recordárselo también. Quedó atrapado, pensando que sus pruebas tenían que ver con él, con lo que había o no había hecho, o lo que podría hacer para salir de ellas. No se daba cuenta de que sus pruebas tenían que ver con Dios y el verdadero valor de la adoración. Las preguntas de Job fueron impertinentes. A veces, las nuestras también lo son.

EN HECHOS ¿Tienes la tendencia de tratar de controlar tu ambiente? ¿Te sientes fuera de control cuando tu situación se te escapa de las manos? Eso no es un problema. De todas formas, nunca estuviste en control, independientemente de cuánto hayas pensado que lo estabas. Dios es nuestro Amo. Él ordena el amanecer y mantiene la inmensidad de su creación en su mano. Él ha puesto todo en su lugar. Cuando sentimos que nuestras circunstancias están fuera de lugar, debemos buscarlo a él. La respuesta siempre está allí, y no podemos ser impacientes para obtenerla. La sabiduría de Dios es totalmente confiable. Espérala. Cree en ella. Descansa en el conocimiento de que él te ayudará en su tiempo perfecto. Él irrumpirá en tu prueba como el amanecer del día.

1 DE AGOSTO
Job 38:1-21

Inmortal, invisible, único Dios, oculto a la vista en brillante luz.
Walter Chalmers Smith

213

El Dios soberano

Sé que todo lo puedes, y que nadie puede detenerte. JOB 42:2

2 DE AGOSTO
Job 42:1-6

Con frecuencia
ha sido mi deleite
acercarme a Dios y
adorarlo como un
Dios soberano.
Jonathan Edwards

EN PALABRAS Al final de sus pruebas, Job afirma la soberanía de Dios. Ese es un conocimiento al que no llegamos fácilmente. La fe y la experiencia pueden llevarnos a él, pero antes de llegar a esa declaración, nos acosan muchas preguntas de incertidumbre. ¿Resultará esto para bien? ¿Se manifestará Dios o solo me dejará colgando? ¿Ha ocasionado mi pecado que me pierda el plan de Dios?

Sabemos las respuestas correctas a estas preguntas, pero nuestras pruebas invariablemente nos hacen dudar de las respuestas correctas. Las circunstancias pueden ser terriblemente persuasivas. Vemos las cosas negativas, y aunque sabemos que la Palabra de Dios es más confiable que la visión de nuestros ojos, tendemos a poner más fe en lo último. Cuando Dios nos llama a caminar por fe y no por vista, él quiere que creamos en lo invisible más que en lo visible. Él quiere que confiemos en su Palabra. Él quiere que nosotros respondamos las preguntas.

La voluntad de Dios no se anula con nuestras pruebas. Ni siquiera se anula con nuestro pecado. Podemos perdernos de participar y de disfrutar de la voluntad de Dios si somos desobedientes persistentemente, pero sus propósitos *se cumplirán*. Ninguno de sus planes puede frustrarse. Podemos tomar el camino largo y doloroso para encajar en ellos, pero Dios ya ha considerado hasta eso. Él ha visto todas las cosas desde el principio. Sabía de antemano cuál sería tu crisis y cómo responderías a ella. Él siempre ha tenido un plan para llevarte a una fe muy, muy profunda.

EN HECHOS Podemos hacerle nuestras preguntas a Dios, pero debemos saber esto al final: él puede hacer todas las cosas y ninguno de sus planes puede ser frustrado. Las confesiones de arrepentimiento de Job, del capítulo 42, fueron las más exactas que había emitido hasta entonces. Dios es Dios, y sabe lo que hace. Él tiene el control de nuestro futuro. Nos llama a participar en ese futuro de buena gana, pero ya está bien planificado. Anímate con eso, y ten en mente que Dios es soberano.

Un clamor en nuestra crisis

Camina por las espantosas ruinas de la ciudad; mira cómo el enemigo ha destruido tu santuario. SALMO 74:3

EN PALABRAS La escena es de devastación. El templo de Dios ha sido destruido por los enemigos de su pueblo. Parece que no hay liberación, ninguna manera para esquivar la catástrofe. Es un desastre total.

Ese fue el trasfondo del Salmo 74. Sin embargo, este salmo no fue significativo solamente entonces, muchos siglos antes de Jesús; es relevante para nosotros. Nos ofrece el cuadro de un alma desesperada por Dios. No, las ruinas no son físicas, y el templo no está hecho de piedra. El cuadro es significativo para nosotros porque ahora sabemos que el lugar de la morada de Dios en el Antiguo Testamento señalaba a los corazones de su pueblo en el Nuevo. Y todos nosotros, en uno u otro momento de nuestra vida, probablemente hemos sentido la necesidad de pedirle a Dios: «Camina por las espantosas ruinas de la ciudad; mira cómo el enemigo ha destruido tu santuario». Queremos que visite la devastación que hay en nosotros. Necesitamos que entre a las ruinas de nuestra vida.

La misericordia de Dios es la que nos lleva a ese punto, aunque no se siente como misericordia en absoluto. Se siente cruel. Dios nos deja correr por el camino de nuestra rebeldía y deja que nuestro corazón apático nos lleve a consecuencias lamentables —culpa, desesperación, quebrantamiento y profunda necesidad—, pero todo es por su gracia. No podemos conocerlo si no clamamos a él para que visite nuestra devastación. Para eso se nos tiene que llevar al punto de tener que clamar.

EN HECHOS ¿Se ha visto alguna vez tu vida como escena de un desastre? Si no la tuya, ¿has tenido que aconsejar a algún hermano o hermana cuya vida estuvo en ruinas? Podemos saber que el clamor del Salmo 74 es un clamor legítimo. Es un punto necesario al que debemos llegar, ese punto doloroso en que los nervios del alma están expuestos a flor de piel y el consuelo de Dios parece muy lejos. Aprende a verlo como un paso necesario para acercarte más a él. No dejes que eso te desanime. Dios te encontrará allí. Él no te habría dejado caer si no tuviera planes para sujetarte.

3 DE AGOSTO
Salmo 74

Nuestros apuros son las oportunidades de Dios.

Charles Spurgeon

Un Rey en nuestra crisis

Tú, oh Dios, eres mi rey desde hace siglos, traes salvación a la tierra.
SALMO 74:12

4 DE AGOSTO
Salmo 74

Así como Cristo es la raíz por la que el santo crece, él es la regla por la que el santo camina.

Anónimo

EN PALABRAS Eso es lo que necesita nuestra crisis: un Rey. Necesita a Alguien que restaure el orden, Alguien que nos diga cómo volver a estar en armonía con el programa del reino, Alguien que sepa qué salió mal y cómo arreglarlo. Cada vida humana necesita que él la toque.

Hay dos implicaciones profundas cuando llamamos a Dios nuestro Rey: 1) reconocemos su capacidad para reinar sobre nuestras circunstancias, convirtiéndolo en el objeto de nuestra alabanza y el corazón de nuestra adoración; y 2) reconocemos su derecho de reinar en nosotros, sometiéndonos a su autoridad y renunciando al control de la situación. Ambas son respuestas necesarias en las crisis; el Rey habitará en las ruinas de una persona que conoce tanto su poder como su autoridad.

Una trampa en la que fácilmente caen las criaturas caídas es la tendencia de pedirle a Dios que controle todo aspecto de nuestra situación, excepto a nosotros mismos. Queremos que él controle a la gente que nos hace desdichados, las circunstancias que nos ocasionan estrés y las amenazas a nuestro bienestar. Sin embargo, vacilamos mucho más en ofrecerle la autoridad completa sobre nuestra vida. Queremos que él arregle las cosas. No queremos que nos arregle a nosotros.

Generalmente, Dios no trabaja de esa manera. De hecho, frecuentemente él permite que nuestras crisis nos lleven específicamente a un punto de disposición, donde clamamos a él y estamos dispuestos a sacrificarlo todo, hasta nuestra propia voluntad, para que él intervenga. Él tiene que quebrar nuestra independencia si va a dirigirnos. Para que él tome el control, tenemos que cederlo. No hay otra manera.

EN HECHOS Dios trae salvación a la tierra según sus condiciones, no según las nuestras. Queremos que se nos salve de nuestra situación, pero Dios es mucho más amoroso que eso. Él tiene que salvarnos de nosotros mismos: de nuestros planes, de nuestras falsas esperanzas, de nuestra determinación de realizarnos personalmente y de aferrarnos a nuestros propios medios para lograrlo. Frecuentemente, somos renuentes hasta que se produce una crisis; entonces haremos cualquier cosa para ver a Dios. Fue la gracia la que nos llevó allí; es la gracia la que ahora llevará la salvación de Dios a nuestras ruinas.

Una causa en nuestra crisis

Levántate, oh Dios, y defiende tu causa.   SALMO 74:22

EN PALABRAS Cuando la crisis comienza, todo gira alrededor de nosotros. Nos preguntamos cómo nos afectará, cómo podremos salir de ella, cómo sobreviviremos. No obstante, si estamos viviendo una vida centrada en Dios, nuestras oraciones deben girar rápidamente hacia una causa mayor que el impacto inmediato en nosotros mismos. Nuestras oraciones deben girar alrededor de Dios y de sus propósitos.

Mucha gente supone que Dios y sus propios intereses coinciden necesariamente. No podemos permitirnos hacer esas suposiciones. Frecuentemente, el propósito de nuestra crisis es sacarnos de esa inconsciencia. Luego de nuestra típica reacción humana de obsesionarnos con nosotros mismos, debemos darnos cuenta de los propósitos más grandes de Dios, y alinearnos con ellos.

El escritor del Salmo 74 conoce el plan adecuado de oración. Para cuando él llega al final, el problema ya no es suyo; es de Dios. No doblega a Dios para que se conforme a sus propios planes; se ha dado cuenta de que él es parte del plan de Dios para revelarse a este mundo. Su crisis no se trata de la devastación de su vida; se trata del daño que se le hace a la fama de Dios. Ya no le pide a Dios que responda a sus oraciones por razones personales; le pide que responda por razones del reino. Hay un mundo de diferencia.

EN HECHOS Cuando pides la ayuda de Dios, ¿cuál es tu motivación? Si eres una persona común y corriente, oras por tus propias necesidades. No hay nada bíblicamente malo en eso, pero hay una madurez que se debe desarrollar. Las oraciones bíblicas deben alinearse finalmente con el plan bíblico: exhibir la gloria de Dios. No hay mejor manera de obtener victoria en una crisis que cambiando el enfoque de nuestros propósitos a los de Dios. Nuestras oraciones deben cambiar de: «Señor, defiende mi causa» a «Señor, defiende tu causa». Los clamores de ayuda que comienzan con nuestra propia desesperación deben terminar con un interés profundo en la obra de Dios y en la reputación de su nombre. Nuestra causa debe ceder paso a la suya. Nuestra voluntad debe ser formada de acuerdo a la suya. Nuestras ruinas deben reconstruirse para la gloria de su nombre.

5 DE AGOSTO
Salmo 74

Para orar efectivamente, tenemos que querer lo que Dios quiere.

A. W. Tozer

217

Humildad y orgullo

El orgullo lleva a la deshonra, pero con la humildad viene la sabiduría.
PROVERBIOS 11:2

6 DE AGOSTO
Proverbios 11:2;
1 Pedro 5:5

Es nuestra suficiencia, no nuestra desdicha, la que se interpone en su camino.

Daniel Considine

EN PALABRAS Dios odia el orgullo. Se opone a él todo el tiempo. Las Escrituras sugieren que fue el orgullo lo que hizo que Satanás cayera del cielo, y también lleva a nuestra caída. Este proverbio y su conocido versículo compañero en 16:18 —«El orgullo va delante de la destrucción, y la arrogancia antes de la caída»— solo son dos de las muchas referencias bíblicas del odio de Dios hacia esta raíz del pecado. Primera de Pedro 5:5 es explícito: «Dios se opone a los orgullosos».

Para cada persona que busca a Dios y que quiere saber cómo alinearse a su lado, esta es una pista: Dios acoge al humilde. La verdadera humildad y la comprensión del pecado nos llevarán a Jesús, y ese es el único camino de Dios para nosotros, pero *solo* el humilde puede transitar por ese camino. El orgullo humano es su piedra de tropiezo más grande. Nadie que ponga demasiado valor en sí mismo puede entrar en el reino de Dios.

Cuando llegamos a ser cristianos, nos humillamos a nosotros mismos. Era un prerrequisito. Nadie puede aceptar el sacrificio de Jesús sin darse cuenta de que lo necesita, y esa aceptación le inflige violencia al ego. No obstante, después de nuestra salvación tenemos una tendencia muy humana de dejar que el orgullo se vuelva a infiltrar. Nos esforzamos por hacer el trabajo del Espíritu con nuestras fuerzas. Comenzamos a pensar que nuestra justicia es en realidad a Dios nuestra y no de Cristo. Pensamos que nuestra lealtad es digna de alabanza y no el producto de pura gracia. En otras palabras, nuestra vida centrada en Dios puede llegar a ser egocéntrica rápida y sutilmente. Es entonces cuando nuestro orgullo necesita ser arrancado.

EN HECHOS ¿Ha permitido Dios que caigas? Si es así, fue por su gracia. Él menoscaba nuestro orgullo porque nos ama. Él *quiere* que tengamos la llave de su corazón. Él divulga el secreto hacia su placer. Es la humildad. La humildad permite la confesión y el arrepentimiento, permite el servicio y la comunión, y permite la adoración. También permite su bendición. El orgullo obstruye todo lo anterior. A toda costa, abandónalo.

Corazones moldeables

Los que están atentos a la instrucción prosperarán; los que confían en el Señor se llenarán de gozo. PROVERBIOS 16:20

EN PALABRAS La raza humana busca el cielo desde esta morada terrenal y asume que Dios exige nuestra justicia. Es un impulso natural que fue colocado dentro de nosotros en el jardín de Edén. No obstante, esa justicia que anhelamos se ha convertido en una búsqueda inútil. Solo la podemos encontrar en Dios. Tiene que ser provista y tenemos que aceptarla por fe, como un hecho de sublime gracia.

Debemos abandonar el impulso de agradar a Dios con nuestra bondad y aceptar lo que él busca en realidad: corazones que puedan ser moldeados. Nuestro maestro Artesano busca oro al que él pueda darle la forma que él quiera. Él desea material que se pueda derretir, formar, martillear y purificar. La justicia depende de él. La disposición a conformarse depende de nosotros.

Cualquiera que ponga atención a las instrucciones es un siervo sumiso del Creador. Ha aprendido que nuestro discipulado no se enfoca en los logros sino en la configuración. Se nos está configurando a la imagen del Hijo, que es la imagen exacta del Dios invisible. El diseño de nuestra creación, que se trazó para que encajara en la imagen de Dios mismo, según Génesis 1:26-27, se cristaliza ahora. Pensamos que habíamos desbaratado ese llamado valioso, pero se ha restaurado. La Imagen ahora vive dentro de nosotros. Él nos conforma incluso ahora mismo.

La parte difícil de poner atención a las instrucciones, al ser material lo suficientemente maleable para que Dios le dé forma, es que requiere de una tremenda cantidad de confianza. No nos gusta ceder tanto control. Tenemos nuestros propios planes para lo que nos gustaría, pero debemos renunciar a ellos. Solo prospera el que oye las instrucciones. El que endurece su alma a la obra de Dios perderá la bendición de que se le conforme a Jesús.

EN HECHOS ¿Te sometes al mazo de Dios? La sumisión a la mano del Artista debe ser nuestra postura constante. La imagen pura que resulta es demasiado valiosa para perderla. Ponle atención a sus instrucciones. La prosperidad que sobreviene es un tesoro sobrenatural.

7 DE AGOSTO
Proverbios 16:20;
2 Corintios 3:18

Oh, Señor, perdona lo que he sido, santifica lo que soy y ordena lo que seré.

Thomas Wilson

El estándar supremo

Mi Padre, quien vive en mí, hace su obra por medio de mí.   JUAN 14:10

8 DE AGOSTO
Juan 14:8-14

Ningún hombre
puede hacer la obra
de Dios si no tiene
al Espíritu Santo
y si no se le dota
de poder.

George Campbell
Morgan

EN PALABRAS Los cristianos comúnmente optan por uno de dos enfoques en un versículo como este. El primer enfoque es asumir que debido a que Jesús fue el Dios encarnado, su relación con el Padre era única y exclusiva para él. Una conclusión lógica, de acuerdo a esta suposición: Jesús es el Único que alguna vez puede decir esas palabras en cuanto a que el Padre hace su obra en él. Con esta comprensión, podemos maravillarnos de la identidad de Jesús, pero nunca podemos participar de ella.

El segundo enfoque asume que la relación que Jesús tenía con el Padre, aunque era única en el sentido de que él es el único Hijo engendrado de Dios, es, no obstante, un ejemplo que debemos seguir. Si es así, él demuestra el potencial de un ser humano completamente rendido a Dios y sometido a su voluntad. Con ese entendimiento, no solo nos maravillamos de la identidad de Jesús, sino que podemos participar de ella.

¿Por cuál de estos dos enfoques debemos optar? ¿Es Jesús único en su relación con el Padre? ¿O nos ofrece él esa relación? El resto del Nuevo Testamento lo deja claro. Si somos obedientes y pedimos esta relación asombrosa, podemos citar estas palabras de Jesús para nosotros mismos: «Mi Padre, quien vive en mí, hace su obra por medio de mí».

¿Es arrogante decir algo así? Pablo lo hizo. Mira Gálatas 2:20 y todos los demás versículos en los que él se refiere a que Cristo vive en él. Las Escrituras nos gritan esta verdad, desde la declaración de Jesús unos cuantos versículos después en cuanto a hacer su obra (Juan 14:12), hasta Pentecostés, hasta Apocalipsis. Está implícita en todas partes. Jesús no solo es nuestro Salvador; es nuestra vida.

EN HECHOS ¿Ves la vida y la obra de Jesús como un estándar imposiblemente alto? Lo son, si confiamos en nuestras capacidades humanas. Sin embargo, Jesús ofrece su Espíritu para que viva en nosotros. Acéptalo. Confía en él. Pídele una exhibición más grande de su vida en ti. No te conformes con menos. Nuestro conocimiento de su presencia y de su fortaleza dentro de nosotros marca toda la diferencia.

Compasión ilimitada

¿Quién es mi prójimo?   LUCAS 10:29

EN PALABRAS La pregunta la hizo un experto en la ley que quería justificarse a sí mismo. Superficialmente parece una pregunta legítima, pero detrás de ella hay una intención sospechosa. El experto en la ley quería limitar su responsabilidad ante los ojos del Señor. Si solo unos cuantos son verdaderamente el prójimo, entonces solo se requiere poco cuando Dios dice que amemos a nuestro prójimo. Buscaba una reducción del requisito, una salida más fácil.

Por mucho que nos gustaría menospreciar al experto en la ley, no podemos hacerlo. Nosotros hacemos exactamente las mismas preguntas. La gracia y el amor de Dios son enormes, ilimitados, capaces de cubrir cada pecado y cada alma. Su compasión no tiene límites. Si las Escrituras nos impulsan a ser como él y a conformarnos a su imagen, sabemos que ese amor y esa gracia sin límites se requieren también de nosotros. No sabemos exactamente cómo manejar eso. Queremos límites. Queremos que Dios nos defina esto: «¿Quién es mi prójimo?».

Piensa en todos nuestros intentos de menoscabar la extensión de los caminos de Dios. «Cuando habla de perdonar a otros, eso quiere decir solamente cuando nos piden perdón, ¿verdad?». «Cuando habla de amar a nuestros enemigos, solo quiere decir que debemos permanecer lejos de ellos, ¿verdad?». «Cuando Jesús nos dice que vayamos a todo el mundo, eso es solo para unos cuantos, ¿verdad?». Las preguntas podrían continuar. Queremos restricciones. Queremos que Dios nos defina los límites de nuestro amor, compasión y misericordia.

EN HECHOS Dios no definirá límites para nuestro amor porque su amor no tiene límites. Por supuesto que él decide juzgar a la gente, pero, a diferencia de nosotros, los juicios de Dios son justos y no están manchados por el pecado. Solo él sabe cuándo es el tiempo apropiado para ellos. Sin embargo, la inmensidad de su compasión es suficiente para cubrir a cada persona del planeta, y él nos llama a ser como él. Eso significa amar al extremo, perdonar al extremo y sacrificarse al extremo. ¿Podemos hacerlo? No. Sin embargo, él puede hacerlo en nosotros y a través de nosotros. Deja que él viva en ti sin límites. Permite que él abra tus ojos a un mundo de prójimos.

9 DE AGOSTO
Lucas 10:25-37

El que está lleno de amor está lleno de Dios mismo.

Agustín

Bocas confiables

Hablar demasiado conduce al pecado. Sé prudente y mantén la boca cerrada.
PROVERBIOS 10:19

10 DE AGOSTO
Proverbios 10:19;
Mateo 12:36

Conversa como
los que saben
que Dios oye.
Tertuliano

EN PALABRAS La lengua humana es difícil de domar. Santiago la compara con un incendio y la llama un mundo de maldad (Santiago 3:6). Esa no es una evaluación muy halagadora, pero es la realidad. Mientras más hablamos, más exponemos los pensamientos internos. Tarde o temprano, los pensamientos pecadores emergen.

Jesús dijo que daríamos cuenta de eso. Cualquier palabra descuidada tendrá que justificarse ante Dios. Este es un pensamiento aterrador, especialmente para los que hablan mucho. Calumnias, mentiras, chismes, pensamientos infieles y cualquier otra corrupción que proceda de nuestra boca tendrá que explicarse. Es aterrador pensar que algo que pensamos tan poco pese tanto. No obstante, todas las cosas pesan para Dios, especialmente las cosas tan poderosas como las palabras.

Dios nos anima frecuentemente a medir nuestra madurez por nuestra capacidad para contener nuestra lengua. El que puede sujetarla es sabio, dice el proverbio. Dios nos asegura de que la palabra hablada es mucho más potente de lo que pensamos. Las palabras pueden inhabilitar las emociones, arruinar las reputaciones, incitar guerras, activar celos y crear rivalidades amargas. La discreción es la mejor parte de la conversación.

EN HECHOS Eso no será cierto en el cielo. Allí podremos hablar libremente porque el pecado no brotará de nuestro corazón. Emitiremos alabanzas de adoración a nuestro Dios y todo lo que digamos a otros será edificante. Esa es la naturaleza de un cielo de donde se ha expulsado todo el pecado. Sin embargo, esa no es la naturaleza de este mundo. Aquí se les paga a los profesionales para chismear mientras que millones los sintonizan, a los polemistas se les requiere discutir y los programas de entrevistas fomentan comentarios tan ofensivos que resultan en violencia insubordinada. El pecado surge a borbotones, y generalmente sale de la boca.

Sin embargo, los seguidores de Jesús son un pueblo apartado. Se nos ha llamado a una disciplina de discreción. Nuestro silencio es frecuentemente más precioso de lo que creemos. El bienestar de los demás frecuentemente está en nuestras manos. Dios arriesgó mucho al darnos bocas para adorarlo y para tener comunión con los demás. Se nos llama a ser totalmente confiables con ellas.

Con los días contados

Enséñanos a entender la brevedad de la vida, para que crezcamos en sabiduría.
SALMO 90:12

EN PALABRAS A pesar de todas las evidencias de lo opuesto, creemos pensando que somos invencibles. Hay algo profundo en el alma humana, algo que ha sido colocado allí por la mano de Dios que nos creó para la eternidad, que nos dice que la vida es interminable. Y lo es, pero hay una diferencia sustancial entre la vida que vivimos ahora y la vida que vivimos en la eternidad. Se traslapan, pero solo en una podemos producir fruto para la otra. Lo que hacemos ahora puede tener consecuencias eternas. Podemos invertir en los tesoros del reino de Dios.

Muchas vidas terminan con remordimientos por esta revelación. Muchos dejamos que nuestros días pasen en modalidad de supervivencia o de entretenimiento, y nunca equilibramos esos intereses con los frutos eternos que importan más. Debemos plantar para que nuestro Dios pueda cosechar y recompensar. Y para sembrar efectivamente, debemos hacerlo con una consciencia clara de que el tiempo para sembrar es sumamente corto. La ventana de oportunidad para producir fruto es muy estrecha.

Santiago nos dice que la vida es neblina. David concuerda: «Cada uno de nosotros es apenas un suspiro» (Salmo 39:5). En el grandioso y eterno diseño de las cosas, somos un pequeño punto en la línea del tiempo. Cuando aprendemos lo que necesitamos saber y estamos equipados para servir, solo nos queda un momento, pero Dios nos ha dado un asombroso privilegio. Podemos lograr en ese momento obras de tal magnitud que durarán para siempre. Dios puede cambiar la vida de la gente a través de nosotros. Él puede moldear a nuestros hijos, a nuestros cónyuges y a nuestros amigos a través de nosotros. Él puede alimentar al que tiene hambre, animar al marginado, redimir al perdido, sanar al enfermo, cultivar adoradores y desarrollar su reino a través de nosotros. No obstante, solo si somos sabios y aprovechamos nuestros días.

EN HECHOS Pablo nos dice que saquemos provecho de cada oportunidad en estos días malos (Efesios 5:16). Son días fugaces, que se escurren sin que siquiera nos demos cuenta. Tenemos que aprovecharlos. Debemos vivir con los ojos puestos en las limitaciones del tiempo y en la certeza de la muerte. La sabiduría llena los corazones de los que pueden vivir con esa perspectiva.

11 DE AGOSTO
Salmo 90

Se nos da el tiempo para usar en vista de la eternidad.

Anónimo

La esencia de nuestra vida

Yo soy el camino, la verdad y la vida; nadie puede ir al Padre si no es por medio de mí.   JUAN 14:6

12 DE AGOSTO
Juan 14:1-6

No es tu adhesión a Cristo lo que te salva; es Cristo.

Charles Spurgeon

EN PALABRAS ¿Te has dado cuenta de cuántas veces dice Jesús «Yo soy»? ¿Está dando a entender el nombre divino de Yahveh —el Yo Soy EL QUE SOY— que Dios le reveló a Moisés (Éxodo 3:14)? Él lo recalca especialmente en Juan: «Yo soy el pan de vida» (6:35, 48); «Yo soy la luz del mundo» (8:12; 9:5); «Yo soy la puerta de las ovejas» (10:7); «Yo soy el buen pastor» (10:11, 14); «Yo soy la resurrección y la vida» (11:25); «Yo soy la vid verdadera» (15:1); y aquí en Juan 14:6: el camino, la verdad y la vida. Él es todo lo que necesitamos para lidiar con este mundo.

Jesús no vino a nosotros y prometió mostrarnos el camino, alimentarnos con pan, resplandecer en nosotros, decirnos la verdad ni proporcionar alguna otra ayuda directa. No, él está mucho más cerca de nosotros que eso. No solo nos ofrece estas cosas; él *es* estas cosas. De una manera muy real y literal, Jesús *es* nuestra vida ahora. No le pedimos ayuda para vivir nuestra vida; le pedimos que viva su vida más profunda y transparentemente cada día. Por eso es que nunca es apropiado verlo simplemente como nuestro Maestro, Guía, Consejero, Sanador, Libertador y cosas por el estilo, si consideramos que esos papeles le pertenecen a una persona aparte de nosotros mismos. Él habita genuinamente en las profundidades de nuestro corazón y nos pide sacar la basura del camino para que él pueda brillar a través nuestro. Nosotros estamos crucificados; él está vivo (Gálatas 2:20).

EN HECHOS ¿Ves a Jesús solamente como a alguien que ha venido para ayudarte? ¿O confías en que él vive en tu corazón? Él no es solo tu ejemplo o tu copiloto. Él es la esencia de tu vida. No puedes conocer al Padre y no puedes ir al cielo si él solo te muestra cómo llegar allí. Él tiene que *llevarte* allí. Al haber nacido de su Espíritu, debemos dejar que su Espíritu viva realmente en nosotros.

Esta es una verdad profunda que transforma la vida. Medita en ella. Ten en mente cada mañana que Jesús está presente dentro de ti debido a tu fe, y que él quiere conformarte totalmente a su imagen.

Los pobres de espíritu

*El sacrificio que sí deseas es un espíritu quebrantado; tú no rechazarás
un corazón arrepentido y quebrantado, oh Dios.* SALMO 51:17

EN PALABRAS En Mateo 5, Jesús abre su boca para comenzar su gran sermón. Las primeras ocho proclamaciones son bendiciones. Las llamamos bienaventuranzas. Tal vez sonaron extrañas para sus primeros oyentes; se impartieron bendiciones a individuos inesperados. No obstante, las bendiciones no deberían haber sonado tan extrañas. Son temas bíblicos a lo largo de la Palabra. La boca sagrada que les habló en el monte era la mente sagrada que las había inspirado siglos antes.

Considera la primera bienaventuranza: «Dios bendice a los que son pobres en espíritu y se dan cuenta de la necesidad que tienen de él, porque el reino del cielo les pertenece» (Mateo 5:3). Considera también el énfasis en la humildad a lo largo de la Palabra de Dios: «Él corona al humilde con victoria» (Salmo 149:4), así como en el versículo de hoy. Jesús le dijo a la gente que entender su bancarrota los prepararía para las riquezas del reino. ¿Fue eso una sorpresa en realidad? Para una nación que se había moldeado en base a una espiritualidad farisea, lo fue. Sin embargo, la Biblia lo había dejado claro desde el principio: el orgullo autosuficiente es el modelo equivocado.

EN HECHOS La autosuficiencia sigue siendo el modelo equivocado. Así como lo fue en el Edén y como siempre será, el orgullo mata. No fuimos hechos para la independencia. No hay nada de autosuficiencia en nosotros más que la capacidad de arreglárnoslas por unas cuantas décadas, e incluso entonces dependemos de los recursos de Dios. No, fuimos hechos para la dependencia absoluta. Tenemos una pobreza de espíritu que solo Dios puede enriquecer. Hay un vacío en el corazón humano que ningún esfuerzo propio puede llenar, aunque lo intentemos desesperadamente.

Esa es nuestra salida: dejar de tratar de llenarlo y simplemente desesperarnos. Allí es donde comienza la vida con Dios. No dejes que la desesperación te lleve a un frenético esfuerzo propio; deja que te lleve a la dependencia total en Dios. No puede haber orgullo en esa postura, solo bendición. Dios siempre responde a los que lo buscan.

13 DE AGOSTO
Salmo 51

La humildad no es nada más que la apreciación y el conocimiento genuino de uno mismo como realmente es.

La nube del no-saber

Los que lloran

Me retuerzo atormentado por el dolor; todo el día estoy lleno de profunda tristeza. SALMO 38:6

14 DE AGOSTO
Salmo 38

En cada punzada que desgarra el corazón, el Hombre de Dolores tiene parte.

Michael Bruce

EN PALABRAS Normalmente no consideraríamos bendecidos a los que tienen los ojos irritados por tanto sufrimiento, pero hay una desesperación que Dios honra. Es la desesperación por la condición humana, por nuestro pecado, por los estragos que este planeta ha visto desde la Caída. Dios nos da una palabra de esperanza: habrá consuelo al final.

David se lamentó por su pecado con Betsabé (Salmo 51), pero ese no es el único salmo que comienza con desesperación; muchos de ellos lo hacen, y casi siempre terminan con alegría. Los que claman a Dios en su aflicción al final se darán cuenta de que su llanto valió la pena completamente. Es una promesa: él convierte nuestro lamento en danza (Salmo 30:11). Los que siembran con lágrimas cosecharán con alegría (Salmo 126:5). Es una historia que se repite a lo largo de las Escrituras: el temor, la desesperación, la desesperanza, las lágrimas y el dolor terminan en victoria, promesa, esperanza, consuelo y paz cuando Dios se involucra. Él siempre da vida.

EN HECHOS ¿Qué haces con tu dolor? ¿Permites que te desanime y que destruya tu fe? ¿Pierdes las esperanzas en medio de una prueba? No lo hagas. Dios no quiere que llegues a preocuparte tanto con los problemas que lo pierdas de vista a él. Especialmente, él no quiere que lleguemos a preocuparnos tanto por nuestro pecado que perdamos de vista su perdón. No hay consuelo en eso. Y Dios es un Dios de consuelo.

El alma afligida es, en efecto, bendecida si la aflicción es de arrepentimiento y de verdad. Nuestro lamento por los caminos de este mundo y los caminos de nuestro propio corazón es totalmente apropiado, y Dios quiere que todos nosotros pasemos un poco de tiempo allí. Sin embargo, no quiere que nos quedemos allí. En medio de nuestro dolor, Dios expresa promesas. En las profundidades de nuestro pecado, él expresa redención. En las profundidades de nuestra aflicción, él llega aún más lejos. Él promete consolar a los que conocen el dolor de este mundo. Él se ofrece a sí mismo como consuelo.

Los humildes

Los humildes poseerán la tierra y vivirán en paz y prosperidad.
SALMO 37:11

EN PALABRAS Cuando se entrena un caballo salvaje para servicio, lo cabalgan hasta que su voluntad se quebranta. Puede requerir de mucha paciencia, pero si el jinete puede perseverar más de lo que el caballo pueda corcovear, se obtiene la victoria. Se quebranta la voluntad y el caballo está dócil, listo para el servicio práctico.

Cuando Jesús dijo que los humildes serán bendecidos, él se refería a una mansedumbre, una humildad, una sumisión que una voluntad indómita no conoce. También evocó el Salmo 37. Fue una promesa de que los que tienen una voluntad gobernada por Dios —en otras palabras, que ha sido quebrantada— entrarán a su herencia. Se aplica al reino de Israel y a la Tierra Prometida difícil de conseguir, como este versículo pudo haber pretendido originalmente. También se aplica a cualquiera que sabe que las cosas buenas llegan de Dios. Somos sus hijos y él nos bendecirá con una herencia abundante. Somos aptos para ella si somos humildes.

¿Por qué valora Dios tanto la humildad? Porque ella cede ante él. No toma las riendas sino que reconoce la capacidad de Aquel de quien dependemos. Se honra a Dios con esa deferencia. Le permite obrar en nuestra vida sin que los espectadores confundan su obra con nuestros propios esfuerzos. No logra sus propios planes en detrimento de los intereses del reino. Es la manera apropiada de un ser humano finito y fluctuante de relacionarse con un Dios santo e infinito. Permite que él cumpla su voluntad.

EN HECHOS ¿Dónde estás en la escala de la humildad? No, Dios no te pide que seas tímido y débil. Sin embargo, te pide que seas apacible y modesto, obediente y quebrantado. Él no honra una voluntad indómita. Él honra a los que dependen de él para lograr sus propósitos en sus vidas sumisas. Puede haber fruto eterno de esa vida. Y el fruto eterno es una herencia mayor de lo que podamos imaginar.

15 DE AGOSTO
Salmo 37:1-11

La humildad es la marca de un hombre que ha sido dominado por Dios.
Geoffrey B. Wilson

Los que tienen hambre y sed

Como el ciervo anhela las corrientes de las aguas, así te anhelo a ti, oh Dios. Tengo sed de Dios, del Dios viviente. ¿Cuándo podré ir para estar delante de él?   SALMO 42:1-2

16 DE AGOSTO
Salmo 42

Desear más es una señal auténtica de la gracia.

Robert Murray M'Cheyne

EN PALABRAS Cuando Jesús dijo a sus discípulos que los que tienen hambre y sed de justicia son bendecidos y serán saciados (Mateo 5:6), ¿les estaba recordando este salmo? Quizás. O tal vez les estaba recordando la profecía de Isaías: «¿Alguien tiene sed? Venga y beba, ¡aunque no tenga dinero! Vengan, tomen vino o leche, ¡es todo gratis!» (Isaías 55:1). Los que son pobres de espíritu, los que lloran y los que son humildes encontrarán en sí mismos un hambre santo que persiste en su alma.

Jesús no era ajeno al simbolismo del Antiguo Testamento. Su Espíritu lo había inspirado y su humanidad había sido educada en él. Cuando anunció las bienaventuranzas, acababa de recordarle al enemigo que «la gente no vive solo de pan, sino de cada palabra que sale de la boca de Dios» (Deuteronomio 8:3; Mateo 4:4). Más tarde, se anunciaría él mismo como el pan de vida y la fuente de agua viva. Era verdad que todos los que tenían hambre y sed serían saciados, y todavía lo es; él puede saciarnos.

EN HECHOS Tendemos a pensar que el descontento es un rasgo del carácter impío, pero hay un lado santo en él. El alma descontenta sabe que algo está mal en lo profundo de su ser. Conoce el vacío al que se han referido Agustín, Pascal y muchos otros: el vacío con forma de Dios en cada corazón humano. Sin importar cuánto se trate de llenar ese agujero con placeres, trabajo, gente o cosas, el vacío permanece. Fue esculpido para Dios, y solo Dios puede llenarlo.

¿Tienes hambre y sed? No cometas el error de tratar de satisfacer tus anhelos con cosas sin valor. Solamente Dios puede ocupar efectivamente tu corazón. Ten comunión con él allí. Pídele a Jesús que te bendiga con su presencia hoy.

El misericordioso

Sabía que tú eres un Dios misericordioso y compasivo, lento para enojarte y lleno de amor inagotable. Estás dispuesto a perdonar y no destruir a la gente.

JONÁS 4:2

EN PALABRAS Uno de los ejemplos más vívidos de la necesidad de misericordia en el Antiguo Testamento es un ejemplo negativo: Jonás. Él sabía que Dios era un Dios compasivo, y no quería que Dios tuviera misericordia de los ninivitas. Por eso desobedeció. Cuando se vio obligado a obedecer, se quejó. De alguna manera, la compasión de Dios no se tradujo en la compasión de Jonás.

¿Nos encontramos en un aprieto así? Después de haber sido bendecidos abundantemente con la misericordia de Dios —la gracia y el perdón inmerecidos que hemos recibido por nuestra rebelión en contra del Altísimo—, ¿todavía juzgamos a otros? La idea es absurda, pero casi todos somos culpables. Jesús tiene una bienaventuranza que le gustaría que oyéramos: «Dios bendice a los compasivos, porque serán tratados con compasión» (Mateo 5:7). La implicación es aleccionadora: los que no son misericordiosos no recibirán misericordia. Eso debe doler. Sabemos que se ha aplicado, por lo menos en alguna medida, a cada uno de nosotros.

Los que no han mostrado misericordia nunca han entendido la de Dios. Simplemente no lo entienden. No comprenden las profundidades de las que hemos sido salvos y la mezquindad con la que juzgamos a los demás. Todavía creen que una justicia alcanzable es la clave, y obligan a otros para que se esfuercen por ella.

EN HECHOS ¿Has juzgado alguna vez a alguien más y luego has recordado la culpa que todos hemos compartido ante Dios? Ese es un impulso del Espíritu Santo, que nos recuerda que nosotros también somos dignos de juicio e indignos de misericordia. Capta el recordatorio. Dios abunda en compasión por los que están perdidos y son pecadores, y si vamos a ser como él en algo, debemos compartir esa compasión. Debemos entender la misericordia.

17 DE AGOSTO
Jonás 3:1–4:11

¿Quieres recibir misericordia? Ten misericordia de tu prójimo.

Juan Crisóstomo

El de corazón puro

Crea en mí, oh Dios, un corazón limpio y renueva un espíritu fiel dentro de mí. SALMO 51:10

18 DE AGOSTO
Salmo 51

Si hay alegría
en el mundo,
seguramente el
hombre de corazón
puro la posee.

Tomás de Kempis

EN PALABRAS Jesús llama «bendito» al de corazón puro. Para nosotros es una pureza difícil de encontrar. Nos cuesta mantener pensamientos inofensivos por largos períodos de tiempo. Estamos imbuidos de motivos equivocados y planes mezquinos. Si en realidad somos sinceros con nosotros mismos y con nuestro Dios, sabemos la verdad: nuestra corrupción es profunda.

Jesús conoce la imposibilidad de un corazón puro, y ofrece llenarnos de su pureza. Tenemos al Espíritu Santo que mora en nosotros, con énfasis en lo *santo*. Aun así, nuestra pureza fluctúa tan ampliamente como la energía de nuestra relación con él. ¿Qué podemos decirnos para evitar el desánimo?

Debemos recordar la esencia de la pureza bíblica. Es una devoción resuelta a Dios. No implica que siempre tendremos pensamientos perfectamente puros. Significa que el rumbo de nuestra vida se consagrará sólida e irrevocablemente en él. Cuando los argumentos entre el yo y el sacrificio resuenen en nuestro corazón, el impulso piadoso finalmente prevalecerá. Tal vez fracasemos muchas veces. Independientemente de eso, nuestro deseo de piedad debe permanecer firme. El «espíritu fiel» debe renovarse constantemente.

EN HECHOS Dios conoce la fragilidad de nuestro carácter. El corazón humano es inconstante; se rinde ante las voces de este mundo y las compulsiones de nuestra carne. Sin embargo, es redimible, totalmente redimible. «Por eso puede salvar —*una vez y para siempre*— a los que vienen a Dios por medio de él, quien vive para siempre, a fin de interceder con Dios a favor de ellos» (Hebreos 7:25, énfasis añadido).

¿Hemos olvidado el llamado del Dios santo? Él entiende nuestras imperfecciones, pero nos llama por encima de ellas. Los de corazón puro —los firmes, apasionados y fieles amantes del Salvador— son un trabajo en curso, pero es un trabajo incesante. Nuestra dirección nunca cambia. Dios siempre mostrará más de sí mismo a los que son lo suficientemente bendecidos como para anhelar la pureza.

Los que procuran la paz

Miren a los que son buenos y honestos, porque a los que aman la paz les espera un futuro maravilloso. SALMO 37:37

EN PALABRAS ¿Cómo te sientes cuando alguien te ofende? Generalmente es una reacción candente, una sensación de que han atacado tu reputación y debes enfrentar la ofensa. Reaccionamos ante los insultos y ante la gente agresiva con indignación, por lo menos internamente si no también externamente. Es casi imposible resistir el impulso de tener la última palabra, de arreglar las cuentas verbales y de poner a la gente en su lugar cuando nuestra dignidad ha sido ofendida. Queremos corregir sus conceptos erróneos.

Mucha gente es polémica por naturaleza. Otros evitan la confrontación por fuera, pero se enfurecen por dentro con las ofensas. Ninguna de esas estrategias desarrolla paz. Las relaciones humanas pueden ser volátiles, y nuestro manejo de ellas determina si vivimos en paz en este mundo y con paz en nuestro corazón. Una persona en conflicto generalmente no descansa bien en la noche. En lo profundo sabemos que fuimos hechos para tener compañerismo.

Jesús bendijo a los que procuran la paz. Les dio promesas profundas a los que buscan relaciones de integridad y de apoyo. Cuando lo hacemos, encontramos un tema común: la amenaza más grande de la paz es el orgullo del corazón humano. No se conforma con dejar que otros estén equivocados en cuanto a algo. Se siente impulsado a corregir las cosas. El resultado es una competencia cada vez mayor para determinar qué opinión ganará.

EN HECHOS Se requiere de una madurez profunda para responder a las críticas y a las quejas con apoyo y aliento. El orgullo en nuestro interior no quiere dejar simplemente que las ofensas queden sin responder. La persona que puede responder a un insulto con un halago es una persona que ha vencido el orgullo. Al hacerlo, ha llegado a ser un procurador de la paz, un embajador cuyo interés en la reputación de su Rey es más profundo que su interés en su propia reputación.

Jesús nos dijo que respondiéramos a la gente mala con buenas intenciones. Esa es una respuesta honorable y pacífica. No niega el conflicto legítimo sino que lo neutraliza. ¿Has vencido el orgullo lo suficiente como para hacer eso?

19 DE AGOSTO
Salmo 37:30-40

La paz es una joya tan preciosa que yo daría cualquier cosa por ella, excepto la verdad.

Matthew Henry

Los que son perseguidos

SEÑOR, ten misericordia de mí. Mira cómo me atormentan mis enemigos; arrebátame de las garras de la muerte. Sálvame, para que te alabe públicamente en las puertas de Jerusalén, para que me alegre porque me has rescatado.
SALMO 9:13-14

20 DE AGOSTO
Salmo 9

La prosperidad frecuentemente ha sido fatal para los cristianos, pero la persecución nunca.

Obispo Amish

EN PALABRAS El libro de Hebreos habla de los héroes del Antiguo Testamento que fueron perseguidos: apedreados, aserrados por la mitad, asesinados con espada, desamparados y maltratados. Sufrieron esas cosas porque anticipaban una resurrección, un reino nuevo, una ciudad construida por Dios. Sabían dónde estaban consagradas sus verdaderas vidas y rehusaron aferrarse a los placeres de este mundo. ¿Por qué? Porque los placeres de este mundo son superficiales y efímeros. El reino es profundo y eterno.

Siempre puedes diferenciar entre un creyente que ha plantado sus pies en este mundo y el que los ha plantado en el reino. Aunque todos los cristianos viven en ambos mundos a la vez, decidimos diariamente en cuál invertiremos. Los que invierten en las cosas de este mundo son sacudidos cuando este mundo se sacude. Los que invierten en proyectos del reino pueden perseverar en todo. No pierden nada cuando la bolsa de valores cae, cuando las guerras amenazan vidas, cuando los terroristas se comportan violentamente o cuando los tesoros demuestran ser transitorios. Sus vidas no se cimentan en arenas movedizas sino en calles eternas. Saben hacia dónde se dirigen.

EN HECHOS La persecución, quizás más que cualquier otro acontecimiento, revela qué tan enfocado está un creyente en la eternidad. Por supuesto que nunca la buscamos, pero nuestra fe se purifica cuando llega. Nos damos cuenta en dónde estamos parados y qué valora nuestro corazón. Descubrimos si hemos tenido una visión eterna o si hemos tolerado una mentira temporal.

¿Sabes dónde pondrías tu mirada si fueras perseguido? ¿Destruiría tus sueños el sufrimiento o te haría abrazarlos más profundamente? Tu respuesta indicará dónde has plantado tu vida. Responde con tus ojos en la eternidad.

Oración y pureza

El Señor está lejos de los perversos, pero oye las oraciones de los justos.
PROVERBIOS 15:29

EN PALABRAS Por mucho que nos gustaría pensar que no hay correlación entre nuestro pecado y la profundidad de nuestra vida de oración, el testimonio bíblico es claro: el pecado en el corazón afecta las oraciones de la boca. Hay una limpieza que debe ocurrir antes de ingresar al salón del trono de Dios. Hay un vaciado que debe llevarse a cabo antes de que Dios ocupe el trono de nuestro corazón. Se debe lidiar con la interferencia para que la comunicación sea clara.

Dios toma el pecado en serio, mucho más en serio que nosotros. El corazón que lo tolera no está en condiciones de tener comunión con el Santo. Si la oración es comunión, y lo es, no puede haber nada de ella cuando un alma corrupta trata de tener intimidad con un Dios inmaculadamente puro. Así como el agua y el aceite, no hay mezcla entre el Santo y lo profano. El pecado y la oración no se pueden mezclar.

El principio nos plantea un asunto serio. Sabemos en lo profundo que somos pecadores. ¿Cómo podemos entonces orar alguna vez? Por la purificación que llega a través de Jesús. Él nos ha limpiado. Él ha abierto la cortina de ingreso al Lugar Santísimo. Podemos entrar y tener comunión con el Dios justo.

No obstante, damos esto por sentado. Quizás pensamos que era un acontecimiento de una vez y para siempre, que la salvación implicaba una limpieza permanente. Así es, por supuesto; para siempre se nos ve como justos ante los ojos de Dios. Sin embargo, esa justicia debe vivirse si la fe va a ser vibrante. Un alma desobediente encontrará poco en común con el Señor de toda la creación. Algunos conocen su posición en Cristo pero no la viven. La oración no puede prosperar en ese contexto.

EN HECHOS ¿Has sentido alguna vez que tu relación con Dios, aunque es genuinamente segura, funciona de una forma extraña? ¿Parece que tus oraciones no están en sintonía con su voluntad? Por su misericordia, Dios te llama a que te acerques. Debes dejar tu pecado para acercarte más a él, pero es un intercambio que vale la pena infinitamente. El pecado obstaculiza la oración y la comunión. Confiésalo, arrepiéntete de él, corrige tus errores y acércate al corazón de Dios.

21 DE AGOSTO
Proverbios 15:29;
Santiago 5:16

Mientras jugueteemos con cualquier clase de pecado, nunca veremos claramente el rostro bendito de nuestro Señor.

Juliana de Norwich

Oración y pobreza

Los que tapan sus oídos al clamor del pobre tampoco recibirán ayuda cuando pasen necesidad. PROVERBIOS 21:13

22 DE AGOSTO
*Proverbios 21:13;
Salmo 82:3-4*

El que quiere algo de Dios debe acercarse a él con las manos vacías.

*Robert C.
Cunningham*

EN PALABRAS Cuando la mayoría de nosotros habla de obstáculos para la oración, menciona lo obvio: pecado, deseos egoístas, duda, enemistad con otros y cosas semejantes. Pocos recordamos versículos como este, que hacen que la respuesta de Dios a nosotros dependa de nuestra respuesta a los demás. No obstante, las Escrituras son claras, y el libro de Proverbios y otros pasajes del Antiguo Testamento son muy enfáticos en cuanto a eso: Dios es intensamente compasivo con el pobre, y sus seguidores también deben serlo.

Hay una lógica detrás de esto. Los que en realidad entienden lo que Dios ha hecho reflejarán su gracia en su actitud hacia el oprimido. En un sentido muy real, todos estábamos destrozados y éramos indigentes. Necesitábamos compasión y restauración, y Dios nos las dio. Él es quien le da al pobre. Él nos alienta a reconocer nuestra pobreza para que su gracia nos bendiga (Mateo 5:3; Lucas 6:20). Cualquiera que entienda esto y que lo acepte debe salir y hacer lo mismo. De otra manera, somos culpables de una hipocresía extrema. Recibimos misericordia sin extenderla. Tomamos pero no damos.

Podemos estar satisfechos con ayudar al pobre cuando lo encontramos, pero Dios es más intencional que eso. Él los busca, así como nos buscó a nosotros. Él es el Proveedor que suple cada necesidad de los que claman a él, y frecuentemente suple sus necesidades a través de nosotros. Debemos estar disponibles.

EN HECHOS Entonces, ¿cómo enriquecen nuestras oraciones nuestra actitud hacia la pobreza? Los que entienden la compasión de Dios hacia el necesitado, los que la han experimentado y luego la han expresado a otros, son más capaces de entender la voluntad de Dios y de orar con pasión por sus propósitos. El corazón de compasión que late en el Espíritu de Dios es el corazón de compasión que late en nosotros. Esto nos pone en una comunión profunda con él. La oración trata precisamente de una comunión profunda con él.

¿Parece que no van a ninguna parte tus oraciones? Revisa tu interés en el pobre. ¿Refleja el de Dios? Si no, busca un cambio. Los que suplen las necesidades de otros verán que Dios suple las suyas.

El lado espiritual del dinero

Si no son confiables con las riquezas mundanas, ¿quién les confiará las verdaderas riquezas del cielo? LUCAS 16:11

EN PALABRAS Hay un tema inesperado del que la Biblia habla en más de 2300 versículos. Habla de él más frecuentemente que del cielo, el infierno, la salvación o de cualquier otra clase de doctrinas clave de nuestra fe. Para haberle puesto tanta atención en la Palabra, debe ser de gran interés para Dios. Sin embargo, el tema frecuentemente se considera no espiritual. El tema es el dinero.

La riqueza. Esa cosa perversa que implica que debemos dar cuenta de cada onza de productividad, de cada momento de trabajo y de cada acto de servicio porque no confiamos unos en otros. Piensa en esto: solo tenemos dinero porque necesitamos llevar la cuenta de las cosas que hacemos y de los productos que hemos negociado. No podemos confiar en que otros sean justos, por lo que hemos establecido un sistema de justicia. Hemos colocado valor en varias monedas y las hemos usado para llevar la cuenta de lo que se nos debe. Competimos con otros por los recursos limitados al alcance de la mano. Tenemos dinero porque caímos.

El cielo no será así. Si tuviéramos que hablar del cielo en términos humanos, podríamos confiar en que todos ofrecerían sus productos y servicios gratuitamente porque nosotros ofreceríamos los nuestros gratuitamente. La tienda nos daría sus productos porque sus trabajadores confiarían en que nosotros les daríamos los nuestros. No habrá necesidad de contabilidad en el cielo, porque todas las cosas estarán disponibles en abundancia y todos serán totalmente confiables.

El defecto fatal del comunismo fue que buscaba una economía celestial en una sociedad impía, y eso simplemente no funciona, pero no estamos bajo esa ilusión. El dinero es inherentemente corrupto debido al contexto en el que vivimos. Sin embargo, nuestro uso de él es intensamente espiritual.

EN HECHOS ¿Has considerado el énfasis que tu Padre coloca en tu uso del dinero? ¿O lo has visto equivocadamente como secundario a la vida espiritual y no como un medio central de gracia? Úsalo frecuentemente, pero úsalo bien. Es un asunto espiritual más profundo de lo que podrías haber imaginado.

23 DE AGOSTO
Lucas 16:10-15

Una quinta parte de lo que Jesús tenía que decir fue acerca del dinero.
Billy Graham

Motivos expuestos

La gente puede considerarse pura según su propia opinión, pero el SEÑOR examina sus intenciones. PROVERBIOS 16:2

24 DE AGOSTO
Proverbios 16:2;
Salmo 139:23-24

No es lo que el hombre hace lo que determina si su trabajo es sagrado o secular, es por qué lo hace.

A. W. Tozer

EN PALABRAS En nuestra constante búsqueda de superación personal, nos enfocamos en las cosas que hacemos. A medida que crecemos espiritualmente, nos medimos por nuestras acciones. Nos preocupan los resultados, y siempre y cuando mejoren, pensamos que estamos mejorando.

Sin embargo, Dios tiene un plan distinto. Él mira nuestros motivos. De hecho, Jesús fue particularmente severo con un grupo de expertos legales cuyas obras eran correctas, pero cuyos motivos estaban equivocados. El comportamiento externo, si bien es importante, puede arruinarse con una intención inapropiada. Dios quiere la integridad interna. Si está allí, habrá obras. No obstante, es totalmente posible parecer justos por fuera y estar vacíos por dentro. Jesús se refirió a este fenómeno como «tumbas blanqueadas»: un exterior bello que enmascara la muerte interior.

El problema con nuestra percepción de nosotros mismos es que rara vez somos lo suficientemente perspicaces. Todos nuestros caminos nos parecen inocentes; pensamos que nuestras intenciones son buenas, pero Dios llama a un examen más profundo. ¿Actuamos por un interés propio o por una pasión por Dios y por su reino? ¿Estamos enfocados en nuestra reputación o en la suya? ¿Somos discípulos comprometidos o porque queremos conseguir pronto algo de Dios? Las respuestas no son tan fáciles como pudiéramos pensar. No podemos llegar a ellas por nuestra cuenta. El Espíritu Santo tiene que iluminarnos. Él tiene que hacer brillar grandes dosis de realidad en los propósitos ocultos de nuestro corazón.

EN HECHOS David le pidió a Dios que lo escudriñara y que conociera su corazón (Salmo 139:23-24). Él sabía que sus intenciones le importaban a Dios. Él sabía muy bien que necesitaba una evaluación más objetiva que la propia. Siempre hay más en nuestros diseños de lo que vemos.

¿Quieres que Dios exponga tus intenciones? Pídeselo. El que está motivado por la santidad y la compasión quiere que compartas sus deseos. Él quiere que sus motivos lleguen a ser los tuyos. Él quiere que participes de una pureza más profunda de lo que alguna vez hayas imaginado.

Cómo orar con un plan

*El rey Balac se enfureció contra Balaam [...] «¡Yo te llamé para maldecir a mis
enemigos! En cambio, los has bendecido tres veces».*   NÚMEROS 24:10

EN PALABRAS En la extraña historia de Balaam y Balac (Números 22–24), leemos de un rey convencido de que tiene que ser la voluntad divina salvar a su pueblo. Llamó a Balaam para que emitiera una maldición en contra de la horda de Israel que se avecinaba. Nos maravillamos por la incapacidad de Balac de entender. Pobre iluso; simplemente no entiende. La bendición y la maldición no tienen que ver con su plan personal; tienen que ver con el de Dios. Balaam incluso le dice las reglas claramente, pero Balac simplemente no puede sacar de su mente que si paga lo suficiente, suplica lo suficiente y promete suficiente honor, el mago será capaz de establecer la voluntad divina por sí mismo. Obviamente no puede. Balaam solo puede hacer lo que Dios le dice que haga.

Balac es un blanco fácil para nuestro desdén. ¡Qué tonto! Sin embargo, ¿no somos iguales frecuentemente? ¿No es así como abordamos la oración? Tratamos de persuadir a Dios para que bendiga nuestros propios planes. Elaboramos un plan con toda la confianza de que seguramente es la voluntad de Dios. Pasamos por alto un paso crucial en el proceso. El primer punto en la agenda de cualquier petición de oración no es pedirle a Dios que defienda nuestra postura, que establezca nuestros planes o que cumpla cualquier otro aspecto de nuestros objetivos; es preguntarle cuáles son sus planes. La obstinación de Balac llevó a la frustración completa. ¿Estás completamente frustrado tú también?

EN HECHOS ¿Qué tan frecuentemente oras por tus planes sin consultarle a Dios los suyos? ¿Estás totalmente seguro de que lo que le pides es parte de su plan? No tenemos que conocer cada aspecto de la voluntad de Dios antes de orar, sino que debemos orar con el entendimiento de que su voluntad, lo creamos o no, puede contradecir la nuestra. Simplemente debemos abandonar nuestras suposiciones y estar abiertos a eso. No seas nunca un Balac disfrazado, que usa la oración como una forma refinada de hechicería. Úsala para alinearte con el programa divino. Luego ora con todo tu corazón.

25 DE AGOSTO
Números 24:10-14

No puedes alterar la voluntad de Dios, pero el hombre de oración puede descubrir la voluntad de Dios.
Sadhu Sundar Singh

Más allá de la mezquindad

Comenzar una pelea es como abrir las compuertas de una represa, así que detente antes de que estalle la disputa. PROVERBIOS 17:14

26 DE AGOSTO
*Proverbios 17:14;
2 Timoteo 2:23-24*

Aún no me he
enterado de que
el Espíritu de Dios
obre donde el
pueblo de Dios
está dividido.

D. L. Moody

EN PALABRAS ¿Qué hay en la psique humana que nos hace darle seguimiento a un asunto hasta llegar al centro de un conflicto? ¿Disfrutamos acaso de una buena pelea? Por alguna razón, frecuentemente sentimos que debemos establecer la verdad, tal como nosotros la vemos, incluso en los desacuerdos más insignificantes. A menudo valoramos más nuestras opiniones de lo que valoramos nuestras relaciones.

¿Por qué? ¿Qué capta tanto nuestra indignación que sacrificamos amistades y sentimientos por algo que simplemente no vale la pena? Benditos son los que no tienen un espíritu contencioso dentro de sí, pero la mayoría de la gente, en alguna u otra época, ha batallado con él. Es de la naturaleza humana. Nos sentimos ofendidos cuando la gente está en desacuerdo con nosotros, y nos empecinamos en establecer quién tiene razón y quién está equivocado. Incluso cuando no hay razón ni equivocación.

¿Significa eso que no hay lugar para el conflicto? Obviamente no. Se nos llama a defender lo que es correcto moral y espiritualmente, hasta cierto punto. Ni Jesús fue ajeno al conflicto, y él es nuestro modelo, pero debemos desarrollar discernimiento para saber lo que vale la pena defender y lo que no. La mayoría de nosotros frecuentemente se encuentra confundida con el tema.

EN HECHOS Cuando percibes que un conflicto se intensifica, ¿cuál es tu respuesta? ¿Lo tomas como un desafío que debes ganar? ¿O puedes dar un paso atrás y evaluar si en realidad vale la pena pelear por él? Las relaciones rotas no le agradan a Dios. Él incluso inspira al escritor, unos pocos versículos después, a llamar a una pelea «pecado» (Proverbios 17:19). Es difícil detener las discusiones mezquinas una vez que han comenzado. No le sientan bien a un hijo de Dios.

Aprende a practicar la disciplina de la circunspección. No huyas de un asunto importante, pero no prosigas con alguno que no tiene sentido. Deja que las relaciones lleguen a ser más importantes que las pruebas y los problemas insignificantes. Dios ha hecho eso con nosotros. Tenemos que hacer lo mismo con los demás.

Los pecados secretos

¡El agua robada es refrescante; lo que se come a escondidas es más sabroso!
PROVERBIOS 9:17

EN PALABRAS La medida auténtica de nuestra madurez espiritual siempre se encuentra en nuestros momentos privados. Cuando nadie ve, ¿qué tan puros son nuestros ojos? Cuando estamos solos, ¿qué tan sinceras son nuestras oraciones? Cuando no hay amenaza de que nos contradigan, ¿qué tan precisas son nuestras palabras? La vida secreta es la vida verdadera. Es lo que somos ante Dios. Él lo ve todo.

La naturaleza humana caída tiene una tendencia universal: nos preocupa más nuestra reputación entre los demás que nuestra condición ante Dios. No queremos que nuestros amigos o los extraños sepan nuestros secretos más profundos, pero no nos avergonzamos por ellos ante Dios. ¿Es porque sabemos que él ve y entiende? Tal vez sí. No obstante, cuando hay pecado involucrado, sus ojos santos están más entristecidos que los de cualquier extraño. Aun así, tememos más al extraño.

Por eso es que Jesús pasó mucho tiempo alentando a sus discípulos para que guardaran la integridad de su vida secreta. Su espiritualidad tenía que vivirse más sinceramente a puertas cerradas: en el clóset de oración, en el calendario de ayuno, en la mano que da diezmos y ofrendas. Esas son las señales de que la madurez es real y no solo para una demostración. Sin embargo, esa es la discreción que reservamos para nuestros pecados.

Es natural mantener nuestros pecados en la oscuridad y jactarnos de nuestra espiritualidad, pero Dios no pide lo que surge naturalmente; él exige lo opuesto. Debemos exponer nuestros pecados —confesárselos a él y a los demás— y ser humildes en nuestras disciplinas del Espíritu. La fe se dejará ver en obras, pero nunca se jactará. El pecado, por otro lado, se esconderá de los demás, pero nunca se puede esconder de Dios.

EN HECHOS Si eres como la mayoría, tu reputación es sagrada para ti. La proteges bien. No obstante, ¿qué importa más, tu reputación en el mundo o tu reputación con Dios? La opinión que cuenta más es la suya, y la evaluación de Dios de nuestros pecados secretos es más seria de lo que pensamos. Vive transparentemente ante él. Confiésalos todos con una honestidad visible y sincera. Deja que él brille en tus esquinas oscuras.

27 DE AGOSTO
Proverbios 9:17;
Salmo 90:8

Puede ser un pecado secreto en la tierra, pero es un escándalo a voces en el cielo.

Lewis Sperry Chafer

Ansiedad espiritual

*Dios hizo todo eso para demostrar su justicia, porque él mismo es justo
e imparcial, y declara a los pecadores justos a sus ojos cuando ellos creen
en Jesús.*   ROMANOS 3:26

28 DE AGOSTO
Romanos 3:21-31

La justificación se
lleva a cabo en la
mente de Dios y
no en el sistema
nervioso del
creyente.

C. I. Scofield

EN PALABRAS Para entender realmente el evangelio se necesita de
toda una vida. Tal vez siempre estaremos explorando sus profundidades y nunca encontraremos sus límites. Aunque tratemos
de descansar en la salvación que Dios nos ha ofrecido, todavía
no la hemos comprendido completamente. Tratamos de ganár-
nosla, si no con legalismo entonces demostrando la sinceridad
de nuestra fe.

¿Cómo comprometemos la pureza del evangelio? Cada vez
que nos consideramos a nosotros mismos para ver si nuestra salvación es genuina, la comprometemos. Cuando nos preguntamos
si hemos hecho suficientes obras, hacemos de la salvación algo
por lograr. Cuando nos preguntamos si creemos con suficiente
firmeza o pureza, hacemos de la salvación un asunto de nuestra
propia resolución. Cualquier acercamiento generará un profundo
sentido de ansiedad; ambos basan la salvación en el corazón
inconstante de un ser humano.

Hay una profunda angustia espiritual en el corazón de
muchos cristianos. Es un sentimiento inestable de que tal vez no
hemos hecho lo suficiente, creído lo suficiente, batallado lo suficiente o sacrificado lo suficiente. Pablo nos ofrece la cura: Dios
es tanto el justo como el justificador. La salvación comienza y
termina en él. Todo acerca de ella, aparte de nuestra simple aceptación, es un regalo.

EN HECHOS ¿Qué significa que Dios sea tanto el justo como el
que justifica? Significa que el mismo que nos exige santidad la
logra por nosotros. El mismo que ordena un sacrificio de sangre
provee el sacrificio de sangre. Él requiere perfección de nosotros;
en Jesús, ofrece su propia perfección en nuestro lugar.

El remedio para la ansiedad por nuestra salvación, cuando
aflore, es fijar nuestros ojos en Jesús. No consideres la calidad de
tu fe, y no consideres la abundancia de tus obras. Considera a
Jesús. Cuenta con lo que él ha hecho. Apóyate en su obra. Ten en
mente que él ha satisfecho a Dios completamente, por ti.

Guía irresistible

Podemos hacer nuestros planes, pero el SEÑOR determina nuestros pasos.
PROVERBIOS 16:9

EN PALABRAS Balaam quería aceptar el pago de Balac por maldecir a los israelitas, por lo que fue cuando se le llamó, pero un ángel se interpuso en el camino de su burro y no lo dejaba pasar. Jonás quería irse tan lejos de Nínive como le fuera posible cuando Dios lo llamó para que fuera allá, pero una tormenta y un pez dictaminaron lo contrario. Llegó a ser un evangelista muy renuente pero muy efectivo. Pablo quería viajar por Asia Menor predicando el evangelio, pero el Espíritu Santo no lo dejó. Había un plan mejor. Una visión dirigió a su grupo a Europa, y nació una frontera nueva para la iglesia.

Esos ejemplos varían en su santidad, pero no en los medios para su dirección. Cada uno tenía un plan que no encajaba con el plan supremo de Dios. Dios los llevó adonde él quería que fueran, ya fuera a gusto o en contra de su voluntad. Su plan prevaleció.

Lo mismo sucede con nuestros planes. Nosotros determinamos la dirección que queremos tomar y Dios interviene. A veces es incluso una dirección piadosa, como en los intentos de Pablo de evangelizar el Asia Menor. No obstante, si Dios en realidad quiere lograr algo, y nuestros planes no encajan con sus propósitos, sus propósitos prevalecerán. Él intervendrá. La voluntad humana no puede frustrar su plan predominante.

EN HECHOS Nunca podemos tomar ese principio como una excusa para ir tras nuestros intereses egoístas. Dios quiere que siempre busquemos su voluntad y que la sigamos obedientemente. Sin embargo, aunque tratemos de perfeccionar ese proceso, siempre hay un elemento de inseguridad en él. Rara vez estamos absolutamente seguros de su dirección. Aun así, él determina nuestros pasos. No somos títeres, pero su voluntad no se puede usurpar. La única pregunta es si seremos flexibles buscando cumplirla, u obstinados tratando de desafiarla. De cualquier manera, ya sea en rebeldía o en acatamiento, Dios logrará sus propósitos en este mundo cuando él decida hacerlo.

Confía en la guía de Dios, aunque no estés seguro de ella. Él *cumplirá* su plan. Abre tu corazón para ir a cualquier lugar que él te lleve, y permite que él guíe.

Si una oveja se desvía de sus compañeras, el pastor envía a su perro por ella [...] para que la lleve de vuelta; de la misma manera lo hace nuestro Pastor celestial.

Daniel Cawdray

Guía inevitable

Podemos hacer nuestros planes, pero el Señor determina nuestros pasos.
PROVERBIOS 16:9

30 DE AGOSTO
Proverbios 16:9;
Génesis 50:20

Tus caminos
van más allá del
entendimiento,
pero tú conoces el
camino para mí.

Dietrich Bonhoeffer

EN PALABRAS Los hermanos de José lo habían vendido como esclavo. Fue un giro inesperado, especialmente a la luz de los sueños que recientemente había tenido. Esos sueños predijeron que su familia se inclinaría ante él. Convertirse en propiedad de comerciantes ambulantes no parecía encajar con el plan. Tampoco sus años en una cárcel egipcia. ¿Lo había abandonado Dios? ¿Fueron sus sueños simplemente el producto de una imaginación santurrona? ¿Cómo podía haber estado tan despistado?

José no se había desviado. Los planes de sus hermanos para hacerle daño encajaban con los planes de Dios para hacerle bien. Aunque todos los involucrados no estaban conscientes de la mano de Dios, sus pasos fueron decretados por él. Había visto toda la tragedia antes y había entretejido su plan en ella. O había visto el plan y había entretejido la tragedia en él. No estamos seguros de cómo funciona su soberanía en el libre albedrío de la humanidad, pero sabemos que funciona. Aun cuando la vida nos lanza lo inesperado, nunca es inesperado para Dios. Él siempre tiene un plan.

Para nosotros es difícil de entender. A veces la vida parece demasiado descarriada. Pensamos que estamos muy desorientados, o que nuestras circunstancias se han salido de control, pero nos olvidamos de esto: somos hijos del Dios que ve más allá y que ya ha entretejido su plan bueno y soberano en el extraño y arrogante libre albedrío de los seres humanos. No estamos tan desviados como pensamos.

EN HECHOS Si la soberanía de Dios se aplica a los hechos de los hermanos celosos de José, sin duda se aplica a nuestros procesos de toma de decisiones. Nos estresamos y nos ponemos tensos por encontrar la voluntad de Dios, y es importante que busquemos su dirección en todas las cosas. No obstante, si hemos hecho ese intento sincero y avanzamos en fe, no tiene sentido que vacilemos y que nos preguntemos si de alguna manera pasamos por alto su plan perfecto. Él ha decretado nuestros pasos, incluso cuando no estamos seguros de ellos. Hace mucho tiempo él tomó nuestra voluntad, aun cuando éramos voluntariosos, y la usó para sus propósitos. ¿Cuánto más nos mantendrá cerca de su plan cuando apuntamos a la fidelidad? Busca la voluntad de Dios y determina seguirla, pero no te pongas tenso por tus pasos. Él siempre los pone en orden.

La riqueza, una ilusión

¿Por qué tendría que temer cuando vienen dificultades, cuando los enemigos me rodean? Ellos se fían de sus posesiones y se jactan de sus grandes riquezas.

SALMO 49:5-6

EN PALABRAS El Salmo 49 es un salmo de sabiduría. Nos instruye en los caminos de Dios y nos advierte de los caminos del hombre. Nos ofrece un cuadro de la futilidad del ingenio humano. Nos recuerda que los que tienen poder en este mundo, generalmente los ricos, no tienen poder sobre los hijos de Dios.

¿Por qué tendría que temer el salmista la llegada de los días malos? Porque vivimos bajo la ilusión de que nuestra vida está a la merced de otros: de la gente a la que le debemos, de los que nos gobiernan, de las burocracias e instituciones enormes y más. No puedes luchar contra la municipalidad y no puedes oponerte al statu quo. Cuando la gente poderosa nos dice qué hacer, debemos hacerlo o conseguir los fondos necesarios para ir a un juicio. Ya que esa no es una opción para la mayoría de nosotros, solo nos queda nadar según la corriente con el resto del mundo. Nos sentimos atados a sus caminos.

La buena noticia del Salmo 49 es que en realidad no estamos atados. No estamos obligados a encajar en los sistemas de valores del dinero y del poder. Las camarillas y los clubes de un mundo que se ha descarriado simplemente no importan. Son categorías falsas, invenciones de la imaginación del mundo. El estatus, especialmente el que se basa en las posesiones, es una ilusión fea. Será destrozado al final.

EN HECHOS ¿Por qué es esto un consuelo? Porque fácilmente nos sentimos desanimados cuando nos vemos en el contexto de un sistema mundial distorsionado y engañoso. Se hincha de orgullo por sus logros y nos sentimos excluidos. Sin embargo, nuestro estatus no se basa en sistemas sociales o económicos ni en ningún otro que se nos imponga. Se basa en lo que somos en Cristo. Nuestro valor se basa en lo que Dios ha hecho por nosotros. Nuestra utilidad se basa en el Espíritu que mora en nosotros. Nuestra importancia no se define por nada que podamos llevar con nosotros cuando nos vayamos. Los que confían en esas cosas quedarán descorazonados. Los que no lo hacemos nunca seremos sacudidos.

31 DE AGOSTO
Salmo 49

Para los que buscan bienes antes de buscar a Dios, su camino es interminable, un laberinto desesperado.

Bernardo de Claraval

La muerte, la niveladora

Los sabios finalmente tendrán que morir, al igual que los necios y los insensatos, y dejarán toda su riqueza atrás.   SALMO 49:10

EN PALABRAS Es uno de los misterios más profundos de la vida. Los que fuimos creados para la eternidad y a los que se nos ha dado la capacidad de afecto eterno frecuentemente colocamos nuestro afecto en cosas pasajeras. Todos podemos cometer la traición de Sinaí: mientras Dios hablaba verdades eternas a Moisés en la montaña, los israelitas estaban en el valle adorando a un becerro de oro. Un pedazo de metal. Sin aliento, sin vida, sin poder, solamente un material terrenal que brilla. Dios todavía habla verdades eternas a través de su Espíritu y de la Palabra, y nosotros todavía adoramos oro. Los misterios de la vida rara vez cambian.

Tal vez «adorar» parece un poco severo. Todos sabemos que no es lo mismo poseer riqueza que la riqueza nos posea a nosotros. Podemos poseerla y usarla sin que ella nos controle. No obstante, nuestra sensación de dominio sobre nuestras posesiones frecuentemente es una ilusión y siempre es una tentación peligrosa. Muy fácilmente nuestras cosas comienzan a poseernos. No nos inclinamos ni les cantamos alabanzas, pero nos inclinaríamos de dolor si nos las quitaran. Estamos mucho más apegados a ellas de lo que pensamos.

Este salmo de sabiduría de los hijos de Coré tiene razón: la muerte es la gran niveladora. Los que tienen riqueza y los que no la tienen van a tener exactamente la misma cantidad cuando den su último respiro. Dejamos este mundo como llegamos a él: desnudos y desposeídos. Es posible que se nos haya cuidado bien durante nuestra estadía aquí, pero ninguna de nuestras comodidades perdura. La riqueza en sí misma solo es tan significativa como la tierra en la que se nos sepulta.

EN HECHOS ¿Cuál es nuestra salida de esta trampa? La mayoría de nosotros no decide pasar por esta vida como los monjes y las monjas ascetas o como pobres mendigos. Tenemos dinero y lo usamos frecuentemente. ¿Cuál es la espiritualidad de eso? Podemos usar la riqueza temporal para efectos eternos. Dios ha hecho eso posible. El dinero que se pudre mañana se puede invertir en las vidas que duran para siempre. La riqueza y la piedad pueden ser una combinación poderosa. La sabiduría asegura que lo sean.

Dios, el Redentor

Pero en mi caso, Dios redimirá mi vida; me arrebatará del poder de la tumba.
SALMO 49:15

EN PALABRAS De este versículo es de lo que todo se trata, para nosotros y para los demás. Esta debe ser la primera preocupación de todos nuestros planes y propósitos. No son nuestros hábitos productivos de trabajo, nuestras herencias ni algún otro golpe de fortuna durante nuestra vida lo que diferencia al exitoso del indigente. La tumba hace eso. Solo entonces se cuenta la verdadera riqueza.

¿No es sorprendente la cantidad de tiempo que la gente invierte en asegurar su estilo de vida, su carrera, su educación y sus condiciones de vida, en comparación con el poco tiempo que le dedica a las cosas de la eternidad? Es una señal segura de depravación cuando los hombres y las mujeres no pueden, o no les importa, ver más allá de la tumba. Un día en la eternidad, muchos mirarán atrás con estupefacción. Verán cuánto esfuerzo se invirtió en cosas que no duran y lo poco que se dedicó a las cosas que no mueren. Y habrá crujir de dientes.

«Pero en mi caso, Dios redimirá mi vida; me arrebatará del poder de la tumba». Esta es la afirmación y la esperanza de todo el que ha visto más allá de las ilusiones de fama y fortuna de este mundo. A todo el que fue despreciado por las élites del mundo no le importará cuando sea redimido de la tumba. Ninguno de los juegos que juega la gente importará entonces. Ninguna rivalidad social, económica o política importará entonces. Habrá dos clases de gente: los redimidos y los no redimidos.

EN HECHOS Es enormemente importante mantener la vida en perspectiva. Es peligrosamente fácil quedar atascados en los sistemas de valores del mundo. Sin embargo, una cultura depravada no es un recurso confiable para lo que, o el que, es verdaderamente valioso. La Palabra de Dios sí lo es. Cualquier otro foco de atención es una confianza desubicada.

¿Te desanimas fácilmente por tu estatus en la vida? Entonces pregúntate: ¿quién define ese estatus? ¿Dios o el mundo? Dios solo tiene dos clases, y siempre te recibe en la mejor de ellas. El mundo tiene muchas clases, y todas son falsas. ¿A quién preferirías creerle?

2 DE SEPTIEMBRE
Salmo 49

Dios es el juez de todos los sistemas sociales.

Oscar Romero

Un refugio seguro

Mantenme a salvo, oh Dios, porque a ti he acudido en busca de refugio.
SALMO 16:1

3 DE SEPTIEMBRE
Salmo 16

Esta es la fe
cristiana sabia
y sana: que
un hombre se
comprometa con
Dios; [...] que por
lo tanto ese hombre
no debe tenerle
miedo a nada.

George MacDonald

EN PALABRAS Si vamos a recibir la sabiduría de Dios, debemos saber quién es él. Aunque saber quién es él comienza al leer sobre él en la Palabra, no se acaba allí. A Dios hay que experimentarlo y, para nuestra gran ansiedad, hay que experimentarlo en el crisol de la vida, donde el fuego arde y los corazones se derriten. En las pruebas es que aprendemos más acerca de Dios. Al tener que confiar en él es que llegamos a ser sabios.

David frecuentemente se refería a Dios como su refugio. Él lo sabía. El futuro rey había pasado largas temporadas escondiéndose en cuevas y huyendo de la ira irracional de Saúl. No obstante, las cuevas no eran su refugio. David sabía que había una fuente de protección más segura y más definitiva. Cuando parecía que todo en la vida estaba en su contra, David podía esconderse en la seguridad de Dios.

Los diccionarios definen *refugio* como un lugar de retiro seguro. Ningún refugio conquista las amenazas y los peligros que enfrentamos; nos protege de ellos. No nos promete ausencia de conflicto o de dolor, pero proporciona un lugar seguro de descanso cuando el conflicto o el dolor es intenso. Y podemos tener un consuelo profundo en el refugio que se nos promete. No es una cueva ni un búnker, ni una cuenta bancaria, ni un buen plan. Es Dios.

EN HECHOS ¿Lo conoces como tu refugio? Nunca puedes conocer ese lado de Dios hasta que la crisis azote, pero cuando lo haga, él estará allí disponible. Puede parecer ausente al principio, pero no ignora tus súplicas. Aunque ores por liberación —y la liberación llegará de una forma u otra—, él quiere que primero lo conozcas como el lugar de seguridad y de descanso. El deseo del Padre para sus hijos es que sepamos, en las pruebas más traicioneras de la vida, que su presencia nos recibirá en casa. Cuando solo queramos escondernos, podemos escondernos en él.

Las tormentas arrasan, pero el buen Padre nunca deja a sus hijos a merced de los elementos. Él los resguarda. Tendrán que esperar a que pase la tormenta, pero pueden hacerlo dentro de las paredes sólidas de su presencia, donde un cálido fuego resplandece y su mano consuela. Los sabios siempre irán allí primero.

Una providencia segura

SEÑOR, solo tú eres mi herencia, mi copa de bendición; tú proteges todo lo que me pertenece. SALMO 16:5

EN PALABRAS Muchas decisiones insensatas se han tomado a raíz del vacío del descontento. Ese es un lugar aterrador para guiar una vida, pero lo hacemos frecuentemente. Queremos algo más, algo mejor, porque no estamos muy contentos con nuestra parte en la vida. Olvidamos un principio bíblico inquebrantable: Dios es el Autor de nuestra parte.

No hay nada de malo con una ambición santa. La clave para nosotros es asegurarnos de que en realidad sea santa. Dios ha colocado en nosotros el deseo de trabajar y de lograr cosas, especialmente para su gloria. Sin embargo, podemos engañarnos fácilmente a nosotros mismos pensando que estamos trabajando para Dios, cuando de hecho estamos trabajando para escapar del lugar en el que él nos puso. El contentamiento es fruto de la sabiduría piadosa y una actitud maravillosa de mantener, que comienza con el conocimiento seguro de este versículo: «SEÑOR, solo tú eres mi herencia».

No vivimos en una cultura satisfecha. Nuestra sociedad se mueve principalmente por el desasosiego. En lo profundo sabemos que las cosas no están bien, y la reacción instintiva de un mundo secular es tratar de arreglar la situación. Los que somos de Cristo lo sabemos bien: él es el Reparador, y solo nuestra confianza en él nos liberará de nuestro desasosiego. Esa confianza, si se cultiva correctamente, nos dará el contentamiento que David expresa en este salmo. Ella definirá nuestra seguridad.

EN HECHOS ¿Escribió David de esta paz cuando estaba sentado en el trono o escondido en una cueva? ¿Estaba bailando en alabanzas o lloraba por su hijo Absalón? No importa. La clave del contentamiento es rehusar definir tu vida según tus circunstancias actuales. Es saber que estás donde estás porque Dios es soberano. Aun cuando la situación sea desesperante, podemos decir que «la tierra que me has dado es agradable; ¡qué maravillosa herencia!» (v. 6). ¿Por qué? Porque se nos ha dado un vistazo del final de la historia y de Aquel que la guía. Cualquier cosa por la que estemos pasando terminará bien si confiamos en él. La fe cree esa verdad, se aferra a ella y prospera en ella. El resultado es la sabiduría del contentamiento.

4 DE SEPTIEMBRE
Salmo 16

Si no tenemos tranquilidad en nuestra mente, la comodidad externa no hará más por nosotros que una zapatilla de oro en un pie que padece gota.

John Bunyan

Un consejo sabio

Bendeciré al SEÑOR, quien me guía; aun de noche mi corazón me enseña.
SALMO 16:7

5 DE SEPTIEMBRE
Salmo 16

Aprendamos a
vaciar nuestro
corazón en Dios.

Bernardo de Claraval

EN PALABRAS Qué versículo tan extraño. David alaba al Señor que lo guía; y en la declaración paralela que sigue, le atribuye instrucción a su propio corazón. Ese es el corazón humano, al que Jeremías llamó «lo más engañoso que hay, y extremadamente perverso» (Jeremías 17:9). ¿Cómo podía David confiar en él en la oscuridad de la noche?

El corazón de David había sido formado sobre la base correcta. Considera todo lo que él ha dicho en este salmo: se refugia en Dios, se deleita en el pueblo de Dios, no irá tras otros dioses, está contento con el plan soberano de Dios y disfruta lo que Dios ha hecho en su vida. Un corazón tan saturado de Dios ha sido instruido por Dios. Ha sido transformado y moldeado para que sea conforme a su Creador. Se ha alimentado de la voluntad de Dios y ha confiado en su bondad. Está listo para dar consejo.

¿Significa eso que una persona piadosa es infalible en su consejo? Definitivamente no. Sin embargo, una persona que está sumergida en los caminos de Dios generalmente será capaz de discernir los caminos de Dios. El corazón que desea el plan de él más que el suyo propio es probable que dé buen consejo, incluso en la oscuridad de la noche. Un espíritu que ha nacido de la Palabra viva está apto para aconsejar de acuerdo a la Palabra viva.

EN HECHOS ¡Oh, la sabiduría del Dios vivo! Cualquier otro consejo palidece en comparación. Aun así, tal vez porque pensamos que el consejo de Dios está fuera de nuestro alcance, frecuentemente buscamos recomendaciones inferiores. O quizás porque nos cuesta tanto discernir entre nuestros propios planes y los de Dios, no confiamos en esos impulsos internos. ¿Son de Dios? ¿O son del yo? A menudo no lo sabemos.

Dios no nos deja allí. Anímate; él es nuestro Consejero y nos dirigirá. Y cuando la línea divisoria entre su voluntad y tu corazón comience a desvanecerse, considera que los dos podrían estar alineándose, uno con el otro. ¿Has puesto la base para eso? ¿Es Dios tu refugio, es su pueblo tu deleite y es su plan tu alegría? Entonces Dios le ha dado forma a tu corazón. No confíes en él ingenuamente, sino confía en la obra que él ha hecho en tu corazón. Él lo ha formado para que palpite con el suyo.

Una vida gozosa

Me mostrarás el camino de la vida, me concederás la alegría de tu presencia y el placer de vivir contigo para siempre. SALMO 16:11

6 DE SEPTIEMBRE
Salmo 16

El gozo es la señal más infalible de la presencia de Dios.
Léon Bloy

EN PALABRAS No es coincidencia que este salmo de confianza también sea una profecía mesiánica. Pedro citó sus cuatro versículos finales en el primer sermón de la iglesia llena del Espíritu (ver Hechos 2:25-28). Toda la necesidad de David para refugiarse, toda su necesidad de providencia, toda su necesidad de consejo se resumen en Jesús. En la vida del Santo, inmaculada y eterna, es donde fijamos nuestra esperanza. La gente que ha saturado su vida de Dios y ha permitido que su corazón sea formado por su sabiduría, verá la sabiduría de Dios. Jesús *es* la sabiduría de Dios. Él *es* la provisión de nuestro Señor soberano. Él es nuestro refugio de este mundo de pecado y de muerte. Todos los caminos dados por Dios llevan a él.

David, al escribir proféticamente, dice que no sería sacudido porque el Señor estaba a su lado (v. 8), así como Jesús siguió resueltamente la voluntad de Dios. Ese, de acuerdo a todas las Escrituras, es el camino de la vida. Ese es nuestro sendero: una búsqueda decidida del carácter y de la voluntad de Dios, una devoción incondicional al placer de su compañía y a la belleza de su gloria. No hay gozo real y duradero en este mundo más que el gozo de su presencia. Todos los placeres eternos se encuentran a su diestra.

¿Ya lo encontraste? Demasiados cristianos no lo han hecho. Son almas sin gozo que llenan nuestras iglesias, almas que no han colocado completamente al Señor ante sus ojos. Creen que está allá arriba, pero no les parece significativo porque no lo han buscado íntimamente. ¿Qué le falta a ese cuadro? El gozo.

EN HECHOS La promesa de este salmo mesiánico es gozo, placeres eternos, seguridad y descanso, una herencia encantadora; en pocas palabras: todo lo que anhela el corazón humano. No es de extrañar que Pedro lo citara. El viento y llama que sopló y ardió en Pentecostés lo llenó con el conocimiento del Santo. Todo lo que el corazón humano anhela se puede encontrar en el Jesús resucitado.

¿Conoces ese gozo? Si no, así es como lo puedes obtener: pídele, dile a Dios que ya no quieres más fe estancada, sino solamente su corazón, su Espíritu, su amor. Pídele que agite su pasión en ti. No permitas que el don de su gozo se desperdicie.

Cómo vivir en un mundo fuera de control

Al razonar Pablo con ellos acerca de la justicia, el control propio y el día de juicio que vendrá, Félix se llenó de miedo. «Vete por ahora», le dijo.   HECHOS 24:25

7 DE SEPTIEMBRE
Hechos 24:2–26

Nunca ha habido, y no puede haber, una vida buena sin control propio.

John Milton

EN PALABRAS Pablo fue por todo el Imperio romano predicando la gracia de Dios y la salvación que llega solo por la fe en Jesús. Fue muy enfático en cuanto a la misericordia de Dios, tanto en sus argumentos como en sus cartas: somos salvos *solo por gracia*. Entonces, ¿por qué cuando se defendió ante Félix habló de «la justicia, el control propio y el día de juicio que vendrá»? ¿Por qué no habló de gracia?

Tal vez Pablo quería presentarse como un ciudadano respetuoso de la ley, no como un agitador que podría alterar el territorio de Félix. Tal vez trataba de aprovechar cualquier sentimiento moral que hubiera atraído a Félix a su esposa judía. No obstante, una razón más probable, que particularmente es significativa en nuestros tiempos, es que Félix era romano, esencialmente poco versado en la ley y satisfecho con las opciones del panteón romano. La religión del imperio tenía numerosos dioses patrones para elegir y seleccionar, la mayoría con su propia moralidad relajada. En ese contexto, la gracia no significa nada. La convicción tiene que llegar primero. La justicia, el control propio y el juicio se deben enseñar.

EN HECHOS ¿Qué significa gracia en nuestra sociedad? En la mente de los que están convencidos de su pecaminosidad, es un oasis refrescante que alivia un árido desierto espiritual. Sin embargo, para los que han adoptado una moralidad poco definida y relativa, la ética de «cualquier cosa que te guste» de nuestra época, gracia no significa nada. ¿Por qué necesitaría a un Dios misericordioso una generación que ha definido sus propios estándares relajados? ¿Qué hay que perdonar?

Por eso es que tenemos que vivir de una manera que transmita la pureza de Dios; no un juicio puritano, sino un cambio radical y sagrado en nuestro estilo de vida. En lugar de temer que nuestros amigos respondan como Félix lo hizo, más bien deberíamos temer a una generación que ha perdido cualquier concepto del pecado. El control propio es una idea extraña para nuestra sociedad. Ejemplifícalo. Tu vida se destacará y tu mundo tal vez podría ver su necesidad de Dios.

Probado con fuego

Debemos sufrir muchas privaciones para entrar en el reino de Dios.
HECHOS 14:22

EN PALABRAS Pablo y Bernabé habían comenzado su trabajo misionero con un viaje de servicio por Chipre y Asia Menor. La gente había respondido con asombro, pero casi inmediatamente, los líderes del statu quo comenzaron a suprimir el nuevo movimiento. La Buena Noticia de Jesús era demasiado inquietante, por lo que ellos respondieron de manera amenazadora.

Entonces Pablo y Bernabé declararon que los que entren al reino de Dios entrarán con muchas tribulaciones. ¿Fue eso un descubrimiento nuevo para ellos? ¿Un principio teológico en desarrollo? ¿Un cambio importante en la perspectiva de Pablo? Hechos no da detalles. A pesar de eso, es la afirmación de la iglesia primitiva de algo que Jesús les había dicho a sus discípulos: «Aquí en el mundo tendrán muchas pruebas y tristezas» (Juan 16:33). Pedro y Juan ya lo habían experimentado. Ahora Pablo descubriría la misma dinámica. No todos consideran la Buena Noticia como «buena».

Mucha gente en el mundo ahora vive este principio, pero la iglesia occidental ha perdido el concepto del trauma del discipulado. Estamos atrapados en nuestro celo por la vida, la libertad y la búsqueda de felicidad. Consideramos que las pruebas y la persecución son una aberración. Hemos olvidado que el pacífico reino de Dios y el depravado reino de la oscuridad compiten por el mismo territorio. Hemos olvidado que Dios hace discípulos y exhibe sus propósitos al presionar a su pueblo para formarlos y refinarlos en el fuego. Puede ser un proceso violento.

EN HECHOS Es parte de la naturaleza humana evitar las pruebas. Es parte de la naturaleza piadosa perseverar en medio de ellas. Tienen el propósito indispensable de moldearnos a la imagen de Cristo, quien, como recordamos, sufrió bastante. Establecer el reino de Dios en su nombre fue un acontecimiento traumático para él. Entrar al reino de Dios en su nombre es traumático para nosotros también.

No busques las pruebas, pero tampoco huyas de ellas con pánico. Dios está haciendo algo profundo con ellas, ya sea para moldearte o para demostrar su reino. Ten paciencia y deja que él lo haga.

8 DE SEPTIEMBRE
Hechos 14:19-22

Uno ve cosas grandes desde el valle; solo cosas pequeñas desde la cima.

G. K. Chesterton

Descanso en el peligro

Los que viven al amparo del Altísimo encontrarán descanso a la sombra del Todopoderoso.   SALMO 91:1

Qué bendición,
qué paz tengo, al
apoyarme en os
brazos eternos.

Elisha A. Hoffman

EN PALABRAS ¿Qué haces cuando el mundo parece peligroso? ¿Te escondes? ¿Te obsesionas con la supervivencia? ¿Oras con todo tu corazón? Todo es instintivo, pero Dios nos pide que hagamos algo que es contrario a nuestro instinto. Él nos llama a descansar.

¿Cómo podemos descansar cuando nos amenazan los desastres? ¿Cómo podemos vivir a salvo en un mundo inseguro? Todo depende de dónde decidamos morar. Hay una clase de confianza que se preocupa más del carácter sólido de nuestro Dios Soberano que de la evidencia circunstancial del peligro que nos rodea. Cuando el salmista nos dice que vivamos al amparo del Altísimo, el Espíritu nos dirige a tener en cuenta al Dios que es fidedigno y no al mundo que no lo es. Él nos llama a contar con su confiabilidad total y no en los titulares siniestros de desastre inminente. Él nos exhorta a aferrarnos a las verdades en que creemos y no a las mentiras que vemos. La capacidad de absorbernos en el carácter del Todopoderoso nos capacita como moradores en Dios: los que conocen la fortaleza de los muros de su casa. En otras palabras, los que descansan.

El alma intranquila ve al mundo atormentado y se atormenta. Oye los noticieros y entra en pánico. No puede descansar segura porque no conoce la fuente de seguridad. No entiende que detrás de cualquier cosa que pasa en este mundo doloroso hay una realidad eterna. En esa realidad hay un reino pacífico donde los pecados no pueden continuar y las lágrimas no pueden manchar. El Dios que reina allí nos exhorta a encontrar nuestra ciudadanía con su pueblo. El alma intranquila puede encontrar descanso.

EN HECHOS ¿Dónde moras? Las cosas terribles que pasan por nuestra mente intentarán lanzarnos de un lado a otro como a una barca en un huracán. Dios nos dice que nos anclemos en él. Eso significa colocar nuestra esperanza, nuestro temor, nuestros sueños, nuestros pecados, nuestra fe, nuestras debilidades a su amparo. Su amparo es nuestro refugio, porque no hay nada que pueda penetrarlo: ningún terrorista, ninguna guerra, ninguna enfermedad, ningún colapso financiero, ninguna relación rota, nada. El lugar de seguridad está disponible para nosotros. Mora allí y descansa.

Seguridad en Dios

Si haces al SEÑOR tu refugio y al Altísimo tu resguardo, ningún mal te conquistará; ninguna plaga se acercará a tu hogar. SALMO 91:9-10

EN PALABRAS ¿Cómo puede cualquier persona racional aceptar tal afirmación? ¿No murieron cristianos buenos en el desastre del World Trade Center? ¿No murieron soldados llenos de fe en Normandía, Vietnam, Afganistán, Irak y en todo tipo de lugares brutales en este mundo? ¿No han sido un tanto indiscriminados los terremotos, las inundaciones, las hambrunas y el crimen, que arrasan con los fieles y con los perdidos en los mismos lugares y en los mismos días? Seguramente el salmista no pensó en esto lo suficiente. Seguramente el Espíritu de Dios no fue la inspiración detrás de esta esperanza superficial.

No obstante, sabemos que esas preguntas no llegan al meollo del asunto. La Biblia *es* verídica; nos lo ha demostrado en muchas ocasiones. Entonces, ¿qué significa esta promesa? ¿Cómo puede Dios asegurarnos una aparente inmunidad frente a los abusos brutales del mundo? Porque él insiste en una verdad vital: no somos de este mundo.

Sí, nacimos al mundo como hijos de la carne y herederos del pecado. Definitivamente no hemos demostrado estar por encima de cualquier reproche mientras caminamos por esta vida. Sin embargo, la Palabra contiene promesas gloriosas para el pueblo de Dios. Hemos nacido de arriba. Sin importar de qué barriada espiritual hayamos salido, ahora moramos en la casa de nuestro Padre. Y es un lugar de seguridad total.

EN HECHOS La Biblia y la tradición son honestas en cuanto a los mártires. Esteban fue apedreado, Pedro fue crucificado, Pablo fue probablemente decapitado y Juan fue exilado, pero todos ellos conocían este versículo al derecho y al revés. Lo creían con todo su corazón. El Espíritu dentro de ellos lo había inspirado siglos antes. Es la verdad.

No obstante, esos mártires fueron frecuentemente preservados de manera milagrosa; ninguno murió antes de tiempo. Aún más, conocían el verdadero significado del desastre y del daño, y sabían que en última instancia estaban protegidos. Además, conocían la verdadera geografía de su carpa; moraban en un reino eterno no sujeto a amenazas. Nosotros también podemos hacerlo. Para los ciudadanos de ese reino, no hay nada que temer, nunca.

10 DE SEPTIEMBRE
Salmo 91

Permanezco en las promesas de Dios.
R. Kelso Carter

Conoce tus raíces

*Los justos florecerán como palmeras [...]; trasplantados a la casa del SEÑOR,
florecen en los atrios de nuestro Dios.* SALMO 92:12-13

11 DE SEPTIEMBRE
Salmo 92:12-15

Estoy parado sobre
Cristo la Roca
sólida; todo otro
lugar es arena
movediza.

Edward Mote

EN PALABRAS Las arenas movedizas de este mundo son tierra fértil para nada más que el temor. Vemos incertidumbre a nuestro alrededor, en la bolsa de valores, en el ir y venir de las fuerzas militares, en los gérmenes que se esparcen rápidamente, en las alertas rojas y en los cielos oscuros. Fácilmente podemos entrar en pánico con la imagen que este mundo nos presenta: que estamos en un lugar muy frágil donde nada es seguro.

Sin embargo, ese no es el lugar que Dios provee para su pueblo. Sí, esta época, con todo su caos, puede ser aterradora a primera vista. Por eso es que no podemos conformarnos con la primera vista. Debemos mirar más profundamente, a Aquel que nos da promesas de refugio y de fortaleza. Él es nuestra torre, nuestra fortaleza y nuestra ayuda, como muchos de los salmos nos dicen. En el Salmo 92, él nos da una promesa: «Los justos florecerán».

Esa es una gran noticia, excepto por un hecho inquietante: muy en lo profundo, dudamos de nuestra justicia. Sabemos que no hemos ganado nada ante Dios. Así que ¿cómo puede alentarnos este pasaje? Conocemos al Justo. *Él* florecerá, y nosotros estamos en él. La Biblia es muy enfática en cuanto a esto, y podemos tomarlo literalmente. En Jesús, nosotros existimos. Su muerte fue nuestra, su resurrección es nuestra y su vida a la diestra del Padre es nuestra (Efesios 2:6; Colosenses 3:1). Él vive en nosotros y nosotros vivimos en él. Es un hecho inalterable y bendito.

EN HECHOS ¿Qué significa esto para nuestro temor? Significa que cuando las torres de este mundo colapsan, nosotros permanecemos firmes. Significa que cuando las bombas de este mundo explotan, nosotros mantenemos la calma. Todo depende de dónde estemos arraigados.

¿Te sientes arraigado en arenas movedizas, vulnerable a las tácticas de espantapájaros de una sociedad en pánico? Reconsidera tu posición en Cristo. Los que están arraigados en el mundo se estremecerán cuando el mundo se estremezca. Los que están arraigados en Jesús nunca se estremecerán cuando el mundo se estremezca, porque cuando el mundo se estremece, Jesús permanece inmóvil. Aférrate a él. Confía en él. Recuerda que vives donde él vive.

El mundo versus Dios

No amen a este mundo ni las cosas que les ofrece, porque cuando aman al
mundo no tienen el amor del Padre en ustedes.   1 JUAN 2:15

EN PALABRAS «Dios amó tanto al mundo...». Así comienza uno de los versículos más conocidos de la Biblia, Juan 3:16. No obstante, si Dios amó al mundo, y debemos ser como Dios en nuestro afecto, ¿por qué nos dice Juan que no amemos al mundo? Debido a que «el mundo» del que Jesús habla es la creación bella de Dios, incluyendo las almas de hombres y mujeres. Sin embargo, «el mundo» al que Juan se refiere es el sistema corrupto con el que nos topamos todos los días: sistemas económicos, sistemas políticos, sistemas culturales y demás. Cualquiera que se enamore de estas cosas, que quiera aferrarse a ellas en lugar de buscar el reino de Dios, ha elegido el reino equivocado. Ha abandonado los tesoros de Dios por las baratijas de una humanidad pecadora.

Este es uno de los problemas más crónicos del cristiano. Queremos amistad con el mundo y amistad con Dios. Queremos amarlos a ambos. No obstante, nuestros deseos son como los de un esposo que quiere amar a dos esposas, o a una esposa que quiere amarlos a dos esposos. Una relación exclusiva se corrompe con amores múltiples, y Dios siempre insiste en una relación exclusiva con nosotros. Aunque él tiene la capacidad de amar a miles de millones—después de todo, él es Dios—, nosotros no. Si él no es nuestro principal amor, somos idólatras y él está celoso. Él no será uno de nuestros muchos tesoros. Él quiere todo o nada.

EN HECHOS Nuestra búsqueda de sabiduría nos obligará a elegir entre Dios y nuestros otros amores. Por mucho que nos gustaría, nuestro corazón no puede equilibrar tanto a Dios como a cualquier otra cosa. Y nuestra búsqueda de sabiduría dictaminará cuál es la elección racional. Debería ser obvio que Aquel que nos diseñó para sí mismo nos dejaría insatisfechos con nuestros demás pretendientes. Solo él puede satisfacer, porque fuimos creados solo para él.

¿Batallas con la insatisfacción? Tal vez has invertido tu amor en algo que a la larga es insatisfactorio. Déjalo y gira tu corazón hacia Dios. Solo él puede llenar nuestro corazón.

12 DE SEPTIEMBRE
1 Juan 2:15-17

Las cosas de la tierra se oscurecerán extrañamente a la luz de su gloria y de su gracia.
Helen H. Lemmel

Dios versus el mundo

¿No se dan cuenta de que la amistad con el mundo los convierte en enemigos de Dios?   SANTIAGO 4:4

13 DE SEPTIEMBRE
Santiago 4:4-6

El mundo ha avanzado hasta la misma puerta de la iglesia, y busca atraer inclusive a los santos de Dios bajo su dominio.

Watchman Nee

EN PALABRAS ¿Qué tiene Dios en contra del mundo que creó? Solo esto: que hay muchos aspectos de este mundo que él no creó directamente. El resultado es un mundo que adora el ego y el pecado, lo creado en lugar del Creador, lo profano en lugar de lo santo. Nos esforzamos por comodidades, prestigio, poder, seguridad y amor, y luego, si tenemos el deseo, podemos esforzarnos por un dios de nuestra propia imaginación. Dios odia eso. Él es el Dios Celoso (Éxodo 34:14, entre muchas otras referencias).

En las Escrituras, Dios ha caracterizado frecuentemente a su pueblo como rameras infieles. Él no es, de ninguna manera, tan indiferente como nosotros en cuanto a nuestro afecto. Cuando ponemos cualquier cosa, a cualquier persona, cualquier ideal o creencia por encima de nuestro Creador, somos como una esposa que se acuesta con cualquiera. «Ellos despertaron mis celos al rendir culto a cosas que no son Dios; provocaron mi enojo con sus ídolos inútiles», dice Dios de su propio pueblo (Deuteronomio 32:21). Él desprecia la infidelidad de sus amantes, y aun así, nos vemos atraídos a esa infidelidad regularmente. Nuestro Dios es frecuentemente un Amante despreciado, y podemos ser bastante insensibles al respecto.

Una señal de nuestra ignorancia en nuestra relación con Dios son nuestras oraciones frecuentes para que bendiga nuestros otros amores. Le pedimos que cumpla nuestro deseo para nuestros ídolos de comodidad y de conquista. Él no responderá esas oraciones más de lo que un esposo enviaría a su esposa a la cama de otro hombre. La amistad con este mundo —el mundo corrupto de poder, lujuria, estatus y avaricia— es una carta de despedida a Dios. Es nuestro intento de seducir y gratificar a su rival más perverso, el espíritu de la rebeldía humana.

EN HECHOS La amistad con el mundo es quizás el enemigo más sutil, pero el más peligroso, de la iglesia. Resulta en corazones tibios y en almas inconstantes. Nos envía en busca de la concesión, y eso es nauseabundo para Dios (Apocalipsis 3:16).

¿Qué podemos hacer? Ora por fidelidad, ve en pos de la intimidad, determina estar satisfecho *solo* con el amor tierno de nuestro Amante. No hacerlo es odiarlo a él, pero encontrarse en ese amor es pura delicia.

Dios versus el maligno

El mundo que nos rodea está controlado por el maligno. 1 JUAN 5:19

EN PALABRAS Tal vez pensábamos que nuestra amistad con el mundo era una relación neutral. Tal vez pensábamos que siempre y cuando nos sometamos a Dios en la mayoría de las cosas, somos básicamente libres para buscar cualquier otra cosa que nuestro corazón desee. Tal vez pensábamos que solo los pecados verdaderamente rebeldes eran pecaminosos. Sin embargo, somos amantes insensatos si es eso lo que pensábamos.

Cuando absorbemos las filosofías de nuestro mundo —las estrategias de sus sistemas falsos, el espíritu de sus idolatrías, la búsqueda primordial de vida, libertad y felicidad antes que Dios—, hemos ingerido veneno. Es una mentira del enemigo la que nos convence de que todo es neutral y de que a Dios no le importa adónde nos lleve nuestro afecto. Todo el mundo —todos sus valores, todos sus esfuerzos humanísticos, todas sus ideologías— están permeados del espíritu del maligno. Él tiene en su puño *todo* lo que existe en este planeta. Inclusive la iglesia puede ser su campo de juego, si le damos cabida.

La vida cristiana es una vida separada. ¿Por qué? Debido a que hay una personalidad malévola en este mundo que diseña sus planes para menoscabar la verdadera adoración a Dios. Podemos reconocer a este malvado intrigante si somos sabios y juiciosos, pero se requiere de diligencia extrema para hacerlo. Tenemos que analizar cuidadosamente nuestras actividades y sumergirnos profundamente en nuestro corazón. Tenemos que pedirle al Espíritu que revele nuestros autoengaños. De otra manera, acabamos ayudando y apoyando al enemigo del Dios Altísimo.

EN HECHOS Esta tierra es un campo de batalla entre el Eterno y su enemigo. Este enemigo no respeta reglas de combate y no se ajusta a ninguna moral ni obligación. Somos nosotros los que iniciamos con él una amistad a la ligera y frecuente. No es nuestra intención; solo hacemos lo que parece aceptable en nuestra cultura y conciencia. Sin embargo, la cultura y la conciencia no son de fiar, y Dios nos llama a depender totalmente de él. Debemos beber la copa de su santidad, comer el pan de su Palabra y pasar todo el tiempo con su Espíritu. Él es nuestro único refugio detrás del frente enemigo.

14 DE SEPTIEMBRE
1 Juan 5:18-20

Es muy absurdo que la civilización moderna haya renunciado a creer en la existencia del diablo cuando él es la única explicación de ella.

Ronald Knox

Victoria en Jesús

Satanás —quien gobierna este mundo— será expulsado. JUAN 12:31

15 DE SEPTIEMBRE

Juan 12:31; 14:30

¡La fe es la victoria!
¡La fe es la victoria!
Oh, victoria
gloriosa que vence
al mundo.

John H. Yates

EN PALABRAS Sabemos que Jesús obtuvo la victoria sobre el maligno, pero también sabemos que el maligno está activo hasta este día. Batallamos con las implicaciones de la victoria en la Cruz porque no siempre las vemos. Aunque el Espíritu de Dios habita en nosotros, el espíritu de este mundo frecuentemente domina nuestro corazón. ¡Y de qué forma! Hasta ahora, ningún ser humano vivo ha sido liberado totalmente.

¿Por qué no? ¿Es insuficiente el poder de Jesús? No, él es capaz de salvarnos totalmente. Estamos más allá del control del enemigo. No obstante, él todavía ataca. Si él puede hacer que estemos completamente absorbidos en la batalla, entonces no podemos estar totalmente absorbidos con nuestro Dios. No podemos enfocarnos en la guerra ni mantener nuestro enfoque en el Vencedor, a menos que hayamos aprendido a dejar que el Vencedor pelee nuestras batallas.

Jesús obtuvo toda la autoridad sobre el enemigo, en el cielo y en la tierra (Mateo 28:18). Eso tiene implicaciones profundas para nosotros. Cuando somos atacados, conocemos nuestra fuente de victoria. Cuando somos tentados, conocemos nuestra fuente de resistencia. Cuando nos desanimamos, conocemos nuestra fuente de esperanza. Todo lo que el enemigo amenace hacernos en el campo de batalla de este mundo es contrarrestado con el arsenal de Jesús. Sin embargo, hay una trampa. Para que esta victoria se lleve a cabo aquí y ahora, debemos aplicar la fe en el Principio y en el Fin. El Alfa y el Omega, nuestro Salvador y Señor, nos da la llave de cada arma, pero debemos tomarla y usarla.

EN HECHOS ¿Estás cansado de la batalla? Anímate. Este mundo no es un dominio eterno. A su gobernante se le ha quitado el poder legalmente, y su aparente resistencia es engañosa. Él no tiene poder real sobre la persona de fe. El mundo y todo lo que hay en él se acaba (1 Juan 2:17). Es un régimen moribundo y desesperado. Cuando entendemos esto, cuando en realidad lo aquilatamos, las tentaciones que enfrentamos y las pruebas que soportamos llegan a ser mucho más fáciles de sobrellevar. ¿Por qué? Porque nuestra fe no está en nuestra capacidad de vencer; está en el Vencedor. Jesús es el Único que verdaderamente trasciende este mundo, y él nos lleva consigo a la gloria. Confía en él. Conoce la victoria que es suya. El príncipe exilado no tiene nada en ti.

Los adversarios permanecen

Lo hizo para enseñar a pelear en la guerra a las generaciones de israelitas que no tenían experiencia en el campo de batalla.   JUECES 3:2

EN PALABRAS Cuando pasamos por adversidades, tenemos muchas preguntas: «¿Por qué se le permite a la gente problemática generar tantos disturbios en mi vida?»; «Señor, ¿por qué no quitas estas circunstancias imposibles?»; «¿Por qué tardan tanto mis oraciones en ser respondidas?». Y la grande: «Señor, ¿por qué se le permite todavía al diablo andar tan desenfrenado?».

Los asuntos de la vida son complejos. No hay una sola respuesta a estas preguntas, pero hay una respuesta que rara vez consideramos: Dios ha permitido que la adversidad permanezca en nuestra vida para enseñarnos a emprender batallas santas. Por alguna razón, que ahora está oscurecida por los misterios del plan eterno, tenemos que aprender a pelear. No solo tenemos que aprender a pelear, sino tenemos que hacerlo en el poder de la propia fortaleza de Dios y de acuerdo con su propio carácter. Tenemos que entender sus armas, sus caminos, sus metas y sus estrategias, y nunca podemos aprender esas cosas en una existencia pacífica. Tiene que haber guerra.

No nos gusta eso. Tampoco lo entendemos. Dios nos ha prometido su paz, su *shalom*, y esperamos alcanzarla algún día. Entonces preguntamos: ¿por qué tenemos que aprender el arte de la guerra? ¿Por qué nuestras manos tienen que entrenarse para la batalla?

No lo sabemos. Tal vez hay batallas futuras que pelear antes de que llegue *shalom*, batallas que solo las manos y los corazones de experiencia pueden emprender. Tal vez debemos ser instrumentos críticos en la oposición violenta de Dios al mal. No obstante, por cualquier razón, Dios quiere que tengamos experiencia.

EN HECHOS Anímate. Tu adversidad no tiene el propósito de destruirte, ni siquiera de derribarte; no por parte de Dios, en todo caso. No, él tiene planes más grandes para ella. Él te enseña a ser un instrumento útil en un conflicto de otro mundo. Y la oposición de este mundo es tu medio para aprender.

¿Tienes dificultades? ¿Conflicto? ¿Enemigos? ¿Dolor? Estás siendo entrenado. Aprende tus lecciones bien; pelea la batalla. Dios ha dejado adversarios en tu vida por alguna razón.

16 DE SEPTIEMBRE
Jueces 3:1-4

Los mares tranquilos no forman marineros diestros.

Proverbio africano

La sabiduría inesperada de Dios

Tienes demasiados guerreros contigo. JUECES 7:2

17 DE SEPTIEMBRE
Jueces 7

Nos hará bien
estar muy vacíos,
muy débiles, muy
desconfiados de
nosotros mismos,
y así ocuparnos de
la obra de nuestro
Maestro.

Charles Spurgeon

EN PALABRAS Gedeón solo estaba haciendo lo que Dios lo había llamado a hacer: dirigir una revuelta en contra de los madianitas opresores. Y en el momento decisivo, Dios le movió el piso al libertador. Le dijo a Gedeón que tenía demasiados soldados. La victoria en sí no era la meta; la victoria *de Dios* sí.

Podemos estar totalmente del lado de Dios y seguir todavía en conflicto con él. ¿Te has dado cuenta de la ironía de nuestros propios esfuerzos? En toda la Biblia, los seres humanos fieles que se han entregado a Dios batallan por ser fuertes para él. Mientras tanto, Dios nos ofrece debilidad, porque él desea ser fuerte en nosotros. Ambos queremos fortaleza. Queremos que la nuestra lo glorifique a él; él quiere que la suya lo glorifique a él mismo. Será mejor que los que vivimos para su gloria nos acostumbremos a una dinámica extraña: es nuestra insuficiencia lo que le da alabanza a él.

Nuestros esfuerzos a favor de Dios parecen muy piadosos. Tienen motivos puros, un elemento de fe, sus planes en mente y una abundancia de sabiduría humana respaldándolos. No hay nada de malo con los motivos puros, con la fe ni con los planes. La sabiduría humana es la que nos hace tropezar. Dios quiere usarnos para sus propósitos aún más que nosotros, pero sus medios son radicalmente distintos. Para que su gloria sea demostrada, la gloria humana tiene que ser minimizada. No podemos ganar honor y luego dárselo a Dios. Solo podemos someternos a él y dejar que él exhiba su honor. En este mundo de visión obstruida, tenemos que ser visiblemente pequeños para que Dios sea visiblemente prominente.

EN HECHOS La sabiduría ilógica de Dios solo se aprende a través de muchos años y de muchas experiencias dolorosas. No nos gusta nuestra debilidad, y queremos que Dios nos haga fuertes, pero, tal como nos lo recuerda Pablo siglos después de Gedeón, debemos ser fuertes «en *su* gran poder» (Efesios 6:10, énfasis añadido).

Si Dios no lleva la delantera en nuestra vida y no gana nuestras victorias bajo sus condiciones, hay una imagen confusa de gloria. ¿Es suya o nuestra? Entiende sus propósitos. Deja que tu vulnerabilidad sea la ocasión para su poder.

Una devoción pura

En medio de ti, oh Israel, están escondidas las cosas apartadas para
el SEÑOR. Nunca derrotarás a tus enemigos hasta que quites esas cosas
que tienes en medio de ti. JOSUÉ 7:13

EN PALABRAS Dios les había dado a los israelitas instrucciones claras: después de la caída de Jericó, tenían que destruir todos los tesoros de la ciudad. Ninguno de esos artículos que alguna vez se dedicó a la idolatría sería aceptado en el campamento santo. Si no se destruían, la desobediencia de Israel llevaría a su caída. El pueblo de Dios no puede prosperar con falsos respaldos espirituales.

Solo un hombre violó la prohibición. Acán codició, por lo que tomó solo unas cuantas piezas del botín. Tal vez para él no tenía sentido destruir la riqueza útil. Tal vez solo era un tipo que quería sacar un poco de ganancia de paso. O tal vez no confiaba verdaderamente en la provisión de Dios, por lo que proveyó para sí mismo. Cualquiera que fuera el caso, Dios no dejaría que pasara inadvertido. La fortuna de una nación, la nación *elegida*, pendía de un hilo. Dios dejó que su gran nombre sufriera afrenta solo por la desobediencia de un hombre. Un poco de desobediencia corrompía todo el esfuerzo piadoso. El propósito santo tenía un elemento impío.

Los paralelos con nuestra propia vida son claros. Hemos entrado a la Tierra Prometida con el poder de Dios y marchamos hacia una victoria completa. Él la ha asegurado, si permanecemos fieles. Sin embargo, los ojos de Acán codician dentro de nosotros unos cuantos recuerdos de nuestro pasado pecaminoso. Queremos dejar la mayor parte de nuestro pecado atrás, mientras tomamos unas cuantas de nuestras atesoradas inclinaciones con nosotros. Queremos obedecer *y* albergar un poco de impureza. Queremos abrazar a Dios sin soltar todo lo demás.

EN HECHOS No podemos hacerlo. Según la ley divina, es una imposibilidad espiritual. El principio es inviolable: Dios nos dará victoria si estamos dedicados completamente a él; él nos dejará sufrir derrota si no lo estamos. Victoria *y* corazones divididos no pueden coexistir. Dios no lo permitirá.

¿Quién o qué es tu enemigo? ¿El pecado? ¿Las deudas? ¿Las relaciones rotas? ¿Las circunstancias difíciles? Dios puede tener un propósito en todo, pero una cosa es segura: tus enemigos permanecerán hasta que tus ídolos caigan.

18 DE SEPTIEMBRE
Josué 7:1-26

Renuncia a todo, despójate de todo y lo tendrás todo en Dios.

Gerson

La sabiduría espera

El Señor da su propia recompensa por hacer el bien y por ser leal.
1 SAMUEL 26:23

19 DE SEPTIEMBRE
1 Samuel 26

Dios busca exaltarse al obrar en los que esperan en él.

John Piper

EN PALABRAS David tuvo la oportunidad con la que sueña cada persona oprimida y abusada: la ocasión de deshacerse de su archienemigo. Mientras Saúl dormía en su campamento, David se coló entre las tropas y estuvo en posición de atravesar con una lanza a su rival. Seguramente no se había arriesgado tanto al entrar en ese campamento solo para demostrar que tenía razón. No obstante, de hecho, lo hizo. Como en una oportunidad excelente similar unas semanas antes, él no tenía la intención de ponerle las manos encima «al ungido del Señor» (v. 9). David recordaba lo que la mayoría de nosotros olvida: nuestro tiempo está en las manos de Dios.

La mayoría de nosotros habría pensado como el compañero de David. Abisai interpretó el acontecimiento como una provisión de Dios, un momento decretado para quitarse de encima el yugo de un loco rey opresor. ¡Seguramente Dios había puesto a David en esa posición estratégica por alguna razón! Y lo había hecho; pero Abisai pensaba que la razón era la muerte de Saúl. David sabía que la razón era hacer una declaración en cuanto a sus intenciones, a su inocencia y a la soberanía de Dios. No había olvidado que Dios había puesto a Saúl en su reino. Él nunca se atrevería a violar la unción de Dios, incluso cuando se había abusado de ella.

Esa sensibilidad a la sabiduría de Dios nos caería bien. David sabía que Saúl moriría en el tiempo de Dios; pero no estaba convencido de ser él mismo ese instrumento del tiempo de Dios. Por lo que se abstuvo. Cuando se trata de la voluntad de Dios, la determinación solo es apropiada cuando el camino es seguro. Ese camino no era seguro. Abstenerse fue la mejor parte de la fe.

EN HECHOS ¿Cómo abordas la voluntad de Dios? Cuando la dirección de Dios te parece probable, ¿sigues adelante? No lo hagas. Dios nunca nos pide que avancemos en base a probabilidades. Él nos ordena avanzar en base a sus promesas seguras. Sin embargo, nuestras acciones nunca deben ser más definitivas que su tiempo. Si su plan no es claro, no es hora de avanzar. Dios *no* ayuda a los que se ayudan a sí mismos. Él ayuda a los que confían en su soberanía. Él honra la fidelidad. Cuando el plan de Dios no es claro, la sabiduría espera.

La obediencia determinada

«Yo también soy profeta, como tú. Y un ángel me dio este mandato de parte del Señor: "Llévalo a tu casa para que coma y beba algo"». Pero el anciano le estaba mintiendo. 1 REYES 13:18

EN PALABRAS Dios había enviado un profeta de Judá a Betel para hablar con el rey, pero con órdenes de no comer ni beber hasta haber hecho su trabajo y regresado. El rey le ofreció comida y bebida, pero el profeta resistió la tentación. No obstante, en su camino a casa, otro profeta lo tentó de igual manera, alegando el permiso de Dios. «Un ángel me dio este mandato de parte del Señor», le dijo, y el hombre de Dios le creyó. Comió y bebió, en contra de la orden de Dios.

¿Cuál fue la ruina del profeta? ¿Qué ocasionó su desobediencia? Eligió la aceptación, sin cuestionar, de la profecía de otro hombre, por encima de las propias instrucciones de Dios para él. Dudó de lo que había sabido previamente que era la voz de Dios. No mantuvo sus ojos fijos en la Palabra de Dios.

Nosotros corremos el mismo riesgo. Dios nos hablará frecuente y directamente a través de su Palabra. Oímos la guía del Espíritu y el llamado de su voz, pero dejamos que fácilmente otros nos disuadan de nuestras convicciones. «Ellos saben más que yo», podríamos argumentar. «Debe ser que hay algo que no entiendo», podríamos confesar. Al mismo tiempo, estamos socavando la voluntad clara de Dios.

EN HECHOS Es una tarea bíblicamente decretada revisar nuestra interpretación de las Escrituras con el cuerpo de Cristo como un todo. Nunca se nos da permiso de salirnos por nuestra propia tangente de la doctrina o de la práctica. Sin embargo, se requiere de nosotros que sigamos la voz de Dios más de cerca que la voz de los tentadores. Solo porque alguien dice, «Dios me dijo...» no quiere decir que Dios lo haya hecho. El discernimiento es esencial.

¿Oyes la voz de Dios? ¿Saltan sus palabras de las páginas de las Escrituras hacia tu corazón? Cuando lo hagan, no rechaces al Espíritu que te llama. Fija tu mirada totalmente en su Palabra, y sé perseverante en tu obediencia. No dejes que *nada* te saque del camino.

20 DE SEPTIEMBRE
1 Reyes 13:7-26

No debemos confiar en cada palabra de otros ni en sentimientos internos, sino examinar el asunto cuidadosa y pacientemente para averiguar si es de Dios.

Tomás de Kempis

Lecciones de historia

Se olvidaron de lo que él había hecho, de las grandes maravillas que les había mostrado. SALMO 78:11

21 DE SEPTIEMBRE
Salmo 78:9-16

Cuando el recuerdo de Dios vive en el corazón [...] entonces todo anda bien.

Teófanes el Recluso

EN PALABRAS Dios ha hecho cosas grandes. Muchas de ellas están registradas en la Palabra escrita, por generaciones que querían que sus descendientes supieran de la fidelidad de Dios. Muchas de ellas son temas de biografías y de tradiciones eclesiásticas. No obstante, muchas de ellas son reliquias de la historia que la humanidad olvidadiza ha omitido. Frecuentemente están enterradas en la mente de los que han muerto. A veces son indicios tenues en nuestra subconsciencia de que Dios ha hecho algo bueno por nosotros, pero no podemos recordar qué. Las maravillas fueron maravillosas en esa época, pero en el presente se desperdician. Muy frecuentemente no dejamos que la bondad persistente de Dios perdure lo suficiente.

¿Por qué no? ¿Qué nos pasa que podemos recordar quién nos insultó hace décadas, pero no podemos recordar la liberación que Dios nos dio el año pasado? Podemos mantener un rencor por toda una vida, pero cuando se nos pregunta cómo ha respondido Dios a nuestras oraciones en el pasado, batallamos por una respuesta. No es que él no haya respondido a nuestras oraciones, incluso a veces dramáticamente. No, el problema es que siempre estamos enfocados en el próximo obstáculo, en el próximo problema, en la próxima meta. Dios solo es significativo en nuestra mente cuando es significativo para las necesidades actuales.

En realidad parecería más significativo para las necesidades actuales si pudiéramos repetir y recordar sus victorias pasadas. Es mucho más fácil orar al Dios que nos libró de una situación imposible cuando recordamos la liberación. Oramos con fe cuando su fortaleza milagrosa sobresale en nuestra mente. Oramos con ambigüedad y con dudas cuando no sobresale.

EN HECHOS Asegúrate de que su fortaleza sobresalga en tu mente. Si no tienes la práctica de mantener un registro de oraciones, comienza la práctica ahora. No tiene que ser detallado. Solo haz un listado de lo que le pides a Dios, y luego, cuando él responda, márcalo. Después, en un día de aflicción, revisa todas las marcas y mira cómo crece tu fe. Las marcas espirituales que pongas en tu vida determinarán en gran medida la profundidad de tu fe ahora.

El descontento perverso

Tercamente pusieron a prueba a Dios en sus corazones, al exigirle la comida que tanto ansiaban. SALMO 78:18

EN PALABRAS Dios había guiado a los israelitas cuando salieron de Egipto y atravesaron el mar Rojo. Confiadamente, estaban en el camino hacia la Tierra Prometida. Después de todo, se les había prometido.

Algo curioso sucedió en el camino hacia la recompensa de Canaán. Tenían que pasar por un desierto. El desierto era demasiado desolado para su gusto. Sí, habían visto a Dios hacer cosas maravillosas, pero la vista de ese desierto parecía mucho más clara que la bondad de Dios. ¿Era el problema una memoria corta? ¿Una naturaleza malvada con la inclinación a pecar? ¿Un mal hábito de quejarse? Tal vez todo eso y más. A pesar de eso, el pueblo elegido habló en contra de Aquel que los había seleccionado. Acababan de recibir la regla de la ley de Dios, pero sus anhelos los gobernaban más. Con deseos pasajeros y exigentes, pusieron a Dios a prueba.

Podemos identificarnos con ellos. Los seres humanos nos quejamos por naturaleza. De manera instintiva sabemos que las cosas no están bien en nuestra vida. Vivimos en un mundo caído que de alguna manera esperamos nos dé un mejor trato, sin motivo alguno. Cuando nuestros deseos no se satisfacen, clamamos a Dios. Él ya nos atendió generosamente, pero tenemos memorias cortas. Él ha provisto maná, pero tenemos el antojo de algo más. Él nos ha creado para sus propósitos, pero nosotros tenemos nuestros propios propósitos. Por lo que nos sentamos como jueces, mientras que nuestro Dios va a juicio.

EN HECHOS Es una situación absurda, en realidad. A los seres humanos errantes —milagrosamente liberados de la esclavitud opresora, alimentados con comida de arriba, que visiblemente nos hemos encontrado con la Palabra del Dios vivo y que se nos ha prometido una tierra abundante de victoria— no nos gusta nuestra parte. Cada vez que emitimos una oración preguntando: «Señor, ¿por qué te metes conmigo?» o que expresamos frustración porque nuestros planes no están funcionando con precisión, estamos subestimando enormemente la bondad de Dios. Cuando sentimos que el Libertador, Salvador, Redentor, Vencedor, Guía, Protector y Proveedor de alguna manera nos ha decepcionado, tal vez debemos preguntarnos: ¿quién es mas probable que malentienda esta situación, él o yo?

22 DE SEPTIEMBRE
Salmo 78:17-31

El secreto del contentamiento es darse cuenta de que la vida es un regalo, no un derecho.

Anónimo

Misericordia asombrosa

Se acordó de que eran simples mortales que desaparecen como una ráfaga de viento que nunca vuelve. SALMO 78:39

23 DE SEPTIEMBRE
Salmo 78:32-39

La gracia de Dios
es infinita y eterna.
Así como no tuvo
inicio, no puede
tener fin.

A. W. Tozer

EN PALABRAS La misericordia de Dios es asombrosa. Repetidamente los israelitas pecaron en contra de él. Si somos honestos, nosotros también. Los estragos de la naturaleza caída no son adversidades aisladas. Son fracasos frecuentes que surgen de una condición crónica. Incluso después de haber nacido de su Espíritu, alimentamos otros espíritus y nuestra propia carne con una facilidad alarmante. Aun así, después de todo el pecado y la rebeldía, después de todas las quejas y racionalizaciones de nuestras quejas, Dios recuerda que no somos más que carne. Él se demora en ejercitar su ira.

La gente ha dado por sentado la gracia de Dios por siglos. Él ofrece perdón y nosotros interpretamos su misericordia como licencia para hacer lo que nos guste. Después de todo, si solo se requiere una confesión y alguna apariencia de arrepentimiento, podemos escabullirnos con cualquier cosa. Abusamos del carácter de Dios, *¡y él nos deja hacerlo!* Si no para siempre, por lo menos por mucho tiempo. Su paciencia es duradera; su fidelidad es grande. Él prefiere mucho más demostrar misericordia que justicia. Y en Jesús, él ha demostrado ambas.

Podríamos pasar nuestra vida analizando la condición caída de la humanidad, con nuestra lengua mentirosa, nuestra boca halagadora, nuestro corazón traidor y nuestros caminos frívolos (vv. 32-37). Sin embargo, nuestra naturaleza señala hacia un objetivo más grande. Aunque nuestra historia ciertamente resalta nuestra inconstancia y nuestra fragilidad, es más que un estudio de depravación. Es un estudio de la misericordia de Dios. La paciencia de Dios, la gracia que él ha dado, la compasión del Santo hacia lo profano, todos sus atributos son asombrosos. Toda la creación debe maravillarse de que, literal y metafóricamente, la carne traicionera lo difamó abusiva y obstinadamente en el desierto, y él todavía vino a redimir.

EN HECHOS ¿Piensas alguna vez que has pecado más allá de los límites de la gracia de Dios? No te hagas ilusiones. Si los errantes del desierto no provocaron su destrucción de este planeta, nosotros tampoco hemos agotado su misericordia. En toda nuestra futilidad, en todas nuestras batallas, podemos aferrarnos al conocimiento del Dios omnisciente: él se acuerda de que solo somos simples mortales.

El esplendor derrocado

Permitió que el arca de su poder fuera capturada;
cedió su gloria a manos enemigas. SALMO 78:61

EN PALABRAS Por múltiples pasajes de las Escrituras sabemos que a Dios le importa intensamente la gloria de su nombre. El acontecimiento del Éxodo está lleno de palabras de Dios al faraón, a través de Moisés, de que sus obras establecerán su reputación (Éxodo 8:10 y 9:16, por ejemplo). Moisés, David, Daniel y muchos otros dejaron que el ímpetu de sus oraciones fuera la gloria del nombre de Dios y no el éxito de sus planes, y Dios los honró por eso. Hasta los cielos declaran su gloria (Salmo 19:1). Toda la tierra será llena del conocimiento de su gloria (Habacuc 2:14). Claramente, un tema pujante de la Palabra de Dios es el reconocimiento de su nombre.

Dios adjuntó su nombre a un grupo de tribus del antiguo Medio Oriente. Seguramente él sabía lo que eso le haría a su reputación. ¿La gloria de Dios a la vista en los humanos? Parece tan absurdo. Y ellos lo demostraron. Después de años de rebeldía y de pecado lamentable, Dios pronunció juicio. No fue un juicio irreversible pero, aun así, fue severo. Y el Dios que ama la gloria de su nombre parece que odia el pecado con una pasión aún mayor. Él sacrificó gloria, aunque solo momentáneamente, para purgar a su pueblo. Él dejó que su esplendor cayera en manos del enemigo.

EN HECHOS ¿Tomas tu pecado a la ligera? Dios no. Su pasión y su celo a lo largo de las Escrituras para dar a conocer su nombre entre los pueblos de la tierra se trastornaron por su propia mano. ¿Por qué? Él odia el pecado. No puede permanecer. Habría sido una ofensa mayor para Dios defender a un pueblo rebelde por el bien de su nombre que dejar que el símbolo de su nombre cayera en manos de enemigos paganos. Por lo que hizo lo último. La gloria de Dios estuvo cautiva por nuestro pecado.

Adelanta unos cuantos siglos. ¿Quieres saber qué piensa Dios del pecado? Mira la brutalidad de la Cruz. Ese es el cuadro más exacto. En la Cruz, la gloria de Dios una vez más estuvo cautiva por nuestro pecado. Su Hijo llegó a ser una maldición. Su esplendor llegó a ser feo. Solo cuando comenzamos a entender eso, la naturaleza odiosa del pecado, podemos comenzar a entender las profundidades de su misericordia.

24 DE SEPTIEMBRE
Salmo 78:56-64

El pecado es el desafío de la justicia de Dios, la violación de su misericordia, la burla de su paciencia, la afrenta a su poder y el desprecio de su amor.

John Bunyan

El pastor enviado

[David] lo cuidó con sinceridad de corazón y lo dirigió con manos diestras.
SALMO 78:72

25 DE SEPTIEMBRE
Salmo 78:65-72

Recuerdo dos cosas: que soy un gran pecador y que Cristo es un gran salvador.

John Newton

EN PALABRAS David es una imagen del Salvador en el Antiguo Testamento. Las profecías mesiánicas dicen que el Hijo de David establecerá el reino de David: un reino eterno. Los salmos acerca de David frecuentemente se citan en el Nuevo Testamento y se aplican a Jesús. Hay una correlación entre la imagen humana y el cumplimiento divino que apenas podemos entender.

Aun así, aunque lo entendamos levemente, obtenemos la impresión clara de que el salmista Asaf no habla solo de David el rey, sino también del Rey davídico. Así como la propia mano de Dios proveyó una salvación unilateral después de siglos de una historia israelita traidora, la propia mano de Dios ha provisto una salvación unilateral, después de milenios de una historia mundial traidora. El Dios que entró a los asuntos de Israel, a pesar de su rebelión bien documentada, es el mismo Dios que entra a nuestros asuntos, a pesar de nuestra propia rebeldía. Pablo lo dijo en pocas palabras: «Cristo [murió] por nosotros cuando todavía éramos pecadores» (Romanos 5:8). Tenemos un Pastor que tomará nuestra vida confusa y distorsionada y nos guiará con integridad de corazón y con manos hábiles.

EN HECHOS David es una imagen apta del buen pastor. El pastor de Israel escribió el salmo más conocido acerca de la naturaleza pastoral de Dios, que iguala la historia de su pueblo. Debido a que el Señor era su pastor, y el nuestro, tanto a él como a nosotros no nos faltará nada. A pesar de nuestro deambular por el desierto, él nos guiará a verdes prados y a arroyos tranquilos. A pesar de nuestro peregrinaje en el desierto, él nos guiará por sendas correctas, por amor a su nombre. A pesar del hecho de que la paga de nuestro pecado es la muerte, él caminará con nosotros por el valle más oscuro. A pesar de la vara de justicia de Dios, su cayado nos consolará. A pesar de los enemigos depravados tanto en el desierto como en la Tierra Prometida, él preparará nuestra mesa en su presencia, solo para demostrar su compasión. ¿Cuál es la bendición? Su bondad y su misericordia perduran mucho más que nuestros siglos, y años, de pecado. Incluso después de todo lo que ha ocurrido, moraremos en su casa para siempre.

Planes duraderos

Todo lo que Dios hace es definitivo. No se le puede agregar ni quitar nada.
El propósito de Dios es que el ser humano le tema. ECLESIASTÉS 3:14

EN PALABRAS Vivimos en una época de desechables. Tenemos contenedores desechables, pañales desechables, cámaras desechables, incluso ingreso desechable. Cuando la gente se lamenta de que «ya no se hacen las cosas como se solían hacer», está criticando invariablemente la calidad de un producto. Aunque las cosas que los artesanos solían hacer no duraban para siempre, las cosas que se fabrican ahora duran aún menos tiempo. Somos una generación de plástico, con un estilo de vida de plástico. Todo lo que no usamos inmediatamente se va a la basura.

Eso puede aplicarse al consumismo eficiente (aunque uno podría argumentar precisamente lo opuesto), pero no se aplica a la espiritualidad significativa. Hasta el trabajo de las manos de Dios, nuestro mundo, está en un calendario, pero el verdadero trabajo de Dios, la salvación de almas eternas, es permanente. Su carácter es eterno y constante, su plan es eterno y constante, y su pueblo es, a través de Jesús, eterno y constante. No hay nada desechable en cuanto a la vida cristiana. Cuando Dios nos llamó, lo había planificado desde antes de la fundación del mundo y nos llamó con promesas de «para siempre». Nada puede quitarle ni añadirle a eso. La obra de Dios es completa en todo sentido.

¿Por qué hace Dios esas obras inmutables? «El propósito de Dios es que el ser humano le tema». Las arenas movedizas del tiempo y de la cultura han hecho que sospechemos de todo. No nos impresionan los productos temporales. Lo infinito, por otro lado, nos deja asombrados.

EN HECHOS Este versículo se aplica a todas las obras de Dios, pero ahora, considera su aplicación para tu vida. ¿Te preguntas si Dios cambiará de parecer en cuanto a ti? ¿Que tal vez has sobrepasado su misericordia? ¿Que tal vez él no completará lo que comenzó en tu vida? Confía en él. La obra que él hace, incluyéndote a ti, durará para siempre. Él lo prometió para que lo reverencies.

26 DE SEPTIEMBRE
Eclesiastés 3:14;
Filipenses 1:6

Cambio y descomposición veo a mi alrededor; oh tú, que nunca cambias, habita en mi derredor.

Henry Francis Lyte

El trabajo satisfactorio

La gente debería comer, beber y aprovechar el fruto de su trabajo, porque son regalos de Dios. ECLESIASTÉS 3:13

27 DE SEPTIEMBRE
Eclesiastés 3:12-13

Los regalos más grandes de Dios llegan a través del trabajo arduo.

F. B. Meyer

EN PALABRAS Los estudios recientes indican insatisfacción sin precedentes en el trabajo. Casi 80 por ciento de los empleados en cualquier tiempo dado se encuentra a la búsqueda de un nuevo trabajo. ¿Por qué? Tal vez necesitan más dinero, o tal vez no les gusta el lugar, o no les agradan sus compañeros o sus jefes. Sin embargo, para la mayoría, el descontento no es un asunto de lugar o de beneficios. Es un asunto de significado. Si no encontramos significado en nuestro trabajo, nos es difícil motivarnos. La falta de motivación nos hace rezagarnos en el trabajo, lo cual lleva al estrés, lo cual lleva a menos motivación. Es un círculo vicioso.

Dios creó el trabajo. De alguna manera obtuvimos la impresión de que es resultado del pecado de Adán y Eva, pero Dios tenía a la pareja a cargo del jardín de Edén mucho antes de que fueran tentados y echados. El trabajo llegó a ser más difícil, pero ya había sido decretado. Dios quiere que su pueblo sea productivo y que goce del fruto de su labor. Él quiere que estemos satisfechos con lo que hacemos, ya sea en casa con los hijos, en una oficina con compañeros de trabajo o en cualquier otra parte.

EN HECHOS Aunque conocemos el plan de Dios, frecuentemente pasamos por alto sus propósitos fundamentales. Los estudios que indican la enorme insatisfacción laboral invariablemente tienen cristianos entre sus encuestados. Los creyentes pueden estar tan insatisfechos como el mundo secular.

¿Cómo podemos estar más satisfechos con nuestro trabajo? Hay dos pasos sencillos para el trabajo significativo. 1) Efesios nos dice: «Trabajen con entusiasmo, como si lo hicieran para el Señor y no para la gente» (6:7). Si los que amamos a Jesús tenemos fijo en nuestra mente que nuestra labor de alguna manera lo honra a él, estaremos más interesados en nuestra labor. 2) Podemos orar. Es aceptable orar por otro trabajo o rol, pero es aún mejor pedirle a Dios que desarrolle significado en tu trabajo actual, hasta que su tiempo para algo nuevo sea el adecuado. Él puede mostrarte cómo tus relaciones de trabajo lo honran a él, o cómo tu servicio piadoso refleja su carácter. Esa clase de satisfacción es un regalo que Dios anhela dar.

Una competencia sin sentido

Observé que a la mayoría de la gente le interesa alcanzar el éxito porque envidia a sus vecinos. ECLESIASTÉS 4:4

28 DE SEPTIEMBRE
Eclesiastés 4:4;
Filipenses 2:3

La envidia del llamado de otro hombre puede crear un caos en el nuestro.

Watchman Nee

EN PALABRAS Nos gusta pensar que nuestros motivos, por lo menos de vez en cuando, son puros. Cuando trabajamos mucho y nos esforzamos por el éxito, nos gustaría pensar que lo hacemos por el bien de nuestra familia y nuestro Dios. No obstante, ¿lo hacemos? La observación de Salomón es demasiado pertinente. Incluso en nuestros mejores días nos comparamos con otros. Y mucha de nuestra motivación para lograr algo nace de un ímpetu egocéntrico: la rivalidad.

¿Cuándo se alimentan más poderosamente nuestras ambiciones? ¿Cuándo son más dulces nuestros logros? ¿Cuándo tenemos más impulso para lograr metas? Cuando un rival está en el cuadro. Queremos llevar fruto para Dios y tener una vida abundante en su nombre. Sin embargo, hay competencias sutiles que nos impulsan más lejos y más profundamente en nuestro trabajo. Hay más que su gloria en juego; hay la nuestra. Trabajamos no solo por el bien de su nombre, sino por el nuestro.

¿No lo crees? Considera cuán frecuentemente comparas a tus hijos con los de los demás. Considera cómo te sientes en cuanto a tu casa o a tu vecindario en relación con los de otros. Considera tu ingreso y tu posición. ¿No nos esforzamos por el título que suena mejor en nuestro currículum vítae y en las tarjetas de presentación? Cuando alguien nos pregunta a qué nos dedicamos, ¿no lo presentamos en los términos más impresionantes posibles? ¿A quién tratamos de impresionar? No puede ser a Dios; él sabe lo que hacemos y cómo lo hacemos. Ya sabe el nivel de responsabilidad que tenemos y el ingreso que produce. ¿Es posible que tratemos de impresionar a otros con nuestra posición en la vida? Salomón dice que sí. Nuestras motivaciones más fuertes frecuentemente surgen de la envidia.

EN HECHOS Busca considerar solo el favor de Dios, no el de nadie más. Refrena el tratar de impresionar a la gente con lo que has hecho, con cuánto ganas, o con cuán bien diriges tu hogar. Considérate antes que nada un hijo de Dios, un puesto para el cual no hay rivalidad. Toma una determinación consciente de que el prestigio es como el viento, y ya no irás más tras él.

Prioridades del fin de los tiempos

Si el amo regresa y encuentra que el sirviente ha hecho un buen trabajo, habrá una recompensa. MATEO 24:46

29 DE SEPTIEMBRE
Mateo 24:36-51

El hecho de que Jesucristo va a venir otra vez no es razón para observar las estrellas, sino para trabajar en el poder del Espíritu Santo.

Charles Spurgeon

EN PALABRAS En estos días hay mucha especulación en cuanto a si nos acercamos al fin. Mucha gente tiene una opinión, incluso firme. Aunque la Biblia nos ha dado muchas pistas y nos dice que vivamos con un sentido de expectación, enfrentémoslo: no sabemos el día ni la hora. Jesús nos lo aseguró. De hecho, cuando se reduce a eso, en realidad no sabemos el siglo, ni siquiera el milenio. Debemos estar pendientes y ser sabios, no demasiado confiados ni dogmáticos. Tenemos que confesar cierta ignorancia en el asunto. Hasta Jesús lo hizo.

Sin embargo, algo de lo que podemos estar seguros es que Jesús esperaba que sus seguidores estuvieran listos. Y aunque esperamos su venida, muchos de nosotros somos claramente culpables de pasar demasiado tiempo tratando de descifrar códigos bíblicos y titulares, y luego de buscar en las nubes señales de su regreso. Mirar un poco está bien; Jesús estimuló nuestro conocimiento de las señales, pero usó imperativos más fuertes para exhortarnos a algo más: *¡debemos ocuparnos de sus asuntos!*

¿Estás consciente de que mientras miramos hacia arriba, muchos millones de gente, incluso miles de millones, permanecen llenos de oscuridad en estos dos mil años después de la Cruz, que nunca han oído el evangelio de gracia, que siguen bajo el pecado y que se dirigen hacia la eternidad sin ser perdonados? ¿Estás consciente de que mientras llevamos a cabo costosos seminarios proféticos, muchos niños desnutridos esperan que alguien les dé un vaso de agua fría en su nombre? ¿No nos sentiríamos un poco avergonzados si Jesús volviera ahora mismo?

EN HECHOS Jesús nos dijo que esperáramos su regreso, pero la espera es absurda si no conlleva un sentido dramático de urgencia y de preparación. *¡Hay trabajo por hacer!* Jesús sabe que lo amas, pero no demuestras tu amor parado en la puerta, esperando pasivamente su llegada. Hay que ordenar su casa. Hay que alimentar a los otros siervos. Tu Maestro no solo vendrá a saludar. Vendrá para ajustar cuentas. ¿Estás listo?

La fortaleza en comunidad

Una cuerda triple no se corta fácilmente. ECLESIASTÉS 4:12

EN PALABRAS Dios no produce solitarios. Él hace que algunas personas sean más sociables que otras, pero él no ha llamado a nadie a toda una vida de aislamiento. ¿Por qué? Porque el cuerpo de Cristo está formado de muchas partes. No pueden funcionar independientemente, así como los dedos no pueden funcionar sin manos, ni pueden los músculos funcionar sin nervios. Un alma aislada está, en un sentido muy real, separada de la comunión de Cristo. Puede experimentar el Espíritu de Dios de alguna forma, pero no en otras. Un recurso esencial del Espíritu de Dios que obra en nuestra vida se obtiene solo en comunidad.

Eso debería ser obvio, pero los que hemos crecido en una sociedad individualista hemos sido entrenados para pensar en los seres humanos como coexistentes, no interrelacionados. Elegimos nuestras relaciones con un sentido de independencia; nunca nos damos cuenta de que dependemos de toda la iglesia para ser completos nosotros mismos. Jesús puede morar en cada creyente para la oración y la fe, pero no mora plenamente en un solo creyente para su obra y ministerio. Eso requiere de un cuerpo con diversos y numerosos dones. Si queremos producir fruto en su nombre, debemos producir fruto juntos. Es la única manera.

EN HECHOS La iglesia cristiana está terriblemente fragmentada. De alguna manera obtuvimos la idea de que la separación fue un asunto ligero. Cambiamos de iglesia con relativa facilidad. Entramos y salimos de relaciones espirituales con una aparente apatía hacia ellas. Creyentes genuinos desarrollan teologías demasiado exclusivas, personalidades divisionistas y círculos cerrados de gente. Al mismo tiempo, olvidamos un principio bíblico fundamental: en el cuerpo de Cristo, como en muchas otras partes, unidad es igual a fortaleza.

Dios nos da este principio de la cuerda triple porque quiere que estemos envueltos y atados. Él quiere que nos reunamos en su nombre. Él quiere un cuerpo de Cristo unificado, no muchos cuerpos de Cristo. Él quiere personas que encuentren fortaleza en comunidades unidas y duraderas.

30 DE SEPTIEMBRE
Eclesiastés 4:9-12

A medida que nos acerquemos más a Cristo, nos acercaremos más a su pueblo.

G. T. Manley

273

Confianza en Dios

Aunque un ejército me rodee, mi corazón no temerá.   SALMO 27:3

1 DE OCTUBRE
Salmo 27

La confianza en el mundo natural es confianza en sí mismo; en el mundo espiritual es confianza en Dios.

Oswald Chambers

EN PALABRAS ¿Te sientes acosado? No te sorprendas. Es una condición humana natural. Poca gente pasa por la vida con una sensación de invulnerabilidad. Cuestionamos nuestra fortaleza, y cuando los problemas azotan, dudamos de nuestra capacidad para resistir. No nos sentimos invencibles, por lo que tememos a las pruebas. Cuando estalla una guerra o incluso conflictos menores en contra nuestra, la confianza frecuentemente desaparece.

David estaba acostumbrado a los conflictos. También al temor. No obtuvo su comprensión de la fortaleza y de la soberanía de Dios como un derecho de nacimiento; la obtuvo con la experiencia. Cuando nos dice en el versículo 1 que el Señor es su luz y su salvación, la fortaleza de su vida, puede hacer esas afirmaciones solo porque hubo tiempos en los que se vio obligado ya fuera a apoyarse en Dios, o a desfallecer y a morir. La verdad de la fortaleza de Dios solo se aprende durante tiempos de vulnerabilidad. La gente fuerte y confiada aprende a confiar en sí misma. La gente débil e impotente aprende a confiar en Dios.

La pregunta introductoria de David en este salmo —«¿por qué habría de temer?»— es puramente retórica. Él sabe la respuesta: no hay razón alguna. Si honestamente podemos afirmar con David que el Señor es nuestra luz, salvación y fortaleza, podemos hacer la misma pregunta sin ningún temor de que surja una respuesta válida. No tenemos por qué temer.

EN HECHOS Si estás tratando de alcanzar un estado de confianza, ten cuidado de en dónde colocas esa confianza. El modelo de superfortaleza que el mundo nos invita a seguir sobrevalora el poder del hombre. A los cristianos no se nos llama a seguirla; se nos llama a colocar toda esperanza en el Dios Todopoderoso. Si necesitamos una fuente de fortaleza, nuestro ser interno no nos animará mucho. Dios sí lo hará.

Aprende a pronunciar las palabras de David. Dilas para ti mismo en voz alta, de ser necesario. No estás jugando juegos psicológicos, estás ejercitando la verdad. Aunque la guerra estalle en contra nuestra, tenemos todo indicio de que nuestra confianza en Dios está bien fundamentada. Nuestro corazón no tiene que temer, porque somos hijos del Valiente.

En su santuario

Él me ocultará allí cuando vengan dificultades; me esconderá en su santuario.

SALMO 27:5

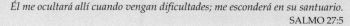

EN PALABRAS Nos decimos a nosotros mismos frecuentemente que Dios nos mantendrá a salvo, y hay numerosas promesas bíblicas que respaldan eso. Sin embargo, hay un elemento de esas promesas que frecuentemente se descuida y que debemos destacar. Dios nos mantendrá a salvo *en su santuario*.

¿Qué significa eso? David seguramente pensó en el tabernáculo y en el templo proyectado cuando escribió. ¿Debemos ver los edificios de nuestras iglesias, o incluso el ahora inexistente templo de Jerusalén, como el lugar seguro de Dios? Por supuesto que entendemos mejor que eso, pero ¿qué significa específicamente estar en el santuario de Dios? ¿Cuándo podemos saber que él nos tiene a salvo?

Morar en la casa del Señor es un estado mental y una condición del corazón. O quizás sería mejor considerarlo como un estado de la fe. Nuestra ubicación física no es la clave; el derramamiento del corazón de David en el versículo 4 es la clave. Debemos morar donde está Dios, y en la terminología del Nuevo Testamento, dejar que él more en nosotros. Esta debe ser una actitud diaria. Y debemos mantener una mentalidad continua de asombro e inspiración. Si buscamos a Dios con todo nuestro corazón; si nuestro deseo es morar donde sea que él esté, independientemente de lo que requiera llegar allí; y si simplemente nos encanta admirar su hermosura; entonces estamos en la seguridad de su fortaleza. No tenemos nada, absolutamente nada, que temer.

EN HECHOS Por supuesto que eso no significa que Dios solo nos mantiene a salvo cuando somos perfectos. Ni siquiera significa que no nos mantiene a salvo cuando descuidadamente estamos fuera de su voluntad. En su misericordia, él lo hace frecuentemente, pero no podemos estar confiados en nuestra rebeldía. Si nuestro corazón se aleja de él, ya sea con dureza o tibieza, perdemos nuestra confianza en su refugio.

No obstante, el corazón que está inclinado hacia él, aunque pase por dificultades y dolor, nunca pasará por una catástrofe. Él no lo permitirá. El sufrimiento es parte de este mundo, y él todavía no lo elimina en nosotros. Sin embargo, la presencia del Señor es un lugar seguro. Nada nos toca allí sin su permiso específico. No hay mejor lugar donde estar.

2 DE OCTUBRE
Salmo 27

No conozco el camino por el que Dios me guía, pero sí conozco bien a mi Guía.

Martín Lutero

El momento oportuno

Sé valiente y esforzado; sí, espera al SEÑOR con paciencia. SALMO 27:14

3 DE OCTUBRE
Salmo 27

En cada nivel de la
vida [...] la prisa y
la impaciencia son
señales definitivas
de un aficionado.

Evelyn Underhill

EN PALABRAS ¿Por qué insiste la Biblia en que esperemos? Se nos da una instrucción tras otra de que «esperemos en Dios». Hay una historia tras otra acerca de alguien que quiso apurarlo: Abraham, Saúl, Pedro y muchos, muchos más. ¿Por qué siempre se nos dice, y no sutilmente tampoco, que disminuyamos la velocidad?

Debido a que nuestro tiempo es casi invariablemente más acelerado que el de Dios. Sus planes para cada situación incluyen trabajo profundo y detalles complicados. Nosotros solo apuntamos a los síntomas superficiales. Él tiene la intención de moler su grano muy, muy fino: un trabajo muy intenso en nuestro carácter que no permitirá que permanezcan asperezas. O, para utilizar otra metáfora, él calienta mucho su mena, y remueve no solo las impurezas que se pueden ver a simple vista, sino todas las que hay. Generalmente, a nosotros no nos importa esa minuciosidad. Queremos salir rápidamente de nuestra situación difícil y lograr nuestros éxitos instantáneamente. Para nosotros, el ahorro de tiempo es lo esencial. Para Dios, lo esencial es el tiempo mismo.

Una correlación directa a la sabiduría que aprendemos de Dios es la paciencia que nuestro corazón puede tolerar. La insensatez es impaciente. La sabiduría conoce al Dios que nos redime y puede esperar pacientemente con esperanza su liberación y su victoria. No tenemos que saber cómo saldrán las cosas; conocemos al Dios que es soberano sobre todas las cosas.

EN HECHOS ¿Qué significa eso en la práctica? Significa que en nuestra mente frecuentemente parece que las respuestas a las oraciones están atrasadas, pero en la de Dios son determinantes. Significa que la liberación frecuentemente nos parece lenta, pero para Dios ya se logró. Significa que cuando actuamos en base a nuestros impulsos, violamos sus planes pacientes. Significa que cuando nuestra presión sanguínea sube y nuestras manos sudan, la voz de Dios siempre dice: «Tranquilízate. Cálmate. Yo estoy en mi trono».

¿Puedes oírlo? Si tienes prisa, probablemente no. Sin embargo, ¿cuántas veces tuvo prisa Jesús? ¿Qué tan frecuentemente describe la Palabra a Dios como lleno de pánico? ¿Cuánta gente que ha invertido su vida en él ha quedado decepcionada al final? Relájate. Espera. Sé valiente y esforzado.

La voz de un profeta

Si rechazas la disciplina, solo te harás daño a ti mismo, pero si escuchas la corrección, crecerás en entendimiento. PROVERBIOS 15:32

EN PALABRAS La mayor parte de la Biblia entre Génesis 3 y Apocalipsis 19 es correctiva en gran medida. De muchas maneras distintas, se dirige a una condición humana totalmente caída, a través del remedio y a través del juicio. Señala, repetidamente, que tenemos necesidad de cambiar.

Esa no es una posición muy popular en este mundo. No nos gusta que se nos confronte con nuestro pecado. Muchos han rechazado el cristianismo enfáticamente porque hay mandamientos y juicios en sus Escrituras. Continuamente ignoramos al Dios que ama a su creación lo suficiente como para desviarnos de nuestros propios caminos destructivos. No obstante, cuando estamos fuera de lugar, él tiene que señalarlo. A través de su Palabra, que fue dada a sus profetas, Dios habla. Y ya sea que nos guste o no, su voz nos llama reiteradamente a ser dramáticamente distintos.

La voz de un verdadero profeta siempre es la voz que clama en el desierto. Es una voz solitaria de orientación, que nos muestra a todos los errantes cómo llegar a la ciudad de Dios. Usualmente, no es bien recibida. Si lo fuera, no habría sido necesaria, para comenzar. A este mundo no le gusta la corrección, y frecuentemente no está interesado en llegar a la ciudad de Dios. Simplemente, no podemos darnos el lujo de absorber sus caminos independientes.

EN HECHOS Cuando los profetas hablan, ya sean los de las Escrituras o los profetas de nuestra época, debemos escuchar. El Padre amoroso siempre corregirá a sus hijos, y debemos ser receptivos a su corrección. No hacerle caso sería suicidio. Es como caminar hacia un despeñadero porque hemos ignorado el verdadero camino que se nos señaló. Simplemente no tiene sentido.

No te enfoques en la afrenta a tu ego que la Palabra de Dios activará. Es una afrenta amorosa. ¿Puedes oírla? Es la voz de tu Padre, y te llevará a la vida. Asegúrate de atender la voz de disciplina. Llevará las marcas del amor y siempre te señalará el camino a casa.

4 DE OCTUBRE
Proverbios 15:32; 2 Crónicas 36:15-16

La voz de Dios es una voz amigable. Nadie tiene que temer oírla a menos que haya decidido resistirse a ella.

A. W. Tozer

Sospecha de Dios

Yo soy el Señor tu Dios, que te enseña lo que te conviene y te guía por las sendas que debes seguir. ISAÍAS 48:17

5 DE OCTUBRE
Isaías 48:17-19

No hay desengaños para los que han enterrado su voluntad en la voluntad de Dios.

Frederick William Faber

EN PALABRAS Un joven rico fue a ver a Jesús un día y le hizo unas preguntas espirituales delicadas. Quería estar bien con Dios. Jesús le dio una respuesta, pero al final no era lo que él quería oír. Habría tenido que dejar sus ídolos: su riqueza, sus planes, su voluntad (Mateo 19:16-22). Debajo de su renuencia a aceptar el llamado de Jesús estaba la sospecha de que tal vez Dios no tenía en mente lo mejor para él. Él tendría que cuidar de sí mismo.

Este versículo de Isaías solamente llega a ser significativo cuando hay conflicto entre nuestros deseos y los de Dios. Cuando Dios y nosotros queremos lo mismo, no tenemos problemas para andar en su camino. Sin embargo, cuando la obediencia contradice la inclinación de nuestro corazón, tenemos un problema en el corazón. Nos cuesta conformarnos a la voluntad de Dios. Debajo de esa dificultad está la misma sospecha que tenía el buscador rico: el pensamiento de que tal vez al final el camino de Dios no resulte en nuestro beneficio.

Debemos sacrificar mucha teología buena para creer eso. Debemos rechazar el amor de Dios o la sabiduría de su voluntad si vamos a colocar nuestros planes por encima de los suyos. No obstante, ¡con qué facilidad hacemos eso! Para nosotros es imperceptible cuando tomamos nuestras decisiones, pero es una monstruosidad prominente en el reino espiritual. La desobediencia implica que estamos más interesados en nuestro bienestar que en Dios. Es muy peligroso estar parado sobre una capa de hielo tan delgada como esa.

EN HECHOS Dios no quiere que consideremos su voluntad como una opción. Él quiere que la busquemos como un imperativo, pero no quiere que lo hagamos con sospecha en nuestro corazón. Él prefiere que entendamos esto: aunque su voluntad sea difícil, en realidad llevará al mejor resultado posible para nosotros.

¡Cuánto se entristece el corazón de Dios cuando su pueblo no sigue su dirección sabia! Es como un padre que ve a su hijo hacerse daño. No es racional, pero el pecado nunca lo es. Debemos reemplazar nuestro comportamiento irracional con una creencia profunda en la bondad de Dios. Su enseñanza es siempre la correcta.

Paz como un río

¡Ah, si solo hubieras hecho caso a mis mandatos! Entonces habrías tenido una paz que correría como un río manso y una justicia que pasaría sobre ti como las olas del mar. ISAÍAS 48:18

EN PALABRAS Si tan solo. Esas tres palabras son pequeñas en su ubicación gramatical, pero enormes en sus implicaciones trágicas. Significan que las cosas podrían haber sido distintas. Muy distintas. Significan que si la respuesta del pueblo de Dios hubiera sido distinta a lo que fue, se habría evitado mucho dolor. Las bendiciones habrían fluido, pero no fue así. Si tan solo.

Al igual que Isaías, también las hemos dicho. Todos tenemos remordimientos. Eso es parte de vivir en un mundo caído. Sabemos que si hubiéramos sido más diligentes y fieles, nuestra vida ahora podría ser radicalmente distinta de lo que resultó ser. Aunque seamos felices ahora mismo, nos preguntamos qué podría haber sido y qué habría sido. ¿Por qué? Porque tarde o temprano llegamos a una triste comprensión: la vida siempre puede ser mejor.

Buscamos al Dios de consuelo para que nos diga por qué han ocurrido cosas malas: por qué estamos endeudados, por qué perdimos aquel trabajo, por qué nuestra familia no es feliz, por qué no se cumplen nuestros sueños. Sin embargo, en el fondo lo sabemos. No es porque Dios nos haya defraudado; es porque nosotros lo defraudamos a él. No vivimos a la altura de sus instrucciones. Esa temida tendencia rebelde que parece que todos tenemos nos ha llevado en una dirección vana, contraria a las enseñanzas específicas de nuestro Hacedor. No sabemos en qué estábamos pensando cuando nos alejamos de él, pero queremos volver. Su plan es mejor; ahora sabemos eso. Queremos ser restaurados a un lugar de paz como un río manso y de justicia como las olas del mar.

EN HECHOS Esa es la belleza del evangelio de gracia. Nunca nos pone en una posición irredimible. Cuando decimos: «Si tan solo», Dios dice: «Ahora puedes». Tal vez haya muchos años perdidos, pero están en el pasado. Dios puede redimirlos por un futuro abundante. Lo importante es que hemos aprendido que su voz no exige para su propio ego, sino que insiste para nuestro propio bien. Podemos seguirlo en la confianza de que su camino lleva a la paz y a la justicia. *Tenemos* que seguirlo con esa confianza. Si podemos, seremos bendecidos. Si tan solo.

6 DE OCTUBRE
Isaías 48:17-19

Corazones benditos, que reposan en Jehová, encuentran su promesa de paz y descanso perfectos.
Frances Ridley Havergal

Esperanza en el poder

¿No tengo poder para rescatar?   ISAÍAS 50:2

7 DE OCTUBRE
Isaías 50:1-3

¿Qué es imposible para Dios? No lo que es difícil para su poder, sino lo que es contrario a su naturaleza.

Ambrosio

EN PALABRAS ¿Qué impide que obedezcamos a Dios completamente? ¿Qué impide que entreguemos nuestro último vestigio de autonomía personal a su autoridad? No puede ser que su voluntad sea cuestionable; vimos eso en Isaías 48:17. No puede ser que su voluntad para perdonar y para restaurar sea insatisfactoria; vimos eso en 48:18. ¿Podría ser que su poder es insuficiente para suplir nuestras necesidades? ¿Cuestionamos su capacidad de intervenir en nuestros problemas más profundos y en nuestros momentos más oscuros?

Nunca cuestionaríamos abiertamente en nuestra mente el poder de Dios. Ya sabemos cómo funciona. Creemos que él creó este mundo y que lo sostiene en sus manos, pero ¿qué tan significativo es ese poder para nosotros? A veces dudamos. Cuando una situación es un poco difícil, sentimos que la oración todavía tiene una oportunidad. No obstante, si una situación es *realmente* calamitosa, abandonamos nuestra fe en que habrá una respuesta. El grado de dificultad afecta nuestra percepción de la capacidad de obrar de Dios.

¿Por qué? ¿Por qué el nivel de dificultad tiene *algo* que ver con el hecho de creer que Dios responderá o no? Él ha sido claro en todas las Escrituras: no hay nada demasiado difícil para él. Creemos en el Dios que divide el mar, que mata gigantes como Goliat, que sana al ciego y al cojo, que limpia a los leprosos, que convierte el agua en vino y que no puede ser retenido en una tumba. ¿Qué pasa con nuestra situación que nos hace claudicar en nuestra esperanza?

EN HECHOS Si alguna vez has tenido esperanza cuando los problemas se pueden resolver y luego te das por vencido cuando no se resuelven, te has olvidado del Dios de lo imposible. Tu situación no lo asusta a él. Él no trata desesperadamente de resolverla. Él se deleita mucho en irrumpir en una situación imposible con una respuesta en la que nadie había pensado. Su mayor renuencia es la falta de fe que lo reconozca desde el centro de esa situación. Él busca fe para que cuando irrumpa, se le reconozca. Debe ser una fe genuina, una fe persistente y una fe audaz. La ausencia de ella, como en Isaías 50, le ocasiona una gran tristeza. Recuerda que él está listo para salvar.

Fortaleza en la comunión

Mañana tras mañana [el Señor] me despierta y me abre el entendimiento a su voluntad. ISAÍAS 50:4

EN PALABRAS Isaías pronunció palabras de juicio y palabras de misericordia ante una multitud escéptica de ambas. Su llamado desafiaba a otros «profetas» que representaban a Dios falsamente. Los juicios que Dios pronunció contra otras naciones a través de él fueron noticias bien recibidas; no así los juicios en contra del pueblo elegido de Dios. En pocas palabras, su llamado estaba frecuentemente en contra de su cultura y era un reto para su valor. Él representaba a un Dios santo ante un pueblo perverso.

Nosotros también. Nuestro llamado es sorprendentemente similar al de Isaías. Es posible que no se nos asigne la tarea de anunciar juicio con los detalles que Isaías vio, pero se espera que vivamos puramente, que hablemos con la verdad y que seamos testigos tanto de la santidad como de la misericordia de nuestro Dios. A veces el mensaje es popular, pero generalmente no lo es. Nuestro llamado, como el de Isaías, va frecuentemente en contra de nuestra cultura y desafía nuestro valor. Nos prepara para una dependencia total en nuestro Creador.

Isaías pudo cumplir su llamado porque pudo oír la voz de Dios. Cuando pensamos que pudimos haber oído algo que podría haber sido la voz de Dios, salimos a nuestro mundo con temor, temblando y con muy poca convicción. Por otro lado, cuando Dios nos despierta en la mañana y sintoniza nuestro oído a su voz, podemos caminar en la fortaleza de la fe. Nuestra naturaleza enseñable se convierte en la clave de nuestra confianza.

EN HECHOS Los que no son enseñables tratan de convencerse a sí mismos para sentirse seguros y confiados. Parecen seguros de sí mismos, pero en lo profundo no lo están. Sin embargo, los que son enseñables oyen a Dios. No hay mayor estímulo para la fe de una persona que saber que sin importar lo extraña o contracultural que sea la voz que ha oído, es la voz del Todopoderoso, el Dios guerrero invencible, el Soberano que influye en el afecto humano, el Principio y el Fin. Hay una confianza serena en la persona que sabe que está en comunión con el Creador. El corazón sensible a él avanzará con una fe intensamente segura. Se ha encontrado con Dios.

8 DE OCTUBRE
Isaías 50:4-9

Dios anhela, y se complace en, comunicarse con nosotros mediante nuestra mente, nuestra voluntad y nuestras emociones.

A. W. Tozer

El ritmo del tambor de Dios

No teman las burlas de la gente, ni tengan miedo de sus insultos.
ISAÍAS 51:7

9 DE OCTUBRE
Isaías 51:7-8

Nunca olvides
que solo los peces
muertos nadan con
la corriente.

Malcolm Muggeridge

EN PALABRAS ¿Te has preguntado alguna vez cómo sería tu vida si no te importara la opinión de los demás? ¿Serían distintas tus decisiones? Nos gustaría pensar que no; pocos consideramos cuánto nos dejamos influir por nuestro deseo de una buena reputación. No obstante, piénsalo. ¿Cuántas cosas hacemos (o no hacemos) simplemente por cómo le parecerá a nuestra familia, a nuestros amigos, a nuestros compañeros de trabajo o incluso a los extraños? Nos afecta desde la ropa que usamos, a las fiestas a las que asistimos, los trabajos que aceptamos, los vecindarios a los que nos mudamos y, desafortunadamente, hasta las palabras que decimos y la moral por la que vivimos. Las normas culturales influyen en nosotros mucho más de lo que quisiéramos.

Considera a todos los que en realidad sobresalen en las Escrituras como siervos obedientes de Dios: Abraham, Noé, Moisés, David, Elías, Isaías, Jeremías, Ezequiel, Daniel y otros. ¿Qué tienen en común? Les importó más lo que Dios pensaba de ellos que lo que otros pensaran de ellos. Su reputación ante los ojos de Dios era de mayor valor que su reputación ante los ojos de los hombres. Incluso en el caso de Jeremías, que se acongojó por las palabras duras de sus adversarios, la obediencia a Dios era más valiosa que la aceptación entre sus pares. Los que marcan la diferencia en el reino de Dios son los que rehúsan conformarse al reino de este mundo.

EN HECHOS Dios nos llama a una obstinación santa. No es una obstinación que convierta un pequeño desacuerdo en una gran guerra o que no sea enseñable bajo ninguna circunstancia. Es la clase de resolución que no va con la corriente de la cultura. No podemos hablar solo de lo que es políticamente correcto; eso es hacer algo terriblemente no profético. No podemos sacrificar los estándares bíblicos por las expectativas morales modernas. No podemos inclinarnos ante las presiones de nuestros amigos ni mezclarnos con los contextos de elitismo, corporativismo, partidismo, clasismo o cualquier otro «ismo» que exista. Debemos marchar al ritmo del Tamborilero supremamente distinto: Dios mismo. Debemos buscar solo su voz y seguir solo sus mandamientos. Debemos despojarnos de todos los obstáculos para el discipulado, y no debemos dejarnos influenciar.

Su receta para la obediencia

¿Por qué les temes a simples seres humanos que se marchitan como la hierba y desaparecen? Sin embargo, has olvidado al SEÑOR, tu Creador.
ISAÍAS 51:12-13

EN PALABRAS Frecuentemente, otra gente guía nuestros actos más que el Espíritu Santo. ¡Qué parodia del plan divino! Relegamos a segundo plano al que nos creó, al que nos trajo de vuelta, al que nos sostiene diariamente, para favorecer las opiniones caprichosas de las mentes transitorias. ¿Cómo podemos acabar con este temor al hombre?

Podemos escapar solo con un enfoque intencional y enfático en quién es nuestro Dios. Debemos reiterar su Palabra y sus misericordias pasadas en nuestra mente. Debemos entrenar nuestro corazón para que él nos importe antes que todo. Debemos entender la relativa falta de poder de la gente, comparada con el Señor todopoderoso de las huestes celestiales. Debemos recordar que él sostiene el cielo y la tierra, el tiempo y la eternidad, el bienestar y la calamidad, y que tiene en su mano la llave de cada corazón humano. Nadie más que tratemos de impresionar tiene ese poder. Ni siquiera un ápice.

La receta de Dios para nuestra obediencia es dejar que él llene nuestra mente, pero muy frecuentemente fallamos en esto. Nos preocupa que otros se rían de nosotros, que nos critiquen, que nos menosprecien y que nos dejen fuera de sus círculos. En lugar de eso, deberíamos preocuparnos por el asombroso prestigio de nuestro Dios: solo él puede consolarnos (v. 12), él nos hizo (v. 13), él extendió la enorme expansión del cielo y puso los firmes fundamentos de la tierra (v. 13), él dirige las corrientes de los océanos (v. 15) y estableció un pueblo para sí mismo (v. 16). ¿Quién más puede dirigir nuestro camino?

EN HECHOS Una falsa ilusión de pecadores caídos es la que nos hace colocar más valor en la opinión humana que en Dios. Y somos hipócritas en cuanto a eso: hacemos énfasis en nuestra independencia y libertad, y aun así nos esclavizamos a la opinión pública y a las arenas movedizas de la cultura.

Dios llama a sus siervos a liberarse del cautiverio. El espíritu que está lleno de él no será engañado de tal manera. Solo importa la opinión de él y eso es liberador. Permanece firme en su verdad, no tambalees y deja que el temor esté lejos de tu corazón.

10 DE OCTUBRE
Isaías 51:12-16

Solo el temor de Dios puede librarnos del temor al hombre.

John Witherspoon

283

Tu reivindicación

Ningún arma que te ataque triunfará. Silenciarás cuanta voz se levante para acusarte. Estos beneficios los disfrutan los siervos del SEÑOR; yo seré quien los reivindique. ISAÍAS 54:17

11 DE OCTUBRE
Isaías 54:15-17

La paciencia es nuestro martirio.

Gregorio Magno

EN PALABRAS Una verdad fría y dura en este mundo caído es que los que están del lado de Dios comparten sus enemigos. Son numerosos, y pueden ser crueles. Frecuentemente les importa poco la verdad y tienen una gran capacidad para confabularse. David se dio cuenta de que así era con Saúl, los profetas lo descubrieron con sus profetas rivales, Jesús lo experimentó con los líderes romanos y judíos, y Pablo lo oyó de otros predicadores e iglesias. Siempre que Dios hace una gran obra, ya sea en tu corazón o en tu mundo, recibirá mucha oposición. Los que son sus siervos enfrentarán la oposición de primera mano.

La clave para la victoria en una situación así no está en tomar represalias ni en rebatir. Está en la fe tranquila y en la paciencia. Ninguno de los ejemplos anteriores salió al ataque. Los que afirmamos a Dios como nuestro defensor no debemos encargarnos de nuestra propia defensa. Debemos permanecer firmes y eso significa que a veces debemos expresarnos. Sin embargo, no podemos desafiar los ataques impíos con reacciones similares. Y, en cualquier caso, los que confían en Dios no tienen necesidad de hacerlo. Él nos da su promesa: él nos protegerá. Ninguna arma prevalecerá, ninguna acusación permanecerá firme; por lo menos, no a largo plazo. Dios tiene una forma de reivindicar a sus siervos que es bella al final. Los agresores desaparecen en el olvido; los justos permanecen en su gloria.

EN HECHOS ¿Has estado bajo ataque? Puede ser la obra manifiesta de gente agresiva, o puede ser la obra sutil de espíritus desviados. De cualquier manera, tu respuesta debe ser piadosa. Dios ha permitido el ataque tal vez para fortalecerte, para entrenarte en la guerra santa o para desarrollar paciencia fiel. Así que sé fiel y sé paciente. Mientras más profundo sea tu problema, más satisfactoria será tu reivindicación al final. No obstante, la reivindicación solo puede llegar de Dios. Cuando tratamos de lograrla por nosotros mismos, pierde su buen sabor. Deja que tus acusadores murmuren. La promesa de Dios se cumplirá para siempre a su tiempo.

El deleite de tu alma

¿Por qué gastar su dinero en alimentos que no les dan fuerza? ¿Por qué pagar por comida que no les hace ningún bien? ISAÍAS 55:2

EN PALABRAS Nos gusta pensar que tenemos muchos recursos a nuestra disposición: un plan para el futuro, una cartera de valores diversa, maravillosas amistades y familia, estrategias para la seguridad personal, entretenimiento frecuente y mucho más. Sutil e imperceptiblemente, nuestra fe comienza a trasladarse del Dios que nos dio esas cosas a nuestra posesión de ellas. En poco tiempo, absorbemos la sabiduría secular y las estrategias humanistas para el éxito, la salud y el bienestar. Entonces vamos en pos de todas nuestras comodidades sin buscar a Dios, excepto en nuestra oración para que él apoye nuestros planes. Esta trayectoria de la confianza en Dios a la confianza en uno mismo tiene una distancia sorprendentemente corta, pero es muy, muy trágica en sus implicaciones.

La pregunta penetrante de Dios a través de Isaías nos llama a un camino mejor. ¿Por qué, cuando tenemos al Dios de todos los recursos en nuestra comunión íntima, colocamos nuestra fe en los recursos mismos? Tal vez ese es el problema: no tenemos una comunión íntima con él. Pensamos que es más fácil buscar la autosuficiencia que buscar al Dios invisible. No obstante, el ingenio humano se queda tristemente corto. Nos daremos cuenta de eso en poco tiempo, si no lo hemos hecho ya.

EN HECHOS ¿Por qué buscamos sabiduría en cualquier fuente y no en Dios? ¿Por qué confiamos en la provisión del trabajo de nuestras propias manos? ¿Por qué encontramos seguridad en nuestras relaciones humanas más que en nuestro Padre celestial? Las respuestas son parte del misterio de nuestra condición caída. Así como su pecado alejó a los israelitas de su pacto con Dios, así también lo hace el nuestro. La fe sobrenatural se corrompe naturalmente demasiado rápido. Las mentes finitas y los corazones inconstantes siempre tienen necesidad de ser encaminados.

Dios nos da su dirección. Nos implora que la abracemos. Es el único camino para la vida. Solo ella deleitará nuestra alma. Se aferra a su fidelidad eterna. ¿Es eso demasiado difícil de recordar? Nuestro discipulado siempre debe involucrar recurrir a lo que es verdaderamente pan y trabajar por lo que realmente satisface, cada día, cada hora y cada momento satisfactorio.

12 DE OCTUBRE
Isaías 55:1-7

Los dones de Dios avergüenzan a los mejores sueños del hombre.
Elizabeth Barrett Browning

La promesa del engaño

Dan garantías de paz cuando no hay paz. JEREMÍAS 6:14

13 DE OCTUBRE
Jeremías 6:8-15

Nos gusta ser engañados.

Blaise Pascal

EN PALABRAS A Jeremías le dieron una tarea difícil. Fue llamado a predicar destrucción a un pueblo que nunca le creería. De antemano sabía que su mensaje fracasaría. Otros profetas tendrían éxito con su mensaje falso, pero Dios le dijo a Jeremías que de todos modos predicara la verdad.

Vivimos en una época de aceptación. Cualquier cosa vale. Se nos dice que la moral es relativa; la verdad es demasiado difícil de identificar con exactitud, el compromiso se define por el estado de ánimo del momento, y hay muchos caminos distintos hacia «Dios». La *tolerancia* es una palabra en clave que significa: «No me prediques. No tengo la intención de cambiar». Los profetas falsos de nuestra época tienen un mensaje claro y persistente: «Paz, paz». Sin embargo, no hay paz.

Cómo nos gustaría que llegara la paz. Oramos al Príncipe de Paz y le pedimos que gobierne nuestra vida. Él lo hace y lo hará, pero cumplirá el mensaje que predicó hace mucho tiempo en Galilea y en Judea: Dios juzgará la rebeldía humana, y Jesús es el único camino para escapar del juicio.

Ese no es un mensaje popular en una época de aceptación. Nada manifestará la intolerancia de los «tolerantes» como el mensaje de redención exclusiva, pero al igual que Jeremías, el cristianismo enfrenta una disyuntiva: predicar la verdad, incluso donde sea menospreciada, o mentir en cuanto a la condición en la que se encuentra nuestra raza y el juicio que le espera, todo por la «paz».

EN HECHOS Los engaños abundan en nuestro mundo. Los más efectivos suenan agradables a nuestros oídos; de otra manera, no nos engañarían. La Palabra de Dios también suena agradable, pero solo para los oídos arrepentidos. Para el orgullo de la autosuficiencia, la droga predilecta para el ego humano, su Palabra es anatema. Es rechazada tan ampliamente como lo fue Jeremías. No obstante, dice la verdad.

Nuestra generación ha originado desafíos significativos para nuestra fe. Nuestras creencias no son para el débil de corazón. Sin embargo, tal como lo prometió Isaías, la verdad de Dios es lo único que apaga la sed y el único pan que satisface (Isaías 55:1-3). Aférrate a ella. Bebe y come de ella con gusto. Permanece firme en una generación que tiene una verdad deteriorada. Y nunca creas las promesas falsas de los profetas seculares.

La derrota del engaño

El corazón humano es lo más engañoso que hay, y extremadamente perverso.
¿Quién realmente sabe qué tan malo es? JEREMÍAS 17:9

EN PALABRAS No solo nos pueden engañar los profetas falsos de nuestra época, también nos puede engañar nuestro propio corazón. Frecuentemente aceptamos mentiras que son emocionalmente satisfactorias, y nunca discernimos el resultado final de creerlas. La sabiduría de Dios ocupa segundo lugar en nuestro afecto cuando nuestros sentimientos no están arraigados en él. El hecho de la traición del corazón es una enorme afrenta a nuestro ego. Y es una trágica afrenta a nuestro Padre.

Así es la naturaleza de la sabiduría humana. Es oscura y engañosa, tramposa y superficial, desencaminada y miope. Rechaza la realidad actual de la eternidad por la esperanza futura de gloria personal. Construye en arenas movedizas. Y, según la Palabra de Dios en Jeremías, ¡es *extremadamente perversa!*

Qué trágico. Qué aterrador. ¿Cómo puede el Dios de esperanza darnos una palabra tan irremediable? ¿Cómo puede la promesa de salvación ser tan intransigente? ¿Cómo podemos seguir leyendo la Biblia después de habernos encontrado con esta declaración apremiante? ¿Cómo podemos ser redimidos?

La respuesta es gloriosa. Dios promete más adelante en Jeremías darle un corazón nuevo a su pueblo (24:7). Entonces, ¿qué pasa si nuestro corazón no tiene esperanzas de recuperación? Sí tiene esperanza de resurrección. Nuestro corazón muerto no se reforma ni se sana; se levanta a una vida nueva. Es reemplazado por otro que es real. Dios lo dice más precisamente en Ezequiel: «Les daré un corazón nuevo y pondré un espíritu nuevo dentro de ustedes. Les quitaré ese terco corazón de piedra y les daré un corazón tierno y receptivo» (36:26).

EN HECHOS Solo Dios puede entender nuestro corazón, y su evaluación es totalmente deprimente si no conocemos el resto de su plan. Sin embargo, el que discierne nuestros pensamientos más profundos y los engaños más oscuros (v. 10) nos ofrece su Espíritu puro y veraz, para reemplazar la corrupción de nuestra carne.

Estas profecías temibles no terminan en pavor, y la sabiduría de Dios no termina en la muerte. Los que abrazan la sabiduría de Dios encuentran vida: respuestas para el momento, dirección para hoy y carácter para siempre. Abre tu corazón *diariamente* a su vida.

14 DE OCTUBRE
Jeremías 17:5-13

Ah, si tuviera un corazón para alabar a mi Dios, un corazón libre del pecado; un corazón que siempre siente tu sangre, que tú has tan libremente derramado.

Charles Wesley

La roca de sabiduría

Todo el que escucha mi enseñanza y la sigue es sabio, como la persona que construye su casa sobre una roca sólida. MATEO 7:24

15 DE OCTUBRE
Mateo 7:24-27

Cuando hablamos de sabiduría, hablamos de Cristo.
Ambrosio

EN PALABRAS Tal vez hemos llegado a suponer demasiado acerca del carácter de Jesús. Preguntamos: «¿Qué haría Jesús?» y visualizamos al Hombre de paz premoderno que caminó por Galilea hace muchos años, así como lo presentan las películas. Nos preguntamos cuánta relevancia tiene él en un mundo de adquisiciones corporativas y de comunicaciones globales. Nos preguntamos cuánto de su voz tiene nuestra propia psicología y cuánto de ella es en realidad suya.

Esto es un defecto de la naturaleza humana: nos cuesta distinguir entre nuestra consciencia dada por Dios, pero distorsionada, y la voz pura y convincente de nuestro Señor. El Espíritu de Dios mora en nosotros, pero también muchos conceptos erróneos, ansiedades, fobias, líos emocionales y hábitos. Cuando creemos que oímos su voz, ¿es un asunto de revelación o de psicosis? En nuestro discernimiento, hay una línea delgada entre ambas. En la realidad de su reino, hay una división irreconciliable entre ellas. Debemos aprender a distinguir la diferencia.

Es por eso que una sujeción estricta a la Palabra de Dios es esencial. No debemos permitir que sus palabras sean nuestra razón para divisiones insignificantes, sino que debemos oír su voz claramente. Y Jesús la ofrece explícitamente. Él nos ha instruido completamente. Ha derramado su luz en el Antiguo Testamento, que se resume todo en él, y ha hecho resplandecer su luz en el Nuevo; las cosas siempre se resumirán en él.

EN HECHOS A medida que nuestra mente pasa por este proceso de renovación —la transformación de las viejas formas mundanas de pensar a la comprensión y personificación de los profundos misterios del ahora revelado reino de Dios—, debemos saturarla de sus palabras. Sus enseñanzas deben llegar a ser el primer conjunto de criterios para la toma de decisiones. Su sabiduría debe llegar a ser el fuego que nos derrita y el molde que nos dé forma. Debemos definir la verdad por medio de él y definir todo lo que está fuera de él como falsedad. Debemos construir todas nuestras casas en el fundamento sólido e inconmovible de su reino.

Un mundo de odio

Amados hermanos, no se sorprendan si el mundo los odia. 1 JUAN 3:13

EN PALABRAS Ese ha sido el estilo del mundo desde el principio. Caín estaba celoso de Abel, sus celos se convirtieron en odio y su odio se volvió violento. La tradición continuó con los hermanos de José, los soldados del faraón, los judíos y los romanos que odiaban al Dios encarnado y a sus seguidores, y así sucesivamente. La gente muere simplemente por confesar a Jesús. Y no debemos sorprendernos en absoluto.

¿Por qué esta enemistad? Regresa al jardín de Edén. La serpiente y la simiente de los hijos de Dios han estado en conflicto desde el primer día. Hay una violenta guerra cósmica y nosotros estamos en medio de ella. Ahora que el Mesías ha derrotado a la muerte y nos ha elevado a alturas indescriptibles, el sentido de venganza del enemigo es más profundo que nunca. Nacimos en ese mal ambiente (Efesios 2:1-3), pero se nos ha liberado. Y no hay paso intermedio. Elegimos lados. Eso no pasó desapercibido en las sombras de este mundo.

Sin embargo, es un fenómeno extraño que el mundo no crea que es enemigo de Dios. Las Escrituras son enfáticas en cuanto a su odio (Santiago 4:4, por ejemplo), pero nuestra cultura cree que la tolerancia por la posibilidad de un Creador es lo mismo que la amistad con él. La verdad de este odio solo aparece cuando se afirma su señorío, nunca antes. Pensamos que el pueblo de Dios está en paz con una sociedad incrédula hasta que se predica la justicia. Entonces las cosas se ponen feas y nos sorprendemos.

EN HECHOS No te sorprendas. Abandona la ilusión de que podemos ser amigos del mundo y amigos de Dios simultáneamente. Esa es una fantasía que nunca tiene base en las Escrituras. Podemos tener una reputación decente, podemos servir humilde y admirablemente en nuestra sociedad, y podemos ganarnos el respeto de muchos. No obstante, es un respeto superficial. No te engañes con eso; tómalo con reservas. Una simple mención de Jesús podría confiscar toda la aceptación que crees que te has ganado. Nunca le des mucho esfuerzo a la estima de este mundo, y aférrate al valor insuperable del Señor que has elegido. A la larga, solo su opinión importa.

16 DE OCTUBRE
1 Juan 3:11-16

Sujeta todo lo terrenal con la mano floja.

Charles Spurgeon

Una comunidad de gracia

Que el mensaje de Cristo, con toda su riqueza, llene sus vidas. Enséñense y aconséjense unos a otros con toda la sabiduría que él da. Canten salmos e himnos y canciones espirituales a Dios con un corazón agradecido.
COLOSENSES 3:16

17 DE OCTUBRE
Colosenses 3:16

La gracia es el amor que se interesa, que se inclina y que rescata.

John Stott

EN PALABRAS La sabiduría siempre se vive en comunidad. La imagen popular del gurú escondido en el monasterio de una montaña o del sabio en tierras salvajes es intrigante, pero no es el patrón bíblico. Dios ha dotado a su pueblo de dones interdependientes que solo se pueden ejercer en el cuerpo de creyentes.

¿Cómo es este cuerpo? Es el cuerpo de Cristo, su presencia física en este mundo, por lo que debería parecerse a él. El cuadro que Pablo pinta es ideal: una comunión que es rica en la Palabra, que refuerza el entendimiento mutuo, que canta con alegría y gratitud no solo cuando el líder dirige sino por el desbordamiento del corazón, es la clase de comunión que refleja la paz y la perfección de Jesús. No obstante, ¿es real? ¿No cuestionamos la validez de ese espectáculo y lo acusamos de superficialidad? ¿No sabemos simplemente que hay asuntos más profundos que la comunidad está reprimiendo?

Esa es la belleza del cuerpo de Cristo. Si es real, no hay represión. Es un peligro más realista que los cristianos repriman el gozo de la fe para encajar mejor con este mundo que reprimir los caminos del mundo para expresar gozo. Y la gratitud, los cantos y la amonestación mutua no significan que no haya problemas en la vida. De hecho, dependen de los problemas. Dios ha entrado al contexto de este planeta destrozado para mostrar misericordia, amor y paz. La comunión que en realidad cree es la que le permite a Dios mostrar esas cosas que hay en ella.

EN HECHOS Cultiva esta clase de comunidad. Debe comenzar con individuos, y bien podríamos ser esos individuos. ¿Ha sido Dios misericordioso? Sé misericordioso. ¿Ha perdonado Dios? Perdona. ¿Ha sanado Dios? Entonces sana. La iglesia debe reflejar al Salvador; la Biblia lo llama el reflejo de su gloria. El resultado es una comunidad de gracia. Vive gracia, respira gracia, habla de gracia. Y eso comienza cuando alguien decide hacerlo, como Pablo exhorta a que se haga.

Ropa nueva

Vístanse con humildad en su trato los unos con los otros. 1 PEDRO 5:5

EN PALABRAS En el centro de la tentación del jardín de Edén, en el centro de la rebeldía humana y de su reptil instigador hay una base de orgullo. Muchos han dicho que el orgullo está detrás de cada pecado. Es el orgullo el que nos hace ignorar la voluntad de Dios y seguir la nuestra. Es el orgullo el que nos impulsa a elevar al trono de nuestro corazón nuestros placeres e intereses. Y es el orgullo el que nos hace competir acaloradamente con cada persona del planeta por estatus, por bienes y por gloria.

Dios es enfático a lo largo de las Escrituras: él «se opone a los orgullosos pero da gracia a los humildes». Los reyes y sacerdotes orgullosos en la Biblia se vieron humillados por el mismo Dios. Los suplicantes humildes fueron elevados a su presencia. Y así continúa el principio hasta hoy. Dios se convierte en el archienemigo de cualquiera que lo menoscabe por engrandecerse a sí mismo.

Por eso es que Pedro nos dice que nos pongamos ropa nueva. Tenemos que despojarnos de esa fantasía de que somos almas de nuestra propia fabricación y adornarnos con la gracia de Dios. Debemos desechar nuestra ropa vieja como si fuera de la moda pasada y surtirnos de la elegancia sencilla de la realidad. Nuestro nuevo vestuario es mucho más bello por su sencillez que el antiguo con sus estilos que llamaban la atención. Lo chillón no encaja en el reino de Dios, y no nos une a los demás. La humildad hace juego perfectamente.

EN HECHOS Tu actitud hacia los demás determinará mayormente, de una manera práctica, cuán unido estás al cuerpo de Cristo. ¿Estás frecuentemente en el centro de la discordia? ¿Es por falta de humildad? Vístete con ropa nueva.

La humildad da el primer paso, aun cuando se confronte con el orgullo de otros. Cuando lo hace, desarma al orgulloso como ninguna otra cosa. La gente orgullosa se nutre mutuamente y provoca más orgullo. Un paso de humildad menoscaba todo el proceso. Desactiva la raíz de nuestro pecado y abre el camino para la gloria de Dios. Nos da una apariencia totalmente nueva.

18 DE OCTUBRE
1 Pedro 5:5-7

Nada sitúa a una persona tan fuera del alcance del diablo como la humildad.

Jonathan Edwards

291

Decisiones

El camino de los perezosos está obstruido por espinas, pero la senda de los íntegros es una carretera despejada. PROVERBIOS 15:19

19 DE OCTUBRE
Proverbios 15:19;
Deuteronomio 30:19

Cada día, la decisión entre el bien y el mal se nos presenta de maneras sencillas.
William Sangster

EN PALABRAS En cada momento de nuestra vida enfrentamos una decisión. Decidimos cuándo hablar y cuándo guardar silencio, cuándo sentarnos y cuándo estar de pie, cuándo respirar y cuándo contener la respiración. Podríamos llegar a ser increíblemente detallados en cuanto a todas nuestras múltiples opciones momentáneas, si quisiéramos hacerlo. No obstante, ese es un ejercicio intenso, tal como escuchar cada latido de nuestro corazón. Requiere demasiada atención y estrés. Preferimos dejar que las cosas ocurran de manera natural y automática.

Sin embargo, Proverbios nos insta a dar un paso atrás y a evaluar nuestras opciones de vez en cuando; no solo las más importantes, sino también las pequeñas que determinan la sutil dirección de nuestra vida día a día. Y su mensaje es constante: las decisiones correctas, aunque más difíciles a veces en el corto plazo, siempre son más fáciles a largo plazo. Llevan a la vida. La haraganería y el mal nos ponen en caminos duros. El camino de menos resistencia frecuentemente es el camino de más dolor.

Eso no quiere decir que las decisiones correctas siempre harán que las cosas sean fáciles para nosotros. Cada vez que busquemos obedecer a Dios diligentemente y servirlo con devoción habrá obstáculos, pero Dios siempre allana el camino de nuestro recorrido en el discipulado. Él nunca hace que la rebeldía ni la haraganería sean de provecho al final.

EN HECHOS ¿Qué nivel de diligencia guía tu vida? ¿Eres proactivo en cuanto a tus decisiones, incluso las pequeñas, o te arrean como a ganado por los caminos de la vida, dejando involuntariamente que te empujen o que te arrastren los que te rodean? ¿Sientes que Dios dirige tus pasos firmemente? ¿O sientes que solo estás flotando con la corriente y que te conformas a las expectativas de este mundo?

Dios llama a la diligencia. La haraganería y el discipulado no se pueden mezclar. Él no quiere que nos obsesionemos por cada decisión menor, pero espera que tracemos una línea en la arena y que rehusemos permitir que las exigencias de la cultura dictaminen nuestra vida. Debemos guardar su plan para nuestra vida con celo. No te salgas de la autopista. Deja que él sea el Señor de tus decisiones.

Ver su rostro

Cuando el rey sonríe, hay vida; su favor refresca como lluvia de primavera.
PROVERBIOS 16:15

EN PALABRAS Nosotros tal vez no entramos a las cortes de los reyes como lo hacían en el mundo antiguo. Tal vez no entendemos las implicaciones de la expresión de un rey cuando él nos mira. No obstante, la aceptación del rey significó alguna vez la diferencia entre la vida y la muerte, o por lo menos, la diferencia entre la bendición y la desdicha. Cuando su cara resplandecía, sus siervos podían descansar con facilidad. Para su gran alivio, su buen humor resultaba en la gloria de su favor. Le daba alegría al corazón.

¿De qué manera es esto significativo para nosotros? ¿Acaso no tenemos rara vez el privilegio de entrar a los pasillos de la autoridad nacional o a las cortes de los soberanos? No, el privilegio se nos ha concedido. Podemos entrar al trono del Dios Altísimo, la autoridad suprema de toda la existencia, y expresar nuestras preocupaciones. Se nos permite servir en sus campos. Se nos permite consultar nuestros propósitos diarios con la sabiduría de la eternidad. Y somos bendecidos al llegar a ser participantes de su gloria. ¡Él comparte su reino con nosotros! No hay un gozo mayor.

Sin embargo, ¿qué vemos en su rostro? ¿Se ilumina con nuestra presencia? Muchos temen que no. Muchos ven a un Dios legítimamente enojado en el trono cuando oran. Muchos sienten el disgusto santo de nuestro Padre puro y perfecto. Muchos creen que Dios nunca podría amarlos como ama a un hijo apreciado. No conoceremos su favor si no creemos lo contrario. Si estamos totalmente convencidos de su buena voluntad hacia los hombres, conoceremos su gozo. Su favor desciende sobre nosotros cuando sabemos de quién procede.

EN HECHOS Cuando Dios te mira, ¿ve a Jesús? Si crees en el Salvador, Dios considerará su vida como suplente de la tuya. A medida que sirves al Salvador, Dios llenará tu vida de su Espíritu. Tu vida y la vida de Jesús llegarán a estar tan entretejidas, tan conectadas, que en el cielo no puede haber distinción entre las dos. Así como el esposo y la esposa son «una carne», el Salvador y su novia son «un Espíritu». Los dos se han convertido en uno, y ese Uno es un deleite para su Rey. Acepta el deleite del Rey con gratitud.

20 DE OCTUBRE
Proverbios 16:15;
Mateo 25:21

El cristianismo se trata de aceptación, y si Dios me acepta como soy, entonces será mejor que yo haga lo mismo.

Hugh Montefiore

El placer de Dios

Tú me satisfaces más que un suculento banquete; te alabaré con cánticos de alegría. SALMO 63:5

21 DE OCTUBRE
Salmo 63:1-8

Nunca disfrutamos tanto como cuando más disfrutamos a Dios.

Benjamin Whichcote

EN PALABRAS Cuando hablamos de aprender la sabiduría de Dios y de tener la mente de Cristo, frecuentemente suena como que estamos sentados en el ambiente estéril de un salón de clases. Asumimos que se nos está entrenando mentalmente en una nueva forma de vida. Y así es, pero no es una transferencia de información fría y calculada sino una experiencia de aprendizaje cálida y maravillosa; es una aventura, tomados de la mano con un Padre amoroso que quiere que seamos como él.

Con Dios, la familiaridad no produce insubordinación. Produce pasión y placer. Podemos deshacernos de la idea de que servimos a un amo frío y rígido. Podemos dejar ir la imagen de la santidad siempre insatisfecha de nuestro Creador. Él mismo ha satisfecho sus requerimientos santos en la persona de Jesús. Lo que nos queda es un Padre afectuoso que ríe cuando reímos y llora cuando lloramos. Mientras más llegamos a conocerlo, más llegamos a amarlo. Por supuesto, es una clase de amor santo y respetuoso; él está totalmente por encima de nosotros y es digno de nuestra admiración. No obstante, hay una calidez en él que mucha gente nunca siente. Y se nos llama a sentirla profundamente.

EN HECHOS ¿Cómo describirías tu relación con Dios? ¿Fría y estéril? ¿Distante y frustrante? No tiene que ser ninguna de las anteriores. En realidad, puede ser —¿nos atrevemos a sugerirlo?— *divertida*.

Sí, la sabiduría de Dios —su mente, sus caminos y su carácter— pueden ser bellos y encantadores. Él no es el cruel aguafiestas que frecuentemente pensamos que es. Y esa es la gran tragedia del pecado: no logra entender las asombrosas implicaciones de conocerlo. Lo convierte en alguien que no es.

Aprender la sabiduría de Dios no es solo una búsqueda intelectual. Es un placer sincero en su personalidad. La presencia del Todopoderoso puede ser un afecto emocionalmente satisfactorio. Su carácter es encantador, sus palabras atractivas. Abandona la imagen del Dios distante y severo. Su ira hacia nosotros, aunque es totalmente legítima, fue derramada en Jesús. Ha quedado totalmente satisfecha. Nuestra única respuesta debe ser estar totalmente satisfechos en él.

Cómo orar con la mentalidad de Dios

Pídanme cualquier cosa en mi nombre, ¡y yo la haré! JUAN 14:14

EN PALABRAS Una de las promesas más enfáticas de Jesús para sus discípulos es la promesa de que el Padre les dará cualquier cosa que pidan en su nombre. Es profundamente alentador creer esa promesa, pero verdaderamente confuso no verla respondida. Conocemos las advertencias usuales que se dan acerca de esas oraciones: deben ser de acuerdo a su voluntad, debemos pedir con fe, no debemos albergar pecado ni amargura en nuestro corazón, no podemos orar egoístamente, etcétera. Aun así, nos preguntamos por qué no siempre recibimos lo que hemos pedido, aun cuando, en lo que a nosotros respecta, hayamos cumplido con todas las condiciones previas.

Santiago da una oración que se debe hacer antes de todas nuestras demás oraciones. Es orar pidiendo la sabiduría (Santiago 1:5). Podemos pedirle a Dios que ponga sus pensamientos en nuestra mente y su voluntad en nuestro corazón. No le pedimos que simplemente señale el camino; le estamos pidiendo que infunda su camino en las mismas profundidades de nuestra alma. Le estamos pidiendo que su Espíritu nos dirija desde adentro. Le estamos pidiendo recibir su mente como la nuestra.

Con seguridad, esa es una oración que se puede responder. Dios espera con expectación que se lo pidamos. Lo alienta, lo requiere y nos llama a hacerlo repetidas veces. Él no quiere brindarnos simplemente información; quiere llenarnos de sí mismo. Así, nuestros deseos llegan a ser los suyos, sus planes se escriben en nuestros sueños y él vive la vida de su Espíritu en el cuerpo de nuestra carne. Es una comunión poderosa y asombrosa en su misericordia.

EN HECHOS ¿Oras con reservas, preguntándote si estás dando en el blanco de Dios o no, conteniendo la respiración y cruzando los dedos por su respuesta? No tiene que ser así. Pide su sabiduría. Ora por sus pensamientos. Busca una revisión drástica de tu carácter y de tus sueños, y luego ora por los deseos de tu nuevo ser. Pedir sus pensamientos no significa aferrarte al próximo capricho que entre a tu mente; es posible que él no lo haya puesto allí. Sin embargo, con el tiempo verás dentro de ti una bendita conformidad a sus propósitos. Entonces sabrás cómo orar.

22 DE OCTUBRE
Juan 14:14;
Santiago 1:5-8

La oración no es
nada más que
la revelación de la
voluntad o de la
mentalidad de Dios.
John Saltmarsh

Perspectiva

Cuando miro el cielo de noche y veo la obra de tus dedos... SALMO 8:3

23 DE OCTUBRE
Salmo 8

Parece que hemos perdido la visión de la majestad de Dios.

John Stott

EN PALABRAS Si hay algo que nuestra generación carece en cuanto a sabiduría, es perspectiva. El pecado siempre ha distorsionado nuestros pensamientos, haciéndonos más grandes de lo que debemos ser y haciendo a Dios más pequeño de lo que él es. Como resultado, nuestros problemas parecen más grandes que Dios, nuestros planes parecen más grandes que su voluntad y nuestra lógica defectuosa tiene más sentido para nosotros que su Palabra infalible.

¿Qué nos puede corregir? ¿Qué puede llevarnos de regreso a la perspectiva correcta? Este salmo ofrece un buen método. Lo único que se requiere es que consideremos cómo son las cosas en realidad. Considera la inmensidad de la obra de Dios. Considera la fragilidad de nuestra carne. Cuando nos vemos a nosotros mismos en relación a Dios, junto con David en su salmo, nos asombramos de que Dios siquiera esté atento a nosotros. Esa perspectiva nos hace recordar constantemente la gracia: que por gracia fuimos hechos, por gracia somos salvos, por gracia se nos sustenta y que dependemos totalmente de la gracia. La majestad del nombre de Dios y la gloria y la honra con las que él ha coronado a sus criaturas caídas son asombrosas. ¡Qué condescendencia tan misericordiosa! El Dios infinito, todopoderoso y eterno, el que sostiene enormes universos en la palma de su mano, se ha interesado en seres humanos lastimosamente pequeños y quebrantados. Incluso nos ha coronado de honra. ¡Qué sorprendente contraste de proporciones! Un vistazo de él profundizará nuestra perspectiva.

Comprender la inmensidad de Dios y la finitud de la humanidad nos lleva de regreso a la cordura. Nuestros problemas llegan a ser más pequeños que Dios, nuestros planes se inclinan ante su voluntad y nuestra lógica defectuosa se somete a su Palabra. Se restaura el orden.

EN HECHOS ¿Se ha distorsionado tu perspectiva? ¿Parecen enormes tus problemas y tu Dios pequeño? ¿Prefieres tus planes a su voluntad y a su Palabra? Pasa un poco de tiempo reflexionando. Contempla la obra de sus manos. Conoce tu lugar en su creación. Observa el contraste entre la majestad del Todopoderoso y la necesidad del débil. Mira las maravillas de su gracia. Entrénate en esos pensamientos. Deja que Dios le dé forma a tu perspectiva.

Un tiempo para alegrarse mucho

Amados hermanos, cuando tengan que enfrentar cualquier tipo de problemas, considérenlo como un tiempo para alegrarse mucho. SANTIAGO 1:2

EN PALABRAS ¿Qué persona racional consideraría las pruebas de la vida como un tiempo para alegrarse mucho? Solo los que pueden ver el sorprendente beneficio de ellas. A través del lente de las Escrituras podemos ver ese beneficio. Se nos dice que nuestras pruebas desarrollan nuestro carácter de maneras que producirán ganancia eterna para nosotros; y se nos dice que el Dios que las permite siempre tiene nuestro bienestar en mente. Esas son cosas que un mundo incrédulo no puede ver, pero que han sido reveladas a los que creerán.

El libro de Hechos es una crónica asombrosa de la iglesia primitiva. En el capítulo 5, los apóstoles que fueron arrestados por predicar a Jesús salieron del tribunal del Sanedrín «con alegría, porque Dios los había considerado dignos de sufrir deshonra por el nombre de Jesús» (v. 41). En el capítulo 16, Pablo y Silas cantaban alabanzas a Dios desde las profundidades de una sucia prisión filipense. ¿Qué clase de mente reacciona de esa manera ante las pruebas? Según el mundo, una irracional; según las Escrituras, solo una mente cimentada en las verdades del evangelio puede reconocer la realidad gloriosa que hay detrás de nuestros problemas temporales.

Aunque Santiago señala el beneficio que tienen nuestras pruebas para nuestro propio carácter, sabemos que hay una bendición aún mayor en ellas. Jesús se revela en nosotros. Su poder se hace manifiesto en nuestra debilidad (2 Corintios 12:9-10), y participar de sus sufrimientos nos permite participar de su resurrección (Filipenses 3:10). No solo se afina nuestro carácter con los procesos dolorosos, la resurrección de Jesús se exhibe en las cruces que llevamos. Vale la pena regocijarse por esas pruebas.

EN HECHOS ¿Estás pasando por tiempos difíciles? No te desesperes. El desánimo y la depresión no son las respuestas bíblicas, solo las naturales. Sin embargo, vivimos por encima de lo natural, porque el lente de las Santas Escrituras nos permite ver más allá de lo natural. Conocemos el resultado final de nuestro dolor. La perseverancia resulta en madurez, y los problemas le dan a Jesús un escenario para mostrar el poder de su resurrección. No hay mayor bendición que esa. Considéralo como un tiempo para alegrarse mucho.

24 DE OCTUBRE
Santiago 1:2-4

Más crucifixión, más resurrección. Cuanto más sufrimos, más nos atraen Cristo y su poder.

Un cristiano perseguido en Nepal

El gobernante renegado

Todo el que quiera vivir una vida de sumisión a Dios en Cristo Jesús sufrirá persecución.   2 TIMOTEO 3:12

25 DE OCTUBRE
2 Timoteo 3:10-15

La vida cristiana no es un campo de juego; es un campo de batalla.

Warren Wiersbe

EN PALABRAS Satanás gobierna un estado aberrante en una pequeña esquina del cosmos de Dios, pero para nosotros, no es una esquina lejana; nacimos en ella. Eso es sumamente significativo para nuestra vida. Nos afecta cada día, limita nuestras decisiones e influye en nuestra personalidad. Nacimos como sus ciudadanos, destinados a morir cuando sea destruida. No obstante, hemos encontrado una manera para escapar: podemos huir como refugiados hacia el asilo de Jesús. Su reino nos concederá protección.

Pablo le dice a Timoteo que, sin excepción, todo el que quiera vivir una vida piadosa enfrentará persecución. Esta es una de las promesas de Dios que rara vez reclamamos por fe, pero es segura de cualquier manera. Es una garantía sólida: nos acosarán dentro de nuestro corazón que ha nacido de nuevo, y nos acosarán exteriormente con campañas de desinformación e incluso con amenazas físicas. Las tentaciones tienen el propósito de disuadirnos de nuestro llamado santo, mientras que la gente trata de convencernos de que tenemos que conformarnos a sus deseos y a su mundo corrupto. La batalla no terminó el día que colocamos nuestra fe en Jesús. Apenas comenzó.

El mal no muere sin una lucha, y a veces la lucha puede ser verdaderamente desagradable. Las tácticas de Satanás no son justas; la anarquía es uno de sus atributos esenciales. Bien podríamos acostumbrarnos a sus intentos de darnos golpes bajos. No podemos hacernos de la vista gorda ante sus tácticas. La única manera segura de resistirlas es estar conscientes de ellas. Nuestro conocimiento nos hará recurrir al refugio de Jesús exactamente en el tiempo oportuno.

EN HECHOS ¿Te preguntas por qué batallas? ¿Estás decepcionado porque pensabas que la vida cristiana era más fácil que esto? Evita esas ilusiones. Estás en una guerra. Tal vez no te percataste cuando te uniste al reino, pero ahora tendrás que darte cuenta.

La buena noticia es que el único daño que puede acontecerte en esta batalla es temporal, y la única victoria que Satanás puede ganar es psicológica. La victoria real, la victoria duradera, es segura. Es nuestra herencia. No te desanimes. Permanece firme. El día del triunfo se acerca.

Sabiduría a través de la oración

Dame la capacidad de discernir que me prometiste. SALMO 119:169

EN PALABRAS Sabemos que Dios nos ofrece su mente como una de las muchas bendiciones de su salvación. Y la promesa de su mente es grande: incluye su guía, su consejo, sus propósitos, sus planes y la complejidad de sus caminos. Es el gran almacén de todos los misterios de la vida y la clave para todo entendimiento. No hay un lugar más grandioso de conocimiento.

Sin embargo, ¿cómo la obtenemos? ¿Cómo llega a ser nuestra la mente de Dios? ¿Cómo fluye la sabiduría de su mente a nuestros pensamientos pequeños y distorsionados? Hay una forma, y el primer paso es la oración.

En la economía de la gracia, todas las cosas llegan cuando se piden y se cree. Ese es el requerimiento principal: dejar toda nuestra dependencia del esfuerzo propio y pedir. Dios es generoso con todas las cosas. Él ha ofrecido su salvación, ha otorgado su Espíritu y nos ha equipado con su Palabra. Lo único que falta es recibir esas bendiciones. Y la manera de recibirlas, la única manera en ese reino, es pidiéndolas.

El solicitante que le pide a Dios su sabiduría reconoce su propia deficiencia. No puede haber confusión de providencia y orgullo cuando el regalo comienza con una petición humilde. El que ora para ser saturado con la mente de Dios ha admitido que la mente de un ser humano no es suficiente para triunfar en este mundo. Es limitada y está caída. Necesitamos más.

EN HECHOS ¿Has buscado la guía de Dios? ¿Su consejo? ¿Su plan? Haz más que eso. Busca su mente. Pídele que integre sus pensamientos en los tuyos. Él ha sido extravagantemente generoso con todas las cosas para los que se acercan a él con humildad y amor. Él se ofrece a sí mismo porque él nos hizo a su imagen. Fuimos creados para ser su residencia. Deja que él more donde él quiera hacerlo.

No obstante, tienes que estar increíblemente abierto a cambiar; sus pensamientos son mucho más elevados que los nuestros. Él los ofrece solamente a los que quieren más que un mapa. Él los ofrece a quienes lo quieren a *él*, y que serán lo suficientemente audaces como para pedírselos.

26 DE OCTUBRE
Salmo 119:169-176

Lo que es más necesario para entender las cosas divinas es la oración.

Orígenes de Alejandría

Sabiduría a través de la meditación

Me quedo despierto durante toda la noche, pensando en tu promesa.
SALMO 119:148

27 DE OCTUBRE
Salmo 119:145-152

La meditación es [...] permitir que el Espíritu Santo tome la palabra escrita y la aplique como palabra viva al ser interno.

Campbell McAlpine

EN PALABRAS Nuestra recepción de la sabiduría de Dios comienza con la oración, pero no termina allí. Él tiene un método en su proceso de transformación, y requiere de nuestra cooperación total. No somos receptores pasivos de su mente; somos activos en nuestra búsqueda. Él la ofrece, pero nosotros debemos quererla. Y querer no es solo cuestión de pedir.

Podemos aprender la Palabra de Dios a través del estudio, pero no llega a ser parte de nosotros hasta que meditamos en ella. Cuando falta ese peldaño, llegamos a ser conocedores sin llegar a ser sabios. Hay una profunda diferencia entre saber acerca de la voluntad de Dios y de sus caminos y *conocer* realmente la voluntad de Dios y sus caminos. Lo primero lleva a una ilusión de que somos espirituales cuando no lo somos. Lo otro lleva a la vida.

Las iglesias están llenas de gente que oye la Palabra de Dios que se predica el domingo y que luego se olvida de ella el lunes. Hay muchas herramientas para incorporar las verdades de Dios en nuestra vida, pero la primera, después de la oración, es meditar en ella. ¿Qué significa eso? Significa reflexionar en ella, pensar en lo que Dios hace con ella y por qué salió de su boca, cómo hemos fracasado en nuestro pasado y de qué manera podría aplicarse a nuestra vida diaria. La Palabra de Dios no se da simplemente para ser admirada; se da para ser aprendida. No se comunica para hacernos inteligentes; se comunica para cambiarnos y conformarnos a la resplandeciente imagen del Dios vivo.

EN HECHOS A toda costa, no dejes que la Palabra de Dios entre pasivamente por un oído y salga por el otro. No la leas tan desinteresadamente que se te olvide al día siguiente o a la hora siguiente. ¡Hay poder en ella! Es un regalo que nos dará la forma de la persona que Dios quiere que seamos, la persona como se diseñó que fuéramos desde el principio. Ese proceso de moldeado es el logro terrenal más grande que podamos experimentar alguna vez. Dios comienza a responder a nuestras oraciones cuando meditamos en su verdad. Deja que sea absorbida, completa y profundamente. Deja que haga su obra poderosa.

Sabiduría a través de la memoria

He guardado tu palabra en mi corazón, para no pecar contra ti.

SALMO 119:11

EN PALABRAS Algunos cristianos llevan una Biblia con ellos constantemente, pero la mayoría no. Sin embargo, aunque lo hiciéramos, no siempre tendríamos acceso inmediato al versículo pertinente para la ocasión apropiada. Incluso en la época de las Biblias electrónicas, la búsqueda en el acto no siempre lleva a la palabra adecuada para el momento. Necesitamos algo más que aparatos y recursos. Y algo más que las páginas de las Escrituras a nuestro lado. Las necesitamos en nuestro corazón.

Le hemos pedido a Dios que nos dé su sabiduría. Hemos meditado en su Palabra, pero queremos contemplarla más cuidadosamente, más asiduamente, más efectivamente. Queremos que los momentos desperdiciados de nuestro día sean redimidos para el crecimiento espiritual. La mejor manera de que la Palabra quede escrita en nuestro corazón es aprenderla, de memoria.

Mucha gente asocia la memorización con aprender fechas históricas o fórmulas geométricas en la secundaria. Esa fue una presión impuesta, potencialmente fatídica para una calificación pendiente. La idea misma de la memorización sufre en ese contexto. Dios no nos amenaza con una calificación fatídica, ni nos impone su Palabra en contra de nuestra voluntad. Él nos invita a ella para que nosotros la invitemos a nosotros. Allí es donde se encuentra la verdadera bendición; allí es cuando entramos a su mente y sus pensamientos llegan a ser nuestros. Memorizar la Palabra de Dios no es una tarea aburrida; es una herramienta poderosa que nos guiará a su voluntad.

EN HECHOS Cuando hayas memorizado una variedad de pasajes de la Biblia, te parecerán más profundos y más significativos que nunca antes. Cuando estés en medio de una crisis, el Espíritu llevará la palabra adecuada a tu situación. Cuando seas tentado, la refutación sagrada estará en tu lengua como la estuvo en Jesús en su prueba en el desierto. Cuando un compañero creyente tenga una necesidad profunda, el Espíritu pondrá en ti una palabra profunda de consuelo o de esperanza. La Palabra de Dios no llega a ser parte de tu equipaje sino parte de ti. Está escrita en una tablilla de carne, y tú eres su obra.

28 DE OCTUBRE
Salmo 119:9-16

No conozco ninguna otra práctica de la vida cristiana que sea más provechosa, hablando prácticamente, que memorizar las Escrituras.

Charles Swindoll

Sabiduría a través de las palabras

Recité en voz alta todas las ordenanzas que nos has dado. SALMO 119:13

29 DE OCTUBRE
Salmo 119:9-16

Palabras, esas
preciosas copas
de significado...
Agustín

EN PALABRAS Los expertos en técnicas de memoria nos dicen que si usamos el nombre de alguien que acabamos de conocer en nuestra conversación, será más probable que lo recordemos. Los estudiantes que discuten entre sí el contenido de una clase van a integrarlo mejor en su pensamiento. A los que les cuesta recordar buenos chistes son los que nunca los cuentan. Hay algo poderoso en cuanto a expresar el conocimiento que se acaba de adquirir. El habla refuerza el pensamiento.

El principio está escrito también en la Palabra de Dios. Después de haber orado pidiendo su sabiduría, de haber meditado en sus verdades y de haber memorizado algunos pasajes bíblicos, nos puede parecer que el proceso avanza con nuestra disposición para hablar sobre lo que hemos aprendido. En las culturas contemporáneas occidentales, la palabra hablada es un asunto incidental, una expresión simple y verbal de pensamientos sin sentido, en algunos casos. No es así en la Biblia. Hay poder en la palabra hablada. Cuando Dios creó, él habló. Cuando él y su pueblo bendecían, hablaban. Cuando el pueblo maldecía, hablaba. Lo que se decía en voz alta no podía desdecirse. Quedaba establecido; su declaración hacía que fuera así.

Esa verdad debería ser suficiente para hacer que todos examináramos nuestra comunicación hablada. ¿Reforzamos pensamientos negativos y suposiciones falsas cuando abrimos nuestra boca? ¿O reforzamos la verdad? ¿Practica justicia y alabanza nuestra lengua o desánimo y duda? Pensamos que la mente tiene influencia total en la boca, pero frecuentemente es al revés. Nuestras propias palabras pueden entrenarnos bien.

EN HECHOS Cuando hayas aprendido alguna de las verdades de Dios en tu mente, trata de hablarla con tu boca. Repítela para ti mismo en voz alta. Compártela con alguien más. Discute su aplicación con otros creyentes. Permite que se convierta en una realidad sensorial y no en un pensamiento inaudible. La probabilidad de que permanezca como parte de tu pensamiento y parte de tu voluntad aumentará dramáticamente. Tu boca y tus oídos establecerán lo que hay en tu corazón.

Sabiduría a través de la práctica

Así paso mis días: obedeciendo tus mandamientos. SALMO 119:56

EN PALABRAS El libro de un antiguo programa de aprendizaje les enseña a nadar a los nadadores novatos. Muestra fotos de la posición del cuerpo en el agua, de la técnica para varios estilos, las maneras más eficientes de respirar mientras se mantiene la velocidad, y todo lo demás que se necesitaría saber para meterse a una piscina y no hundirse. Sin embargo, nadie ha aprendido nunca a nadar con solo leer ese libro. Tal vez sus lectores obtuvieron el conocimiento necesario, pero no aprendieron en realidad. Algunas cosas solo se pueden captar con la experiencia.

La sabiduría de Dios es una de esas cosas. Si el habla refuerza las verdades que él nos ha dado, la práctica las refuerza aún más. La mejor manera de aprender a hacer algo, de aprenderlo en realidad, es haciéndolo efectivamente. Leer o escuchar una lección solamente involucra uno de nuestros sentidos, mientras que ponerla en práctica los involucra a todos. Obviamente, la mente se entrena mejor cuando la alimentan múltiples sentidos.

Santiago recrimina severamente a los que son oidores de la Palabra y no hacedores de la Palabra (Santiago 1:22-25). No es solo un asunto de hipocresía; es un asunto de entrenamiento. Es fácil olvidar las cosas que nuestra mente ha albergado. Es mucho más difícil olvidar las cosas que nuestra mente ha albergado *y* que nuestra boca ha hablado *y* que nuestras manos han hecho. Y queremos hacer que el olvido sea difícil. Cuando se trata de la sabiduría de Dios en nuestro corazón, la retención lo es todo.

EN HECHOS La sabiduría de Dios no es teórica; es intensamente práctica. No es un asunto de especulación para los intelectos religiosos; es un asunto de instrucción y de entrenamiento para las situaciones cotidianas de la vida real. Si queremos la sabiduría de Dios, debemos ser honestos con nosotros mismos y determinar que la queremos por alguna razón. Vivirla debe ser nuestra prioridad.

¿Encuentras una brecha entre el conocimiento que has aprendido de la Palabra de Dios y tu estilo de vida? ¿Son sus verdades un asunto de tu mente y no un asunto de tu corazón? Entonces ponlas en práctica. Las aprenderás de una manera que ninguna otra cosa podría enseñarte.

30 DE OCTUBRE

Salmo 119:49-56

Haz el bien con lo que tienes, o no te hará ningún bien.

William Penn

Sabiduría a través de la comunión

Soy amigo de todo el que te teme, de todo el que obedece tus mandamientos.
SALMO 119:63

31 DE OCTUBRE
Salmo 119:57-64

Los cristianos
no son llaneros
solitarios.
Chuck Colson

EN PALABRAS Nos gusta pensar en nuestra relación con Dios como un asunto sumamente personal que no involucra a nadie más que a nosotros mismos y a él. Sin embargo, Dios no obra de esa manera. Él nos llama a una comunidad. El aprendizaje que hacemos debe hacerse en comunidad. La sabiduría que adquirimos se imparte, en parte, a través de nuestra comunión. Las verdades que hablamos tienen el propósito de edificar a otros, así como a nosotros mismos. Para recibir la mente de Cristo se requiere vivir en el cuerpo de Cristo.

A medida que lleguemos a empaparnos de la sabiduría de Dios nos encontraremos en armonía con otros que están impregnados de su sabiduría. Es más que un interés común; es un vínculo espiritual. Recibir su mente es recibir su Espíritu, y recibir su Espíritu es tener comunión los unos con los otros. ¿Por qué? Porque Dios ha derramado su Espíritu en muchos miembros de un cuerpo. Él ha distribuido sus dones ampliamente para que, si queremos conocerlo a plenitud, dependamos unos de otros. El Tres-en-Uno es comunitario y su pueblo debe ser el pueblo de comunidad. No hay manera de estar equilibrados en sus verdades sin comunión.

No obstante, ese es un problema para muchos. A veces es difícil ver a Cristo en el cuerpo de Cristo. Los buscadores frecuentemente se desilusionan de Dios por la gente que lo representa. Aunque él mora en nosotros, muchas veces no lo dejamos morar visiblemente. Estas vasijas que evidentemente son de barro a menudo esconden su tesoro con una costra opaca de pecado. La mente de Dios es opacada a veces.

EN HECHOS No idealices a la iglesia. Está conformada de gente redimida pero imperfecta, en proceso de transformación. Sin embargo, tampoco la subestimes. Dios en realidad mora allí. Su sabiduría es demasiado grande para que una mente solitaria la absorba totalmente, por lo que la ha esparcido entre muchos. El cuerpo de Cristo es la presencia física de Jesús en este mundo. ¿En realidad quieres aprender la mente de Cristo? Entonces nos necesitamos unos a otros. Está en su Palabra, escrita en nuestros corazones y se cultiva en la comunión de su pueblo.

Jesús en este mundo

Ya no vivo yo, sino que Cristo vive en mí. GÁLATAS 2:20

1 DE NOVIEMBRE
Gálatas 2:19-20

Estar en Cristo es la fuente de la vida cristiana.

Charles Hodge

EN PALABRAS La enormidad de esta comprensión —que en realidad Jesús es ahora nuestra vida— nunca se entenderá por completo. Simplemente no podemos concebirlo. Es más profundo de lo que nuestra mente finita pueda alcanzar. Sin embargo, podemos saber una cosa con seguridad: el Dios que dio la vida de su Hijo a cambio de la nuestra ha invertido un tesoro sin precio en nosotros. Él no quiere un rendimiento mediocre en su inversión. Y cuando pensamos realmente en eso, nosotros tampoco.

La vida de Jesús en nosotros nos hará sentirnos incómodos al vivir placenteramente en los caminos del mundo. No obstante, la vida de Jesús en nosotros nos hará sentirnos totalmente satisfechos como inadaptados. Preferiremos su reino a la corrupción de una sociedad que carece de la verdad. Soñaremos sus sueños; seguiremos sus planes. No debemos enterrar el tesoro de su vida dentro de un exterior de humanidad común. Debemos llegar a ser poco comunes; todavía totalmente humanos, aún vasijas de barro, pero con una vida interior valiosa y eterna. Debemos abandonar la vida egocéntrica por la vida de Jesús en nuestro corazón. Anhelamos esa vida, y Dios la anhela para nosotros. Él vino primero para morar entre nosotros; ahora llega para morar dentro de nosotros.

EN HECHOS ¿Quieres sinceramente que el poder de Jesús viva en ti? Ten cuidado de cómo respondes: su vida fue gozosa, a fin de cuentas, pero también profundamente dolorosa. Sin embargo, debemos elegirla. Haz esta oración hoy, mañana y el día siguiente, hasta que llegue a ser tan natural como tu respiración:

«Señor mío, misericordiosamente has intercambiado a Jesús por mí. Ahora yo camino en su identidad, en su poder, en su voluntad, en su resurrección y en su vida. Permíteme ser digno de ese llamado, elevando sus oraciones, buscando sus posesiones, anhelando sus deseos, soñando sus sueños, haciendo su obra. Soy coheredero de tu reino, y no quiero desperdiciar el privilegio. Por favor, dame tu sabiduría. Por favor, planta tus deseos profundamente en mí. Permíteme ver los milagros de Jesús, su poder, su compasión. Sí, sé que también sentiré su cruz, pero lo haré con gusto, si tan solo puedo experimentar su vida. Por favor, déjame vivir como Jesús en este mundo. Por favor. Amén».

El regalo de la identidad

Ya no vivo yo, sino que Cristo vive en mí. GÁLATAS 2:20

2 DE NOVIEMBRE
Gálatas 2:19-20

La esencia misma
de la liberación
de Cristo es la
sustitución de
sí mismo por
nosotros, ¡su vida
por la nuestra!
Horatius Bonar

EN PALABRAS Casi no podemos entender la bendición de la vida de Jesús dentro de nosotros. No éramos santos, pero ya no vivimos nosotros; él vive en nosotros. No éramos capaces de producir nada de fruto, pero somos ramas muertas; él es la Vid, toda la vid. No podíamos encontrar una montaña a la luz del día, pero ya no tenemos que buscar; él nos lleva directamente a Dios. Él cumplió la ley por nosotros, él pagó el precio por nosotros, él murió nuestra muerte por nosotros. Y ahora, él ha resucitado a la vida por nosotros, y en nosotros.

Cristo en nosotros: es como un robo de identidad de lo divino, pero que se ofrece libremente, no se roba. Has oído de criminales que roban números de identificación, escriben cheques y solicitan tarjetas de crédito usando el nombre de alguien más. Somos igual de ilegítimos al usar el nombre de Jesús, excepto por un acto de Dios: él tomó nuestro lugar. Nosotros *estamos* en él. *Tenemos* su nombre. Su número de identificación es el único que Dios reconoce, y él nos lo ha dado. Estamos en su familia. Es como si Dios hubiera dicho: «Aquí está la identidad de mi Hijo. Úsala. Vive en ella. Nunca serás procesado por ella. Es un regalo. La misericordia dice que es tuya».

¡Qué Dios! ¡Qué Salvador! ¡Qué promesa! Estábamos en bancarrota, y nuestro crédito con Dios no era bueno. Teníamos una deuda impagable con un prestamista infinito. Y en lugar de hacernos trabajar por ella, que nunca podríamos haber cancelado, o de castigarnos por morosidad, a lo cual nunca habríamos sobrevivido, él la perdonó. La canceló. Destruyó el certificado, borró nuestros nombres de sus libros y puso el nombre de su Hijo en nuestro lugar. Tú conoces a ese Hijo, el que tiene un crédito perfecto y recursos infinitos. Su identidad es nuestra. Nuestros cheques nunca serán devueltos; nuestros cargos nunca serán rechazados.

EN HECHOS ¿Has considerado las implicaciones de eso? Cuando oras, oras con la boca de Jesús. Cuando aprendes, aprendes con su mente. Cuando adoras, adoras en su Espíritu y en su verdad. Considera tu ineptitud muerta y enterrada junto con el resto de ti. Jesús es nuestra suficiencia. Él es nuestra vida.

Igual que Jesús

Los que dicen que viven en Dios deben vivir como Jesús vivió. 1 JUAN 2:6

EN PALABRAS Parece obvio, pero de alguna manera pasamos por alto esta verdad. Los que afirmamos ser salvos por fe en Jesús —que estamos llenos del Espíritu Santo de Dios y que adoramos a nuestro Padre en espíritu y en verdad— con frecuencia somos notablemente diferentes de nuestro Salvador.

¿Qué es lo que ocasiona esta incongruencia en nuestra vida? ¿Queremos solo los beneficios de la salvación sin sus responsabilidades? ¿Tomamos el «regalo gratuito» de la gracia, mientras olvidamos cargar con la cruz del discipulado? Cualquiera que sea nuestra razón, no estamos solos. Cada religión tiene seguidores que afirman seguir sus preceptos, pero que son obviamente indiferentes a ellos. Los cristianos también somos adeptos en esos juegos. Nos engañamos a nosotros mismos al pensar que estar de acuerdo con el evangelio es igual a vivirlo. Sin embargo, no es así.

Tal vez mientras Juan escribía esta oración recordó las palabras tajantes de Jesús cuando les hizo una pregunta penetrante a sus discípulos: «¿Por qué siguen llamándome "¡Señor, Señor!" cuando no hacen lo que digo?» (Lucas 6:46). Juan había visto a multitudes rodear con admiración y hasta con adoración al Jesús que hacía milagros, y también los había visto alejarse cuando la enseñanza se ponía difícil. ¿Somos también buscadores de milagros únicamente? ¿Buscamos una salvación que no desestabilice nuestra vida? ¿Afirmamos vivir en él y aun así no vivimos como él?

EN HECHOS La primera carta de Juan se escribió para ayudar a los creyentes a saber si su fe era genuina o no. Arriba en el listado de indicadores de autenticidad está un estilo de vida consecuente. Juan nos dice, en esencia, que no hay tal cosa como un cristiano no semejante a Cristo. Por supuesto que él reconoce nuestra imperfección y nuestra necesidad de confesar, pero nunca insinúa que podamos afirmar tener una fe salvadora sin considerar seriamente la manera en que vivimos. Tenemos que ser como él. Los estudiantes se parecen a sus maestros. Los siervos se parecen a sus amos. Los hijos se parecen a sus padres. Y los cristianos se parecen a Cristo. Es un hecho.

Dedica toda diligencia a esta verdad. El mundo que observa es escéptico de la fe porque ha visto «cristianos» que no se parecen a Cristo. La Palabra de Dios llama a sus testigos a ser como él.

3 DE NOVIEMBRE
1 Juan 2:3-6

La vida del cristiano no debe ser nada más que una representación visible de Cristo.

Thomas Brooks

307

Autenticidad

Presta mucha atención a tu propio trabajo.   GÁLATAS 6:4

4 DE NOVIEMBRE
Gálatas 6:1-5

La verdadera
santidad tiene una
fragancia en sí que
es propia.

Padre Andrew

EN PALABRAS ¿Cuál es la medida de la hipocresía? ¿Se define por actuar en contra de tus sentimientos? ¿Es fingir ser alguien que no eres? Sabemos que fingir ser santo mientras se alberga pecado es hipocresía. ¿Es también hipócrita un hijo de Dios que ha nacido de nuevo y que actúa distinto a la nueva naturaleza?

Los cristianos se desvían fácilmente del curso de la fe auténtica. Por un lado, podemos llegar rápidamente a ser farsantes, actuando externamente de acuerdo a las expectativas de los demás, o incluso de acuerdo a los estándares bíblicos, mientras que interiormente cultivamos la corrupción. Aparentamos estar santificados, pero no lo estamos. Por otro lado, podemos llegar a ser tan abiertos a nuestros impulsos y tan transparentes con nuestras indulgencias que somos auténticos, pero no muy santificados. Es un equilibrio confuso, y tenemos que hacer las preguntas: ¿es la vida santa una vida hipócrita? ¿Es indulgente la vida auténtica?

Debemos encontrar ese equilibrio. Debemos evitar la hipocresía pero abrazar el llamado a la santidad. Hay una diferencia entre fingir ser lo que no eres y disciplinarte para ser lo que debes ser. El hipócrita va a fingir santidad sin ningún compromiso con ella, pero la persona auténtica y santificada aceptará el llamado de Dios, buscará vivirlo externamente y confesar abiertamente tanto la batalla interna por hacerlo como los fracasos que inevitablemente llegarán. La pureza no tiene que implicar fingimiento. De hecho, si es real, nunca lo hará.

EN HECHOS No creas la mentira de que si actúas en contra de tus sentimientos eres un hipócrita. La verdad no siempre se trata de sentimientos. Si batallas con pensamientos pecaminosos, confiésalos abiertamente a gente digna de confianza y permite que ellos te ayuden en tus batallas. Sin embargo, no te dejes llevar por esas batallas en aras de evitar la hipocresía.

En el otro extremo, no te confundas tanto con tu imagen que llegues a ser artificial. No finjas ser más santo de lo que eres. Una vida verdaderamente consagrada no tiene que darse aires. Su transformación es más que superficial.

La adoración auténtica

El Señor detesta el sacrificio de los perversos, pero se deleita con las oraciones de los íntegros. PROVERBIOS 15:8

EN PALABRAS Varios pasajes bíblicos nos dicen que es en el temor de Dios donde se inicia la sabiduría (Proverbios 9:10, por ejemplo). Si vamos a ser verdaderamente sabios, *debemos* entender quién es él. Toda la creación se basó en su carácter. Su corazón está escrito en el tejido de cada parte de este universo, aunque el pecado lo oscurezca. Los que encuentren entendimiento serán los que puedan reconocer la huella de Dios en las profundidades y en el diseño de la creación. Serán observadores fervientes de la forma en que él trata con la humanidad. Tomarán sus señales de él.

Los proverbios indican muchas de esas señales. Esta en 15:8 nos dice algo profundo de nuestro Creador. Él desea la esencia de la adoración más que su demostración. En los tiempos del Antiguo Testamento, el sacrificio más frecuente era un animal o una ofrenda de granos. Ahora, es de nuestras finanzas a un nivel y de nuestro tiempo y talentos a otros. En cualquier caso, no es la ofrenda lo que importa más. De todos modos, Dios ya lo posee todo. Lo que en realidad importa es el corazón del dador. ¿Por qué? Porque las cosas no honran a Dios tanto como un ser vivo devoto.

¿Por qué detesta Dios el sacrificio del perverso? Porque es superficial. Es un intento de no hacerle caso y continuar con la vida egocéntrica. Tiene la apariencia de devoción, pero no hay nada de relación en él; no hay amor, honra ni pasión. Eso nos dice mucho acerca de Aquel que nos hizo. Él no es una fuerza distante, una «primera causa» cósmica que nos observa desde lejos. Él es profunda e intensamente personal.

EN HECHOS ¿Has considerado realmente las implicaciones de esto? Significa que cuando piensas que él está lejos, no es así. Significa que esos profundos anhelos de tu corazón —ya sabes, los que dejan vacíos agonizantes cuando no se cumplen— son anhelos que él quiere satisfacer de la manera correcta en el tiempo apropiado. Significa que tu alma es un lugar de comunión cálida, no de fría soledad. Significa que lo que pensaste que era demasiado bueno para ser cierto —su amor incondicional y su placer en tu personalidad— es real.

5 DE NOVIEMBRE
Proverbios 15:8-11

Te suplico que vengas a mi corazón, porque al inspirarlo para que te anhele, lo preparas para recibirte.

Agustín

Vida auténtica

El SEÑOR detesta el camino de los perversos, pero ama a quienes siguen la justicia.   PROVERBIOS 15:9

6 DE NOVIEMBRE
Proverbios 15:8-11

La sabiduría requiere la entrega, que raya en lo místico, de una persona a la gloria de la existencia.

Gerhard Von Rad

EN PALABRAS Dios ha puesto orden y diseño en la creación. Él ha entretejido su propio carácter en ella. Los vientos del mundo soplan de acuerdo a su plan. Las corrientes del mar fluyen en círculos ordenados. El río de la vida brota en una dirección, y la dirección es hacia él. Orden, propósito, un plan. Nuestro Dios es un Dios de justicia.

Ese es el problema con el pecado. Va contra la naturaleza, arremete contra el viento, nada contra la corriente. No reconoce el carácter del Compasivo en los detalles del cosmos. Corrompe y oscurece el conocimiento del Santo en el corazón del mundo. El pulso de la humanidad late a toda prisa y se tambalea ante frecuencias y ritmos atroces. La rebeldía ha violado el propio carácter de la creación; ha contradicho la lógica misma del Logos. Es una afrenta al fundamento de sabiduría sobre el que esta tierra fue creada. Dios lo detesta.

Nuestro abandono traicionero del orden de su obra no tiene remedio que no sea una creación; totalmente nueva. Por lo que con su palabra Dios colocó a Jesús en el vientre de una virgen y comenzó un nuevo orden de cosas. La nueva creación fue incorruptible para el pecado e inconquistable para la muerte. Y el Espíritu de la nueva creación se coloca en nosotros con el simple hecho de creer que es verdadero y de confiar en su valor.

EN HECHOS Es por eso que Dios ama a los que persiguen la justicia. Ellos demuestran amor por la sabiduría con la que todas las cosas han sido establecidas. No podemos tener verdaderamente un amor así si él no lo da, pero la creación nueva siempre lo tiene. Dios pone dentro de nosotros una mente para la sabiduría, un corazón para la pasión y un espíritu para la pureza de su reino. Nuestros instintos recién nacidos nos impulsan junto con los vientos y las corrientes de su plan.

¿Batallas con la desobediencia obstinada? Déjala y huye hacia el corazón de Dios. Sigue su corriente. Conócelo y ámalo. Deja que ese conocimiento y ese amor te den forma. Dios se deleita en esa búsqueda. Encaja perfectamente con él.

Confianza auténtica

El que abandona el buen camino será severamente disciplinado; el que odia la corrección morirá. PROVERBIOS 15:10

EN PALABRAS Para la naturaleza humana es difícil aceptar la corrección. Nos gusta pensar que nacimos en un estado natural inmaculado que se corrompió solamente con el tiempo y con la influencia de una sociedad podrida. Queremos ser capaces de decir: «Es que así soy yo», y considerarlo una defensa suficientemente buena. No obstante, la sabiduría comienza cuando tememos a Dios y entendemos quién es él. Así que la sabiduría comienza cuando reconocemos su profundo interés en arreglar las cosas en nuestra vida.

Eso requiere una cantidad inmensa de confianza. Cuando una palabra del cielo habla en contra de nuestras tendencias naturales, necesitamos de mucha fe para seguirla. Y Dios la concederá. Él sabe que los que están redimidos de la rebeldía humana están un poco desorientados. Él sabe que podemos confundirnos en cuanto al bien y al mal. Él entiende que se requiere tiempo para que nuestros ojos se ajusten a la luz y para que nuestros sentidos disciernan la dirección del viento. Por lo que él habla. En numerosas páginas, en letras rojas y negras, en muchas índoles de comunión, en las complejidades de nuestro corazón, él habla. No somos hijos de un Dios mudo.

¿Qué debemos hacer cuando su voz es severa? ¿Rechazarla porque nos confronta con nosotros mismos? ¿O seguirla porque sabemos adónde llevará? Una opción lleva a la muerte, la otra a la vida. La voz del Padre es firme pero amorosa. Benditos son los que pueden aceptar su firmeza y discernir su amor.

EN HECHOS Todas las culturas de todas las épocas han detestado la corrección de Dios. La nuestra no es la excepción. Se requiere de la fuerza impulsora de su Espíritu para inspirar el arrepentimiento genuino en cualquier parte de este mundo. No obstante, él se ha movido frecuentemente. Él no deja que nos las arreglemos solos a menos que insistamos en ello.

¿Cuánto confías en la voz de Dios? Cuando él llama a un cambio radical de vida, ¿puedes aceptarlo? Cuando él señala un pecado, ¿puedes resistir actuar a la defensiva? Cuando él te enfrenta contra tu cultura, ¿puedes permanecer firme? Confiar en la Palabra correctiva de Dios es algo poderoso. Cambia corazones y dirige vidas. Nos pone en un camino recto hacia sus brazos.

7 DE NOVIEMBRE
Proverbios 15:8-11

Es con misericordia
y con mesura
que Dios castiga
a sus hijos.

John Trapp

Pensamientos auténticos

Ni la Muerte ni la Destrucción ocultan secretos al SEÑOR, *¡mucho menos el corazón humano!* PROVERBIOS 15:11

8 DE NOVIEMBRE
Proverbios 15:8-11

Él está más cerca que nuestra propia alma, más cerca que nuestros pensamientos más secretos.

A. W. Tozer

EN PALABRAS Si queremos llegar a ese lugar de temer al Señor —ya sabes, el lugar donde comienza la sabiduría—, entonces lo único que tenemos que hacer es considerar esto: ¡él lo sabe *todo*! Todos esos pensamientos sumamente vergonzosos —¿aborrecibles? ¿lujuriosos? ¿perversos? ¿todo lo anterior?— están expuestos ante él. Estamos despojados públicamente; la desnudez de nuestra alma está frente a sus ojos: esa mirada ardiente, penetrante y santa. El foco resplandeciente de gloria brilla justo en nuestros lugares más privados. Todo eso de lo que alguna vez nos avergonzamos está al descubierto ante su vista.

Nuestra primera reacción ante eso es vergüenza. Así como Adán y Eva nerviosamente se cubrieron con hojas de higo y se escondieron de la presencia de Dios, nosotros alejamos al fondo de nuestra mente los pensamientos de su juicio. «Seguramente no somos tan malos, ¿verdad? Todos saben que él es clemente, ¿verdad? ¿Acaso la gracia no nos da un gran margen de error?». No obstante, todo lo que hemos hecho es justificarnos o comprometer a Dios para reconciliar a los dos. Nuestras hojas de higo sobrestiman nuestra justicia o subestiman su santidad, o ambas cosas. Simplemente, no podemos encarar nuestra vergüenza.

Sin embargo, la mirada penetrante de Dios es misericordiosa. Sí, nuestra vergüenza es, de hecho, legítima. Y no, él no pasa por alto nuestros pecados con toda tranquilidad. Tenemos toda la razón para sentirnos culpables, pero se nos invita a poner nuestra culpa en Jesús e intercambiar nuestra vida podrida por su vida perfecta. ¡Ah, la misericordia del Dios que todo lo ve! No solo nos mira y sacude su cabeza con desconcierto. Él se encarga de todo. No nos da un margen para nuestros errores, él crucificó su justicia para pagar por ellos. Todo lo que él ve se toma en cuenta. ¡*Todo*! Lo cual es muy importante que sepamos, porque no hay nada que él no vea.

EN HECHOS El que entiende la visión perfecta y misericordiosa de Dios es quien vivirá sobriamente y consciente de la trascendencia de una vida ante su vista. La sabiduría prospera en esa vida. No hay pretensión allí, solo gratitud. La vida auténtica nunca volverá a ser descuidada. Y aunque esté totalmente al descubierto, nunca tendrá motivos para avergonzarse.

Lo auténtico

Ámenlos de verdad. ROMANOS 12:9

EN PALABRAS Jesús nos llama a amarnos mutuamente. El amor es la característica que define a la comunidad cristiana; Jesús lo llamó su «nuevo mandamiento» y dijo que eso nos distinguiría como sus discípulos (Juan 13:34-35). Él no lo estableció como una opción buena para nosotros; fue una orden. La obediencia requiere que lo amemos y que amemos a los demás.

Al saber eso, generalmente tratamos de vestirnos de amor, o por lo menos de tener la apariencia de amor. Incluso cuando cultivamos amargura hacia otros en nuestro corazón, cultivamos sonrisas y calidez en nuestro rostro. Nuestras palabras no siempre concuerdan con nuestros sentimientos internos. Nos comportamos amorosos porque sabemos que se supone que debemos hacerlo, pero no nos *sentimos* amorosos. Eso es un problema.

¿Cuál es el amor genuino? Cuando Pablo nos dice que nos amemos sinceramente unos a otros, ¿en realidad espera que nuestros sentimientos estén alineados con nuestra obediencia? ¿Es aceptable *actuar* amorosos en lugar de *ser* amorosos? Es un comienzo, pero no podemos estar contentos con eso. Nuestros sentimientos cambian lentamente, especialmente cuando se nos ha ofendido o despreciado. En esos casos, por lo menos podemos actuar como sabemos que debemos hacerlo, pero no podemos detenernos allí. Tenemos que guardar nuestro corazón diligentemente. Es de allí de donde fluirán finalmente todas las acciones. En algún momento la obediencia debe incluir sinceridad. De otra manera no se acerca al carácter de Dios.

Piensa en eso. ¿Nos ama Dios a regañadientes? ¿Acaso dice: «Has pecado tanto que no tengo sentimientos profundos por ti, pero según mi promesa te trataré amorosamente»? Por supuesto que no. No hay una contradicción interna en la actitud de Dios. Él no es superficial en absoluto. Su amor es real, el amor más auténtico y genuino que hay. Y así debe ser el nuestro.

EN HECHOS ¿Cómo podemos llegar a eso? El amor genuino es muy difícil, ¡especialmente cuando se nos dice que amemos a nuestros enemigos! La naturaleza caída y pecaminosa no puede cumplir ese mandamiento. La respuesta debe ser sobrenatural.

Confía en Dios para que él viva su vida en ti. De eso se trata nuestra vida en el Espíritu Santo. No le pidas que reforme tu carácter dándote amor, sino que reemplace tu carácter dándote el suyo. Su amor es totalmente sincero. El nuestro también debe serlo.

9 DE NOVIEMBRE
Romanos 12:9-13

¿Ha ordenado Dios algo? Entonces lánzate en pos de Dios por los medios para hacer lo que él ha ordenado.

Watchman Nee

Una cultura nueva

Aborrezcan lo malo. Aférrense a lo bueno. ROMANOS 12:9

Aquel que ve
la belleza de la
santidad [...] ve
lo más grandioso
e importante
del mundo.

Jonathan Edwards

EN PALABRAS Un hombre se fue a vivir a un país extranjero. Le encantó. Quiso solicitar la ciudadanía y, al no tener vínculos que lo ataran a su país anterior, comenzó a vivir «como los nativos». Adoptó la forma de vestir y los hábitos de su cultura nueva. Comenzó a aprender el idioma. Rehusó ingerir la comida de su dieta anterior y se alimentaba solo de la cocina de su madre patria adoptada. No quiso recordatorios visuales de su pasado y adoptó todas las costumbres de su presente y de su futuro. Estableció una identidad nueva.

Eso es lo que Dios nos dice que hagamos. Hemos dejado el reino de las tinieblas y hemos sido adoptados en el reino de la luz. Debemos quitarnos la ropa de la naturaleza vieja y vivir en el Espíritu de la nueva. Nos estamos conformando a una cultura distinta y se nos está dando la forma de una naturaleza diferente. Lo viejo ya pasó; todas las cosas han llegado a ser nuevas.

Cuando Pablo nos dice que odiemos lo que es malo y que nos aferremos a lo que es bueno, no nos está dando un consejo amistoso. Usa imágenes gráficas para definir nuestra transición. Debemos «aborre[cer] lo malo» (v. 9), y detestar cualquier forma de impiedad. Las obras de las tinieblas ya no son apropiadas en nuestro reino nuevo; no encajan en esta cultura. Luego debemos aferrarnos a lo que es bueno: adoptarlo, asirlo desesperadamente y no soltarlo nunca. Debe ser nuestra obsesión, más o menos. Debemos perseguir la santidad con celo apasionado.

EN HECHOS Pocos cristianos hacen una transición tan dramática, pero los que la hacen nos dan testimonio al resto de que es una bendición mayor hacer cambios radicales que hacer cambios lentos e imperceptibles. La santificación es un proceso de toda la vida, pero benditos son los que están en la vía rápida. Son candidatos más diligentes para el servicio del reino; son testimonios más grandes del poder de Dios; y es menos probable que se desvanezcan en la apostasía de lo moderado. La santidad verdadera es radical.

¿Estás estancado espiritualmente? Odia lo que es malo y aférrate a lo que es bueno. Deja que el pecado te horrorice y adopta la cultura del reino de la luz resplandeciente. La inmersión total es siempre la mejor forma de encajar.

Devoción fraternal

Ámense unos a otros con un afecto genuino y deléitense al honrarse mutuamente. ROMANOS 12:10

EN PALABRAS Pablo exhortó a los creyentes de Filipos: «No sean egoístas; no traten de impresionar a nadie. Sean humildes, es decir, considerando a los demás como mejores que ustedes» (Filipenses 2:3). Había luchas internas y Pablo proporcionó el antídoto. La humildad cristiana genuina nos hará posponer nuestros propios intereses por el bienestar de los demás. Eso no es algo natural, pero es ser como Cristo. El sacrificio es el camino de la Cruz.

¿No les dijo Jesús a sus discípulos que quienes lo sigan deben tomar su cruz (Lucas 9:23)? Tomar la cruz no es solo un acto inicial de sacrificio; es un acontecimiento de todos los días. Los que no pueden sufrir por los pecados de los demás, los que no pueden sufrir inconvenientes por las necesidades de otro, los que no darían su vida por sus amigos, tienen poco en común con Jesús. La mayoría de las veces, nuestros planes giran alrededor del ego. Los planes de Jesús siempre giran alrededor de alguien más.

Hace años en una colina de Judea, los planes de Jesús giraban alrededor de nosotros. Si ese no hubiera sido el caso, no estaríamos vivos ahora, por lo menos espiritualmente. No podemos llamarlo nuestro ejemplo y nuestro Señor si no seguimos su camino. El corazón humano debe llenarse de compasión, de devoción hacia los hermanos y hermanas en Cristo, y de un deseo de ver que otros reciban honra. Ese es el camino del reino, y el mundo observa para ver si el reino vale la pena.

EN HECHOS Debemos enseñarle al mundo un camino distinto. El mundo ha perdido la esperanza de una comunión utópica, y aunque los cristianos no somos perfectos en esta vida, el Espíritu de Dios puede perfeccionarnos en amor. Es nuestro llamado santo. Estamos unidos para siempre en Cristo con todos los demás creyentes alrededor del mundo. Nuestra relación con ellos nunca será cortada.

¿Qué tan dedicado estás al bienestar de los demás? ¿Soplas viento en las velas de tus hermanos y hermanas en Cristo? ¿O buscas siempre tu propio avance? No podemos alegrarnos simplemente por sus honores; tenemos que buscar edificarlos. Eso es lo que Jesús hizo, y nosotros estamos en él. El Dios devoto nos llama a relaciones devotas.

11 DE NOVIEMBRE
Romanos 12:9-13

La medida de un hombre no es cuántos sirvientes tiene sino a cuántos hombres sirve.

D. L. Moody

El fervor espiritual

No sean nunca perezosos, más bien trabajen con esmero y sirvan al Señor con entusiasmo. ROMANOS 12:11

12 DE NOVIEMBRE
Romanos 12:9-13

Comienza a arder de entusiasmo y la gente vendrá desde lejos a ver cómo te consumes.

John Wesley

EN PALABRAS Jesús reprendió una vez a una iglesia por su tibieza. Los de Laodicea no eran fríos ni calientes, y el lenguaje que Jesús usó para describir su reacción fue gráfico y directo. Lo hizo sentir náusea (Apocalipsis 3:15-16). La apatía espiritual está lejos del corazón de Dios.

Varias veces en el Antiguo Testamento, en Isaías en particular, se dice que Dios logrará su voluntad con celo. Él es un Dios celoso, y no hay nada tibio en cuanto a él. Se opone violentamente al pecado. Es apasionadamente amoroso con los que confían en él. Su santidad, su compasión, su misericordia, su provisión, su protección: todos sus atributos se presentan en la Biblia como completos. Él no es algo amoroso, parcialmente santo, mayormente omnisciente o algo sabio. Todo lo que es, lo es en extremo.

Nosotros somos sus hijos. No tendría sentido que Dios les diera a sus hijos un espíritu distinto al suyo. No podemos visualizarlo como apasionado y celoso y seguir siendo apáticos. Si él es ferviente, tenemos que ser fervientes. Si él sirve celosamente, debemos servir celosamente. El amor de Jesús lo llevó a lavar pies sucios y lo llevó a la cruz. ¿Lo hará el nuestro? El Espíritu Santo llevó a Pablo por todo el Imperio romano en contra de toda clase de oposición. ¿No nos daría a nosotros el mismo impulso? Los creyentes primitivos murieron en hogueras y en coliseos por su fe. ¿Lo haríamos nosotros?

EN HECHOS ¿Cómo caracterizarías tu nivel de celo? ¿Te impulsa a buscar el reino de Dios y su justicia con pasión? Si él mora dentro de ti y tu comunión con él es profunda, lo hará. No es posible estar poderosamente llenos del Espíritu Santo y aun así ser tibios en nuestro amor o en nuestro servicio. Su espíritu y nuestra apatía no pueden coexistir en el mismo lugar; no hay comunión entre ellos. Así como nos gusta decirlo: «De tal palo tal astilla». El Dios extremo *tendrá* hijos extremos.

Una receta para el dolor

Alégrense por la esperanza segura que tenemos. Tengan paciencia en las dificultades y sigan orando. ROMANOS 12:12

13 DE NOVIEMBRE
Romanos 12:9-13

EN PALABRAS Cuando el cielo se nubla, nos desanimamos. Es una reacción natural. Nuestros ojos nos dicen que corramos en busca de refugio, que resistamos para sobrevivir o que nos preparemos para morir. Creemos en lo que vemos y ponemos mucha fe en lo que dicen nuestros ojos. Dejamos que la información penetre en nuestro corazón y que se desarrolle allí, sin importar cuán dolorosa sea.

Pablo nos da una receta para nuestro dolor. Nos dice cómo tener gozo, paciencia y fe. No debemos colocar nuestra esperanza en lo que dicen nuestros ojos, porque frecuentemente eso es inútil, sino que debemos colocar nuestra fe en Dios. Cuando se pone nublado, debemos acudir a él. Cuando enfrentamos la decisión de dejar que las nubes lo oscurezcan a él o de que él oscurezca a las nubes, debemos elegir lo último. No hacerlo es sobrestimar nuestros problemas y subestimar a nuestro Dios.

Nuestras perspectivas se distorsionan muy rápidamente. Somos tergiversadores habituales; hacemos de las cosas oscuras nuestra verdad más segura y de la luz de Dios nuestro refugio más incierto. Esa distorsión es una receta segura para la desesperación. En lugar de eso, debemos creer lo que la Palabra de Dios y el Espíritu nos dicen, independientemente de la presencia de las nubes. Dios siempre debe eclipsar lo demás. Nuestra mente no se renovará hasta que estemos entrenados en esta perspectiva.

EN HECHOS Entonces, ¿cuáles son los detalles de esta receta? 1) Tenemos que fijar nuestros ojos en la esperanza y alegrarnos por eso. Dios nos ha dado un vistazo de la realidad: su fortaleza, la inevitabilidad de su reino, su promesa de intervención, sus recompensas eternas. ¿Por qué permitir que unas cuantas nubes menoscaben esas certezas? 2) Tenemos que ser pacientes en la aflicción. Estas realidades son invisibles por un tiempo, pero serán claras en su debido momento. 3) Debemos ser fieles en la oración. ¿Por qué? No debido a que la oración cambie las cosas, sino porque Dios cambia las cosas y nosotros debemos comunicarnos con él. Su intervención no es arbitraria; es el resultado de la relación de dar y recibir, y la oración es el medio para esa relación. Cuando hayamos seguido esta receta, observaremos un cambio notable: las nubes ya no parecerán importar tanto.

> La esperanza es la facultad de estar contentos en circunstancias que sabemos son desesperantes.
>
> *G. K. Chesterton*

Un reflejo de gracia

Estén listos para ayudar a los hijos de Dios cuando pasen necesidad.
Estén siempre dispuestos a brindar hospitalidad. ROMANOS 12:13

14 DE NOVIEMBRE
Romanos 12:9-13

Un dador alegre no estima el precio de lo que da. Su corazón está enfocado en agradar y animar a quien se le da el regalo.
Juliana de Norwich

EN PALABRAS Nuestro evangelio espiritual tiene implicaciones materiales de largo alcance. Nos ordena que nos enfoquemos en las realidades eternas y no en provisiones temporales. Llama a un desapego cada vez mayor de las cosas que alguna vez nos controlaron. Y una de las maneras de cultivar ese enfoque y desapego es supliendo necesidades de manera radical y voluntaria.

Nunca se nos da permiso en la Biblia para dejar que nuestras cosas materiales creen una división entre nuestros hermanos y hermanas eternos. Y aun así, lo hacen. Dentro de la iglesia hay complicadas estructuras de clase y rígidos estratos sociales. No, Jesús no fue un socialista y la Palabra de Dios no nos obliga a buscar equidad absoluta entre todos los que creen, pero sí nos ordena compartir. Los que tenemos mucho debemos fijarnos en los que tienen poco. La implicación no es que demos de mala gana cuando se nos confronta; el contexto del Nuevo Testamento implica que busquemos oportunidades para dar.

¿Por qué es esto un imperativo en la comunión cristiana? Porque nuestra comunión tiene el propósito de reflejar el reino de Dios. Debemos ser una muestra del cielo en la tierra. Debemos reflejar la gloria de Dios, y su gloria se exhibe cuando él suple nuestras necesidades. Eso significa que nuestro reflejo implicará suplir las necesidades de otros. El Dios generoso nos llama a ser generosos. El Dios hospitalario que nos recibirá en el cielo con los brazos abiertos nos llama a recibir a otros con el mismo espíritu.

EN HECHOS A veces es difícil ver el cielo en nuestra tierra, pero la iglesia debe asegurarse de que el reino de Dios sea visible. Es nuestra misión divina, dada por Aquel que nos llamó a seguirlo en cada área de nuestra vida. ¿Cómo exhibió Jesús el cielo? Tocó y sanó, alimentó y dio agua, enseñó y cultivó, perdonó y derramó su vida. Sus seguidores no podemos hacer menos si, de hecho, vamos a ser sus seguidores. Comparte en la tierra como compartirás en el cielo. Deja que la hospitalidad del cielo defina tu hospitalidad aquí. Deja que su reino se refleje en ti.

Las dificultades ocurren

Al soportar esta disciplina divina, recuerden que Dios los trata como a sus propios hijos. HEBREOS 12:7

EN PALABRAS Las pruebas llegan y pedimos alivio. Las circunstancias nos oprimen y oramos por liberación. La salud, las relaciones, el trabajo y casi todo lo demás en nuestra vida se pone difícil y le pedimos a Dios que lo arregle. No nos gusta la presión de la vida y elevamos cada pensamiento ansioso a Dios, como debemos hacerlo. No obstante, olvidamos un principio fundamental: las dificultades son parte del programa. Nos hacen llegar a la madurez. Hay cosas que Dios quiere hacer con nosotros que no pueden hacerse en un ambiente perfecto.

Vemos la disciplina como el recurso correctivo de Dios para el cristiano que se ha desviado mucho, pero es más universal de lo que nos gusta pensar. No solo les llega a los que han fallado sino a los que Dios está preparando para un éxito mayor. Es lo que un padre hace por sus hijos, y es lo que nuestro Padre hace por nosotros. Solo los que ya son perfectos pueden evitar las pruebas que Dios permite, lo cual significa que nadie puede hacerlo. Las pruebas llegarán, y Dios dejará que permanezcan por cierto tiempo.

No nos gusta el dolor. Le pedimos a Dios que se lleve cada recordatorio de que vivimos en un mundo quebrantado, pero él no lo hará. Viviremos nuestros días con algunas cicatrices, o a veces, incluso con heridas abiertas. No podemos llegar a ser ministros de su gracia de otra manera. Ni siquiera podemos aprenderlo por nosotros mismos hasta que él nos hace necesitarlo mucho. Si vamos a representar a nuestro Padre misericordioso en un mundo quebrantado, en realidad debemos vivir en ese mundo quebrantado. Debemos conocer las necesidades que requieren misericordia, y debemos conocerlas por experiencia propia. No hay otra manera.

EN HECHOS ¿Le pides a Dios constantemente que limpie cada área sucia de tu vida? ¿Que ilumine cada esquina oscura y que engalane cada apariencia andrajosa? Está bien; nuestros intereses son sus intereses, pero no esperes perfección. El mundo perfecto que anhelamos es para una gloria futura, no para ahora. La tranquilidad y la comodidad no son generalmente su receta para nosotros, porque no nos prepararán para la gloria futura. No, Dios nos dejará recordatorios de quebrantamiento para que sirvan como recordatorios de su gracia. Soporta bien esos recordatorios.

15 DE NOVIEMBRE

Hebreos 12:1-11

Las almas más fuertes han surgido del sufrimiento; las personalidades más sólidas están marcadas con cicatrices.

E. H. Chapin

La seguridad prometida

El Señor me librará de todo ataque maligno y me llevará a salvo a su reino celestial. 2 TIMOTEO 4:18

16 DE NOVIEMBRE
2 Timoteo 4:16-18

Ningún soldado de Cristo se ha perdido, ha desaparecido, ni ha quedado muerto jamás en el campo de batalla.

J. C. Ryle

EN PALABRAS ¿Eres alguien que se preocupa? Bienvenido al club. La membresía abarca a toda la raza humana. Sí, hay algunos que niegan preocuparse y, superficialmente, parecen despreocupados, pero en lo profundo temen algo: tragedia, abandono y, sin duda, el día de su muerte. La ansiedad humana es universal. Nacimos en la inseguridad de un mundo caído y con una disposición pecadora.

Dios ofrece seguridad. Tal vez, ese es el elemento más profundamente bueno de la Buena Noticia. El evangelio ha consolado a muchos corazones porque toca las necesidades más profundas del corazón. Todas nuestras necesidades de compañía, amor, provisión y propósito son parte de nuestra herencia en Cristo, y parece que ninguna necesidad borbotea tan frecuentemente como nuestra necesidad de seguridad. Nos preocupamos por los fracasos, las lesiones, la soledad, las deudas y la muerte. Sin embargo, podemos afirmar con Pablo: «El Señor me librará de todo ataque maligno y me llevará a salvo a su reino celestial».

Tal vez pensabas que este versículo era para los siervos superespirituales y semejantes a los apóstoles del reino de Dios. Quizás supusiste que era solo para los que han sido golpeados o encarcelados por el nombre del evangelio. Hay muchos siervos de esos que son perseguidos y la promesa de Dios para ellos es segura, pero también lo es para el resto de nosotros. Los ataques malignos les llegan a todos los que viven para Jesús. Eso es un hecho. Y Dios promete liberar a todo el que vive para Jesús. Eso también es un hecho.

EN HECHOS No hay límite para los temores que nuestras mentes albergarán. Algunos se preocupan por ellos más que otros. Si eres uno de los que se preocupan, repite frecuentemente este versículo. Memorízalo. Repítetelo diariamente. No te estás mentalizando, te estás entrenando para aceptar una verdad absoluta. Esta verdad puede llegar a lo más profundo de tu alma e infundir una confianza enorme en tu corazón, porque está en la Palabra, y Jesús dijo que la Palabra no se puede modificar (Juan 10:35). Confía en ella. Estás seguro en él.

La necedad de Asa

Los ojos del SEÑOR recorren toda la tierra para fortalecer a los que tienen el corazón totalmente comprometido con él. 2 CRÓNICAS 16:9

EN PALABRAS El rey Asa de Judá, bisnieto del rey Salomón, fue un hombre notablemente moderno. No, no tenía la tecnología ni la perspectiva histórica que nosotros tenemos, pero su enfoque hacia los problemas encaja fácilmente con la era moderna. Aunque había comenzado su reinado con devoción a Dios y con el corazón de un reformador espiritual, lo terminó con una infidelidad pasiva. Aunque había quitado los ídolos de la tierra, no había reemplazado los ídolos de su propio corazón. Se volvió secular.

En el capítulo 16, Asa comete un error imprudente dos veces. Confió en algo más que en Dios. Cuando el rey de Israel atacó, Asa hizo un pacto de protección con los sirios. El profeta Hanani fue a verlo con el extraordinario mensaje del versículo 9: Dios en realidad busca corazones dedicados a él para bendecirlos. Él *quiere* proteger, guiar y proveer. Él no es renuente, a menos que no estemos dedicados a él.

Asa tendría que haber aprendido esa lección, pero no lo hizo. Cayó con una enfermedad severa que no lo llevó a Dios sino a los médicos. Su mente secular buscó reyes y médicos como su primer recurso y a Dios como el último. Encajaría bien con nuestra cultura.

EN HECHOS ¿Adónde vas cuando tienes problemas? ¿Has cometido el error de buscar al médico primero y de orar a Dios después solamente cuando la medicina fracasa? ¿Has pensado que nuestra única esperanza de paz está en los tratados políticos y en los gobiernos cooperativos? ¿Has pensado en Dios como un medio para llenar las brechas que rodean a la ciencia, la tecnología, la economía, las estrategias de negocios y otras áreas de competencia secular?

La ciencia, la medicina, la ley, los negocios y cada otro aspecto del conocimiento moderno no tienen que estar en conflicto con Dios. No son necesariamente malos. Simplemente, no pueden ser nuestra esperanza. Evita la necedad de Asa: Dios es siempre nuestro primer recurso.

17 DE NOVIEMBRE
2 Crónicas 16

No hay otro método para vivir piadosa y justamente que el de depender de Dios.

Juan Calvino

La honra de Esdras

Me dio vergüenza pedirle al rey soldados y jinetes que nos acompañaran y nos protegieran de los enemigos durante el viaje. ESDRAS 8:22

18 DE NOVIEMBRE
Esdras 8:21-23

Una fe firme en la providencia universal de Dios es la solución para todos los problemas terrenales.

E. B. Warfield

EN PALABRAS Esdras hizo lo que Asa no quiso hacer. Buscó a Dios en una época de peligro. A diferencia del rey que buscó alianzas para protección y médicos para sanación —hechos sin fe que pusieron a Dios en último lugar en la lista de providencias—, Esdras determinó no profanar el nombre del Señor. Al haberle hablado al gobernante babilonio del favor y de la fortaleza de Dios, no podía denigrar la reputación que acababa de proclamar. Sabía que sus acciones hablarían más fuerte que sus palabras. Por lo que oró. No oró y solicitó la compañía de guerreros; eso habría demostrado una seria falta de fe. No, él solamente oró, y Dios respondió. Esdras nos demuestra una dependencia que Dios honra.

EN HECHOS ¿Confías en Dios como Sanador y luego se te ocurre pedirle a la gente que ore por tu enfermedad? ¿Confías en Dios como Proveedor y luego, si es que piensas en eso, oras por su provisión? ¿Confías en Dios como Protector y luego, solo por si acaso, inviertes en los mejores sistemas de seguridad que el dinero puede comprar? ¿Eres un Asa o un Esdras?

El esfuerzo humano para suplir nuestras necesidades no es pecado. No hay nada bíblicamente malo en consultar a un médico, invertir sabiamente y cerrar tus puertas con llave. El pecado está en nuestro corazón. ¿Dónde colocamos nuestra esperanza? ¿De qué o de quién dependemos? Cuando pensamos en ministrar en el nombre de Jesús, ¿evitamos los lugares peligrosos porque simplemente no estamos seguros de que Dios nos protegerá? ¿Evitamos el gasto porque no tenemos la certeza de que él nos proveerá? ¿Nos ha hecho el pecado medir nuestro bienestar en términos de materiales y de estrategias y no en el Dios en quien creemos?

Dios es primero. El esfuerzo humano es segundo, si no completamente prescindible. En Dios confiamos. Con el esfuerzo humano obedecemos lo que Dios nos dice que hagamos. Sin embargo, no podemos complementar nuestras oraciones con nuestros propios artilugios y luego afirmar que tenemos fe. La fe confía verdaderamente en que él hará lo que dice que hará. Honra a Dios con tu fe y él honrará tu fe consigo mismo.

Anatomía de una rendición: Idolatría

¿Cómo puede la luz vivir con las tinieblas? 2 CORINTIOS 6:14

EN PALABRAS Pablo señala el conflicto obvio entre la luz y las tinieblas y alienta a los corintios a desasociarse de las influencias que corrompen. El principio se aplica a nuestras relaciones sociales, pero también se aplica a las batallas dentro de nuestro corazón. Si la luz y la oscuridad no se mezclan dentro de la iglesia, que es el templo de Dios colectivamente, tampoco se mezclan dentro de nosotros, que como individuos somos los elementos fundamentales de ese templo. No podemos albergar elementos del reino de la luz y elementos del reino de la oscuridad simultáneamente y esperar que Dios produzca fruto en nosotros. Él quiere pureza.

Ese es un problema para cada ser humano que haya vivido alguna vez. No somos puros. Mucho después de haber tomado esa decisión trascendental de seguir a Jesús, todavía tenemos batallas internas con el pecado y con la obediencia. La decisión fue correcta, pero el proceso de seguimiento es difícil. Y es el seguimiento lo que marca la diferencia entre la bendición inusual y la mediocridad. No podemos ser cristianos maduros si la decisión inicial de dejar que Jesús sea nuestro Señor en realidad no llega a ser una forma de vida. No podemos comprometernos con la luz mientras nos mantengamos aferrados a la oscuridad. Tenemos que rendirnos.

Casi cada cristiano tiene restos de oscuridad que nublan su discipulado. Nos gusta llamarlos fallas de carácter o debilidades de la carne. En realidad, son ídolos. Pueden variar desde las adicciones alarmantes de temperamento, lujurias y avaricia obsesiva, hasta las fallas relativamente menores de una mala dieta, mal manejo del tiempo y obsesiones leves con los pasatiempos. Independientemente de su severidad, ellas son nuestros campos de batalla. Son puntos de conflicto entre nosotros y nuestro Creador. Nos prueban en cuanto a si obedeceremos o no.

EN HECHOS Muchos cristianos han tenido sus batallas con la idolatría. Muchas de esas batallas arrasan ahora. Algunas de ellas arrasan dentro de tu corazón. El asunto no es si son pecados grandes o pequeños; el asunto es si confiamos lo suficiente en Dios como para hacer lo que él nos dice, incluso en las cosas pequeñas. Elegir nuestra voluntad y no la de él, en cualquier nivel, es idolatría.

19 DE NOVIEMBRE
2 Corintios 6:14–7:1

Cualquier cosa que el hombre busque, honre o exalte más que a Dios es el dios de la idolatría.

William Ullathorne

Anatomía de una rendición: Mentiras

¿Y qué clase de unión puede haber entre el templo de Dios y los ídolos?
2 CORINTIOS 6:16

20 DE NOVIEMBRE
2 Corintios 6:14–7:1

Obediencia
significa seguir
marchando
adelante ya sea que
tengamos ganas
o no.

D. L. Moody

EN PALABRAS Sabemos cuál es la solución para nuestra idolatría. Debemos rendirnos y confiar nuestra vida a Dios, pero el conocimiento no es nuestro problema. Saber qué hacer y hacerlo en realidad son asuntos separados. Uno es intelectual, el otro es asunto de la voluntad. Dejamos que nuestros deseos influyan en nuestro nivel de rendición. *Pensamos* que queremos obedecer a Dios, pero en realidad no *queremos* hacerlo. Por lo menos, no en esas áreas que guardamos celosamente. Tú sabes cuáles son tus debilidades. Cada uno conoce sus pecados dominantes porque todos los tenemos.

Todos conocemos también los juegos que jugamos para justificar a nuestros ídolos. Elaboramos disculpas para ellos. Tal vez podemos argumentar que son adicciones físicas o heridas emocionales, no asuntos espirituales. Quizás podemos convencernos de que nuestras fallas pueden, de alguna manera, ser útiles para ministrar a otros algún día. Puede que nos disculpemos de los pecados «dudosos» porque «solo somos humanos», o porque no queremos ser «puritanos», o debido a que necesitamos relacionarnos con «el mundo real». O tal vez simplemente damos por sentado que la gracia es mayor que todos nuestros pecados.

¿Qué está detrás de este intento desesperado de aferrarnos a nuestros ídolos? Hirviendo a fuego lento debajo de esta batalla hay una sospecha sutil de que tendremos que atender nuestras propias necesidades porque Dios no lo hará. Aunque queremos ser obedientes y sumisos ante Dios, nos gustan nuestros pecados. Hacen algo por nosotros que tememos que Dios no hará. Pensamos que encontramos «vida» en ellos. Creemos que estaremos más realizados si tomamos algunos asuntos menores en nuestras manos. Por lo que esperamos y tratamos de convencernos a nosotros mismos, y a nuestro Dios, de que estamos justificados al hacerlo, o por lo menos, más justificados que la mayoría de la gente. Sin embargo, Dios no está convencido.

EN HECHOS Tenemos que deshacernos de las mentiras e ir al grano. Nuestras fallas, adicciones, complejos y otros asuntos son pecados. Desobediencia. Obstáculos para la vida abundante que Dios promete. Mientras más tratemos de convencernos de lo contrario, más prolongaremos el dolor de rendirnos y pospondremos las asombrosas bendiciones de la vida sometida.

Anatomía de una rendición: Muerte

Por lo tanto, salgan de entre los incrédulos y apártense de ellos, dice el Señor.

2 CORINTIOS 6:17

EN PALABRAS Llega el tiempo en el que todos los ídolos prueban ser falsos, todas las mentiras prueban estar vacías, y en el que estamos listos para rendirnos. Dejamos de aferrarnos a esas cosas que pensábamos que nos daban vida porque nos dimos cuenta de que no era así. En cierto sentido, estamos listos para morir. Por mucho tiempo hemos creído con nuestra mente que la promesa de Dios es mayor que la promesa del pecado, pero ahora estamos listos para poner a prueba esa creencia. Queremos trasladarnos de la fe intelectual a la fe bíblica, la clase de fe que actúa. Ha llegado la hora de predicar con el ejemplo. Podemos liberarnos.

Esta renuncia a nuestros ídolos puede ser un proceso doloroso. No sabemos cómo será la vida sin ellos. A veces, esa ignorancia nos hará ir de un lado a otro en nuestra rendición: dejamos esos tesoros falsos y luego los tomamos, una y otra vez. No obstante, eso solo incrementa nuestra culpa y profundiza la dificultad. Esos ídolos tienen raíces en nuestro corazón, y esas raíces son profundas. Se necesitará de más que simplemente una moderada limpieza de maleza, si los hemos tenido por algún tiempo significativo. Mientras más grande sea el árbol y más profundas las raíces, más violento será el proceso para arrancarlo. Cuando nuestros ídolos se vayan, dolerá. Tenemos que esperar eso. Es parte de esa cruz que Jesús nos dijo que llevaríamos si queremos ser sus discípulos. Dejará un gran agujero, y oramos para que Dios lo llene.

EN HECHOS ¿Has muerto? Claro está que nuestro cuerpo de pecado fue clavado en la cruz cuando Jesús nos reemplazó, pero en un sentido práctico, ¿sigue siendo pecaminosa tu carne? La fe cristiana más profunda, la vida abundante que se nos promete, exige una muerte. Esta rendición de nuestros dioses falsos es semejante a sacrificar de buena gana las cosas en las que siempre confiamos para nuestra comodidad. Olvidamos cuánto dolor nos ha ocasionado esa «comodidad» y cómo ha desviado nuestro caminar con Dios. Pensamos que extrañaremos nuestro pecado y que sentiremos como si una noche larga y oscura descendiera. No obstante, la noche es necesaria. Debemos rendirnos, debemos vaciarnos y debemos dejar nuestros ídolos. Sabemos que es lo que Dios nos llama a hacer. Tenemos que morir.

21 DE NOVIEMBRE
2 Corintios 6:14–7:1

La obediencia santa [...] mortifica nuestra naturaleza vil y la hace obedecer al Espíritu.

Francisco de Asís

Anatomía de una rendición: Confianza

Yo seré su Padre, y ustedes serán mis hijos e hijas, dice el SEÑOR
Todopoderoso. 2 CORINTIOS 6:18

22 DE NOVIEMBRE
2 Corintios 6:14–7:1

La obediencia
es hija de la
confianza
Juan Clímaco

EN PALABRAS No llegamos a nuestro punto de rendición si no hemos llegado a un lugar de confianza. Puede ser una confianza aterradora el dejar todas esas falsas comodidades de las que hemos dependido, a cambio de la bendición invisible de Dios, pero por lo menos se requerirá de *algo* de confianza. Nadie puede soltar sus garantías falsas sin entender primero esta verdad vital: Dios nos ha prometido su paternidad, y podemos contar con su cuidado amoroso. *Nada* que nos haya pedido hacer nos hará daño. *Todo* lo que él nos pide hacer conllevará bendición.

¿Crees eso en realidad? Si has sufrido la muerte de la rendición y has confiado en que las instrucciones de Dios valen la pena, sin importar cuánto duela, entonces has comenzado a darte cuenta de esto: esas cosas a las que te aferrabas no valían la pena. Son como una baratija de plástico que un niño no quiere cambiar por un anillo de diamante porque se ha encariñado con ella. Comenzamos a darnos cuenta de lo absurdo de nuestros ídolos. No valía la pena aferrarse a lo que nos aferramos por tanto tiempo. Cuando tratamos con Dios, la confianza que se ejerce siempre se convierte en una confianza reivindicada. No cuestionaremos nuestros sacrificios. ¿Por qué? Porque él nos da una razón amplia, por lo menos a largo plazo, para alegrarnos de haberlos hecho. Él nunca termina debiéndonos algo. La bendición que sigue a la obediencia siempre compensa con creces el costo que la acompaña.

EN HECHOS ¿Es la confianza un inconveniente en tu batalla contra el pecado y contra la idolatría? ¿Te aferras a hábitos, posesiones, seguridad o afecto por temor de que Dios te pida que renuncies a ellos y que el sacrificio no valga la pena? Esa es siempre la mentira de los ídolos. El enemigo convenció a nuestros primeros padres de que Dios no tenía en mente lo mejor para ellos, de que retenía algo valioso de ellos. No te dejes engañar por esa calumnia hacia nuestro Padre. Los padres buenos quieren *siempre* lo mejor para sus hijos, y nuestro Padre siempre es bueno. Puedes contar con eso. Sus bendiciones por la obediencia son increíbles. Él es mucho más digno de confianza que nuestros ídolos.

Anatomía de una rendición: Fe

Queridos amigos, dado que tenemos estas promesas, limpiémonos de todo lo que pueda contaminar nuestro cuerpo o espíritu. Y procuremos alcanzar una completa santidad porque tememos a Dios. 2 CORINTIOS 7:1

EN PALABRAS La vida de la carne y la vida de fe contrastan entre sí. Una nos envía en busca de las cosas que creemos que nos darán alegría, seguridad y amor. La otra nos envía a Dios. Esos dos caminos son tan similares en sus planes que frecuentemente los confundimos. A veces hasta pensamos que Dios nos dio nuestros ídolos para consolarnos. Tal vez lo hizo, pero eso fue antes de que comenzáramos a depender de ellos. Ahora tenemos que dejarlos.

Sin embargo, esos dos caminos van en direcciones tan distintas que no pueden, bajo ninguna circunstancia, coexistir. Elegiremos uno o el otro. Así como no podemos conducir dos autos a la vez, no podemos buscar a Dios y a nuestra idolatría al mismo tiempo. Abrazar a uno es rechazar al otro. No podemos adorar a Dios como algo extra a todas las comodidades, los placeres, las seguridades y las dependencias emocionales sobre los que hemos desarrollado nuestra vida. Hay que destronarlos y Dios debe reinar. Es lo justo.

La fe puede entender eso y soltar todo lo demás, menos a Dios. La gente, los lugares, las posesiones y los pasatiempos son regalos maravillosos de nuestro Padre, pero no son nuestros tesoros. Él sí. Solo él *puede* serlo. Ningún otro tesoro es apropiado, y ningún otro tesoro nos llenará. Esa es la convicción de la fe bíblica. Dios lo vale *todo*.

EN HECHOS La fe tiene poder para rendirle todo a Jesús, no solo durante el último himno en la iglesia, sino los lunes en el trabajo, o los sábados en casa. La fe es lo suficientemente sabia como para ver a través de los ídolos que hemos construido y saber lo vacíos que son. La fe es discernir lo suficiente para entender esto: no importa lo difícil que parezca, la obediencia *siempre* es la opción correcta, el camino para recibir la bendición de Dios y lo que nos contentará más. Dios nos ha diseñado de esa manera. Cuando tratamos de satisfacernos con otras cosas, estamos extendiendo la mano en la dirección equivocada y nos tragamos una mentira. La vida de fe experimenta lo mejor de Dios, a cualquier costo.

23 DE NOVIEMBRE
2 Corintios 6:14–7:1

No quiero simplemente poseer fe; quiero una fe que me posea.
Charles Kingsley

Un acto de gratitud

Den gracias al SEÑOR y proclamen su grandeza; que todo el mundo sepa lo que él ha hecho.   SALMO 105:1

24 DE NOVIEMBRE
Salmo 105:1-7

Expresar gratitud es bueno, pero vivir con gratitud es mejor.

MattHew Henry

EN PALABRAS Sabemos tanto por las Escrituras como por los impulsos de nuestro corazón que hay que agradecer a Dios. No hay manera de entender las implicaciones profundas de su gracia y ser desagradecidos con nuestra actitud. De hecho, Pablo vincula la gratitud con un verdadero conocimiento de Dios y el deseo de glorificarlo (Romanos 1:21). Es un principio bíblico inviolable: saber lo que Dios ha hecho es ser agradecido.

¿Qué significa eso para nosotros? ¿Es simplemente una actitud del corazón? Aunque comienza allí, sabemos que debería haber más. Cuando estamos verdaderamente agradecidos por otra persona, queremos hacer cosas por ella. ¿Tenemos el mismo impulso con Dios? ¿Resulta nuestra gratitud en un deseo intenso de ofrecerle algún regalo como un acto de devoción? Si es así, el Salmo 105 nos da por lo menos una respuesta natural a su gracia: podemos darlo a conocer.

La gracia de Dios es profundamente personal, pero no es privada. Las Escrituras nos dicen repetidas veces que Dios desea una reputación entre nuestra familia y entre las naciones. Desde las multitudes que atravesaron el mar Rojo hasta los receptores de los milagros de Jesús, la respuesta natural a la misericordia de Dios siempre ha sido un deseo profundo de hablar de eso. El vistazo que nos da la Biblia sobre la gratitud es una proclamación espontánea de su bondad. Si no tenemos el afán de hablar, tal vez no tenemos un conocimiento profundo de sus obras. Su bondad es demasiado buena como para guardárnosla.

EN HECHOS ¿Tienes ese afán de que otros sepan lo bueno que es tu Dios? Entonces entiendes esto: has reconocido su obra dentro de ti y estás agradecido por eso. En todo el desborde que inicia este salmo hay una adoración vertical directa a Dios y también una relación horizontal con otros, lo cual nos da una oportunidad amplia de declarar lo que sabemos de él. Debemos contarle «a todo el mundo acerca de sus obras maravillosas» (v. 2). Los regalos de Dios son de dominio público. Él es digno de la reputación más alta que podamos proclamar.

El gozo de la gratitud

Alégrense ustedes, los que adoran al SEÑOR. SALMO 105:3

EN PALABRAS El corazón de los que buscan al Señor es frecuentemente vacilante y ansioso. ¿Por qué nos acercamos a Dios de esa manera? No estamos seguros de cómo nos recibirá. Sabemos que es amoroso, pero también sabemos que es santo. Sabemos que está cerca, pero también sabemos que es totalmente trascendental, completamente distinto de lo que podamos imaginar. Sabemos que él es luz, pero también sabemos que «nubes oscuras lo rodean» (Salmo 97:2). Todo el que alguna vez tuvo una visión momentánea de él, en realidad no pudo explicarlo bien a los demás. El misterio es demasiado grande, por lo que a veces buscamos a Dios con un poco de miedo o un poco de pesimismo. No estamos seguros de lo que encontraremos al otro lado del misterio.

El Salmo 105 nos da otras instrucciones. Sí, él es misterioso, está cubierto de trascendencia, es incomprensible en su santidad, pero todavía podemos acercarnos a él con alegría. Podemos regocijarnos porque sabemos que todo lo que hace es bueno. Puede ser difícil y ser confuso, pero será bueno. Dios nunca desprecia a los que se acercan a él con un entendimiento elemental de quién es él.

¿Cómo nos ayuda esto? Nuestra tendencia natural, al igual que la de Adán y Eva, es escondernos de Dios. No nos sentamos necesariamente detrás de los arbustos esperando que él no nos descubra, pero mentalmente no estamos totalmente abiertos a él. Disfrazamos nuestras oraciones para que suenen bien a sus oídos, disfrazamos nuestras obras para que parezcan dignas ante él y disfrazamos nuestra adoración para apelar a su gloria.

EN HECHOS Al hacerlo, a veces escondemos cosas. No llegamos ante él confiadamente, como nos anima a hacerlo el escritor de Hebreos (4:16). Somos actores espirituales cuando no tenemos que serlo. Subestimamos sus misericordias. No estamos muy seguros de quién es él.

La gratitud nos recuerda que nunca debemos subestimarlo. Nos recuerda lo que él ha hecho, lo que ha perdonado y lo que ha prometido. Reconoce quién es él. Y nos lleva ante su presencia con alegría.

25 DE NOVIEMBRE
Salmo 105:1-7

La mejor manera de mostrar mi agradecimiento a Dios es aceptar todo, incluso mis problemas, con alegría.

Madre Teresa

La gratitud cree

Busquen al SEÑOR y a su fuerza, búsquenlo continuamente. SALMO 105:4

26 DE NOVIEMBRE
Salmo 105:1-7

La fe sin
agradecimiento
carece de fortaleza
y de valentía.

John Henry Jowett

EN PALABRAS La fe sin agradecimiento es como una gran pregunta sin respuesta. Busca a Dios con posibilidades, pero no tiene la seguridad de que Dios responderá bien. Sabe que él *puede* hacer cosas buenas, pero no sabe si las *hará*. Olvidándose del Dios del pasado, trata en vano de entender al Dios del presente y del futuro. Es débil.

La fe con agradecimiento no solo busca al Señor, *mira* al Señor. Sabe quién es él. Recuerda las misericordias pasadas y basa las necesidades actuales en su fuente acreditada. Llega a Dios con posibilidades, sin saber cómo las manejará él, pero con la certeza de que las resolverá bien. No es una pregunta tentativa acerca de Dios; es una declaración informada. Entiende su gracia.

No necesitamos recordatorios para buscar a Dios; es un impulso natural, especialmente cuando tenemos problemas. No, nuestro problema es recordar *cómo* buscarlo. Las cartas de Pablo abundan en instrucciones para expresar oraciones llenas de agradecimiento. La fe que Jesús siempre aplaudió fue una fe que reconocía abiertamente quién era él. Podemos tener muchas interrogantes cuando llegamos a Dios, y podemos estar confundidos en cuanto a muchos asuntos espirituales, pero no tenemos ninguna razón para llegar a él alguna vez cuestionando su bondad. Nuestra gratitud por lo que él ha hecho en el pasado nos preparará para saber qué clase de cosas hará él en el futuro. Ella nos hará estar en armonía con su corazón.

EN HECHOS ¿Están llenas de miedo y de confusión tus oraciones? ¿Te preguntas si Dios va a ser bueno contigo? No hay necesidad de esa incertidumbre. Las Escrituras están llenas de su bondad, y tu vida también. Observa entre las dificultades y el dolor y ve que él ha concedido vida y redención. Siempre hay bendiciones que encontrar, muchas más de las que podemos contar.

La gratitud fortalece la fe. La gente agradecida entiende al Dios que es fuerte. Ve su rostro y no tiene miedo. No solo espera su bondad. Cuenta con ella.

La gratitud recuerda

*Recuerden las maravillas y los milagros que ha realizado,
y los decretos que ha dictado.* SALMO 105:5

EN PALABRAS Mucha gente espera para ser agradecida hasta que tiene algo que agradecer. Es un defecto de la humanidad caída. Siempre estamos esperando lo que queremos y siempre estamos conscientes de lo que no tenemos. Para la mayoría de nosotros, el vaso está, por lo menos, siempre medio vacío.

¿Cuál es nuestro remedio? Frecuentemente se da en las Escrituras. Tenemos que ser «personas que recuerdan». Dios nos insta a recordar sus misericordias pasadas intencional y activamente. Cuando comenzamos a enfocarnos en lo que nos falta, debemos redirigir nuestro enfoque a lo que se nos ha dado. El cambio de actitud que se produce es notable. La alegría comienza a resurgir y la fe se fortalece.

De eso trata el Salmo 105. Es un breve resumen de historia desde el llamado de Abraham hasta las victorias de David. Le recordaba a los devotos de Israel que Dios había comenzado un gran plan con su pueblo y que sin duda lo continuaría. Los alentaba a contar los milagros que él había hecho. Los ayudaba a pensar en Dios como su Proveedor, Libertador, Protector, Fortaleza, Guerrero y más, solo en caso de que lo hubieran olvidado, como tendemos a hacerlo los humanos. Provocaba un sentido de destino y una confianza en la capacidad de Dios para ayudarlos en las dificultades. Creaba el contexto para una adoración genuina.

EN HECHOS ¿Acaso no necesitamos de esos recordatorios? Fácilmente olvidamos la providencia, la salvación y el amor de Dios. Tememos que él no pueda protegernos esta vez, o que no pueda oír nuestras oraciones ahora, o que pueda abandonar su plan para nosotros. Una evocación intencional de sus obras nos ayudará a deshacernos de esas mentiras y cultivará todas las cosas que necesitamos para creer en él y adorarlo otra vez.

Trata de hacer una lista de todas las cosas por las que estás agradecido. Recuerda las misericordias pasadas de Dios y escríbelas. Trata de componer tu propio salmo de remembranza. Luego trata de leer estas cosas frecuentemente. Ponles música si eso ayuda. Deja que tu mente se sature de la bondad de Dios, y te asombrarás de cómo la bondad de Dios llega a ser real.

27 DE NOVIEMBRE
Salmo 105:1-7

La gratitud nace en los corazones que se toman el tiempo para contar las misericordias pasadas.

Charles Edward Jefferson

Cómo entender la vida

SEÑOR, recuérdame lo breve que será mi tiempo sobre la tierra. Recuérdame que mis días están contados, ¡y cuán fugaz es mi vida! SALMO 39:4

Prepararnos para nuestro último día tiene que ser la ocupación de todos los días.
Matthew Henry

EN PALABRAS ¿Cuánto tiempo te queda por vivir? Es una pregunta trascendental por la magnitud de esta razón: no sabemos la respuesta. No podemos saberlo, a menos que Dios nos haya dado alguna revelación peculiar que la mayoría nunca recibirá. Ya sea que se nos acabe de dar el visto bueno en el certificado de salud o que se nos haya diagnosticado una enfermedad terminal, todavía no sabemos cuánto tiempo tenemos en este mundo. Los diagnósticos de los doctores siempre están sujetos al error humano. Más aún, una persona perfectamente saludable puede morir en un accidente automovilístico. Solo Dios conoce el día que saldremos de estas vasijas de barro.

Mucha gente preferiría no considerar esas preguntas. Tal vez son demasiado morbosas. Pero David *quiere* saber; le pide a Dios que le muestre, que le recuerde lo transitoria que es su vida. No necesariamente le pide saber la fecha de su muerte. Él quiere el sentido de urgencia que refleja la realidad de nuestra corta vida. Él quiere que cada momento cuente.

Nosotros también deberíamos quererlo. Lejos de ser un pensamiento morboso, entender la brevedad de nuestro tiempo de vida nos dará un sentido de enfoque como nada más lo hará. Comenzaremos a esforzarnos por lo que es importante y dejaremos lo que no lo es. Ordenaremos nuestras prioridades. Pregúntale a alguien a quien se le haya dado poco tiempo de vida. Entender la incertidumbre de la vida puede llevar a un extraordinario cambio de valores.

EN HECHOS ¿Quieres esa clase de enfoque? No esperes el diagnóstico de un médico. Procede y elige un tiempo. ¿Qué lapso te daría una perspectiva apropiada y te ayudaría a vivir con las prioridades adecuadas? ¿Un año? ¿Cinco años? ¿Seis meses? Tú decides. Luego, sigue adelante y vive como si solo te quedara un año, o el tiempo que hayas elegido. Supón, por ejemplo, que Dios te llevará a casa dentro de un año. Mira cómo cambian tus prioridades. Mira cómo tu relación con Dios y con los demás se transforma. Comienza a vivir a la luz de la eternidad, y entiende la vida que Dios nos ha dado.

El camino fácil

Delante de cada persona hay un camino que parece correcto...
PROVERBIOS 14:12

EN PALABRAS Cuando se nos da a elegir entre una opción fácil y una difícil, ¿cuál es más probable que elijamos? Si no intervienen otros factores, la fácil. No obstante, sí intervienen otros factores. Nuestras decisiones tienen ramificaciones de largo alcance, y Dios generalmente prefiere una de ellas. Y no es de sorprender que su voluntad tenga poco que ver con lo que es fácil.

La Declaración de Independencia de Estados Unidos afirma nuestro derecho a la vida, a la libertad y a la búsqueda de la felicidad. Eso lo tenemos arraigado en nosotros. Frecuentemente no se nos alienta a hacer cosas difíciles, a menos que la recompensa sea grande y clara para nuestros sentidos. Generalmente preferimos el camino de menos resistencia. Trabajaremos por una causa personal, o incluso por una causa caritativa que nos apasione, pero no vemos los beneficios de Dios con facilidad. No estamos conscientes de sus recompensas, no estamos familiarizados con los caminos de su reino y, frecuentemente, no nos interesa la gloria de su nombre. Somos criaturas del camino fácil.

Esa es una tendencia natural de la humanidad caída, y los ideales culturales y los ancianos que son más sabios tratan de entrenarnos de otro modo. No obstante, al igual que los israelitas en un período terriblemente anárquico, todos hacen lo que les parece (Jueces 21:15). Olvidamos que Dios nunca nos pidió hacer lo que nos parece correcto; él nos pide hacer lo que a él le parece correcto. Antes de que el Espíritu Santo invada amorosamente nuestra vida no tenemos discernimiento espiritual y somos guiados por mentes impuras. En ese momento, eso parece una independencia satisfactoria, pero la verdad es que es una manera aterradora de vivir.

EN HECHOS Considera los caminos de Dios con los personajes de la Biblia. Si las dificultades indicaban que estaban fuera de la voluntad de Dios, con seguridad Pablo se había desviado. (Sus dificultades se enumeran en 2 Corintios 6:4-10). Si la obediencia fuera siempre una decisión fácil, la buena disposición de Abraham para sacrificar a Isaac no tendría sentido. No, nuestro Dios nos llama a cosas difíciles. No nos gusta eso, pero tenemos que acostumbrarnos. Es un componente temporal pero infalible del reino de Dios: el camino que parece correcto frecuentemente no lo es.

29 DE NOVIEMBRE
Proverbios 14:12;
Jueces 21:25

Yo no nací para ser libre. Nací para adorar y para obedecer.

C. S. Lewis

El camino de Dios

... pero termina en muerte. PROVERBIOS 14:12

30 DE NOVIEMBRE
Proverbios 14:12;
Deuteronomio 30:19

Lleva la cruz
pacientemente y
con una sumisión
perfecta, y al final
ella te llevará a ti.
Tomás de Kempis

EN PALABRAS El camino del ingenio y el discernimiento humanos, según la Biblia, lleva a la muerte. Ese versículo se aplica frecuentemente a la salvación, pero es de mucho mayor alcance. Se aplica a todas nuestras decisiones. Enfrentamos opciones constantes entre la voluntad propia y la voluntad de Dios. Y las opciones pueden ser mucho más sutiles que eso: el camino fácil versus el camino difícil, pequeñas concesiones versus la verdad absoluta, o cualquier otra bifurcación confusa en el camino. No nos damos cuenta de la gravedad de nuestra dirección. El camino del hombre lleva a la muerte, mientras que el camino de Dios lleva a... bueno, la muerte.

¿Has considerado eso? Si nos servimos a nosotros mismos y nos aferramos a nuestros valores falsos, moriremos. Si nos sometemos a Jesús, *tenemos* que morir. Sin embargo, el resultado no es tan uniforme como parece. Este mundo nos ofrece «vida» y luego muerte, para siempre. Dios nos ofrece «muerte» y luego vida, para siempre. El insensato elige la «vida» de este mundo, la «vida» de la fiesta, la «vida» de la libertad de toda responsabilidad. El sabio elige a Dios. Sí, eso significa una cruz ahora, una cruz diaria, una cruz dolorosa, un camino difícil de aversión a nuestra propia voluntad y de sumisión a la de Dios, pero al final, lleva a la vida.

EN HECHOS Dios nos llama constantemente a su voluntad. Le tenemos miedo. Un mundo hostil y un enemigo mentiroso nos han convencido de que la voluntad de Dios implica sacrificio y dolor incalculables, sin un beneficio correspondiente. Pensamos que solo se trata de dolor sin ganancia, o de mucho dolor con una ganancia muy incierta. Simplemente no podemos ver la bendición que está más allá de la cruz.

Sin embargo, ¿crees tener una alternativa real? Esa cruz que llevamos puede ser dolorosa y sacrificial; no es el camino fácil. No obstante, es el único camino. La alternativa es vivir fuera de la voluntad de Dios, lo que equivale a mil muertes, cada una mil veces peor que la bendita vida de sumisión al Señor compasivo. ¿Qué «vida» adoptamos cuando optamos por la voluntad propia? Tal vez un sentido momentáneo de satisfacción, pero eso no durará. El reino de Dios sí lo hará. Es donde la vida vivirá para siempre.

Propósito al planificar

Los planes bien pensados y el arduo trabajo llevan a la prosperidad, pero los atajos tomados a la carrera conducen a la pobreza. PROVERBIOS 21:5

EN PALABRAS «Vísteme despacio que tengo prisa». Es un proverbio con el que muchos crecimos, y es el reflejo de una verdad bíblica. Los que son diligentes y quieren lograr mucho no pueden abordar la vida al azar. Diligencia implica un plan, y la prisa es enemiga de la planificación.

Los que fuimos hechos a la imagen de Dios podemos obtener nuestros indicios de Dios. La Biblia se refiere frecuentemente a sus planes, y nos referimos con frecuencia al plan de salvación, al plan de los últimos tiempos y a toda clase de otros diseños de su mano. Podemos estar razonablemente seguros de que Dios no resolvió qué hacer en el segundo día de la creación después de que terminó el primero. Su sabiduría tenía un propósito en mente cuando comenzó, y sus planes han sido prolongados y detallados. Dios no los elabora de prisa y nosotros tampoco deberíamos hacerlo.

Desde luego que Dios no es enemigo de la espontaneidad, pero sí es enemigo de la negligencia. Felipe respondió espontáneamente cuando Dios lo puso en el camino a Gaza; Pedro fue flexible cuando Dios le dijo que fuera a ver a Cornelio; y Pablo pudo girar de Asia a Macedonia cuando Dios lo desvió. Los que formulan planes y no se desvían de ellos bajo ninguna circunstancia han deificado los planes. Debemos tener a Dios siempre por encima de ellos y no a ellos por encima de Dios, pero dada su autoridad, se nos insta a vivir sabiamente en este mundo. Y la sabiduría requiere la búsqueda intencional de un propósito santo.

EN HECHOS Considera la administración de tu tiempo. ¿Se emplea eficientemente? No pienses que Dios quiere que trabajemos como máquinas y que anulemos la individualidad; no creas que él nos impide ser flexibles y estar disponibles cuando él nos dirige; pero tampoco asumas que él aboga por un enfoque al azar en nuestra vida. El Dios con propósito tiene hijos con propósitos. El Dios que tiene un plan para cumplir sus propósitos tiene hijos que también planifican cumplir los propósitos de él. Sin una meta, no tenemos propósito, incluso cuando estamos increíblemente ocupados. Dios nos llama a fijar una meta alta y a saber cómo llegar allí.

1 DE DICIEMBRE
*Proverbios 21:5;
Isaías 25:1*

El propósito es lo que le da significado a la vida. [...] Un barco a la deriva siempre va al garete.
Charles H. Parkhurst

Que nunca te compren

No desees todos los manjares, porque tal vez tenga la intención de engañarte.
PROVERBIOS 23:3

2 DE DICIEMBRE
Proverbios 23:1-3

El dios del hombre es aquello por lo que vive, por lo que está preparado a dar su tiempo, su energía, su dinero, lo que lo estimula y lo apasiona.

Martyn Lloyd-Jones

EN PALABRAS La mitología griega nos habla de criaturas medio humanas llamadas sirenas, que cantaban melodías tan bellas y seductoras que atraían a su isla a los marineros que pasaban. Aunque el atractivo era irresistible, el resultado era grave. Siempre terminaba en desastre para los marineros, que eran lanzados violentamente contra rocas peligrosas.

Este mundo nos ofrece numerosos deleites. La religión asceta nos dice que los evitemos todos, pero las Escrituras dicen que Dios nos ha dado cosas buenas para disfrutarlas (1 Timoteo 6:17; Santiago 1:17). No obstante, la naturaleza humana nos lleva rápidamente del placer hacia la esclavitud. Hay una línea delgada entre disfrutar un placer como regalo de Dios y en buscarlo como una indulgencia pecaminosa. El peligro está en que, ya sea que estemos sentados a la mesa de un rey terrenal o a la mesa de «quien gobierna este mundo» (Juan 14:30; 16:11), se nos compra fácilmente. Desarrollamos gustos que no dejarán que sigamos toda la voluntad de Dios.

¿Cómo podemos conocer la diferencia entre los dones que Dios nos ha dado y las tentaciones que el enemigo usa para esclavizarnos? Se requiere un discernimiento agudo para caminar por este mundo. Algunos regalos parecen buenos y aceptables en la superficie, y aun así, se apoderarán rápidamente de nosotros si lo permitimos. Jesús dijo que cuando pecamos nos convertimos en esclavos de nuestro pecado (Juan 8:34), y Pablo reiteró el punto en Romanos 7. Él encontró la línea divisoria entre lo que es bueno y lo que no lo es: «Aunque "se me permite hacer cualquier cosa", no debo volverme esclavo de nada» (1 Corintios 6:12). Las reglas no son el punto; la lealtad sí lo es.

EN HECHOS Esa es la clave del discernimiento: nunca dejes que nada ni nadie, aparte de Dios, sea tu amo. La riqueza y los gobernantes del mundo buscarán comprar nuestro afecto y los príncipes oscuros y sobrenaturales buscarán esclavizarnos. La meta de toda tentación es comprometer nuestro amor por Dios y nuestro servicio en su reino. Ignora el canto de la sirena y escucha las melodías más bellas de Dios. Él ya nos compró, con un precio muy, muy alto. Que nunca te compren con ninguna otra cosa.

Debilidad orgullosa, fortaleza humilde

El Señor derriba la casa de los orgullosos, pero protege la propiedad de las viudas. PROVERBIOS 15:25

EN PALABRAS La sección de superación personal es casi siempre la esquina más popular de la librería. ¿Por qué? Porque es característico de la naturaleza humana superarnos personalmente. Queremos más seguridad, más educación, mejores habilidades, más ingresos, una salud mental estable, relaciones más estrechas, pasiones más profundas, más aventuras y un estándar de vida más alto. Dios ha puesto inclusive esos impulsos básicos en nuestro corazón.

Podríamos sorprendernos, entonces, al descubrir que Dios se opone siempre a nuestra estrategia de crecimiento más natural. Nos gusta el desarrollo personal, con énfasis en lo «personal». Nosotros queremos ser más fuertes, mejores, más inteligentes, más ricos, tratando siempre de obtener nuestro estatus con estrategias personales y arduo trabajo. ¿Se opone Dios a las estrategias y al trabajo? En absoluto. Simplemente odia el orgullo que esas cosas fomentan.

Hay un contraste notable en este proverbio. El hombre orgulloso tiene una casa. Probablemente es bellísima, o por lo menos muy firme. Las paredes son gruesas, la decoración es elegante y la construcción es sólida. ¿Cómo lo sabemos? Porque él está orgulloso; la gente orgullosa no se conforma con el segundo lugar. La viuda, por otro lado, es posible que no tenga una buena casa. Quizás no tenga paredes alrededor de su propiedad. No tiene sistema de seguridad, ni guardias, nada para detener a cualquiera que quiera tomar lo poco que ella tiene. El hombre orgulloso está protegido, pero la viuda es totalmente vulnerable. Él es el epítome de la fortaleza, y ella es el epítome de la debilidad. Entonces, ¿quién está más seguro? Según el proverbio, ella. Dios mismo derribará las paredes del orgulloso. Dios mismo protegerá los límites desguarnecidos de la viuda. Sí, Dios elige un bando.

EN HECHOS ¿Por qué, cuando se nos garantiza esa fortaleza divina en nuestra vulnerabilidad, casi siempre optamos por más de nuestra propia «fortaleza»? ¿Somos simplemente demasiado orgullosos como para ser dependientes? Podemos tener ya sea nuestra autosuficiencia o la suficiencia de Dios. Tener ambas no es una opción. La siguiente no es una pregunta difícil: ¿cuál preferirías?

3 DE DICIEMBRE
Proverbios 3:34; 15:25

El orgullo aleja al hombre del cielo; la humildad lo lleva al cielo.

Brígida de Suecia

Confianza necesaria

Yo confío en ti, oh SEÑOR; digo: «¡Tú eres mi Dios!». Mi futuro está en tus manos. SALMO 31:14-15

4 DE DICIEMBRE
Salmo 31

Viaja cómodamente el que es llevado por la gracia de Dios.

Tomás de Kempis

EN PALABRAS David estaba angustiado. Los enemigos lo acosaban. La gente mentía acerca de él. Los espectadores lo miraban con desprecio. Cuando todo parecía desalentador, cuando se sentía avergonzado y vencido, David pudo recurrir a Dios. En alguna parte entre la desesperación de los versículos iniciales de este salmo y la fortaleza de sus versos finales, David cobró ánimo con la naturaleza de Dios. La oración desesperada se convirtió en una adoración confiada. Se dio cuenta de que el refugio que buscaba era un refugio completamente confiable. En lo más profundo de su ser se dio cuenta de esto: Dios es bueno.

Podemos identificarnos con él. Nos angustiamos. Sentimos que vivimos en una ciudad sitiada (v. 21), física, espiritual, económica, social y mentalmente. Podemos pasar por enfermedad, ira, pobreza o por cualquier otra evidencia de nuestro mundo caído, y comenzamos a sentir que nunca se acabará. La psicología de estar «sitiado» comienza a afectar cada área de nuestra vida. Buscamos a Dios como nuestro refugio, pero es una fe débil al principio. Se nos tiene que recordar constantemente quién es él. Tenemos que leer salmos como este y oír el testimonio de otros que han pasado por circunstancias similares y que han visto su fidelidad. En alguna parte del proceso, generalmente cuando no tenemos más opción que rendirnos, el poder y la fidelidad de Dios llegan a ser reales. Tenemos una visión momentánea de quién es él. La confianza convierte nuestra desesperación en adoración.

EN HECHOS Tarde o temprano, las circunstancias te abrumarán. Dios permitirá que ocurra, incluso lo ordenará, para obligarte a tomar una decisión necesaria. ¿Confiarás en él o no? No hay manera de madurar como discípulo sin tener que tomar esa decisión de rendirte en el fuego de la prueba; haber declarado alguna vez tu confianza no es suficiente. Dios permitirá que sea probada, y la única manera en que algunos de nosotros podemos llegar a ese lugar de descanso en Dios es estar primero totalmente abrumados.

Nuestra impotencia se intensificará hasta que nos hayamos dado cuenta de esto: podemos confiar en él, y debemos hacerlo. No tenemos otra opción razonable. Podemos relajarnos y creer que todas nuestras circunstancias son suyas. Podemos descansar, respirar profundamente y entender que Dios es completamente digno de confianza.

Productividad y propósito

Trabajen de buena gana en todo lo que hagan, [...] que el Amo a quien sirven es Cristo. COLOSENSES 3:23-24

EN PALABRAS Los estudios indican que más que la mitad de los empleados están insatisfechos con sus condiciones de trabajo. Mucho de eso tiene base en la naturaleza humana: a nuestros ojos, el césped siempre está más verde en alguna otra parte, pero el asunto es más profundo que un descontento general y natural. Queremos saber que nuestro trabajo importa, y mucha gente llega a la conclusión de que el suyo no importa.

Es más fácil encontrar significado en algunos trabajos que en otros, pero casi todos tienen una aparente falta de sentido en una o más áreas. Ya sea que nuestro trabajo sea tan predecible como el de una línea de ensamblaje, tan impresionante como el de una gestión de poder político o económico, o simplemente tan profundo como criar hijos y administrar una familia, frecuentemente tenemos el deseo firme de ser más, de hacer más, de ver más resultados. En lo profundo, queremos ser importantes.

Pablo trabajó como fabricante de carpas en determinadas ocasiones. ¿Qué recordamos de su producción de carpas? ¿El diseño? ¿La calidad? ¿La cantidad? No, no sabemos nada de eso. La obra de sus manos no dejó ningún legado en este mundo. Sin embargo, sabemos mucho acerca de la manera en que llevó a cabo sus actividades y se relacionó con los demás. El legado es impresionante. Incluso ahora lo estudiamos.

A Zaqueo, el hombrecillo que dejó sus prácticas engañosas de cobrar impuestos cuando Jesús le mostró un camino mejor, no se le recuerda por sus negocios. El imperio que él alimentaba hace mucho que se extinguió. Los registros que él mantenía ya no existen. Los proyectos que sus cobros financiaron ahora son escombros. Sin embargo, la manera en que se condujo después de que conoció a Jesús, ese es un testimonio eterno en la Palabra de Dios.

EN HECHOS No te confundas. No es tu productividad lo que más importa. No durará. Lo que es importante para Dios es la manera en la que haces tu trabajo. Eso puede tener un impacto eterno. Muy fácilmente fundamentamos nuestra realización en el trabajo de nuestras manos, pero ese trabajo solo es la plataforma que nos sostiene mientras vivimos la obra de nuestra vida. El evangelio es lo que importa. Vívelo con todo tu corazón, incluso en el trabajo.

5 DE DICIEMBRE
Colosenses 3:23-25

El trabajo se convierte en adoración cuando se hace para el Señor.

Anónimo

Quién eres

Ustedes son la sal de la tierra. [...] Ustedes son la luz del mundo.
MATEO 5:13-14

6 DE DICIEMBRE
Mateo 5:13-16

Según el Nuevo Testamento, Dios quiere que la iglesia sea un pueblo que muestre cómo es Dios.
Stanley J. Grenz

EN PALABRAS Jesús ha reunido a una colección singular de discípulos y otros oyentes en una ladera. Sus palabras iniciales para ellos quizás son un poco sorprendentes. Les ha dicho que el camino a la felicidad es a través de la pobreza, el dolor, la humildad, el hambre y la sed, la misericordia, la pureza, el pacifismo y la persecución. Esos no son los estándares por los que se esfuerzan los seres humanos. No obstante, son la receta divina para una personalidad caída.

Sin embargo, sus declaraciones siguientes son más prometedoras. «Ustedes son la sal de la tierra», les dice; y no solo eso, también: «Ustedes son la luz del mundo». Eso es un poco más alentador, una declaración positiva que seguramente acariciará el orgullo de los oyentes. No obstante, las declaraciones de Jesús en cuanto a nuestra identidad son más que una afirmación positiva; son una indicación de nuestra responsabilidad. Quienes lo siguen han asumido el peso de influir en la grave situación en que se encuentra este mundo.

El principio es que el pueblo de Dios es clave para el reino de Dios en este mundo. Ese reino se acerca, pero no aparte de la obra de sus embajadores. Los que oyen a Jesús, los que tienen oídos para oír la verdad y actuar en base a ella, son el vehículo de la actividad de Dios en este mundo. Son sal y luz, y conservan, sazonan, iluminan y señalan hacia la única Luz verdadera. Hay algo verdaderamente profundo y humilde en cuanto a un Dios que hace su obra a través de una colección tan diversa de indigentes redimidos. El Dios que busca tesoros ha reunido a un remanente para un renacimiento asombroso a través de la venida de su Hijo.

EN HECHOS Nuestra vida se forma mayormente en base a nuestras percepciones de nosotros mismos. Tal vez es por eso que Satanás ha apuntado a nuestro sentido de identidad desde el Edén hasta ahora. Por lo que Jesús comienza su gran sermón con palabras designadas para alinear nuestra autopercepción con su verdad. Nunca podremos llegar a comprender la realidad, la realidad de Dios, si no entendemos su evaluación de nosotros mismos y comenzamos a vivir de acuerdo a ella: somos llamados a ser su sal y su luz en un mundo oscuro y en deterioro.

Donde estás

[Dios] nos levantó de los muertos junto con Cristo y nos sentó con él en los lugares celestiales. EFESIOS 2:6

EN PALABRAS Pablo es elocuente en Efesios 1 en cuanto al poder de Dios al resucitar a Jesús de los muertos. Este Dios fuerte, elevado por encima de cada autoridad y nombre en cada reino —espiritual, físico o cualquier otro—, ha demostrado su gloria en la plenitud del Jesús resucitado y exaltado. El esplendor de tal descripción es inimaginable. Las palabras no le pueden hacer justicia.

Sin embargo, Pablo escribe sobre la exaltación de Jesús no solo para que la admiremos, sino para que entendamos nuestro papel en ella. No somos solo observadores pasivos del drama divino. Hemos sido involucrados en el drama en sí. No solo está Jesús sentado en los lugares celestiales por encima de todo reino y dominio, ¡nosotros también!

Piensa en eso. Los primeros versículos de Efesios 2 son casi insultantes en su descripción de nuestra condición natural. Estábamos muertos. Éramos desobedientes. Objetos de ira. No hay un lugar más bajo que ocupar en el orden de los seres creados que nuestra condición caída y pecaminosa. Aun así, el resto del pasaje es asombroso en su promesa: Dios, que es rico en misericordia, nos resucitó y nos sentó donde él está: por encima de todos los demás poderes. ¿Por qué? Para demostrar su gracia divina. Para cualquier observador de este drama, no puede haber una demostración más asombrosa. Lo máximo de la misericordia ya se ha consumado.

EN HECHOS La autopercepción nos engaña. Nos desanimamos, pensamos negativamente, nos ponemos pesimistas y nos preguntamos si nuestra fe vale el esfuerzo. La oscuridad del mundo, las distorsiones de nuestra carne y los planes del maligno se combinan para crear ilusiones de desesperación. Resístete a todo eso. La verdad de Dios es notablemente contraria a todo lo que nuestra alma percibe.

Recuerda ese principio en tus días de desánimo. No entendemos totalmente las implicaciones de estar sentados con Cristo, pero sabemos esto: es un lugar asombroso donde estar. Estamos unidos orgánicamente con la autoridad suprema de todo el universo. No somos solo sus amigos y no solo sus siervos. ¡Estamos injertados en *él*!

7 DE DICIEMBRE
Efesios 2:1-10

El cristiano tiene una unión con Cristo más noble, íntima y perfecta que la que tienen los miembros del cuerpo humano con su cabeza.

Juan Eudes

De quién eres

Todos ustedes son hijos de Dios por la fe en Cristo Jesús. GÁLATAS 3:26

8 DE DICIEMBRE
Gálatas 3:26–4:7

Dios nutre y cuida de los suyos; ellos florecen en sus atrios.

Caroline Sandell-Berg

EN PALABRAS Tal vez tomamos nuestra identidad como hijos de Dios de manera muy despreocupada. Después de todo, el mundo usa la expresión «hijos de Dios» para todos los que el creó. La Biblia afirma que Dios lo creó todo y a todos, pero reserva la condición de hijos para los que han nacido de su Espíritu. Somos sus hijos porque él mismo nos ha procreado.

Eso es diferente de ser su siervo, su discípulo o su seguidor. Los hijos deben obedecer a sus padres, pero no se les define por su obediencia. Los hijos deben aceptar los valores de sus padres, pero no se les define por su comportamiento. Entonces, ¿de qué manera son distintos los hijos? A los hijos se les define por los genes de sus padres, y esos genes harán que se parezcan a sus padres. Son hijos por la persona de quien nacieron, no por la persona en que ellos puedan convertirse.

Ese debería ser un pensamiento reconfortante para los que, de hecho, hemos nacido de nuevo. Todo nuestro esfuerzo para conformarnos a la imagen de Cristo, aunque es admirable e importante, no nos define. Ni tampoco lo hacen nuestros fracasos. Nos define el Espíritu que nos exaltó y nos llamó hijos propios de Dios. Hasta la fe que completó la transacción fue un regalo (Efesios 2:8). No somos cristianos por nuestra propia fabricación. Somos hijos hechos por Dios.

EN HECHOS En una cultura que nos define por lo que hacemos o por cómo pensamos, es fácil caer en la trampa de la identidad y creer que nuestro pasado es el que nos da forma. Sin embargo, tu historia no te conforma, al contrario de lo que los psiquiatras han predicado. Tu destino es el que te da forma. Eres un hijo de Dios con una herencia eterna.

¿Qué significa eso en términos prácticos? Significa que no tenemos que esforzarnos por comodidades falsas; cada recurso significativo del cielo y de la tierra es parte de nuestra herencia futura. Significa que no tenemos que llenar nuestra vida de significado aparte de Dios; tenemos todo el significado que persona alguna pueda jamás necesitar. Eso significa que no tenemos que sufrir de baja autoestima. ¿Existe estima mayor que la de ser un hijo del Ser más formidable que hay?

Lo que eres

Ustedes son el campo de cultivo de Dios, son el edificio de Dios.
1 CORINTIOS 3:9

EN PALABRAS Es difícil comprender las ilustraciones que Dios usa para describir a sus hijos. Efesios 2:10 dice que somos su obra maestra. Jesús nos dijo en Juan 15 que somos ramas de la Vid, libando nuestra vida y produciendo fruto a través de la vida que él nos da. En 1 Corintios, las analogías son aún más impactantes: en 3:9, somos el edificio de Dios; en 6:19 nos dice que él no solo es el arquitecto sino también el habitante; y que a un nivel aún más personal, no somos solo su edificio funcional, sino su cuerpo vivo (12:27).

Podríamos pasar la eternidad tratando de entender todas las implicaciones de nuestra identidad —y, de hecho, probablemente lo haremos—, pero al menos hay algo de lo que podemos estar seguros ahora: Dios se ha unido inseparablemente a los que han nacido de su Espíritu por la fe en su Hijo. Él no es un observador indiferente de nuestros asuntos; no es un comandante que mueve los hilos para sus propósitos; y no está esperando simplemente a que fracasemos para poder disciplinarnos. Él es más que solo alguien con quien nos relacionamos y somos más que sus siervos y amigos. Hemos nacido de su propio ser. Por alguna razón asombrosa, él se ha consagrado a su creación a un punto que difícilmente podemos entender. Está unido a nosotros con detalles entrañables.

EN HECHOS Si alguna vez has dudado del compromiso de Dios con tu bienestar, permite que estas verdades borren tus sospechas. Él está tan comprometido con tu bienestar como lo está con el suyo propio. Si eres un creyente que ha nacido de su Espíritu y todavía te sientes distante de él a veces, debes saber que tus sentimientos te mienten. La experiencia de comunión puede ser débil a veces, pero nuestra unión espiritual con él es constante. No cambia, porque Dios no cambia.

Trata de pensar en ti mismo desde la perspectiva de Dios, si puedes. Imagínate haber creado a alguien y luego sufrir grandes dolores para redimir a esa persona. Imagínate darle a esa persona tu nombre, tu autoridad y tu promesa. Ahora bien, ¿qué tan comprometido estarías con esa persona?

Considera tu respuesta cuidadosamente; así es como Dios está comprometido contigo.

9 DE DICIEMBRE
1 Corintios 3:5-9

La persona que eres ahora, la persona que has sido, la persona que serás, a esta persona Dios ha elegido como amada.

William Countryman

Disciplinas de la mente

¡Solo los simplones creen todo lo que se les dice! Los prudentes examinan cuidadosamente sus pasos. PROVERBIOS 14:15

10 DE DICIEMBRE
Proverbios 14:15;
Colosenses 3:1-2

Un terreno sin cultivar, por muy fértil que sea, genera cardos y espinas; así también la mente del hombre.

Teresa de Ávila

EN PALABRAS Una lectura superficial de este proverbio nos dirá que analicemos detenidamente nuestras acciones para evitar un comportamiento precipitado, y que no seamos ingenuos en la orientación que seguimos. Necesitamos esos recordatorios; el llamado al discernimiento espiritual se encuentra frecuentemente en las Escrituras. No obstante, este proverbio tiene más de lo que encontramos en la superficie. Si en realidad lo meditamos bien, nos daremos cuenta de que tiene todo que ver con cómo disciplinamos nuestra mente para ver a Dios, a nosotros mismos y a nuestro mundo. El llamado al discernimiento rara vez es una propuesta ad hoc en la que buscamos la guía de Dios para cada situación. Dios quiere una reflexión exhaustiva de la forma en que vemos las cosas. Él quiere que tengamos vidas juiciosas que produzcan pasos prudentes de manera natural.

La gente simple, los que tienen poca profundidad espiritual y no les importa mucho vivir para Dios y la eternidad, actúan en base a caprichos. Siguen el flujo de cualquier corriente que parezca atractiva y terminan lanzados entre las olas de los estilos pasajeros, de la doctrina cuestionable, de los intereses egoístas y de las ideologías vacías. Se les engaña fácilmente. Como dice el proverbio, creen cualquier cosa.

Para el cristiano serio, su vida mental es un campo de batalla crítico donde se cultivan la fe, la esperanza, el amor y todos sus rivales. Los que queremos vivir para Dios y la eternidad no podemos simplemente cambiar nuestros pasos; tenemos que cambiar nuestra forma de pensar. A menos que deseemos una batalla constante entre la obediencia y las inclinaciones de nuestro corazón, buscaremos un cambio interno fundamental. Entrenaremos nuestra mente; nuestros patrones de pensamiento serán asuntos de interés intenso. No queremos simplemente actuar de manera distinta; queremos *ser* diferentes.

EN HECHOS Si tratas de caminar en discipulado con Jesús como un asunto de comportamiento y no como una transformación interna, te darás cuenta de que es un caminar arduo e imposible. El discipulado comienza en lo profundo, y no es un truco de magia rápido. Se requiere entrenamiento. ¿Eres capaz de corregir tu pensamiento defectuoso cuando Dios lo señala? ¿Disciplinas tu mente conscientemente para pensar en la verdad? Es allí donde comienza la fidelidad.

Disciplinas de la mente: Temor

Te oí caminando por el huerto, así que me escondí. Tuve miedo.
GÉNESIS 3:10

EN PALABRAS A partir de un día funesto en el Edén, la humanidad ha vivido con temor. Parece que algunos de nosotros le tenemos miedo a todo: estamos llenos de complejos, ansiosos por cada día siguiente y por cada desastre pendiente. Otros parecemos no temerle a nada, pero la audacia y la arrogancia generalmente son la máscara de inseguridades más profundas. En lo recóndito, ahora o alguna vez, todos experimentamos temor.

¿Qué hacemos con nuestro temor? ¿Adónde podemos llevarlo? Es tan universal que ha encaminado mucho del mundo en que vivimos. La mayoría de las religiones se desarrolla sobre él. Los recursos políticos y sociales más relevantes intentan aliviarlo. Nuestras economías se basan en él. Acumulamos riqueza porque tememos al futuro. Creamos gobiernos enormes porque tememos al caos. Adoramos ídolos porque tememos que no haya nadie que nos cuide. No queremos ser alguna anomalía de vida que gira sobre un planeta al azar, sin significado alguno. La casualidad nos asusta. Desde que nos desligamos de la comunión con Dios hemos tenido mucho, mucho miedo.

Tal vez nuestro temor inicial, esa angustia que infecta a cada ser humano que piensa de manera realista en cuanto a su existencia, fue totalmente legítimo. Después de todo, nuestro pecado ha ofendido al único Soberano verdadero, al Señor de todo lo que hay. No es ninguna sorpresa que Adán tuviera miedo. ¿Dónde podemos aliviar nuestro temor cuando el poder más grande del universo es Aquel a quien le tenemos miedo?

EN HECHOS Sin embargo, Dios nos dice que no temamos si nos acercamos a él con arrepentimiento y con fe. Al haber aceptado su salvación, podemos descansar en esta verdad inalterable: todos nuestros temores se basan en mentiras. Piensa en eso. ¿Nuestra inseguridad? Él nos ha dado seguridad. ¿Nuestro futuro? Él lo ha ordenado con bendición. ¿Nuestros enemigos? Son más débiles que él. ¿Nuestro caos? Él es un Dios de orden. ¿Qué hay dentro de nosotros que contradice estas verdades? La fe debe convencernos de ellas. Disciplina tu mente para que more en la verdad. Reemplaza tu temor con fe.

11 DE DICIEMBRE
Génesis 3:8-10;
Proverbios 1:33

Todo temor es esclavitud.

Anónimo

Disciplinas de la mente: Fe

No tengas miedo. Solo ten fe.   MARCOS 5:36

12 DE DICIEMBRE
Marcos 5:35-43

La fe nos habla de cosas que nunca hemos visto y que no podemos llegar a conocer con nuestros sentidos naturales.

Juan de la Cruz

EN PALABRAS ¿Creemos en realidad que nuestros temores se basan en mentiras? Debemos hacerlo. Tenemos que darnos cuenta de que cada amenaza en contra nuestra está bajo el ojo vigilante de Dios. Debemos entender que cada preocupación de nuestra vida está fácilmente dentro de su capacidad de mitigar. Mientras que nuestra carne pecadora y un enemigo agresivo quieren mantenernos preocupados, e incluso obsesionados, con nuestra seguridad y estatus, Dios quiere que nos preocupemos, y que incluso nos obsesionemos, con él. Si invirtiéramos todas nuestras emociones y pensamientos en él, él manejaría nuestra vida. Nos cuesta tanto eso. Tratamos de manejarnos y de dejarle a él lo que queda, pero nunca queda nada. Estamos totalmente consumidos con otras cosas mucho antes de acudir a él.

¿Por qué? Porque creemos que las amenazas son reales. Creemos que el futuro puede ser aterrador. Creemos que la economía puede derrumbarse, que los terroristas pueden ganar y que la cultura puede llegar a ser inhóspita. A nivel personal, creemos que podemos enfermarnos, que no podremos pagar la cuenta del teléfono este mes o que nuestras relaciones se pueden romper fácilmente. Mientras pensemos en estas cosas, no podremos tener fe. Nadie obtiene jamás una fe que mueve montañas obsesionándose con las montañas. La obtenemos al enfocarnos en Dios.

EN HECHOS Para eso se requiere disciplina. Se requiere una administración efectiva de la vida mental que tal vez nunca hayamos experimentado. Significa que cuando llegue una cuenta que es demasiado grande para pagar, pensemos en el Dios que es mucho mayor. No podemos pasar la noche despiertos preguntándonos cómo la pagaremos. Significa que cuando hay crimen en el vecindario o terror en el mundo, no podemos obsesionarnos por las posibles amenazas. Debemos pensar en el Dios que es Soberano: nuestro Protector, nuestro Refugio y nuestra Fortaleza.

Pensamos que somos víctimas de nuestro temor, pero estamos equivocados. En realidad somos nosotros los que lo cultivamos. Pensamos en las amenazas a nuestro bienestar sin darnos cuenta de que las amenazas son mentiras y que nuestro Dios es verdadero. ¿Sufriremos daño? Tal vez, pero no en última instancia, no fuera de su tiempo y tampoco sin un propósito mayor. La fe sabe eso y no tiene temor.

Disciplinas de la mente: Remordimiento

Les devolveré lo que perdieron a causa del pulgón, el saltamontes, la langosta y la oruga. JOEL 2:25

EN PALABRAS La actitud que quizás es la más sutil para corromper nuestra perspective es el sentido de remordimiento que tenemos por las oportunidades perdidas y por los fracasos pasados. Jugamos un juego mental devastador que se pregunta cómo habría sido la vida «si»: si no hubiéramos caído, si fulano no nos hubiera lastimado, si hubiéramos girado a la derecha y no a la izquierda, si, si, si. Ese juego nos destruirá; siempre gira nuestra mirada hacia atrás, nunca hacia delante y nunca hacia arriba. Aunque las langostas hayan consumido nuestro pasado, les damos una invitación abierta para que consuman nuestro presente y finalmente nuestro futuro. Vivimos en nuestros remordimientos con demasiada facilidad.

¿Cuál es el propósito de eso? ¿Tratamos de cambiar el pasado? ¿Le decimos al Dios soberano que perdió la oportunidad de hacer que las cosas fueran mejor para nosotros? Somos tan miopes al mirar hacia atrás como lo somos para ver hacia adelante. Olvidamos que el Dios que exaltó a José a la cúspide política de Egipto primero permitió que sus hermanos lo traicionaran y que la cárcel lo mantuviera preso. Olvidamos que el Dios que puso a David en el trono permitió que se escondiera en las cuevas por años. Olvidamos que el Dios que resucitó a Jesús lo envió a morir en primer lugar. El libertador Moisés fue primero un tartamudo exiliado. El apóstol Pablo fue primero el rebelde Saulo. El poderoso predicador Pedro fue primero un pusilánime preservador de sí mismo. Todos ellos pudieron haber vivido con una obsesión por las langostas. Ninguno de ellos lo hizo, y Dios hizo cosas asombrosas a través de ellos.

EN HECHOS ¿Tienes remordimientos? No seas indulgente con ellos. Supéralos. Te has entrenado en la parálisis. Estás cometiendo un suicidio lento y doloroso al morir muertes pasadas, una y otra vez, hasta que se te acabe la vida. Vives en una fantasía deprimente.

¿Cómo es eso una fantasía? Piensa en esto: Dios ha separado tu pasado y te ha apartado de tus pecados tan lejos como está el oriente del occidente, y te consuela más profundamente de lo que cualquiera te haya ofendido. Eso es cierto, y mientras te mortifiques con esos acontecimientos pasados, estarás fuera de la realidad. Cimenta tu vida en la verdad. Ella te llama a seguir adelante.

13 DE DICIEMBRE
Joel 2:21-27

En Cristo podemos salir de nuestro pasado hacia un presente significativo y un futuro asombroso.
Erwin Lutzer

Disciplinas de la mente: Esperanza

Pongan toda su esperanza en la salvación inmerecida que recibirán cuando Jesucristo sea revelado al mundo. 1 PEDRO 1:13

14 DE DICIEMBRE
1 Pedro 1:13-21

El futuro les pertenece a los que le pertenecen a Dios. Eso es esperanza.

W. T. Purkiser

EN PALABRAS La clase de esperanza que es natural para la mente humana caída se basa en la expresión de deseos. Que las cosas algún día se arreglarán, que los deseos se cumplirán, que de alguna manera las cosas mejorarán es un sueño. Es la gallina de los huevos de oro o el cuento de hadas del amor verdadero. Tiene una gran imaginación, pero no tiene confianza. Siempre despertamos de ese sueño.

No obstante, la esperanza bíblica no es una ilusión. Anhela el cumplimiento de ciertas promesas, e incluso lleva esas promesas al presente. Las esperanzas humanas defectuosas con las que soñamos son vestigios del tiempo previo a la Caída, recordatorios de que fuimos creados para un reino eterno de paz y de perfección. La esperanza bíblica lleva esos sueños a la realidad y los alinea con el Dios que nos creó para que tengamos grandes sueños. No es presa de las circunstancias actuales, no puede ser aplastada por cualquier cosa que este mundo ponga en su contra y no puede morir. La esperanza no es una invención de nuestra imaginación, es una vida cimentada en la verdad.

Sin embargo, no podemos tener esperanza si no hemos disciplinado nuestra mente para aceptarla. Estamos demasiado acostumbrados a nuestras fantasías que confirman ser falsas, y tememos que el reino de Dios termine como otra fantasía más. La mente natural siempre hace que las promesas de Dios parezcan irreales y desesperadamente fuera de alcance, pero miente, y tenemos que reencauzar nuestros pensamientos. Mucho del discipulado es simplemente entender y creer la realidad. Debemos apartarnos de las ideas falsas.

EN HECHOS La esperanza sabe quién es Dios. Las montañas que encontramos en la vida son irrelevantes porque la Roca es una realidad más grande. La mente entrenada en la esperanza bíblica puede aplicar las promesas de Dios acerca del futuro a las situaciones actuales. Puede fundamentar nuestra realidad presente en nuestra gracia futura.

No permitas que la desesperanza influya en tu vida. Se fundamenta en mentiras y te paraliza. Tenemos esperanza en nuestro Dios porque él nos ha dicho la verdad y sus promesas son ciertas.

Disciplinas de la mente: Amargura

Tengan cuidado de que no brote ninguna raíz venenosa de amargura, la cual los trastorne a ustedes y envenene a muchos. HEBREOS 12:15

EN PALABRAS No puedes creer cómo te han tratado. En alguna parte de tu pasado alguien te hizo daño. Te han traicionado, te han mentido, te han engañado o decepcionado, y eso simplemente te corroe, ¿verdad? El hecho de que haya gente menos digna que tú que parece disfrutar más la vida, que gana más y que juega más, te vuelve loco. Simplemente no está bien cuando los malos prosperan. Especialmente cuando tú no prosperas.

Todos hemos pasado por eso; nuestro disgusto puede ser tremendamente profundo. Y a veces —de hecho, generalmente—, es bastante legítimo. No es solo un asunto de percepción; la gente *sí* nos incomoda y nos trata mal. A veces es intencional y a veces es simplemente descuido. De cualquier manera, mucha gente carece de integridad, y su carencia nos afecta. Vivimos en un mundo en el que la arrogancia, la maldad, el engaño y la bajeza abundan. Difícilmente podemos evitar esas cosas.

¿Erramos al sentirnos ofendidos? No, pero nos equivocamos al aferrarnos a esa ofensa. No tiene sentido, e incluso es dañino, sumirnos en nuestro dolor y contar todas las formas en que las cosas pudieron haber sido de otra manera. No le hace daño a la persona que nos hizo enojar; solo nos hace daño a nosotros y a la gente que nos rodea que tiene que vivir con nuestra amargura. Cultivamos una enfermedad destructora y cancerosa cuando nos quejamos de cuánto daño nos han hecho. Ignoramos la gracia de Dios para nosotros y para otros cuando permanecemos con esa actitud. Dios nunca nos llama a ese lugar de lamentación.

EN HECHOS Imagínate que ganaste una lotería de mil millones de dólares, y que luego te pones frenético porque te dan diez centavos menos en el cambio en la tienda. Esa es una imagen monetaria de nuestra ira espiritual. Dios nos ha dado todas las cosas y nos ha prometido todas las cosas. Él mismo, con su generosidad, se ha comprometido como nuestro suministro eterno. Ha garantizado que nunca nos faltará nada que verdaderamente necesitemos. ¿Por qué entonces nos obsesionamos por los agravios que hemos enfrentado? Dios puede recompensarnos y él puede lidiar con los agresores a su tiempo. ¿Hay alguna queja que valga la pena albergar con ese arreglo?

15 DE DICIEMBRE
Hebreos 12:14-15

No hay tormento mayor que el tormento interno de un espíritu que no perdona.

Charles Swindoll

Disciplinas de la mente: Amor

El amor no hace mal a otros, por eso el amor cumple con las exigencias de la ley de Dios. ROMANOS 13:10

16 DE DICIEMBRE
Romanos 13:8-10

El amor es el único poder espiritual que puede vencer el egocentrismo que es inherente a estar vivo.
Arnold J. Toynbee

EN PALABRAS Para volver a entrenar la mente se requiere un enfoque extraordinario al principio. No solo tenemos que aprender a no pensar en todos esos patrones negativos de pensamiento, que se aferran a la amargura, al temor, a los remordimientos y a nuestras debilidades como lo hacemos. También tenemos que adoptar el carácter de Dios: su fidelidad, su fuerza y poder, su gracia y misericordia, su amor. Así como es una tarea monumental de la ingeniería reencauzar un río de su trayectoria centenaria, también lo es reencauzar esas corrientes de pensamiento que por mucho tiempo han inundado nuestra alma. No podemos hacerlo sin el espíritu de Dios. Solo él tiene el poder. Y cada poder que él ejerce en nosotros con el tiempo nos llevará a una cosa: al amor.

En el pasado, nuestras corrientes de pensamiento siempre han abierto camino a valles que apuntan en la dirección del yo. Incluso nuestros actos aparentemente desinteresados frecuentemente los hacemos con propósitos egoístas. Eso tiene que cambiar. La mente natural no tiene a Dios en el centro de ella, y la mente renovada que el Espíritu forma en nosotros no tiene otra cosa. Esto es más que una pequeña reestructuración del flujo de agua; es un viraje radical. El panorama de nuestra mente debe inclinarse en una dirección totalmente distinta. Toda la ira, la amargura, la competencia, los celos y el egoísmo son ajenos al corazón de Dios, y si él nos ha dado su corazón, también son ajenos a nosotros.

¿Cómo podemos llevar cada pensamiento cautivo en Cristo? Debemos aprender a reconocer el pensamiento egoísta. Cuando nos cuesta aplaudir el talento de otro, estimular el don espiritual de otro o dar para el bienestar de otro, debemos estar intensamente conscientes de eso. Cuando nos aferramos a la envidia, a la competitividad o al disgusto por la personalidad de alguien, debemos lamentarlo. Eso no significa que de manera instintiva nos guste todo y nos agraden todos. Sí significa que todos son hijos valiosos de Dios, o por lo menos, *potenciales* hijos valiosos de Dios.

EN HECHOS El amor desinteresado va en contra de nuestra naturaleza pecaminosa; también el Espíritu de Dios. Vivir en su Espíritu y en su amor requiere una consciente disciplina de pensamiento. Si vivimos para él, vivimos para su pueblo.

Disciplinas de la mente: Debilidad

Te amo, SEÑOR; tú eres mi fuerza. SALMO 18:1

EN PALABRAS El sentimiento más frustrante que podemos tener cuando nuestras circunstancias son abrumadoras es nuestro sentido de impotencia. No podemos tirar de suficientes cuerdas para controlar a la gente hiriente, para sanar una enfermedad o una relación rota, o para garantizar nuestra propia seguridad en tiempos difíciles. Sin embargo, frecuentemente lo intentamos. Intentamos alcanzar la fortaleza, y creemos que la fuerza de voluntad suficiente, el esfuerzo propio, o el dinero y el poder harán que todo esté bien. O vamos al otro extremo y declaramos que nuestros esfuerzos son inútiles y nos resignamos a situaciones desagradables. El equilibrio entre ser pasivamente débiles y demasiado autoritarios es difícil de encontrar.

Nuestra identidad es el problema. Dios nos dice cuánto odia el orgullo, por lo que no queremos tomar las cosas en nuestras propias manos y manipular las circunstancias para nuestros propios fines. Tampoco queremos sentarnos inactivos mientras el mal anda descontrolado. No sabemos quiénes somos. ¿Somos débiles o somos fuertes? ¿Somos el David en contra de Goliat, o el David que huye de Saúl? ¿Somos el Elías que avergüenza a 450 sacerdotes de Baal, o el Elías que huye de Jezabel? ¿Deben rugir como leones los cristianos o ser devorados por ellos? Es difícil saberlo. La Palabra de Dios nos da ambos cuadros.

EN HECHOS La razón por la que estamos confundidos es que ambos cuadros son acertados. Somos débiles, pero somos fuertes. No tenemos poder en nosotros mismos, pero no estamos en nosotros mismos, estamos en Cristo. Al igual que Pablo, podemos hacer todo en Cristo que nos da las fuerzas (Filipenses 4:13), pero al igual que Pablo, nos deleitamos en la debilidad (2 Corintios 12:10). Tenemos gran fortaleza, pero no es nuestra. Tenemos un estatus asombroso, pero no nos lo ganamos. Podemos ser increíblemente influyentes en asuntos de la eternidad, pero solo por el Espíritu que obra en nosotros.

Hay que disciplinar la mente para que conozca dos extremos: nuestra pobreza total de poder y nuestra posición indestructible en Cristo. Cuando nos enfocamos en lo primero, llegamos a estar impotentes e indefensos. Cuando nos enfocamos en lo segundo, llegamos a ser orgullosos. El equilibro nos hará ser humildes, y cambiará nuestra vida dramáticamente. Nuestra debilidad es la oportunidad de Dios para ser fuerte.

17 DE DICIEMBRE
Salmo 18

Todos los gigantes de Dios fueron hombres débiles que hicieron cosas grandes para Dios porque confiaron que él estaba con ellos.

Hudson Taylor

Disciplinas de la mente: Poder

Dios me arma de fuerza y hace perfecto mi camino. SALMO 18:32

18 DE DICIEMBRE
Salmo 18

El mismo poder que resucitó a Cristo de los muertos opera en los que son de Cristo.

Leon Morris

EN PALABRAS Cuando creemos que somos impotentes para cambiar algo, creemos una mentira del enemigo. Cuando pensamos que somos víctimas de las circunstancias o de la gente, estamos equivocados. No tenemos un cuadro preciso de quiénes somos en Jesús. Pensamos mucho en la innegable fragilidad humana que resultó de la Caída, y olvidamos las alturas a las que hemos sido elevados en Cristo. Sí, éramos pecadores, estábamos impotentes, quebrantados y derribados, y aún lo estamos, en nuestro propio poder. No obstante, la Biblia declara que estamos sentados con Cristo en los lugares celestiales, a la diestra de Dios, la diestra de poder. Nos dice que el poder de la Resurrección vive en nosotros. Nos dice que Dios es sumamente capaz de hacer más de lo que alguna vez podamos comprender, *¡y que tenemos acceso a él!* Qué irracional es comportarse como víctimas que no tienen recurso. Qué insensatez es resignarse a las circunstancias inminentes.

La Biblia está llena de gente indecisa que no pensó que podía lograr algo importante. Moisés le dijo a Dios que tenía al hombre equivocado. Gedeón argumentó que Dios había elegido a la tribu más débil y a la más insignificante de sus familias. Conocían bien su fragilidad, pero tenían que aprender la verdad de Dios.

EN HECHOS ¿Quieres pensar bien? ¿Quieres tener un control firme de la realidad? Entonces medita en las bendiciones de Dios en Cristo. Lee todo tu Nuevo Testamento con la seguridad de que las promesas de Dios son ciertas. Las afirmaciones de nuestra salvación, aunque son increíblemente extravagantes, deben creerse de cualquier manera. Dios no miente. Cuando aceptamos una vida de oración impotente, una posición infructífera, o un cristianismo sin gozo y derrotado, tácitamente implicamos que él sí miente. Denigramos a nuestro poderoso Creador que nos arma de su fortaleza. La confianza es un don de él. Descansa confiadamente en él.

Cómo disciplinar la mente

Destruimos todo obstáculo de arrogancia que impide que la gente conozca a Dios. Capturamos los pensamientos rebeldes y enseñamos a las personas a obedecer a Cristo. 2 CORINTIOS 10:5

EN PALABRAS Pablo hizo esta afirmación a una iglesia que batallaba con la falsa doctrina y la desobediencia carnal. Las filosofías que contradecían el evangelio la atacaban desde afuera, y las divisiones internas y los argumentos insignificantes la atacaban por dentro. Aunque él hablaba principalmente de la vida eclesiástica, todas las dinámicas que los corintios enfrentaban en su comunión son también las dinámicas que enfrentamos en nuestra propia mente. Batallamos con la desobediencia, provocamos la discordia mental con otros, y batallamos con ideas falsas en cuanto a Dios y en cuanto a la vida. Pablo estaría totalmente de acuerdo en aplicar este versículo a nuestra mente así como a nuestros grupos de comunión.

Lo que aprendemos de este concepto de llevar todo pensamiento cautivo es que Dios quiere que pensemos correctamente. Él quiere que lo conozcamos en verdad. Quiere que tratemos a otros de acuerdo a lo que son en Cristo, o por lo menos, a lo que pueden ser en Cristo. Él quiere que dejemos los pensamientos que se han desarrollado en base a mentiras, los que dicen: «Dios no me protege ni provee para mí; mi futuro está en duda; mis enemigos pueden tener ventaja; tendré que arreglármelas por mí mismo». Él quiere que abracemos esta verdad: «Dios es mi Padre y él me tiene a salvo en sus manos; su pueblo es mi pueblo y yo tendré comunión con ellos para siempre; su reino es mi única ciudadanía, y la eternidad le da forma a mi presente». Hay que volver a entrenar la mente para que acepte estas verdades. Debemos comerlas, beberlas y respirarlas.

EN HECHOS ¿Cómo podemos hacer eso? Hay cuatro imperativos: 1) debemos pedirle a Dios que nos haga conscientes de nuestro pensamiento erróneo; 2) debemos pedirle a su Espíritu que nos conforme a su imagen; 3) debemos negar conscientemente las cosas equivocadas que pensamos; y 4) debemos reemplazar conscientemente esos pensamientos equivocados con la verdad. La Palabra de Dios debe formarnos, el Espíritu de Dios debe llenarnos y los propósitos de Dios deben llegar a ser los nuestros. Nuestra mente tiene que renovarse.

19 DE DICIEMBRE
2 Corintios 10:4-5

No hay salvación excepto en la verdad, y el camino real de la verdad está en la mente.
Martin Cyril D'Arcy

Celebra los buenos tiempos

Disfruta de la prosperidad mientras puedas. ECLESIASTÉS 7:14

20 DE DICIEMBRE
Eclesiastés 7:13-14

Los cristianos son la única gente en el mundo que tienen por qué alegrarse.
Billy Graham

EN PALABRAS Algunos cristianos se sienten culpables cuando están contentos. Con una historia personal de pecado, con un mundo de dolor y con tanto que hay que hacer antes de que Jesús regrese, ¿cómo pueden ser buenos los tiempos? Ven el corazón de Dios y solo ven tristeza y estrés. Razonan que un buen Dios no puede estar feliz con lo que ve y, por lo tanto, nosotros tampoco.

Sin embargo, Dios no nos creó para futilidad. Este es tal vez un mensaje sorprendente del triste libro de Eclesiastés, pero también leemos de este Dios de alegría en otros libros de la Biblia. La productividad, la prosperidad, la bendición, el contentamiento y la paz interna, todos son regalos de arriba y nunca es malo disfrutar de sus regalos.

¿Es difícil hacerlo? Para algunas personas es muy fácil, pero históricamente, algunas de nuestras denominaciones y perspectivas teológicas han desalentado la felicidad. Querían desanimar la frivolidad sin sentido y profana, no el verdadero gozo. La vida cristiana debe ser una vida alegre; la Biblia lo deja claro. En lugar de mirar siempre lo que está mal en nuestra vida, lo que está mal en el mundo y lo que Dios quiere hacer para llenar los vacíos, debemos mirar frecuentemente lo que Dios nos ha dado, cómo ha bendecido sus regalos y lo que ya ha hecho para llenar los vacíos. Espiritualmente hablando, en muchas ocasiones difícilmente notamos que nuestro vaso se está llenando; nos enfocamos en lo que falta para que se llene. En realidad, se nos permite e incluso se nos insta a observar que el vaso está a menudo medio vacío en este planeta. No obstante, debemos pensar en el hecho de que está medio lleno. El agradecimiento debe predominar sobre el descontento en nuestro pensamiento.

EN HECHOS ¿Cómo podemos hacer esto? Al igual que los soldados en combate, todos juntos podemos ser responsables de nuestro trabajo y aun así disfrutar de un descanso y una carcajada entre las batallas. Al igual que los atletas en entrenamiento, podemos disfrutar de la competencia ahora y anticipar la celebración de la victoria. Si pensamos que ser serios en cuanto al reino de Dios significa posponer la gratificación hasta el cielo, estamos equivocados. Dios y sus dones deben disfrutarse. Ahora. Cuando los tiempos sean buenos —y si miras atentamente son buenos generalmente—, sé feliz.

Dedica los tiempos difíciles

Pero cuando lleguen los tiempos difíciles, reconoce que ambas cosas provienen de Dios. ECLESIASTÉS 7:14

EN PALABRAS Algunos cristianos se sienten culpables cuando les cuesta estar alegres en medio de las pruebas dolorosas. El llanto de los profetas y de los sacerdotes, el libro de Lamentaciones y muchos otros pasajes llenos de tristeza en la Biblia nos dejan claro esto: está bien lamentarse. No tenemos que tener nuestro rostro feliz todo el tiempo. Debemos ser gente auténtica, y a veces estamos realmente tristes. Es de esperarse.

No obstante, tenemos que darnos cuenta de una verdad profunda en medio de nuestra tristeza: *Dios está en ella.* Es posible que nos cueste creerlo. ¿Cómo puede un Dios amoroso permitir que este desastre nos azote? ¿Cómo pueden cumplir sus propósitos la enfermedad y la muerte? ¿Cómo puede decir que se interesa en nosotros cuando permite que estas pruebas continúen?

Estas son preguntas difíciles que los devocionales breves no pueden responder, pero el testimonio de la Palabra, no obstante, es que Dios es soberano y participa íntimamente en nuestro dolor. Él estuvo con José durante la traición de sus hermanos y en su largo encarcelamiento; estuvo con Josué en cada batalla por la Tierra Prometida; estuvo con Jeremías en la destrucción de Jerusalén; y, en efecto, estuvo *en* Jesús en la cruz. Su mano tenía un propósito en cada uno de estos acontecimientos traumáticos. No produjo frenéticamente planes B, C, o D, por algún fracaso imprevisto de su plan A. Ya tenía en cuenta que las pruebas llegarían. Eran parte de su conocimiento previo y de su diseño desde el principio.

EN HECHOS ¿No es esto consolador? Tal vez no tan consolador como sería una solución rápida a tu problema, pero Dios tiene sus propósitos, y sus propósitos tienen su tiempo apropiado. Mientras tanto, sufres. No tienes que negarlo, pero trata de reconocer que Dios está profundamente involucrado en tus momentos críticos, incluso cuando parece estar críticamente ausente. Solo porque la vida parezca difícil no quiere decir que Dios haya pasado algo por alto. Él sabe todo en cuanto a lo que es «difícil». No prometió vidas fáciles y libres de dolor. Prometió redención. Dedica tu prueba a su gloria. Es parte de su plan.

21 DE DICIEMBRE
Eclesiastés 7:14

El que sabe cómo sufrir disfrutará de mucha paz.

Tomás de Kempis

355

El remedio de Dios

La Palabra se hizo hombre y vino a vivir entre nosotros. JUAN 1:14

22 DE DICIEMBRE
Juan 1:1-14

Cristo llegó a ser lo que somos para poder hacer de nosotros lo que él es.
Atanasio de Alejandría

EN PALABRAS ¿Qué había en la mente de Dios cuando envió a su Hijo a vivir con nosotros? ¿Sería frustración por todos sus intentos fallidos de hacer que la gente se comportara correctamente? ¿Sería porque la ley no hizo lo que se suponía que debía hacer? ¿Fue tan carente la Palabra hablada que, en un último y desesperado esfuerzo, Dios trató de convertir su Palabra hablada en la Palabra viva?

Por supuesto que sabemos que la Encarnación no fue un último esfuerzo desesperado. Fue el plan desde el principio. Todos los juicios previos —el de los contemporáneos de Noé, el de Sodoma y Gomorra, el de las tribus cananeas degeneradas— fueron fundamentales para su encarnación. Todas las promesas anteriores —a Abraham y a sus descendientes, a los recién liberados israelitas en Sinaí, a los profetas de restauración y esperanza— estaban contenidas en su plan. La justicia de Dios tenía que ser establecida primero, y después la depravación del hombre. Entonces el plan funcionaría. La sabiduría de Dios, el «logos» y la lógica del universo, el Espíritu del Eterno podría vestirse de humanidad y hacer que significara algo en realidad.

¿Qué significa eso para ti? Cuando lees tu Biblia, ¿marca una diferencia el hecho de que la Palabra no solo te está diciendo qué hacer, sino ofreciéndote volver a crear la naturaleza fundamental de tu espíritu? Cuando adoras a Dios, ¿es mejor hacerlo con un corazón transformado que con una obediencia servil hacia una deidad desconocida? ¿Te importa que en lugar de ser simplemente religioso de la mejor manera posible puedas relacionarte con una Persona, una Persona que vivió en la misma clase de cuerpo que tú tienes, y aun así es lo suficientemente sabia y poderosa como para ser tu Dios? ¿Te alegra que tu fe sea así de... bueno, personal?

EN HECHOS Algunas personas no se alegran. Preferirían un Dios distante que los dejara en paz hasta que le pidieran que apareciera. El Dios que llegó a ser carne tiene almacenado para nosotros algo mucho mejor. Sí, a veces se siente demasiado personal; tenemos que lidiar con el pecado y la obediencia. Sin embargo, a la larga, lo apreciamos. Somos carne y necesitamos relacionarnos con lo carnal. La Palabra sabía eso, por lo que Jesús vino a vivir entre nosotros.

El tiempo de Dios

Cuando se cumplió el tiempo establecido, Dios envió a su Hijo.
GÁLATAS 4:4

EN PALABRAS Los buenos planes requieren paciencia; no se pueden llevar a cabo precipitadamente. Cuando se trata de nuestra salvación y de la voluntad de Dios para nuestra vida, nos gustaría presionar al Eterno para que actuara con un poco más de prisa. Podemos preguntarnos por qué esperó milenios para que llegara el Mesías. También podemos preguntarnos por qué espera años para salvarnos de una situación difícil, o incluso para salvar nuestra alma de la muerte eterna. La respuesta en cada caso del tiempo de Dios es la misma: preparación.

No sabemos exactamente por qué prevalecieron siglos de juicio severo antes de que la gracia lloviera libremente sobre todos. No sabemos por qué algunas culturas permanecen en casi total oscuridad ahora. No sabemos por qué la historia del pueblo elegido requirió períodos tan largos de obediencia, de apostasía y luego de juicio. Tampoco sabemos por qué Dios no resuelve cada problema al momento en que oramos, o por qué a veces nuestro Salvador espera con gracia encubierta antes de abrir nuestros ojos a ella. Quizás la raza humana necesitaba extinguir sus recursos antes de que la oferta de providencia de Dios llegara a ser significativa. Tal vez el mundo tenía que estar sujeto a una frustración total antes de que pudiera siquiera aceptar a un Salvador. Tal vez nosotros también.

Sin embargo, lo que *sí* sabemos es que Dios es minucioso. Sus planes son extensos pero bien concebidos. Su arte es lento, pero sus colores son ricos, sus capas de significado son muchas, y sus propósitos son completamente puros. Podemos confiar en su ritmo.

EN HECHOS La paciencia del Dios eterno y el temperamento de los seres humanos impulsivos frecuentemente contrastan totalmente. Mil años son como un día para el Señor, pero no para nosotros. Somos demasiado impacientes para eso. Pensamos que el plan de Dios para las generaciones futuras podría defraudar innecesariamente a las generaciones actuales. Pensamos que una revelación completa de su evangelio era esencial el primer día después del Edén.

Sin embargo, en su plan se cultivó una nación, se dio una ley, la naturaleza humana fue expuesta, los profetas hablaron y la creación esperó. Luego vino el Salvador. Estábamos preparados para la salvación, y ahora celebramos el cumplimiento del tiempo.

23 DE DICIEMBRE
Gálatas 4:4-7

La venida de Jesús al mundo es el acontecimiento más estupendo de la historia humana.
Malcolm Muggeridge

El gobernante de Dios

Él se levantará para dirigir a su rebaño con la fuerza del SEÑOR.
MIQUEAS 5:4

24 DE DICIEMBRE
Miqueas 5:1-4

El hecho de la venida de Jesús es la prueba final e irrefutable de que Dios se preocupa por nosotros.
William Barclay

EN PALABRAS ¿Qué clase de Salvador conoces? Muchos suponen que él solo es gentil, que siempre pasa por alto el pecado y que deja que sus ovejas deambulen tan libremente como ellas quieran. Otros suponen que sus cercas son limitantes y que su vara está lista para la acción. En el contexto de la Encarnación, ninguna de las dos imágenes tiene sentido. ¿Por qué enviaría Dios a Jesús a este mundo para que fuera uno de esos dos salvadores?

No, si Jesús hubiera venido solo para hacer cumplir la ley, su venida no tendría sentido. Otros ya hacían que se cumpliera. Tenían una interpretación distorsionada de ella, pero no les faltaba disciplina. No había escasez de defensores de la ley en los días de Jesús.

Tampoco habría tenido sentido que Jesús viniera solamente a declarar que la ley era irrelevante. De haberlo sido, Israel se habría equivocado y el resto del mundo estaría en lo correcto. La mayoría de culturas actuales todavía tendría la razón; en la civilización moderna reina la anarquía moral. Muchas sociedades hoy en día no están conscientes de que se necesita salvación y no solo «iluminación». No buscan alguna clase de salvador, mucho menos de un pastor.

Necesitamos un pastor. Dios lo ha sabido desde la fundación del mundo, y muchos de nosotros llegamos a esa conclusión después de años de futilidad. Sin embargo, ¿qué clase de pastor? ¿Del pastor severo con látigo? ¿O del pastor pasivo que todo lo perdona? Uno prepara su vara con diligencia; el otro toca su zampoña bajo un árbol distante. Ninguno sabe mucho sobre ovejas.

EN HECHOS ¿Conoces a Jesús como un maestro severo? ¿Cómo un consentidor benévolo? ¿Sabes por qué vino el Pastor a este mundo? Vino porque había ovejas descarriadas en una tierra de depredadores feroces. Vino a gobernar y a perdonar. El pastor de la imaginación religiosa hace lo uno o lo otro. Ese pastor no nos hará bien, mientras que el Pastor que Dios nos envió no nos hará daño. Lo necesitamos. Necesitamos ambos, su vara y su cayado, su guía y su misericordia. Llega a conocer bien a este buen Pastor. Él nos lleva a Dios.

El propósito de Dios

Dios hizo lo que la ley no podía hacer. Él envió a su propio Hijo en un cuerpo como el que nosotros los pecadores tenemos; [...] como sacrificio por nuestros pecados. ROMANOS 8:3

EN PALABRAS ¿Has reflexionado alguna vez sobre el significado de la Navidad? ¿Fue solamente el intento de Dios de darnos un buen ejemplo para mostrarnos la forma de vivir? ¿Fue simplemente el nacimiento de un gran maestro? ¿Tenía en realidad la respuesta para todos nosotros ese inocente paquetito de carne y sangre en el pesebre?

Nunca podremos entender completamente las profundidades de todos los misterios de Dios, pero podemos entender mucho. Él nos ha revelado sus propósitos para que sepamos por qué fue enviado Jesús a este planeta quebrantado. Por mucho que nuestra orgullosa sociedad odie la idea de un sacrificio expiatorio, Jesús fue enviado a este mundo a morir. Al igual que el ganado que lo rodeaba, el bebé de Belén nació para morir. Llevaba el peso de un mundo caído para que pudiéramos escapar de su dirección trágica. Descendió a lo profundo para que nosotros pudiéramos ascender a lo alto. Nos dio una salida de las terribles implicaciones de nuestra rebeldía.

Dios demostró por siglos que los humanos no podían reparar la condición humana. Ni siquiera podía ser reparada por una obra externa de Dios. No, tenía que haber un sacrificio que pagara el precio; tenía que haber una persona que viviera la vida; y ambos tenían que ser perfectos. Solo Dios podía hacerlo. Se vistió de carne para morir, resucitó para vivir y puso su Espíritu en nosotros. No solo nos da vida; él *es* nuestra vida.

EN HECHOS Hace mucho tiempo fuimos creados a la imagen de Dios. No sabíamos exactamente qué significaba eso; la imagen se destrozó y no podíamos ver claramente. Sin embargo, ahora vemos en Jesús al Espíritu de Dios que mora en la imagen de Dios, y sabemos esto: fuimos hechos para gloria. La gloria que vemos en Jesús se nos ofrece libremente, en él. Las vasijas de barro que alguna vez caminaron con Dios en el Edén ahora están llenas del mismo Dios que las hizo.

La Navidad es nuestra garantía: Jesús vino en nuestra semejanza para morir nuestra muerte, y él vino en la imagen de Dios para vivir nuestra vida. En él, la imagen de Dios y la imagen del hombre se encuentran. Y ahora él permite que se encuentren en nosotros.

25 DE DICIEMBRE
Romanos 8:1-4

La Navidad es el día que mantiene unido todos los tiempos.

Fulton John Sheen

La sabiduría de Dios

Cristo es el poder de Dios y la sabiduría de Dios. 1 CORINTIOS 1:24

26 DE DICIEMBRE
1 Corintios 1:18-25

Su sabiduría es enorme, y no conoce limitación, una profundidad en donde se ahoga todo nuestra reflexión.

Isaac Watts

EN PALABRAS Contemplar la Encarnación puede enseñarnos mucho acerca de la sabiduría de Dios. En el plan de las edades, el plan que cultivó una nación y envió a un Mesías a su cultura, Dios demostró su paciencia, su minuciosidad, su justicia, su misericordia y su amor. No optó por lo conveniente. No fue impulsivo. Su ira fue pura y su santidad implacable. No hubo profundidades a las que él no fuera por su amor. No hubo límites para su gracia. No hubo enemigos que pudieran frustrar sus intenciones ni persuadir su corazón. Él nos dio a conocer cómo es él.

El propósito bíblico de la sabiduría de Dios nunca es simplemente exhibirla. Aunque es bella e inspira admiración, no es solo una exhibición de su gloria. Es para emularla. Debemos llegar a ser sabios como él, beber hasta llenarnos de su plan y conocer sus caminos íntimamente. Si él es paciente, debemos ser pacientes. Si su ira es pura, nuestra ira debe ser pura. Si su santidad es implacable, así debe ser la nuestra. En su justicia, su misericordia, su amor, su paz y su tranquilidad, sus pasiones y sus propósitos, y en su método detallista de apartar y conformar un pueblo para sí, debemos encontrar nuestro llamado. La sabiduría de Dios no es solo para nuestra admiración; es para nosotros. Debemos internalizarla.

EN HECHOS ¿Aprecias la sabiduría de Dios? Siempre hay necesidad de contemplarla más profundamente. Es insondable, pero debemos continuar buscándola. Nunca agotaremos sus lecciones, pero tenemos que intentarlo. La sabiduría de Dios nos creó, tuvo misericordia de nosotros y nos redimió. La sabiduría de Dios construyó el universo en el que vivimos. No es solo un beneficio adicional por conocerlo; es el plan del Arquitecto que precedió nuestro mundo y nuestra vida.

Tratamos de obtener sabiduría leyendo y pidiéndole a Dios que nos hable. Deja que su sabiduría hable más profundamente. Considera la Encarnación. Medita en los caminos de Dios y contempla su plan eterno. Te darás cuenta que comienzas a pensar como él. No hay mayor fuente de sabiduría que esa.

Una voz celosa

La cabeza y el cabello eran blancos como la lana, tan blancos como la nieve, y los ojos eran como llamas de fuego. Los pies eran como bronce pulido refinado en un horno, y su voz tronaba como potentes olas del mar.
APOCALIPSIS 1:14-15

EN PALABRAS ¿Cómo era Jesús? Muchos lo visualizan como un gurú de paz que nunca dijo una palabra áspera. Otros lo visualizan como un místico apacible que no se podía relacionar con nuestra humanidad. No hay escasez de opiniones, pero pocas son totalmente consecuentes con las Escrituras.

El Jesús de ojos llorosos y de voz etérea que camina pacíficamente en las películas modernas, en la imaginación ilusoria y en la teología popular nunca existió. Él ha sido creado por los que nunca han leído los cuatro Evangelios, o que nunca los han creído en realidad. El verdadero Jesús fue la Encarnación del Dios Celoso (Éxodo 34:14), el Señor Guerrero (Éxodo 15:3), el que mora en misterio y en majestad. Había fuego en sus ojos y pasión en su voz. Y según Apocalipsis 1, todavía es así.

Jesús habla todavía. ¿Es el Jesús de Hollywood el que esperas oír? No te engañes con las falsas caracterizaciones. Lee los Evangelios y mira la ira por la hipocresía y la angustia de la Cruz. Oye la violencia en sus oraciones y la polémica de sus palabras. Ten presente que su venida fue un acontecimiento de crisis, el punto decisivo para toda la raza humana.

EN HECHOS El Jesús exaltado y celoso puede hablarnos con una voz tranquila y suave, pero no descartes la voz rugiente de relámpagos y de truenos. No siempre nos da un codazo ligero; a veces nos da una sacudida. El Jesús que ofreció comodidad, sanidad y paz al afligido y al marginado también estalló con los legalistas y los orgullosos. El Jesús que tranquilamente dibujó en la arena e instó al humilde a que persistiera en su humildad también hizo una escena en el templo con su explosión violenta. El Varón de Dolores también es un hombre de acción. El Cordero de Dios también es el León de Judá. No hagas suposiciones en cuanto a su voz. Solo sé abierto a ella. Ten oídos que oigan. Cuando hable, será lo suficientemente poderoso como para cambiar tu vida.

27 DE DICIEMBRE
Apocalipsis 1:9-18

Cuando la voz de Dios ha penetrado totalmente el corazón, llega a ser tan fuerte como la tempestad y tan potente como el trueno.

Ignacio de Loyola

361

La intimidación de la incredulidad

Solo los necios dicen en su corazón: «No hay Dios».   SALMO 14:1

28 DE DICIEMBRE
Salmo 14

Toda incredulidad
es creer una
mentira.
Horatius Bonar

EN PALABRAS Es fácil ser intimidados por una cultura secular. Muchas de nuestras élites altamente educadas son escépticas. Ven con desprecio a los que mantienen fe en las revelaciones divinas. Su escepticismo ha penetrado nuestra sociedad, y mucha de la gente con la que nos topamos diariamente se ha tragado su incredulidad. Su racionalismo excesivo impide que compartamos nuestra fe sobrenatural.

Frecuentemente se nos acusa de ser ignorantes de todos los asombrosos descubrimientos científicos, filosóficos e ideológicos de la humanidad. No obstante, ¿has considerado las autolimitaciones de los ateos y de los agnósticos? Ellos han adoptado una ignorancia más amplia que la gente de fe. De hecho, han dicho que cualquier cosa que esté más allá de nuestra observación no se puede conocer. Aceptan solamente el conocimiento que los sentidos desconfiables, las conciencias variables y los pequeños cerebros finitos pueden aprender. Esa es una visión muy estrecha de la realidad.

Conocemos nuestras limitaciones. Por eso es que dependemos de una revelación de arriba. No la aceptamos ingenuamente, y usamos nuestro cerebro para interpretarla y aplicarla, pero tenemos que ser lo suficientemente humildes para darnos cuenta de que nosotros no la inventamos. La Palabra de Dios es un acto de Dios. No lo habríamos conocido con ningún detalle lógico si él no se hubiera revelado a sí mismo. ¡Y qué revelación! Tiene un sentido maravilloso para los que la aceptan por fe.

EN HECHOS No te dejes intimidar por tus amigos agnósticos. El testimonio bíblico es claro: las mentes incrédulas son generalmente máscaras que esconden un deseo de desobedecer a Dios. Son una excusa fácil para la inmoralidad y la rebeldía, pero son una insensatez. Le dan la espalda a los misterios divinos para aferrarse a la sabiduría humana defectuosa y de poco peso. No hay nada confiable ni eterno en cuanto a su marco de referencia. Terminará en un desastre.

En lugar de ser intimidado, vive tu vida de fe frente a tus amigos agnósticos. El fruto del Espíritu tiene una manera de refutar las creencias hostiles. Es claramente de arriba. Deja que tu vida señale siempre en esa dirección.

Un asalto intelectual

No hay sabiduría humana ni entendimiento ni proyecto que puedan hacerle frente al SEÑOR. PROVERBIOS 21:30

EN PALABRAS El orgullo intelectual se ha disfrazado y se ha presentado encantadoramente a lo largo de todas las generaciones. Desde las filosofías de la antigua Grecia hasta la sofistería de los académicos modernos, los hombres y las mujeres han especulado en cuanto a quién debe ser Dios. Hay una línea muy delgada entre hacer una búsqueda honesta e intelectual y elevar el razonamiento humano al punto de ser infalible, y nosotros hemos atravesado esa línea frecuentemente. Etiquetamos nuestras eras intelectuales con nombres como «La edad de la razón», «La Ilustración» y otros nombres inapropiados. Mientras tanto, olvidamos lo limitados que son nuestros sentidos y lo poco fiables que son nuestros pensamientos.

La suposición que está por debajo de mucha filosofía religiosa es que la revelación es un mito, y que si vamos a saber algo, en todo caso, debe ser de nuestra propia investigación. Ese enfoque expone a la raza humana a un camino largo y torcido hacia la verdad, que puede llevarnos allí en algunas ocasiones, pero que nos llevará muy lejos en otras. En pocas palabras, renuncia al Dios conocible.

Los sofisticados de nuestra época parecen pensar que pueden estar a la altura intelectual de Dios, y desafían, e incluso rechazan, su sabiduría en casi cada punto. ¿Ética bíblica? Obsoleta e improcedente. ¿La naturaleza de Dios? Desequilibrada y demasiado severa. ¿La identidad de la iglesia? Una enorme sobreestimación. Esos son los prejuicios que se han integrado meticulosamente en nuestra cultura, influyendo en nuestros medios de comunicación y dominando nuestras universidades.

EN HECHOS ¿Quieres ser sabio? Toma todo lo que oyes con reservas y aférrate a la revelación divina. La mente humana fue dada por su Creador para aprender de él, no para derrocarlo. Seguramente tenemos que saber en lo profundo que estamos mal equipados para descubrir la verdad. Sin embargo, en la Palabra de Dios, allí está la Verdad viva. Es poderosa y gloriosa. Respírala, aliméntate de ella, bebe de ella, duerme en ella, aférrate a ella. No hay nada más profundo, nada más confiable que se pueda encontrar.

29 DE DICIEMBRE
Proverbios 21:30;
Romanos 9:20

La salvación humana exige la divulgación divina de verdades que superan la razón.

Tomás de Aquino

Sabiduría majestuosa

Qué preciosos son tus pensamientos acerca de mí, oh Dios. ¡No se pueden enumerar! SALMO 139:17

30 DE DICIEMBRE
Salmo 139

Toda la ciencia de los santos consiste en encontrar y en seguir la voluntad de Dios.
Isidoro de Sevilla

EN PALABRAS Nos asombramos por la planificación que se hace para un acontecimiento de éxito o para una obra de arte. No podemos comprender el talento que se requiere para escribir o para ejecutar una obra maestra musical, o para impresionar a los espectadores con saltos acrobáticos precisos. Quedamos perplejos con el conocimiento científico y el ingenio humano que nos han llevado tan lejos de nuestra propia atmósfera. Se nos impresiona legítimamente, pero fácilmente.

Aun así, rara vez apreciamos a nuestro Creador tanto como apreciamos el logro humano. Tal vez estamos atrapados en alguna mentira en cuanto a un universo de aleatoriedad. O tal vez estamos demasiado abrumados para comenzar a comprender la Creación. No obstante, reflexiona sobre la complejidad de nuestro mundo. Piensa en las relaciones tan sorprendentemente complejas entre las plantas y los animales, las células y los átomos, o las galaxias y el espacio. La simbiosis compleja entre todos los elementos de nuestro universo es totalmente asombrosa. El desarrollo de tan solo un cerebro humano, ya no digamos de miles de millones, va más allá de nuestro entendimiento. Las regularidades matemáticas de la creación son inexplicables para el razonamiento humano. Los códigos de nuestro ADN, nuestras Escrituras y nuestras culturas, todo señala a una Inteligencia impresionante, brillante e insondable. Dios es el Maestro del diseño.

Piensa en eso. Nuestro Dios es el Creador tanto de las macromajestades como de las micromaravillas. Los científicos nos dicen que toda la materia en el universo conocido alguna vez estuvo contenida en una esfera diminuta de densidad inimaginable. La Biblia nos dice que Dios habló, y que la materia se formó y se distribuyó por su palabra. Es más de lo que jamás podremos comprender.

EN HECHOS Sin embargo, hay más en los propósitos del Creador que este sentido de asombro que tenemos. Este asombroso Artesano nos tejió y ordenó nuestros días. Él no solo hizo que este mundo cobrara existencia; sopló su creatividad en nuestro interior. En cada uno de nosotros. Individualmente.

Al saber esto, ¿no llega a ser cada pensamiento suyo nuestra pasión santa? ¿No debemos atesorar sus caminos? ¿Podría haber alguna otra búsqueda mayor que la sabiduría de Dios?

En busca de la verdad

Adquiere la verdad y nunca la vendas; consigue también sabiduría, disciplina y buen juicio. PROVERBIOS 23:23

EN PALABRAS El mundo está lleno de consejos. La gente ofrece consejo abiertamente, a veces solicitado, otras no. Las compañías pagan miles, incluso millones en algunos casos, por consultas con expertos en su campo en particular. Y todo se trata de predecir el futuro. Algunos círculos lo llaman «manejo de riesgo». Queremos fundamentar nuestras decisiones en lo que es probable que ocurra después. Ya sea que busquemos un ingreso mayor, un trabajo distinto, una relación nueva o cualquier otro esfuerzo futuro, planificamos para tener éxito. Queremos minimizar los riesgos y establecernos con seguridad.

El problema con nuestros planes es que rara vez nos llevan muy lejos. Los caprichos del razonamiento humano no siempre nos ponen en el camino correcto. ¿Por qué? Porque a fin de cuentas, nadie sabe qué pasará en el futuro. Podemos planificar y ahorrar según todo consejo convencional y aun así caer de bruces al final. No tenemos el futuro en nuestras manos. No tenemos la voluntad de Dios en nuestro corazón. Y no tenemos su sabiduría en nuestra mente. Por lo menos, no al principio.

Por eso es que tenemos que vivir nuestra vida alimentándonos con el pan diario de Dios. Su Palabra debe llegar a nosotros regular, frecuente y repetidamente. Hay que llevarla a nuestra mente y atesorarla en nuestro corazón. A toda costa, bajo cualquier sacrificio, debemos «comprar la verdad» y no venderla. El consejo de Salomón es acertado. No hay nada más valioso que poder tomar decisiones en base al conocimiento del Omnisciente.

EN HECHOS Muchas películas o programas de televisión han representado a alguien que tuvo un vistazo de un periódico futuro, de una profecía o de una visión. La trama usual es la de frustrar un desastre o de enriquecerse con ese conocimiento. Sin embargo, Dios no nos revela generalmente nuestros mañanas. Solo nos revela lo que tenemos que saber para vivirlos bien.

No podemos conocer el futuro, pero podemos tener la sabiduría de Aquel que sí lo sabe. Eso es así de bueno. Se requiere fe, no vista, para caminar en esa sabiduría, pero de eso se trata. Se nos atrae a una relación viva y diaria con el único Dios sabio. Compra su verdad, y nunca la dejes ir.

31 DE DICIEMBRE
Proverbios 23:22-25

Lo que se ofrece para la comprensión del hombre [...] no es la verdad en cuanto a Dios, sino a Dios mismo.

William Temple

ÍNDICE DE TEMAS

ÍNDICE DE ESCRITURAS

¡Comprométete a leer *La Biblia en un año*!
¡Tú puedes lograrlo!
La Biblia en un año te lo hace fácil.

Cada lectura diaria de quince minutos incluye
pasajes del Antiguo Testamento, del Nuevo Testamento,
de Salmos y de Proverbios. Ningún otro plan de lectura de
la Biblia la presenta en un formato tan fácil y sencillo como este.
¡Comienza tu inolvidable viaje hoy mismo!

BibliaNTV.com

Experimente la _verdad_ diariamente.
PASE TIEMPO CON DIOS CADA DÍA.

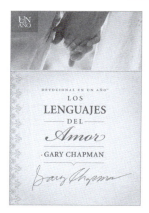

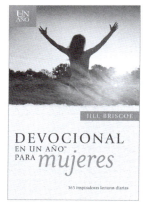